现代统计理论与计算

张世斌　编著

科 学 出 版 社

北　京

内 容 简 介

本书旨在介绍现代统计学中的主流理论、思想和方法，是应用现代统计方法解决统计推断问题的重要基础. 本书共两部分：第一部分为现代统计理论概要，第二部分为现代统计计算方法.

第一部分主要介绍现代数理统计的基本概念、统计推断的基本理论和方法、统计量或估计量的大样本性质，是统计学相关专业学生学习后续专业课程和进行统计理论、方法及应用研究的重要基础，主要内容包括：点估计的基本概念与方法及其评价标准，假设检验的基本概念与方法及其评价标准，区间估计的基本概念与方法及其评价标准，广义矩方法与经验似然，贝叶斯统计推断的基本概念、思想与方法等.

第二部分主要介绍现代统计计算的理论与方法，是统计理论和方法实现的实践，也是当代统计学相关专业从业者进行统计理论小样本性质和贝叶斯统计分析的重要工具，还是大数据背景下数据分析必不可少的技术，其主要内容包括：随机数生成的理论和方法，Monte Carlo 积分与抽样方法，再抽样理论与方法，模拟退火算法与 EM 算法，Markov 链 Monte Carlo，非参数密度估计与非参数回归，三次样条与薄板样条的理论与方法等.

本书可作为统计学相关专业研究生数理统计、统计计算及现代统计方法等科目的教学用书，亦可供统计学及相关学科科研工作者查阅相关内容参考.

图书在版编目(CIP)数据

现代统计理论与计算/张世斌编著. —北京：科学出版社，2022.6

ISBN 978-7-03-072487-8

Ⅰ. ①现…　Ⅱ. ①张…　Ⅲ. ①统计学　Ⅳ. ①C8

中国版本图书馆 CIP 数据核字(2022)第 100026 号

责任编辑：胡庆家　范培培／责任校对：彭珍珍

责任印制：吴兆东／封面设计：无极书装

科 学 出 版 社 出版

北京东黄城根北街 16 号

邮政编码：100717

http://www.sciencep.com

北京天宇星印刷厂印刷

科学出版社发行　各地新华书店经销

*

2022 年 6 月第　一　版　开本：720 × 1000　1/16

2024 年 3 月第二次印刷　印张：18 3/4

字数：380 000

定价：138.00 元

(如有印装质量问题，我社负责调换)

前　言

我们步入了一个数字时代, 随着工作与生活中数据量的激增及数据获得成本的降低, 人们越来越意识到挖掘数据中隐藏信息的重要性. 在这一背景下, 各种数据处理软件层出不穷、琳琅满目. 许多人认为只要掌握了几种数据处理软件, 就能对数据进行处理、分析并得到背后的隐藏信息. 有些对数据处理及统计学感兴趣的人更是将大量的精力放在了软件学习上. 毫无疑问, 数据处理软件或统计软件在当代数据科学中起着举足轻重的作用, 但软件仅是统计工作实现的工具, 并非统计学的全部.

作为一名数据工作者, 仅仅精通软件是远远不够的. 了解自己手头的数据处理工具的好坏是至关重要的. 统计学是一门关于“近似”的科学, 利用统计学所得的结论都是近似结论. 这就有一个近似程度的问题 (误差有多大). 既然统计学是一门近似的科学, 如果选择的数据处理工具不合适或者不够好, 毫无疑问可以得到一些分析结论. 然而, 这些结论与真实的情况之间到底差多少就是一个很大的问题. 如果工具选择不当, 利用得到的结论进行生产或管理就有可能造成严重损失.

统计学的主题是对未知的模型进行推断. 就像不能完全了解自己所生存的世界, 人类也不能完全知道自己面对的真实模型是什么 (有时候虽然模型类别已知, 但几个参数却不知道). 有时, 单从软件所提供的数据分析结论很难知道这一结论与真实情况究竟差多少. 有时, 数据处理软件告诉我们所得到的结论有多大的可信度, 但并没有告诉我们是不是所用的数据处理方法都是最好的. 也就是, 有可能利用其他数据处理方法可以得到更加可靠的结论.

虽然我们并不知道真实的结论, 但数理统计学就是一门可以告诉我们一种统计方法究竟误差有多大的学问. 统计工作者应当更能够洞察一种统计方法的好坏, 如估计量的好坏、检验统计量的好坏. 这些内容正是本书第一部分竭力想推荐给读者的.

统计学的应用在过去的半个多世纪里有了飞速的发展, 其主要得益于计算机的广泛应用. 借助计算机, 计算速度加快, 传统方法不能处理的大量数据可以轻而易举地得以处理, 原来耗时的计算工作可以用数值方法瞬间求得结果. 不仅如此, 计算机的应用还推动了为解决复杂统计问题而生的以统计抽样为代表的统计计算理论与方法的发展. 随着大数据时代的到来, 人们倾向于减少模型假设的依赖, 转向非参数统计, 于是便出现了专门解决非参数统计问题的计算理论和方法. 这些以统计抽样与处理非参数统计问题为代表的统计计算理论与方法便成为现代统计方法的主要内容, 本书第二部分将介绍一些这方面的有代表性的内容.

本书的写作尽量避免烦琐的理论推导, 着力阐述现代数理统计的基本原理和方法、统计计算的基本方法与现代非参数统计方法的思想和实现技术. 对于那些想深究算法背后的理论推导的读者, 可参阅书中提供的参考文献.

本书写作过程中得到了国家自然科学基金 (批准号: 11671416) 与上海师范大学的资助, 还得到了科学出版社的支持, 在此一并表示诚挚感谢.

由于作者水平所限, 书中不妥之处在所难免, 恳请读者不吝赐教.

张世斌

2021 年夏于上海临港

目　　录

第二部分 现代统计计算方法

主要符号对照表

$\propto$	正比于
$:=$	定义为
$=:$	被定义为
$\stackrel{d}{=}$	分布相同
$\Leftrightarrow$	等价于
$\to$	趋向于
$\not\to$	不趋向于
$\rightsquigarrow$	依分布收敛于
$\xrightarrow{\text{a.s.}}$	几乎处处收敛于
$\xrightarrow{\text{P}}$	依概率收敛于
$\|\cdot\|$	向量的欧氏范数
$\langle\cdot,\cdot\rangle$	两向量的内积
$a \vee b$	a 与 b 取最大者
$a \wedge b$	a 与 b 取最小者
$\cap$	集合求交集
$\cup$	集合求并集
$\subset$	包含于
$\supset$	包含
$\in$	属于
$\notin$	不属于
$\#A$	集合 A 中元素个数
$\delta(x)$	在 0 点退化分布的概率密度函数
$(\Omega, \mathcal{F}, \mathrm{P})$	概率空间
Θ	参数空间
A^c	集合 A 的补集
A^{T}	矩阵 A 的转置
$\arg\max_{\lambda\in A}\{f(\lambda)\}$	在集合 A 内使函数 $f(\lambda)$ 达到最大的 λ 值
$\arg\min_{\lambda\in A}\{f(\lambda)\}$	在集合 A 内使函数 $f(\lambda)$ 达到最小的 λ 值
$\mathcal{B}(\mathcal{X})$	由集合 $\mathcal{X}$ 的所有子集所生成的 Borel σ-代数

$\text{Bias}(\hat{\theta})$	估计量 $\hat{\theta}$ 的偏差
$\Im(\cdot)$	复数取虚部
$\mathbb{I}_A(.)$	集合 A 的示性函数
I	单位矩阵
$[x]$	不超过 x 的最大整数
$\text{Cov}(X, Y)$	随机变量 X 与 Y 的协方差
$\text{Cov}(\mathbf{X})$	随机向量 $\mathbf{X}$ 的协方差矩阵, 即 $\text{E}[(\mathbf{X}-\text{E}(\mathbf{X}))(\mathbf{X}-\text{E}(\mathbf{X}))^{\text{T}}]$
$\det(A)$	矩阵 A 的行列式
$\text{diag}(a_1, \cdots, a_n)$	主对角线元素为 $a_1, \cdots, a_n$ 的 n 阶对角矩阵
$\text{E}(X)$	随机变量 X 的数学期望
$\text{E}(X\|A)$	随机变量 X 在条件 A 下的条件数学期望
$\gcd\{n_1, \cdots, n_k\}$	正整数 $n_1, \cdots, n_k$ 的最大公约数
$\liminf$	取下极限
$\limsup$	取上极限
$\text{MISE}(\hat{f}(x))$	非参数估计量 $\hat{f}(x)$ 的积分均方误差
$\text{MSE}(\hat{\theta})$	估计量 $\hat{\theta}$ 的均方误差
mod	$x \mod y$ 表示整数 x 被 y 整除后的余数
$O(\cdot)$	$y_n = O(x_n)$ 代表存在 $M > 0$ 及 $N > 0$, 当 $n > N$ 时, $\|y_n/x_n\| \leqslant M$
$O_P(\cdot)$	$Y_n = O_P(X_n)$ 代表对任意的 $\varepsilon > 0$, 存在 $M > 0$ 及 $N > 0$, 使得当 $n > N$ 时, $\text{P}(\|Y_n/X_n\| \geqslant M) < \varepsilon$
$o(\cdot)$	$y_n = o(x_n)$ 代表当 $n \to \infty$ 时, $y_n/x_n \to 0$
$o_P(\cdot)$	$Y_n = o_P(X_n)$ 代表当 $n \to \infty$ 时, $Y_n/X_n \xrightarrow{\text{P}} 0$
$\text{P}(A)$	集合 A 的概率
$\mathbb{Q}$	有理数集
$\Re(\cdot)$	复数取实部
$\mathbb{R}$	实数集
$\mathbb{R}_+$	正实数集
$\mathbb{R}^k$	k 维实向量空间
$\text{sd}(X)$	随机变量 X 的标准差
$\text{sgn}(\cdot)$	符号函数. 若 $x > 0$, $\text{sgn}(x) = 1$; 若 $x < 0$, $\text{sgn}(x) = -1$; 若 $x = 0$, $\text{sgn}(0) = 0$
$\text{tr}(A)$	矩阵 A 的迹
$\text{Var}(X)$	随机变量 X 的方差

$\mathcal{X}$	样本点取值空间
X	随机变量或总体
$\mathbf{X}$	随机向量
$\mathbf{x}$	向量
$\mathbf{I}$	Fisher 信息矩阵
$\mathbf{H}$	Hessian 矩阵

第一部分

现代统计理论概要

第一部分除了介绍一些数理统计的基本概念外, 着力阐述估计量的评价标准、区间估计的评价标准以及假设检验方法的评价标准, 同时也尽可能地给出得到最优估计方法和检验方法的渠道. 具体结构为：第 1 章介绍数理统计的基本概念, 如样本、统计量、充分统计量以及指数型分布族等; 第 2 章介绍随机变量序列的收敛性概念及相关结论, 是讨论统计学大样本性质的基础; 第 3 章给出估计量好坏的若干评价标准、一个估计量用于估计参数的误差下限, 并介绍了估计方法的一般化理论 (Z 估计与 M 估计); 第 4 章介绍假设检验的基本概念及假设检验好坏的评价标准; 第 5 章介绍区间估计的基本概念、假设检验好坏的评价标准以及区间估计与假设检验间的联系等; 第 6 章介绍充分利用矩条件进行统计推断的两种方法：广义矩方法与经验似然方法; 第 7 章主要介绍贝叶斯统计推断的基本思想、贝叶斯参数估计和假设检验的基本方法.

第 1 章　数理统计的基本概念

数理统计学是利用部分观测资料对未知世界进行推断的学问. 统计推断主要是对统计模型及其性质的推断, 统计模型也就是刻画总体统计规律性的工具. 要对总体规律性进行推断就需要从总体中抽样, 然后对样本进行加工. 这些加工的手段和方法就是统计方法. 统计方法实际上就是利用样本构造统计量的方法, 统计推断就是利用构造好的统计量对总体分布规律性给出定量或定性的结论. 本章将介绍总体、样本、统计量等数理统计的基本概念, 这是学习统计推断理论与方法的重要基础.

1.1　总体、样本、统计量与估计量

数理统计解决问题的目标就是对总体进行推断, 用数理统计处理问题大致可以分为五步 (图 1-1): ① 明确表述研究的目标. 确定想解决的问题及想了解的内容. ② 从总体中抽样, 即收集数据 (带随机性). ③ 对样本进行整理和加工, 构造合理的统计量. ④ 将样本观测数据代入统计量, 得到数值结论. ⑤ 统计推断, 对欲解决的问题下统计结论, 对未来趋势进行预测.

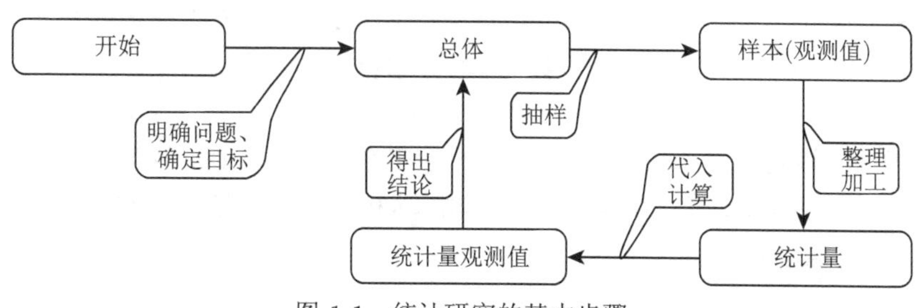

图 1-1　统计研究的基本步骤

为了能够对总体给出定量或定性的结论, 需要收集数据 (样本及其观测值), 并对所收集到的数据进行加工 (统计量及其观测值). 因此, 我们先介绍总体、样本、统计量等这些统计学的基本概念.

1.1.1　总体与个体

1. 总体 (母体) 与个体

在数理统计中, 要研究对象的全体, 称为总体或母体. 组成总体的每个成员,

称为个体.

例 1.1　要了解上海市居民家庭的月收入情况. 总体为上海市每个家庭的月收入所组成的全体, 个体为上海市每个家庭的月收入.

2. 总体分布

当我们打算从总体中抽取个体时, 在抽到某个个体前, 个体的值是不能确定的, 因而它是一个随机变量, 记为 X. 因 X 取值的统计规律性反映了总体中各个个体的取值规律, 故把 X 的分布称为总体分布. 我们假设 X 定义在概率空间 $(\Omega, \mathcal{F}, \mathrm{P})$ 上, 其中 Ω 为样本空间, $\mathcal{F}$ 为由样本空间的子集所生成的 σ-代数 (域), P 为定义在概率空间上的概率测度. 直观上, Ω 代表所有试验结果的集合, $\mathcal{F}$ 代表所有事件的集合, 而 P 是用于度量事件发生可能性大小的尺度. 与随机变量一样, 总体分布的统计规律离散型用分布律 (也称为概率质量函数) 刻画, 连续型用概率密度函数来刻画.

在数理统计中, 总体 X 的分布永远是未知的. 即使有时有足够的理由可以认为总体 X 服从某种类型的分布, 但这个分布的参数仍然未知. 如: 检验自某生产线上生产出来的零件是正品还是次品, 用 0 表示正品, 1 表示次品, 则 X 为 0-1 分布. 但 0-1 分布的参数 p 仍是未知的.

1.1.2　样本与样本观测值

要对总体下结论, 需要收集数据进行观测. 从总体中抽取一部分个体进行观测的过程, 称为抽样. 抽样即为收集数据. 在抽样前, 不知抽到的一部分个体 (设为 n 个) 的具体数值为多少, 可看作随机变量, 称为**随机样本或样本**. 记为 $(X_1, \cdots, X_n)$. 样本中所含的个体数, 称为**样本容量**. 如样本 $(X_1, \cdots, X_n)$ 的样本容量为 n.

抽样后, 得到样本 $(X_1, \cdots, X_n)$ 的一个具体值, 记为 $(x_1, \cdots, x_n)$, 称为样本观测值. 实际工作中, 我们手头有一批数据, 这相对于站在抽样后的立场上.

1.1.3　统计量与估计量

对样本进行整理加工的一种有效方法是构造样本函数 $T = T(X_1, \cdots, X_n)$, 它可以把分散在样本中的总体信息按人们的需要 (某种统计思想) 集中在一个函数上, 使该函数值能反映总体某方面的信息. 这样的样本函数在统计学上称为统计量, 具体定义如下.

定义 1.1　不含任何未知参数的样本函数称为**统计量**. 统计量的分布称为抽样分布.

如 $Z = \sum_{k=1}^{n} X_k$ 为一个统计量. 但若 μ 未知, $W = \sum_{k=1}^{n}(X_k - \mu)$ 就不是一个统计量.

将样本观测值取代样本代入定义统计量的样本函数中所得的数值称为**统计量的观测值**. 统计量为一随机变量. 若 $(x_1,\cdots,x_n)$ 为样本 $(X_1,\cdots,X_n)$ 的观测值, 统计量 $T=T(X_1,\cdots,X_n)$ 的观测值就为 $T=T(x_1,\cdots,x_n)$.

统计量一定是通过观测能够得到其确切数值的, 1.2 节中的样本数字特征都是常用的重要统计量.

分布中所含的未知参数、分布中的一些重要数字特征、某事件的概率等这些人们关心的量用一个统计量进行估计就称为估计量. 严格地讲, 就是

定义 1.2 用于估计未知参数的统计量称为**点估计** (量), 或简称为**估计** (量). 参数 θ 的估计量常用 $\hat{\theta}=\hat{\theta}(X_1,\cdots,X_n)$ 表示, 参数 θ 的可能取值范围称为**参数空间**, 记为 $\Theta=\{\theta\}$.

估计量也是一随机变量, 估计量的观测值称为**估计值**. 估计值是一个数.

1.2 数字特征与数据的经验分布

1.2.1 数字特征

1. 常用重要数字特征

设 $(X_1,\cdots,X_n)$ 为总体 X 的样本, $(x_1,\cdots,x_n)$ 为样本 $(X_1,\cdots,X_n)$ 的观测值, 以下为常见总体数字特征、统计量及统计量的观测值.

1) 总体均值与样本均值

$\mu=\mathrm{E}(X)$ 称为总体均值. 总体均值用于表示总体取值的平均值. $\overline{X}=\dfrac{1}{n}\sum_{k=1}^{n}X_k$ 称为样本均值, 其观测值为 $\bar{x}=\dfrac{1}{n}\sum_{k=1}^{n}x_k$. 样本均值的观测值表示数据的集中位置.

2) 总体方差与样本方差

$\sigma^2=\mathrm{Var}(X)$ 称为总体方差. 总体方差用于刻画总体取值相对于其均值的平均偏离程度. $S^2=\dfrac{1}{n-1}\sum_{k=1}^{n}(X_k-\overline{X})^2=\dfrac{1}{n-1}(\sum_{k=1}^{n}X_k^2-n\overline{X}^2)$ 称为样本方差, 其观测值为 $s^2=\dfrac{1}{n-1}\sum_{k=1}^{n}(x_k-\bar{x})^2$. 样本方差的观测值是数据相对于均值的偏差平方的平均.

3) 总体标准差与样本标准差

$\sigma=\sqrt{\mathrm{Var}(X)}$ 称为总体标准差. $S=\sqrt{S^2}$ 称为样本标准差, 其观测值为 $s=\sqrt{s^2}$. 总体标准差与样本标准差都是为了保持与数据量纲的一致性而给出的总体或样本观测相对于其均值平均偏离程度的指标.

4) 总体 k 阶 (原点) 矩与样本 k 阶 (原点) 矩

$\mu_k = \mathrm{E}(X^k)$ $(k = 1, 2, \cdots)$ 称为总体 k 阶 (原点) 矩. $A_k = \dfrac{1}{n}\sum_{i=1}^{n} X_i^k$ $(k = 1, 2, \cdots)$ 称为样本 k 阶 (原点) 矩, 其观测值为 $a_k = \dfrac{1}{n}\sum_{i=1}^{n} x_i^k$ $(k = 1, 2, \cdots)$.

5) 总体 k 阶中心矩与样本 k 阶中心矩

$\mathrm{E}(X-\mu)^k$ $(k = 2, 3, \cdots)$ 称为总体 k 阶中心矩. $B_k = \dfrac{1}{n}\sum_{i=1}^{n}(X_i - \overline{X})^k$ $(k = 2, 3, \cdots)$ 称为样本 k 阶中心矩, 其观测值为 $b_k = \dfrac{1}{n}\sum_{i=1}^{n}(x_i - \bar{x})^k$ $(k = 2, 3, \cdots)$.

6) 总体偏度与样本偏度

$G_1 = \dfrac{\mathrm{E}(X - \mathrm{E}(X))^3}{\sigma^3} = \dfrac{\mathrm{E}(X - \mathrm{E}(X))^3}{\mathrm{Var}(X)^{3/2}}$ 称为总体偏度. 总体偏度是度量总体分布是否偏向某一侧的指标. 对于对称的分布, 偏度为 0. 如正态分布的偏度便为 0. 若总体分布在右侧更为扩展, 偏度为正; 若总体分布在左侧更为扩展, 偏度为负. 图 1-2 表示了偏度为正和偏度为负的概率密度的图像特点. 样本偏度的计算公式为 $g_1 = B_3/S^3$. 样本偏度的观测值是刻画数据对称性的指标. 关于均值对称的数据其偏度为 0, 右侧更分散的数据偏度为正, 左侧更分散的数据偏度为负. 图 1-3 表示了偏度为正、为 0 和为负的数据分布的图像特点.

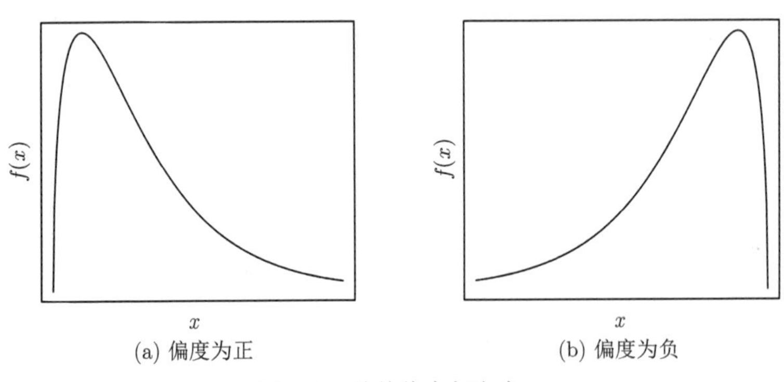

(a) 偏度为正　　(b) 偏度为负

图 1-2　总体偏度与密度

7) 总体峰度与样本峰度

$G_2 = \dfrac{\mathrm{E}(X - \mathrm{E}(X))^4}{\sigma^4} = \dfrac{\mathrm{E}(X - \mathrm{E}(X))^4}{\mathrm{Var}(X)^2}$ 称为总体峰度. 总体峰度是以同方差的正态分布为标准, 比较总体分布尾部分散性的指标. 当总体分布是正态分布时, 总体峰度 $G_2 = 3$. 当 $G_2 > 3$ 时, 总体分布中极端数值分布范围较广, 此种分布称为厚尾分布或重尾分布. 当 $G_2 < 3$ 时, 两侧极端数据较少, 此种分布称为细尾分布或轻尾分布. 图 1-4 给出了峰度等于 3、小于 3、大于 3 的概率密度的图像特

点. 样本峰度的计算公式为 $g_2 = B_4/S^4$. 当数据的总体分布为正态分布时, 样本峰度的观测值近似为 3; 当总体分布较正态分布的尾部更分散时, 样本峰度的观测值大于 3, 否则峰度小于 3. 当峰度大于 3 时, 两侧极端数据较多; 当峰度小于 3 时, 两侧极端数据较少.

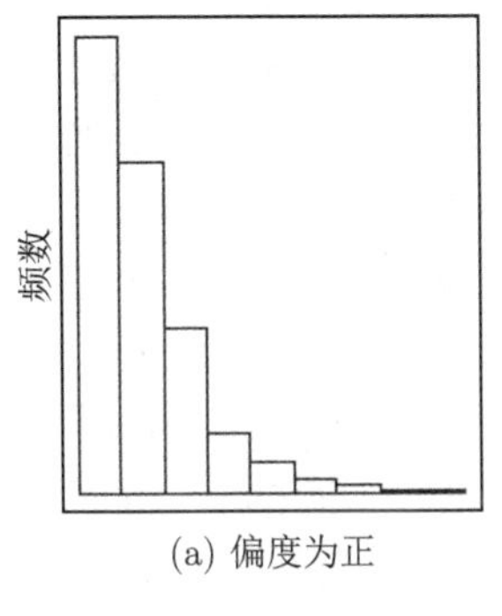

(a) 偏度为正

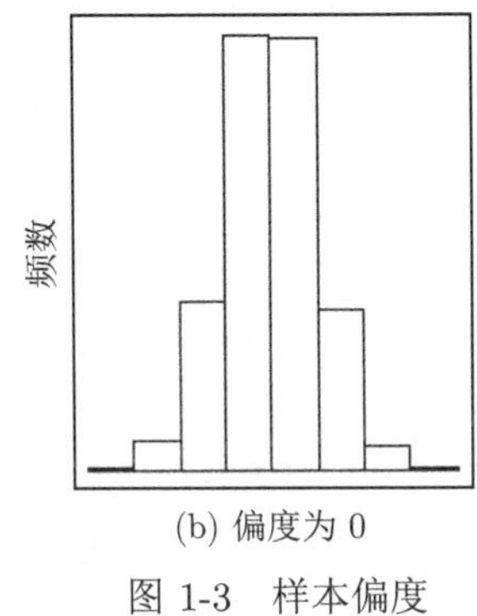

(b) 偏度为 0

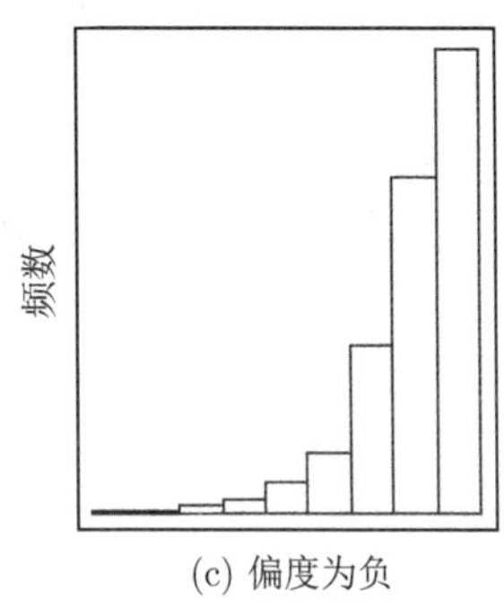

(c) 偏度为负

图 1-3 样本偏度

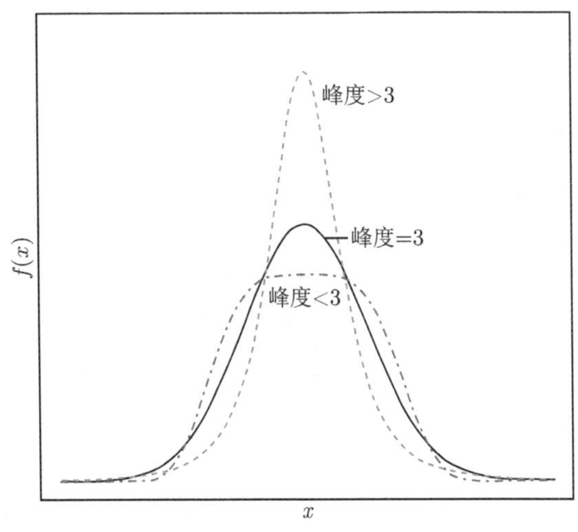

图 1-4 总体峰度与密度

R 软件提供的求解样本各数字特征的函数见表 1-1. 函数具体用法见 R 软件帮助文件.

例 1.2 以下为利用仪器采集的某集装箱船舶在某时段某海域航行时船首处的 151 个垂直振动加速度 (米/秒^2) 数据:

0.28	0.08	−0.97	0.42	1.22	−1.13	0.37	−0.14	0.20
−0.51	−0.29	0.10	−0.14	−0.10	−0.09	−0.32	0.38	−0.55

0.39	0.18	−1.00	0.90	0.47	−1.48	1.13	1.20	−1.08
−0.54	1.63	0.46	−1.53	1.09	1.26	−1.04	−0.17	0.91
0.16	−1.11	0.25	0.89	−0.46	−0.44	0.77	0.14	−0.87
−0.34	0.50	0.37	−1.19	0.74	0.17	−0.48	−0.16	0.32
−0.65	−0.03	−0.20	0.21	−0.35	−0.48	0.30	0.02	−0.88
0.56	−0.21	0.06	0.54	−1.07	0.36	0.90	−0.83	0.12
1.19	−0.42	−0.50	0.08	0.19	−0.89	0.57	0.31	−0.66
0.39	0.06	−0.90	0.09	0.39	−0.44	−0.12	0.12	−0.56
0.55	0.15	−0.97	0.88	0.77	−1.89	1.32	0.95	−1.04
0.44	−0.17	0.01	0.46	−0.48	−0.10	−0.21	0.41	−0.73
−0.11	0.43	−0.12	−1.00	0.51	0.79	−1.34	0.55	1.44
−1.17	−0.17	0.52	0.23	−1.06	0.35	0.75	−0.64	−0.46
0.69	−0.37	0.08	0.79	−0.82	0.00	0.09	−0.65	0.12
0.40	−1.17	0.51	0.57	−1.08	0.33	0.87	−0.59	−0.29
1.22	−0.38	−0.51	0.48	0.21	−1.16	0.85		

表 1-1　R 软件中求样本数字特征的函数

数字特征	软件包及函数
均值	`base` 包中的 `mean`、`moments` 包中的 `moment`
方差	`stats` 包中的 `var`
原点矩、中心矩	`moments` 包中的 `moment` 和 `all.moments`
偏度	`moments` 包和 `HyperbolicDist` 包中的 `skewness`
峰度	`moments` 包和 `HyperbolicDist` 包中的 `kurtosis`

计算均值、方差、标准差、变异系数、偏度、峰度.

解　根据各种样本数字特征的定义, 借助统计软件, 可算得

$$\bar{x}=-0.012,\quad s^2=0.491,\quad s=0.701,\quad g_1=-0.155,\quad g_2=2.526.$$

2. 中位数、分位数与极差

上述数据的均值、方差、标准差等数字特征是总体相应数字特征的一种矩估计, 它更适合于来自接近正态分布总体的数据的分析. 若总体的分布未知, 或者数据严重偏态, 有若干异常值 (极端值), 上述分析数据的方法不甚合适, 而应计算中位数、分位数、极差等数据数字特征, 计算上述数字特征需要用到次序统计量.

设 $(X_1,\cdots,X_n)$ 是取自总体 X 的一个样本. $(x_1,\cdots,x_n)$ 表示这一样本的一组观测值. 这些观测值由小到大的排列用 $x_{(1)},x_{(2)},\cdots,x_{(n)}$ 表示, 即 $x_{(1)}\leqslant x_{(2)}\leqslant\cdots\leqslant x_{(n)}$. 若其中有两个分量 x_i 与 x_j 相等, 它们先后次序的安排是可以任意的.

定义 1.3 第 i 个次序统计量 $X_{(i)}$ 定义如下: 不论样本 $(X_1, \cdots, X_n)$ 取得怎样一组观测值 $(x_1, \cdots, x_n)$, 它总是取其中的 $x_{(i)}$ 为观测值. $X_{(1)} = \min_{1 \leqslant i \leqslant n} X_i$ 称为最小次序统计量. $X_{(n)} = \max_{1 \leqslant i \leqslant n} X_i$ 称为最大次序统计量.

1) 样本中位数与极差

样本中位数的定义如下

$$M = \begin{cases} X_{\left(\frac{n+1}{2}\right)}, & n\text{为奇数}, \\ \dfrac{1}{2}\left(X_{\left(\frac{n}{2}\right)} + X_{\left(\frac{n}{2}+1\right)}\right), & n\text{为偶数}. \end{cases}$$

中位数是描述数据中心位置的数字特征. 大体上比中位数大或比中位数小的数据个数为整个样本数据个数的一半. 对于取自对称分布总体的数据, 均值与中位数较接近; 对于来自偏态分布的数据, 均值与中位数不同. 中位数的又一显著特点是不受异常值 (特大或特小) 的影响, 具有稳健性, 因此, 它是数据分析中相当重要的统计量. 与标准偏差对应的一个稳健统计量为相对于中位数的绝对偏差中位数 (median absolute deviation from the median, MAD).

样本极差是最大与最小次序统计量之差, 即 $R = X_{(n)} - X_{(1)}$. 它是描述数据分散性的数字特征. 数据越分散, 极差越大.

例 1.3 计算以下样本观测值的中位数与极差.

$$5, 3, 11, 3, 1, 7, 8.$$

解 因为 $x_{(1)} = 1$, $x_{(2)} = 3$, $x_{(3)} = 3$, $x_{(4)} = 5$, $x_{(5)} = 7$, $x_{(6)} = 8$, $x_{(7)} = 11$, 所以 $M = x_{(4)} = 5$, $R = 10$.

2) 总体分位数与样本分位数

若总体 X 具有分布函数 $F(x)$, 且

$$F(a_p) = p, \quad 0 < p < 1,$$

则称 a_p 为总体 X 的 p-分位数. 设 $X_{(1)} \leqslant X_{(2)} \leqslant \cdots \leqslant X_{(n)}$ 为取自总体 X 的样本的次序统计量. 若 $k = [np] + 1$, 则称次序统计量 $X_{(k)}$ 为样本的 p-分位数, 记为 M_p.

p-分位数又称为第 $100p$ 百分位数. 大体上整个样本的 $100p\%$ 的观测值不超过 p-分位数. 在实际应用中, 0.75-分位数与 0.25-分位数 (第 75 百分位数与第 25 百分位数) 比较重要, 它们分别称为上、下四分位数, 并分别简记为 $Q_3 = M_{0.75}$, $Q_1 = M_{0.25}$. 下列分位数也在实际应用中经常用到

$$M_{0.99}, \quad M_{0.95}, \quad M_{0.90}, \quad M_{0.10}, \quad M_{0.05}, \quad M_{0.01}.$$

例 1.4 计算例 1.3 数据的

$$Q_3, Q_1 \text{ 及 } M_{0.99}, M_{0.95}, M_{0.90}, M_{0.10}, M_{0.05}, M_{0.01}.$$

解　通过计算, 得

$$Q_3=8,\quad Q_1=3,\quad M_{0.99}=11,\quad M_{0.95}=11,$$

$$M_{0.90}=11,\quad M_{0.10}=1,\quad M_{0.05}=1,\quad M_{0.01}=1.$$

上、下四分位数之差称为四分位极差 (或半极差): $R_1=Q_3-Q_1$. 它也是度量样本分散性的重要数字特征, 特别对于具有异常值的数据, 它作为分散性的度量具有稳健性, 因此, 它在稳健性数据分析中具有重要作用.

R 软件提供的求各样本分位数的函数为 `stats` 软件包中的 `quantile` 函数. 计算四分位极差的 R 函数为 `IQR`.

例 1.5　求例 1.2 数据的中位数, 诸分位数、极差、四分位数极差.

解　根据各种样本数字特征的定义, 借助统计软件, 可算得

$$M=0.08,\quad Q_3=0.46,\quad Q_1=-0.49,\quad M_{0.99}=1.38,$$
$$M_{0.95}=1.16,\quad M_{0.90}=0.88,\quad M_{0.10}=-1.04,\quad M_{0.05}=-1.15,\quad M_{0.01}=-1.50,$$
$$R=3.52,\quad R_1=0.95.$$

3. 箱线图

中位数与重要的分位数等可以直观地用箱线图来描述. 图 1-5 即为对某两组数据分别画的箱线图, 箱子内的一条垂直线段位于样本中位点处, 左右两侧分别位于 Q_1 与 Q_3 处, 整个图像的最左端垂线段与最右端垂线段分别为样本的箱外向左或向右延伸至 1.5 倍箱长, 离散点代表极端值点 (outliers). 当然, 箱线图也可以以垂直方向呈现. R 软件提供的作箱线图的函数为 `graphics` 软件包中的 `boxplot` 函数.

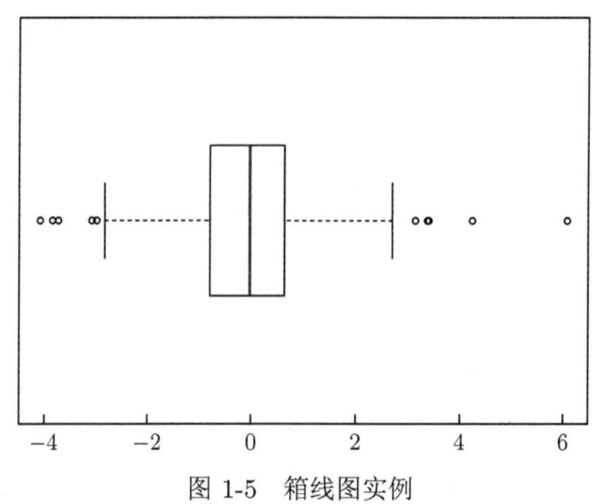

图 1-5　箱线图实例

1.2.2 数据的经验分布

数字特征刻画了数据的主要特征, 而要对数据的总体情况作全面的描述, 就要研究数据的分布. 对数据分布的主要描述方法是直方图、经验分布函数的观测值及 QQ 图等. 下面对这些内容进行介绍.

1. 直方图

直方图用于直观描述数据所取自的总体概率密度函数的大致形状.

设 $(x_1,\cdots,x_n)$ 为一组数据. 作直方图的方法大致可以分为四步.

第 1 步: 找出这组数据的最小者 $x_{(1)}=\min_{1\leqslant i\leqslant n}x_i$ 与最大者 $x_{(n)}=\max_{1\leqslant i\leqslant n}x_i$.

第 2 步: 选定常数 a (略小于 $x_{(1)}$) 与常数 b (略大于 $x_{(n)}$), 并把区间 $[a,b]$ 等分成 m 组 $(a_{j-1},a_j]$, $j=1,\cdots,m$, 其中 $a=a_0<a_1<\cdots<a_m=b$.

第 3 步: 计算这 n 个数据落入区间 $(a_{j-1},a_j]$ 中的频数 n_j, $j=1,2,\cdots,m$.

第 4 步: 在平面坐标系中画出 m 个长方形, 各长方形以 $(a_{j-1},a_j]$ 为底边, 它们的高度与 n_j 成正比, $j=1,2,\cdots,m$. 这 m 个长方形合在一起便构成了直方图.

上述四步确定的直方图可进一步规范化为一个密度函数 (可参见 13.1.1 节). R 软件提供的作直方图的函数为 `graphics` 软件包中的 `hist` 函数.

2. 经验分布函数

经验分布函数用于直观描述数据所取自的总体分布函数的大致形态. 样本 $(X_1,\cdots,X_n)$ 的经验分布函数定义为

$$F_n(x)\triangleq\frac{1}{n}\{X_1,\cdots,X_n\text{中小于或等于}x\text{的个数}\}.$$

其观测值 (仍以 $F_n(x)$ 记) 为

$$F_n(x)\triangleq\frac{1}{n}\{x_1,\cdots,x_n\text{中小于或等于}x\text{的个数}\}.$$

$F_n(x)$ 的求法如下: 设 $(x_1,\cdots,x_n)$ 为取自总体 X 的一个样本容量为 n 的样本观测值. 将 $x_1,x_2,\cdots,x_n$ 按自小到大排序为 $x_{(1)}\leqslant x_{(2)}\leqslant\cdots\leqslant x_{(n)}$, 则

$$F_n(x)=\begin{cases}0, & x<x_{(1)},\\ 1/n, & x_{(1)}\leqslant x<x_{(2)},\\ \cdots\cdots & \\ j/n, & x_{(j)}\leqslant x<x_{(j+1)},\\ \cdots\cdots & \\ 1, & x\geqslant x_{(n)}.\end{cases}$$

例 1.6　设 $(1,2,3)$ 为总体 X 的一个样本观测值, 则 $x_{(1)}=1\leqslant x_{(2)}=2\leqslant x_{(3)}=3$,

$$F_3(x)=\begin{cases}0, & x<1,\\ 1/3, & 1\leqslant x<2,\\ 2/3, & 2\leqslant x<3,\\ 1, & x\geqslant 3.\end{cases}$$

设 $(1,2,2,4)$ 为总体 X 的一个样本观测值, 则 $x_{(1)}=1\leqslant x_{(2)}=2\leqslant x_{(3)}=2\leqslant x_{(4)}=4$,

$$F_4(x)=\begin{cases}0, & x<1,\\ 1/4, & 1\leqslant x<2,\\ 3/4, & 2\leqslant x<4,\\ 1, & x\geqslant 4.\end{cases}$$

关于经验分布函数, 1933 年, Glivenko 有如下结论

$$\lim_{n\to\infty}\sup_{-\infty<x<+\infty}|F_n(x)-F(x)|=0,\quad \text{a.s.}.$$

R 软件提供的计算经验分布函数的函数为 `stats` 软件包中的 `ecdf` 函数.

3. QQ 图

不论是直方图还是经验分布函数图, 要从图上鉴别样本是不是近似于某一类型的分布是困难的. QQ 图可以帮助我们鉴别样本的分布是否近似于某种类型的分布.

设总体 X 的 p-分位数为 a_p, 对于取自某个总体样本次序统计量的观测值 $x_{(1)},\cdots,x_{(n)}$. QQ 图是由以下点构成的散点图:

$$\left(a_{i/n},x_{(i)}\right),\quad 1\leqslant i\leqslant n.$$

若 QQ 图上的点近似地在一条直线 $y=x$ 附近, 可以认为样本数据来自总体 X. 若总体 X 为标准正态分布, 这时所画的 QQ 图称为正态 QQ 图. 若正态 QQ 图上的点近似地在某条直线附近, 可以认为样本数据来自正态分布总体.

R 软件提供的作 QQ 图的函数为 `stats` 软件包中的 `qqplot` 函数. 可通过 `stats` 软件包中的 `qqnorm` 函数作 QQ 图来判断数据是否来自正态总体.

例 1.7　利用例 1.2 中的数据, ① 作直方图; ② 作经验分布函数图; ③ 作正态 QQ 图, 并从直观上鉴别样本数据是否来自正态分布总体.

解　用 R 软件提供的相应函数处理例 1.2 中的数据, 结果如图 1-6 所示. 在正态 QQ 图中, 因为散点近似地在一条直线附近, 可认为数据来自正态分布总体.

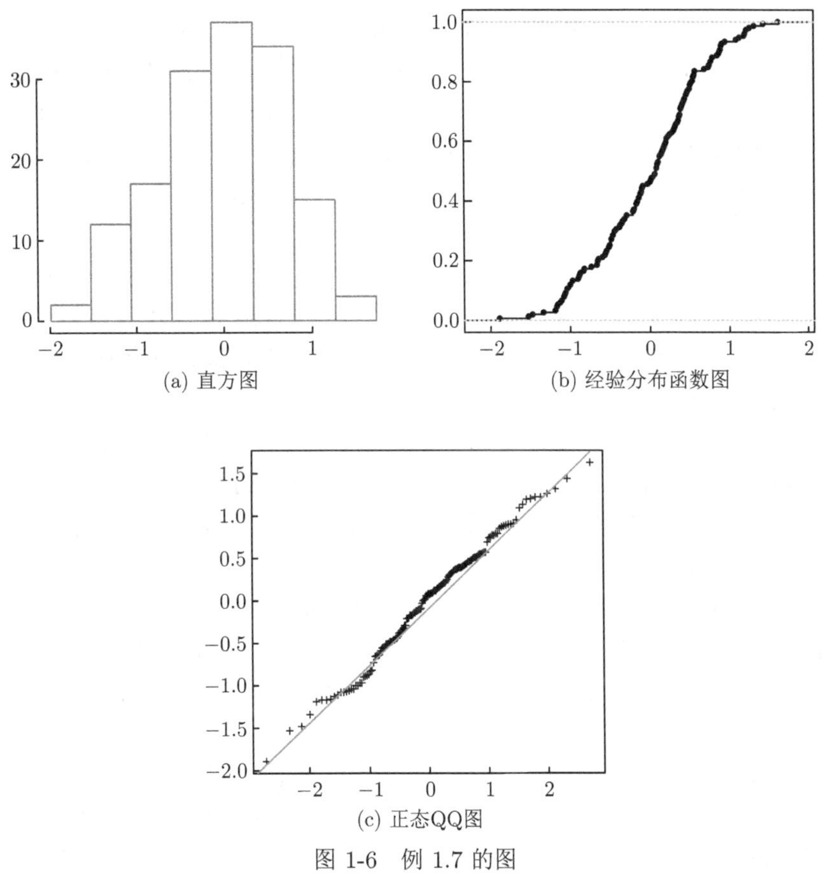

(a) 直方图

(b) 经验分布函数图

(c) 正态QQ图

图 1-6 例 1.7 的图

1.3 充分统计量

1.3.1 充分统计量的概念

构造一个统计量就是对样本 $(X_1, \cdots, X_n)$ 进行加工. 这种加工就是把原来大量且杂乱无章的数据转化为一个或少数几个统计量, 简化数据 (降低维数), 便于使用, 这是加工样本的要求之一; 加工样本的另一要求是去粗取精, 不损失 (重要) 信息. 满足这两项要求的统计量在统计学中称为充分统计量. 下面用教材 [59] 中一个例子来直观说明这个概念.

例 1.8 某厂要了解某产品的不合格率 p, 按常规, 检验员随机抽检了 10 件产品, 检验结果 (0 表示合格品, 1 表示不合格品) 如下:

$$x_1 = 1, \quad x_2 = 1, \quad x_3 = 0, \quad x_4 = 0, \quad x_5 = 0,$$

$$x_6 = 0, \quad x_7 = 0, \quad x_8 = 0, \quad x_9 = 0, \quad x_{10} = 0.$$

检验员向厂长汇报检验结果时有如下几种选择:

(1) "第 1 件是不合格品, 第 2 件是不合格品, 第 3 件是合格品, $\cdots$, 第 10 件是合格品." 厂长听后觉得啰唆. 因为厂长关心的是不合格品率 p, 而估计 p 的最重要信息是不合格品总数, 至于不合格品出现在第几件产品上对厂长来说并不重要, 检验员如此汇报虽没有损失任何样本信息, 但没有达到去粗取精、简化数据之目的.

(2) "10 件中共有 2 件不合格品", 即 $t_1 = \sum_{i=1}^{10} x_i = 2$. 厂长一听就明白, 觉得很好, 简单明了. 检验员抓住了样本中有关 p 的重要信息 (不合格品总数为 2), 剔除了与 p 无关的信息 (不合格品出现在哪个产品上), 既简化数据, 又不损失重要信息, 达到了充分统计量的要求.

(3) "前两件产品不合格", 即 $t_2 = x_1 + x_2 = 2$. 厂长听后困惑, "后几件产品怎样?" 如此汇报不能使人满意, 因为这损失了有关 p 的重要信息.

上面用一个例子给出了充分统计量的直观含义, 以下将从分布层面对其作进一步的分析. 具体如下.

(1) 设总体的分布函数 $F_\theta(x)$ 已知, 但参数 θ 未知. 这样确定分布的问题归结为寻求未知参数 θ 的估计问题. 为此从该总体随机抽取一个样本观测值 $\mathbf{x} = (x_1, x_2, \cdots, x_n)$, 该样本的分布函数值 $F_\theta(\mathbf{x}) = \prod_{i=1}^n F_\theta(x_i)$ 含有样本 $\mathbf{x}$ 中有关 θ 的信息.

(2) 为了估计 θ, 可构造一个统计量 $T = T(X_1, \cdots, X_n)$, 使其尽量多地含有 θ 的信息. 例如 T 的抽样分布 $F_\theta^T(t)$ 与样本分布 $F_\theta(\mathbf{x})$ 所含 θ 的信息一样多, 那就可用统计量 T 代替样本 $(X_1, \cdots, X_n)$ 从事统计推断, 达到简化数据和不损失信息之目的.

(3) 样本观测值 $\mathbf{x}$ 中所含有关参数 θ 的信息由两部分组成: 一是统计量观测值 $t = T(\mathbf{x})$ 中所含有关 θ 的信息; 二是在 T 取值为 t 后样本观测值 $\mathbf{x}$ 还含有有关 θ 的信息. 后者涉及条件分布 $F_\theta(\mathbf{x}|T = t)$ 中还含有多少有关 θ 的信息. 这里可能有如下两种情况:

(i) 若 $F_\theta(\mathbf{x}|T = t)$ 依赖于参数 θ, 则此条件分布仍含有有关 θ 的信息. 这说明统计量 T 没有把样本中有关 θ 的信息全部概括进去.

(ii) 若 $F_\theta(\mathbf{x}|T = t)$ 不依赖于参数 θ, 则此条件分布不含 θ 的任何信息. 这表明有关 θ 的信息都含在统计量 T 之中, 使用统计量 T 不会损失有关 θ 的信息. 这正是统计量 T 具有充分性的含义.

综上所述, 一般充分统计量的定义如下给出.

定义 1.4 设有一个分布族 $\mathcal{F} = \{F\}$, $(X_1, \cdots, X_n)$ 是从分布 $F \in \mathcal{F}$ 中抽取的一个样本. $T = T(X_1, \cdots, X_n)$ 是一个统计量. 若在给定 $T = t$ 下, 样本 $(X_1, \cdots, X_n)$ 的条件分布与总体分布 F 无关, 则称 T 为此分布族 $\mathcal{F}$ 的充分统计

量. 假如 $\mathcal{F} = \{F_\theta, \theta \in \Theta\}$ 是参数分布族, 在给定 $T = t$ 下, 样本 $(X_1, \cdots, X_n)$ 的条件分布与参数 θ 无关, 则称 T 为参数 θ 的充分统计量.

例 1.9 设 $(X_1, \cdots, X_n)$ 是取自 0-1 分布 $b(1, p)$ 上的一个样本, 其中 $0 < p < 1$, $n > 2$. 现考察如下两个统计量

$$T_1 = \sum_{i=1}^n X_i, \qquad T_2 = X_1 + X_2.$$

样本的联合分布为

$$\mathrm{P}(X_1 = x_1, \cdots, X_n = x_n) = p^{\sum_{i=1}^n x_i}(1-p)^{n-\sum_{i=1}^n x_i},$$

而统计量 $T_1 \sim b(n, p)$, $T_2 \sim b(2, p)$. 因此

$$\begin{aligned}
&\mathrm{P}(X_1 = x_1, \cdots, X_n = x_n | T_1 = t) \\
=& \frac{\mathrm{P}(X_1 = x_1, \cdots, X_n = x_n, T_1 = t)}{\mathrm{P}(T_1 = t)} \\
=& \frac{\mathrm{P}\left(X_1 = x_1, \cdots, X_{n-1} = x_{n-1}, X_n = t - \sum_{i=1}^{n-1} x_i\right)}{\mathrm{P}(T_1 = t)} \\
=& \frac{p^t(1-p)^{n-t}}{\binom{n}{t} p^t (1-p)^{n-t}} = \binom{n}{t}^{-1},
\end{aligned}$$

$$\begin{aligned}
&\mathrm{P}(X_1 = x_1, \cdots, X_n = x_n | T_2 = t) \\
=& \frac{\mathrm{P}(X_1 = x_1, \cdots, X_n = x_n, T_2 = t)}{\mathrm{P}(T_2 = t)} \\
=& \frac{\mathrm{P}(X_1 = x_1, X_2 = t - x_1, X_3 = x_3, \cdots, X_n = x_n)}{\mathrm{P}(T_2 = t)} \\
=& \frac{p^{t+\sum_{i=3}^n x_i}(1-p)^{n-t-\sum_{i=3}^n x_i}}{\binom{2}{t} p^t (1-p)^{2-t}} \\
=& \binom{2}{t}^{-1} p^{\sum_{i=3}^n x_i}(1-p)^{n-2-\sum_{i=3}^n x_i}.
\end{aligned}$$

因此, T_1 为 p 的充分统计量, 而 T_2 不是.

由定义 1.4 可得如下结论.

定理 1.1 设 $T=T(X_1,\cdots,X_n)$ 是参数 θ 的充分统计量, $s=\Psi(t)$ 是严格单调函数, 则 $S=\Psi(T(X_1,\cdots,X_n))=S(X_1,\cdots,X_n)$ 也是 θ 的一个充分统计量.

证明 因 $s=\Psi(t)$ 是严格单调函数, $S=s$ 与 $T=t$ 是等价的, 其中 $s=\Psi(t)$. 故其条件分布满足 $F_\theta(x_1,\cdots,x_n|T=t)=F_\theta(x_1,\cdots,x_n|S=s)$, 由此即可推得此定理成立.

按此定理, $T_1=\sum_{i=1}^n X_i$ 是成功概率 p 的充分统计量, 则 $\overline{X}=\dfrac{1}{n}\sum_{i=1}^n X_i$ 亦是 p 的充分统计量.

以下引理将在连续分布场合给出条件密度函数的一种表示形式, 这为讨论充分统计量提供了方便.

引理 1.1 设样本 $(X_1,\cdots,X_n)$ 的概率密度函数为 $p_\theta(x_1,\cdots,x_n)$, $T=T(X_1,\cdots,X_n)$ 是一个统计量, 则在 $T=t$ 下, 样本 $(X_1,\cdots,X_n)$ 的条件密度函数 $p_\theta(x_1,\cdots,x_n|t)$ 可表示为

$$p_\theta(x_1,\cdots,x_n|t)=\frac{p_\theta(x_1,\cdots,x_n)\delta(T(x_1,\cdots,x_n)-t)}{p_\theta(t)},$$

其中 $\delta(x)$ 满足: 对任意的 $\varepsilon>0$, 当 $|x|>\varepsilon$ 时, $\delta(x)=0$, 且 $\displaystyle\int_{-\varepsilon}^{\varepsilon}\delta(x)\,\mathrm{d}x=1$, $p_\theta(t)$ 为统计量 T 的概率密度函数.

注 1.1 引理 1.1 告诉我们: 对于连续型分布场合, 要考察统计量的充分性, 仅需确定 $\dfrac{p_\theta(x_1,\cdots,x_n)}{p_\theta(t)}$ 是否与参数 θ 有关.

证明 因

$$p_\theta(x_1,\cdots,x_n,t)=p_\theta(x_1,\cdots,x_n)p_\theta(t|x_1,\cdots,x_n).$$

要证引理只需证 $p_\theta(t|x_1,\cdots,x_n)=\delta(T(x_1,\cdots,x_n)-t)$. 既然给定 $(X_1,\cdots,X_n)$ 的观测值的条件下, T 为退化分布. 因此结论成立.

例 1.10 设 $(X_1,\cdots,X_n)$ 是取自正态分布 $N(\mu,1)$ 的一个样本, 则 $T=\sum_{i=1}^n X_i$ 是参数 μ 的充分统计量.

解 由正态分布的可加性, $T\sim N(n\mu,n)$. 设 $(x_1,\cdots,x_n)$ 为 $(X_1,\cdots,X_n)$ 的观测值,

$$\frac{p_\mu(x_1,\cdots,x_n)}{p_\mu(t)}=\frac{\sqrt{n}}{(\sqrt{2\pi})^{n-1}}\exp\left\{-\frac{1}{2}\left(\sum_{i=1}^n x_i^2-\frac{t^2}{n}\right)\right\}.$$

最后的结果与 μ 无关, 据引理 1.1, T 是 μ 的充分统计量.

例 1.11 设 $(X_1, \cdots, X_n)$ 为取自均匀分布总体 $U(0, \theta)$ 的一个样本, 即总体概率密度函数为 $p(x) = \theta^{-1}\mathbb{I}_{(0,\theta)}(x)$. 则 $X_{(n)} = \max\{X_1, \cdots, X_n\}$ 为参数 θ 的充分统计量.

解 容易算得 $X_{(n)}$ 的概率密度函数为 $p(t) = nt^{n-1}/\theta^n\mathbb{I}_{(0,\theta)}(t)$. 设 $(x_1, \cdots, x_n)$ 为 $(X_1, \cdots, X_n)$ 的观测值, 于是

$$\frac{p_\theta(x_1, \cdots, x_n)}{p_\theta(t)} = \frac{1/\theta^n\mathbb{I}_{(0,\theta)}(t)}{n\,t^{n-1}/\theta^n\mathbb{I}_{(0,\theta)}(t)} = \frac{1}{n\,t^{n-1}}.$$

最后的结果与 θ 无关, 据引理 1.1, $X_{(n)}$ 是 θ 的充分统计量.

例 1.12 设 $(X_1, \cdots, X_n)$ 是取自具有概率密度函数为 $p(x)$ 的总体的一个样本, 则 $T = (X_{(1)}, \cdots, X_{(n)})$ 是分布族的充分统计量.

解 设 $(x_1, \cdots, x_n)$ 是 $(X_1, \cdots, X_n)$ 的一观测值. 由连续性假定可知, 这些观测值互不相等的概率为 1. T 的联合概率密度函数为 $p_T(t_1, \cdots, t_n) = n!\prod_{i=1}^n p(t_i)\mathbb{I}_{\{t_1<\cdots<t_n\}}$. 注意到

$$\frac{p(x_1, \cdots, x_n)}{p_T(t_1, \cdots, t_n)} = \frac{1}{n!}.$$

最后的结果与 $p(\mathbf{x})$ 无关, 由引理 1.1 知 T 是总体分布族的充分统计量.

注 1.2 T 的联合概率密度函数为 $p_T(t_1, \cdots, t_n) = n!\prod_{i=1}^n p(t_i)\mathbb{I}_{\{t_1<\cdots<t_n\}}$ 可通过考察 $T = (X_{(1)}, \cdots, X_{(n)})$ 的分布函数得到. 这是因为当 $t_1 < t_2 < \cdots < t_n$ 时,

$$\begin{aligned}
&\mathrm{P}(X_{(1)} \leqslant t_1, \cdots, X_{(n)} \leqslant t_n) \\
=& \sum_{(i_1,\cdots,i_n)} \mathrm{P}(X_{(1)} \leqslant t_1, \cdots, X_{(n)} \leqslant t_n, (1) = i_1, \cdots, (n) = i_n) \\
=& \sum_{(i_1,\cdots,i_n)} \mathrm{P}(X_{i_1} \leqslant t_1, \cdots, X_{i_n} \leqslant t_n) \\
=& n!\mathrm{P}(X_{i_1} \leqslant t_1, \cdots, X_{i_n} \leqslant t_n).
\end{aligned}$$

1.3.2 因子分解定理

充分统计量是数理统计中最重要的概念之一, 是 R. A. Fisher 在 1925 年提出的. 但从定义 1.4 出发直接判断一个统计量的充分性, 因涉及条件分布的计算, 常常较为烦琐. J. Neyman 和 P. R. Halmos 在 20 世纪 40 年代提出并严格证明了一个判定充分统计量的法则——因子分解定理.

定理 1.2 (因子分解定理) 设有一个样本分布组成的参数分布族 $\mathcal{F}=\{p_\theta(\mathbf{x}):\theta\in\Theta\}$, 其中 $p_\theta(\mathbf{x})$ $(\mathbf{x}\in\mathcal{X})$ 为样本分布 (分布律或概率密度函数), 则定义在样本空间 $\mathcal{X}$ 上的统计量 $T(\mathbf{X})$ 是充分的, 当且仅当存在这样两个函数:

(1) $\mathcal{X}$ 上的非负函数 $h(\mathbf{x})$;

(2) 在统计量 $T(\mathbf{X})$ 取值的空间 $\mathcal{T}$ 上的函数 $g_\theta(t)$, 使得

$$p_\theta(\mathbf{x})=g_\theta(T(\mathbf{x}))h(\mathbf{x}),\quad \theta\in\Theta,\quad \mathbf{x}\in\mathcal{X}.$$

该定理表明: 假如存在充分统计量 $T(\mathbf{X})$, 那么样本分布 $p_\theta(\mathbf{x})$ 一定可以分解为两个因子的乘积, 其中一个因子与 θ 无关, 仅与样本观测值 $\mathbf{x}$ 有关, 另一个因子与 θ 有关, 但与样本观测值 $\mathbf{x}$ 的关系一定要通过充分统计量 $T(\mathbf{X})$ 表现出来. 这里, $T(\mathbf{X})$ 可以为向量统计量.

证明 对于任意固定的 $t\in\mathcal{T}$, 令集合 $A(t)=\{\mathbf{x}:T(\mathbf{x})=t\}$.

先证充分性. 对任意的 $\mathbf{x}\in A(t)$, 有 $\{\mathbf{X}=\mathbf{x}\}\subset\{T=t\}$, 且

$$p_\theta(\mathbf{x}|t)=\frac{p_\theta(\mathbf{x},t)}{p_\theta(t)}=\frac{p_\theta(\mathbf{x},t)}{\displaystyle\int_{\mathbf{x}\in A(t)}p_\theta(\mathbf{x},t)\,\mathrm{d}\mathbf{x}}=\frac{g_\theta(t)h(\mathbf{x})}{\displaystyle\int_{\mathbf{x}\in A(t)}g_\theta(t)h(\mathbf{x})\,\mathrm{d}\mathbf{x}}=\frac{h(\mathbf{x})}{\displaystyle\int_{\mathbf{x}\in A(t)}h(\mathbf{x})\,\mathrm{d}\mathbf{x}}.$$

若 $\mathbf{x}\notin A(t)$, $p_\theta(\mathbf{x},t)=0$. 对于 $\mathbf{x}\in A(t)$ 与 $\mathbf{x}\notin A(t)$ 两种情况, $p_\theta(\mathbf{x}|t)$ 都与 θ 无关, 因此 T 是充分统计量.

再证必要性. 若 $T=t$ 给定, 因 $p_\theta(\mathbf{x}|t)$ 与 θ 无关, 它只可能是 $\mathbf{x}$ 的函数, 记为 $h(\mathbf{x})$. 另外, 对给定的 t 及 $\mathbf{x}\in A(t)$, 有 $\{\mathbf{X}=\mathbf{x}\}\subset\{T=t\}$, 且

$$p_\theta(\mathbf{x})=p_\theta(\mathbf{x},t)=p_\theta(\mathbf{x}|t)p_\theta(t)=h(\mathbf{x})p_\theta(t),$$

其中 $g_\theta(t)=p_\theta(t)$. 若 $\mathbf{x}\notin A(t)$, 因 $p_\theta(\mathbf{x},t)=0$, $p_\theta(\mathbf{x})=\displaystyle\int p_\theta(\mathbf{x},t)\,\mathrm{d}t$, 因子分解公式依然成立.

例 1.13 设 $(X_1,\cdots,X_n)$ 是取自均匀分布 $U(0,\theta)$ 的一个样本, 则其样本的联合密度函数为 $p_\theta(x_1,\cdots,x_n)=\theta^{-n}\mathbb{I}_{\{0<x_{(1)}<x_{(n)}<\theta\}}(x_1,\cdots,x_n)$. 设 $T(X_1,\cdots,X_n)=(X_{(1)},X_{(n)})$, 若取 $h(x_1,\cdots,x_n)=1$, $g_\theta(T(x_1,\cdots,x_n))=\theta^{-n}\mathbb{I}_{\{0<x_{(1)}<x_{(n)}<\theta\}}(x_1,\cdots,x_n)$, 则由因子分解定理知, T 是 θ 的充分统计量.

例 1.14 设 $(X_1,\cdots,X_n)$ 是取自 $N(\mu,\sigma^2)$ 的一个样本, 则其样本联合概率密度函数为

$$p_{\mu,\sigma^2}(x_1,\cdots,x_n)=(2\pi\sigma^2)^{-n/2}\exp\left\{-\frac{1}{2\sigma^2}\sum_{i=1}^n(x_i-\mu)^2\right\}$$

$$= (2\pi\sigma^2)^{-n/2} \exp\left\{-\frac{Q}{2\sigma^2} - \frac{n(\bar{x}-\mu)^2}{2\sigma^2}\right\},$$

其中, $\bar{x} = \sum_{i=1}^n x_i/n$, $Q = \sum_{i=1}^n (x_i - \bar{x})^2$. 若取 $h(x_1, \cdots, x_n) = 1$, 由因子分解定理可见: $(\overline{X}, \sum_{i=1}^2 (X_i - \overline{X})^2)$ 是 (μ, σ^2) 的充分统计量. 等价地, $(\overline{X}, S^2)$ 也是 (μ, σ^2) 的充分统计量.

当 σ^2 已知时, 取 $h(x_1, \cdots, x_n) = \exp\left\{-\dfrac{Q}{2\sigma^2}\right\}$, 由因子分解定理可知 $\overline{X}$ 是 μ 的充分统计量.

当 μ 已知时, 取 $h(x_1, \cdots, x_n) = 1$, 由因子分解定理可知 $(\overline{X}, S^2)$ 是 σ^2 的充分统计量.

1.4 指数型分布族

定义 1.5 一个概率分布族 $\mathcal{P} = \{p_\theta(x) : \theta \in \Theta\}$ 称为**指数型分布族**, 假设 $\mathcal{P}$ 中的分布 (分布律或密度函数) 都可以表示为如下形式:

$$p_\theta(x) = c(\theta) \exp\left\{\sum_{j=1}^k c_j(\theta) T_j(x)\right\} h(x), \tag{1-1}$$

其中 k 为自然数, 分布的支撑 $\{x : p(x) > 0\}$ 与参数 θ 无关, 诸 $c(\theta), c_1(\theta), \cdots, c_k(\theta)$ 是定义在参数空间 Θ 上的函数, 诸 $h(x), T_1(x), \cdots, T_k(x)$ 是 x 的函数, 但 $h(x) > 0$, $T_1(x), \cdots, T_k(x)$ 线性无关.

例 1.15 很多常用概率分布族都是指数型分布族, 如:

(1) 正态分布, 其概率密度为

$$p_{\mu,\sigma^2}(x) = \frac{1}{\sqrt{2\pi}\sigma} \mathrm{e}^{-\frac{(x-\mu)^2}{2\sigma^2}} = \frac{1}{\sqrt{2\pi}\sigma} \mathrm{e}^{-\frac{\mu^2}{2\sigma^2}} \exp\left\{\frac{\mu}{\sigma^2} x - \frac{1}{2\sigma^2} x^2\right\},$$

其支撑为 $(-\infty, \infty)$, 且

$$c(\mu, \sigma) = \frac{1}{\sqrt{2\pi}\sigma} \mathrm{e}^{-\frac{\mu^2}{2\sigma^2}}, \quad h(x) = 1,$$

$$c_1(\mu, \sigma) = \frac{\mu}{\sigma^2}, \quad T_1(x) = x, \quad c_2(\mu, \sigma) = -\frac{1}{2\sigma^2}, \quad T_2(x) = x^2.$$

(2) 二项分布, 其分布律可表示为

$$\mathrm{P}(X = x) = \binom{n}{x} p^x (1-p)^{n-x} = \binom{n}{x} \left(\frac{p}{1-p}\right)^x (1-p)^n$$

$$= c(p) \exp\left\{x \ln \frac{p}{1-p}\right\} \binom{n}{x},$$

其支撑为 $\{0, 1, \cdots, n\}$, 且

$$c(p) = (1-p)^n, \quad h(x) = \binom{n}{x},$$

$$c_1(p) = \ln \frac{p}{1-p}, \quad T_1(x) = x.$$

(3) Gamma 分布, 其概率密度为

$$p_{\alpha,\lambda}(x) = \frac{\lambda^\alpha}{\Gamma(\alpha)} x^{\alpha-1} \mathrm{e}^{-\lambda x} = \frac{\lambda^\alpha}{\Gamma(\alpha)} \mathrm{e}^{(\alpha-1)\ln x - \lambda x},$$

其支撑为 $(0, \infty)$, 且

$$c(\alpha, \lambda) = \frac{\lambda^\alpha}{\Gamma(\alpha)}, \qquad h(x) = 1,$$

$$c_1(\alpha, \lambda) = (\alpha - 1), \quad T_1(x) = \ln x,$$

$$c_2(\alpha, \lambda) = -\lambda, \quad T_2(x) = x.$$

(4) 多项分布族, 其分布律可表示为

$$\begin{aligned} \mathrm{P}(X_1 = x_1, \cdots, X_r = x_r) &= \frac{n!}{x_1! \cdots x_r!} p_1^{x_1} \cdots p_r^{x_r} \\ &= \frac{n!}{x_1! \cdots x_r!} \exp\left\{\sum_{j=1}^r x_j \ln p_j\right\}, \ \sum_{j=1}^r x_j = n, \end{aligned}$$

其支撑为 $\{x_1 + \cdots + x_r = r\}$, 且

$$c(\mathbf{p}) = 1, \qquad h(\mathbf{x}) = \frac{n!}{x_1! \cdots x_r!},$$

$$c_j(\mathbf{p}) = \ln p_j, \quad T_j(\mathbf{x}) = x_j, \quad j = 1, \cdots, r.$$

例 1.16 不是指数型分布族的常见分布也是有的, 如:

(1) 均匀分布. $U(0, \theta)$ 的支撑与 θ 有关.

(2) Weibull 分布. 其密度函数为

$$f(x|\alpha, c) = c\alpha^{-1}(x/\alpha)^{c-1} \mathrm{e}^{-(x/\alpha)^c} \mathbb{I}_{(0,\infty)}(x),$$

其中 $\alpha > 0$ 为尺度参数, $c > 0$ 为性质参数. 密度函数不能分解成如 (1-1) 式的形式.

设 $(X_1,\cdots,X_n)$ 是取自某指数型分布族 (1-1) 中某分布的一个样本, 则其样本联合分布仍是指数型分布

$$p_\theta(x_1,\cdots,x_n)=[c(\theta)]^n\exp\left\{\sum_{j=1}^{k}c_j(\theta)\sum_{i=1}^{n}T_j(x_i)\right\}\left(\prod_{i=1}^{n}h(x_i)\right). \tag{1-2}$$

由因子分解定理知

$$\sum_{i=1}^{n}T_1(X_i),\ \sum_{i=1}^{n}T_2(X_i)\ ,\cdots,\ \sum_{i=1}^{n}T_k(X_i)$$

为该指数型分布族的充分统计量.

例 1.17 在例 1.15 中若 $(X_1,\cdots,X_n)$ 是来自其中一个分布的样本, 则有

(1) 正态分布族的充分统计量为 $(\sum_{i=1}^n X_i,\sum_{i=1}^n X_i^2)$.

(2) 二项分布族的充分统计量为 $\sum_{i=1}^n X_i$.

(3) Gamma 分布族的充分统计量为 $(\sum_{i=1}^n \ln X_i,\sum_{i=1}^n X_i)$.

(4) 多项分布族的充分统计量为 $(\sum_{i=1}^n X_{1i},\cdots,\sum_{i=1}^n X_{ri})$, 其中 X_{ji} 为其第 j 个变量第 i 个观测值, $j=1,\cdots,r$, $i=1,\cdots,n$.

1.5 习　题

习题 1.1 谈谈概率论与数理统计的区别与联系.

习题 1.2 谈谈样本与样本观测值、估计量与估计值、统计量与统计量的观测值这些概念的区别与联系.

习题 1.3 谈谈充分统计量的直观意义.

习题 1.4 图 1-7 是根据所采集到的某船体不同部位共计 10 个测点的主应力 (单位: Mpa) 样本数据所分别绘制的箱线图, 图中绘出了各个测点样本数据的中位数, 上、下四分位数和最小、最大值点. 试根据该箱线图从样本数字特征方面描述这 10 个不同测点数据的相同点与不同点.

习题 1.5 图 1-8(a), (b) 两图分别为用甲、乙两组数据绘制的正态 QQ 图. 请据图回答: ① 是否可认为甲组数据取自正态分布? 是否可认为甲组数据取自标准正态分布? 为什么? ② 试从数字特征角度指出乙组数据所服从的分布与正态分布的差别.

习题 1.6 设 $(X_1,\cdots,X_n)$ 是来自强度参数为 $\lambda\ (\lambda>0)$ 的 Poisson 分布的一个样本, 即总体分布律为 $\mathrm{P}(X=x)=\dfrac{\lambda^x}{x!}\mathrm{e}^{-\lambda}$, $x=0,1,2,\cdots$. 证明:

(1) $T=\sum_{i=1}^n X_i$ 是 λ 的充分统计量.

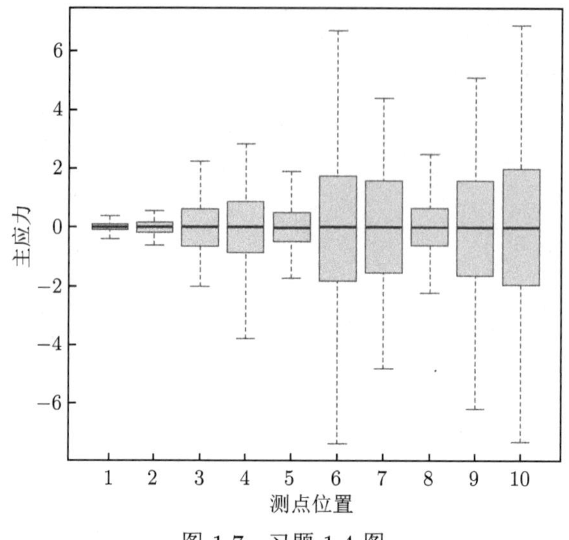

图 1-7　习题 1.4 图

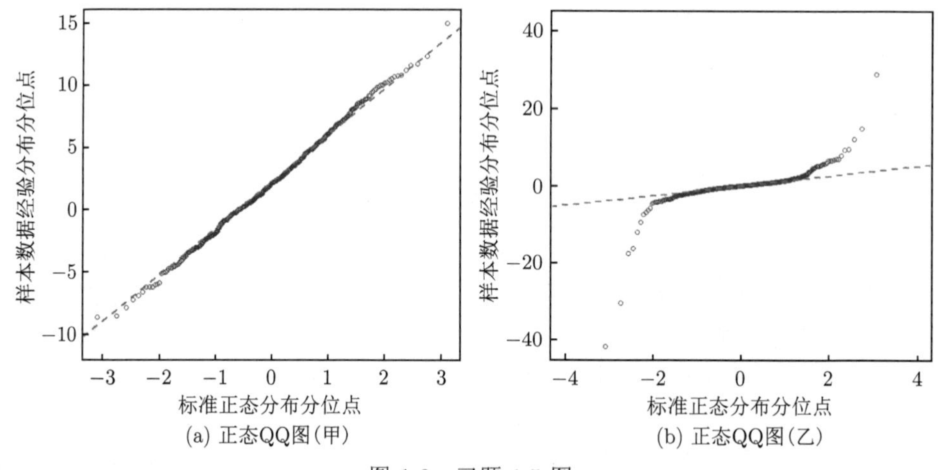

(a) 正态QQ图(甲)　　(b) 正态QQ图(乙)

图 1-8　习题 1.5 图

(2) 依据条件分布 $\mathrm{P}(\mathbf{x}|T=t)$ 设计一个随机试验, 使其产生的样本与原样本同分布.

(3) 在 $n=2$ 时, X_1+2X_2 是统计量, 但非 λ 的充分统计量.

习题 1.7　考察下列分布族是否是指数型分布函数, 若是, 请指出其充分统计量.

(1) Poisson 分布族 $\{\mathrm{Pois}(\lambda), \lambda>0\}$.

(2) 对数正态分布族 $\left\{p(x)=\dfrac{1}{\sqrt{2\pi}\sigma}x^{-1}\mathrm{e}^{-\frac{(\ln x-\mu)^2}{2\sigma^2}}, x>0, -\infty<\mu<\infty, \sigma>0\right\}$.

(3) Cauchy 分布族 $\left\{p(x)=\dfrac{\lambda}{\pi(\lambda^2+x^2)},\ -\infty<x<\infty,\ \lambda>0\right\}$.

(4) Laplace 分布族 $\left\{p(x)=\dfrac{1}{2\theta}\exp\left\{-\dfrac{|x-\mu|}{\theta}\right\},\ -\infty<x<\infty,\ -\infty<\mu<\infty,\ \theta>0\right\}$.

(5) 极值分布族 $\{p(x)=F'(x),\ F(x)=1-\exp\{-\mathrm{e}^{(x-\mu)/\sigma}\},\ -\infty<x<\infty,\ \sigma>0\}$.

习题 1.8　设 $(X,Y)\sim N(\mu_1,\mu_2,\sigma_1^2,\sigma_2^2,\rho)$, 则其密度函数为

$$f(x,y)=\frac{1}{2\pi\sigma_1\sigma_2\sqrt{1-\rho^2}}\exp\left\{-\frac{1}{2(1-\rho^2)}\left[\frac{(x-\mu_1)^2}{\sigma_1^2}-2\rho\frac{(x-\mu_1)(y-\mu_2)}{\sigma_1\sigma_2}+\frac{(y-\mu_2)^2}{\sigma_2^2}\right]\right\},$$

其中, $-\infty<\mu_1,\mu_2<\infty$, $\sigma_1>0$, $\sigma_2>0$, $|\rho|\leqslant 1$. 具有密度 $f(x,y)$ 的分布称为二维正态分布. 考察如下二维正态分布族是否是指数型分布族,

$$\{N(\mu_1,\mu_2,\sigma_1^2,\sigma_2^2,\rho),\ -\infty<\mu_1,\mu_2<\infty,\ \sigma_1>0,\ \sigma_2>0,\ |\rho|\leqslant 1\}.$$

若是, 请指出其充分统计量.

第 2 章 随机收敛性

统计量是样本的函数, 样本性质与样本容量 n 密切相关. 因此, 统计量亦可视为随机变量序列. 为研究统计量随样本容量变大的渐近性质, 先来讨论随机变量序列的渐近性质.

2.1 依分布收敛、依概率收敛和几乎处处收敛

定义 2.1 (依分布收敛) 称随机变量序列 $\{X_n\}$ 依分布 (或弱) 收敛到随机变量 X, 若当 $n \to \infty$ 时,

$$\mathrm{P}(X_n \leqslant x) \to \mathrm{P}(X \leqslant x)$$

对所有使函数 $\mathrm{P}(X \leqslant x)$ 连续的点都成立, 记为 $X_n \rightsquigarrow X$.

设 $d(\mathbf{x}, \mathbf{y})$ 为 $\mathbb{R}^k$ 空间上定义的距离, 如取欧氏距离

$$d(\mathbf{x}, \mathbf{y}) = \|\mathbf{x} - \mathbf{y}\| = \left(\sum_{i=1}^{k} (x_i - y_i)^2\right)^{1/2}.$$

定义 2.2 (依概率收敛) 称随机变量序列 $\{X_n\}$ 依概率收敛到随机变量 X, 若 $\forall \varepsilon > 0$, 当 $n \to \infty$ 时,

$$\mathrm{P}\big(d(X_n, X) > \varepsilon\big) \to 0,$$

记为 $X_n \xrightarrow{\mathrm{P}} X$.

定义 2.3 (几乎处处收敛) 称随机变量序列 $\{X_n\}$ 几乎处处收敛到随机变量 X, 若

$$\mathrm{P}\big(\lim_{n\to\infty} d(X_n, X) = 0\big) = 1.$$

记为 $X_n \xrightarrow{\text{a.s.}} X$.

注 2.1 在依概率收敛和几乎处处收敛中, X_n 与 X 必须定义在同一概率空间上, 而依分布收敛中, X_n 与 X 不必定义在同一概率空间上.

注 2.2 为叙述方便, 以上定义的三种收敛性都是在随机变量序列框架下给出的. 事实上, 对于随机向量序列的情况也可以类似定义这三种收敛性.

例 2.1 (大数定律) 设 $Y_1, Y_2, \cdots$ 为一列独立同分布的随机变量序列, $\overline{Y}_n = \frac{1}{n}\sum_{i=1}^n Y_i$, 且 $\mathrm{E}[Y_1]$ 存在. 由弱大数定律, $\overline{Y}_n \xrightarrow{\mathrm{P}} \mathrm{E}[Y_1]$. 由强大数定律, $\overline{Y}_n \xrightarrow{\mathrm{a.s.}} \mathrm{E}[Y_1]$.

例 2.2 (中心极限定理) 设 $Y_1, Y_2, \cdots$ 为一列独立同分布的随机变量序列, $\overline{Y}_n = \frac{1}{n}\sum_{i=1}^n Y_i$, 且 $\mathrm{E}[Y_1^2] < \infty$. 则 $\sqrt{n}(\overline{Y}_n - \mathrm{E}[Y_1]) \rightsquigarrow N(0, \mathrm{Var}(Y_1))$.

例 2.3 设 X_n 的分布律为

X_n	$\frac{1}{n}$	$\cdots$	$\frac{k}{n}$	$\cdots$	$\frac{n}{n}$
p_k	$\frac{1}{n}$	$\cdots$	$\frac{1}{n}$	$\cdots$	$\frac{1}{n}$

$X \sim U(0,1)$. $\forall 0 < x < 1$, 当 $n \to \infty$ 时, $\mathrm{P}(X_n \leqslant x) = [nx]/n \to x$. 所以 $X_n \rightsquigarrow X$.

注 2.3 $X_n \rightsquigarrow X$ 并不意味着对任意集合 B, $\mathrm{P}(X_n \in B) \to \mathrm{P}(X \in B)$. 在这里, 对任意的 $n \geqslant 1$, $\mathrm{P}(X_n \in \mathbb{Q}) = 1$, 但 $\mathrm{P}(X \in \mathbb{Q}) = 0$, 其中 $\mathbb{Q}$ 表示有理数集.

例 2.4 设 $(Y_1, \cdots, Y_n)$ 为取自 $U(0,1)$ 总体的一个样本, 记 $X_n = \max\{Y_1, \cdots, Y_n\}$. 则对任意的 $x > 0$, 当 $n \to \infty$ 时,

$$\mathrm{P}\big(-n(X_n - 1) > x\big) = \mathrm{P}\Big(X_n < 1 - \frac{x}{n}\Big) = \prod_{i=1}^n \mathrm{P}\Big(Y_i < 1 - \frac{x}{n}\Big) = \Big(1 - \frac{x}{n}\Big)^n \to \mathrm{e}^{-x}.$$

设 X 服从均值为 1 的指数分布, 则 $-n(X_n - 1) \rightsquigarrow X$.

注 2.4 指数分布有两种参数化形式. 若随机变量 X 的概率密度函数为

$$p(x) = \begin{cases} \frac{1}{\theta}\mathrm{e}^{-x/\theta}, & x > 0, \\ 0, & \text{其他} \end{cases} \quad \text{或} \quad f(x) = \begin{cases} \lambda \mathrm{e}^{-\lambda x}, & x > 0, \\ 0, & \text{其他}, \end{cases}$$

则称随机变量 X 服从均值参数为 θ (或速率参数为 λ) 的指数分布.

定义 2.4 设 T_n 为一用于估计 $g(\theta)$ 的估计量, 若当 $n \to \infty$ 时, $T_n \xrightarrow{\mathrm{P}_\theta\ (\mathrm{a.s.})} g(\theta)$, 则称估计量 T_n 对参数 $g(\theta)$ 是弱 (强) 相合的.

例 2.5 设 $(Y_1, \cdots, Y_n)$ 为取自一个数学期望为 μ 的总体的一个样本, 则 $\overline{Y}_n$ 为 μ 的相合估计量.

例 2.6 设 $(Y_1, \cdots, Y_n)$ 为取自 $U(0, \theta)$ 总体的一个样本, 则 $2\overline{Y}_n$ 与 $Y_{(n)} = \max\{Y_1, \cdots, Y_n\}$ 都是 θ 的相合估计量. 由大数定律, 容易算得 $2\overline{Y}_n$ 关于 θ 的相合性. $Y_{(n)}$ 关于 θ 也是相合的. 因为对任意 $\varepsilon > 0$,

$$\mathrm{P}(|Y_{(n)}-\theta|>\varepsilon)=\mathrm{P}(Y_{(n)}<\theta-\varepsilon)=\prod_{i=1}^{n}\mathrm{P}(Y_i<\theta-\varepsilon)=\left(\frac{\theta-\varepsilon}{\theta}\right)^n\to 0.$$

2.2　连续映照定理

定理 2.1 (连续映照定理)　设 $C\subset\mathbb{R}^k$ 是一个集合, $\mathrm{P}(\mathbf{X}\in C)=1$, $g:\mathbb{R}^k\longrightarrow\mathbb{R}^m$ 是一可测函数, 且关于 C 中的任一点连续, 则

(1) 若 $\mathbf{X}_n\rightsquigarrow\mathbf{X}$, 则 $g(\mathbf{X}_n)\rightsquigarrow g(\mathbf{X})$;

(2) 若 $\mathbf{X}_n\xrightarrow{\mathrm{P}}\mathbf{X}$, 则 $g(\mathbf{X}_n)\xrightarrow{\mathrm{P}}g(\mathbf{X})$;

(3) 若 $\mathbf{X}_n\xrightarrow{\mathrm{a.s.}}\mathbf{X}$, 则 $g(\mathbf{X}_n)\xrightarrow{\mathrm{a.s.}}g(\mathbf{X})$.

证明　(1) 证明需用到测度论的相关知识, 从略.

(2) 设 ε 为一任意小的正数, 对任意的 $\delta>0$, 定义

$$B_\delta:=\{\mathbf{x}|\text{存在}\mathbf{y},\ \text{s.t.}\ d(\mathbf{x},\mathbf{y})<\delta\ \text{且}\quad d(g(\mathbf{x}),g(\mathbf{y}))>\varepsilon\}.$$

若 $\mathbf{X}\notin B_\delta$, 且 $d(g(\mathbf{X}_n),g(\mathbf{X}))>\varepsilon$, 则 $d(\mathbf{X}_n,\mathbf{X})\geqslant\delta$. 即若 $d(g(\mathbf{X}_n),g(\mathbf{X}))>\varepsilon$, 则有 $\mathbf{X}\in B_\delta$ 或 $d(\mathbf{X}_n,\mathbf{X})\geqslant\delta$. 因此

$$\mathrm{P}(d(g(\mathbf{X}_n),g(\mathbf{X}))>\varepsilon)\leqslant\mathrm{P}(\mathbf{X}\in B_\delta)+\mathrm{P}(d(\mathbf{X}_n,\mathbf{X})\geqslant\delta).$$

当 $n\to\infty$ 时, $\mathrm{P}(d(\mathbf{X}_n,\mathbf{X})\geqslant\delta)\to 0$.

显然, $\delta\searrow 0$ 时, $B_\delta\searrow$, 因此 $B_\delta\cap C\searrow$. 因为 g 在 C 上连续, 故 $\bigcap_\delta(B_\delta\cap C)=\varnothing$. 所以当 $\delta\to 0$ 时, $\mathrm{P}(\mathbf{X}\in B_\delta)\to 0$.

先令 $n\to\infty$, 再令 $\delta\to 0$, 便得 $\mathrm{P}(d(g(\mathbf{X}_n),g(\mathbf{X}))>\varepsilon)\to 0$.

(3) 根据定义, 有

$$\begin{aligned}\mathbf{X}_n\xrightarrow{\mathrm{a.s.}}\mathbf{X}&\Longleftrightarrow\mathrm{P}\left(\lim_{n\to\infty}\mathbf{X}_n=\mathbf{X}\right)=1\\&\Longleftrightarrow\text{存在}A,\ \mathrm{P}(A)=1,\ \text{使得}\ \omega\in A\ \text{时},\ \lim_{n\to\infty}\mathbf{X}_n(\omega)=\mathbf{X}(\omega).\end{aligned}$$

因为 g 在 C 上连续, 定义 $B=\{\omega|\mathbf{X}(\omega)\in C\}$, 则当 $\omega\in A\cap B$ 时,

$$\lim_{n\to\infty}g(\mathbf{X}_n(\omega))=g(\mathbf{X}(\omega)).$$

因为 $\mathrm{P}(A\cap B)=1$, 所以 $g(\mathbf{X}_n)\overset{\mathrm{a.s.}}{\to}g(\mathbf{X})$.

2.3 三种收敛性间的联系

依分布收敛、依概率收敛与几乎处处收敛这三种随机变量序列收敛性之间的联系可以通过下面的定理加以描述.

定理 2.2 设 $\mathbf{X}_n$, $\mathbf{X}$ 和 $\mathbf{Y}_n$ 都是随机向量, 则

(1) $\mathbf{X}_n \xrightarrow{\text{a.s.}} \mathbf{X} \Longrightarrow \mathbf{X}_n \xrightarrow{\text{P}} \mathbf{X}$.

(2) $\mathbf{X}_n \xrightarrow{\text{P}} \mathbf{X} \Longrightarrow \mathbf{X}_n \rightsquigarrow \mathbf{X}$.

(3) $\mathbf{X}_n \xrightarrow{\text{P}} \mathbf{c} \Longleftrightarrow \mathbf{X}_n \rightsquigarrow \mathbf{c}$, 其中 $\mathbf{c}$ 为常值向量.

(4) 若 $\mathbf{X}_n \rightsquigarrow \mathbf{X}$ 且 $d(\mathbf{X}_n, \mathbf{Y}_n) \xrightarrow{\text{P}} 0$, 则 $\mathbf{Y}_n \rightsquigarrow \mathbf{X}$.

(5) 若 $\mathbf{X}_n \rightsquigarrow \mathbf{X}$, $\mathbf{Y}_n \xrightarrow{\text{P}} \mathbf{c}$, $\mathbf{c}$ 为常值向量, 则 $(\mathbf{X}_n, \mathbf{Y}_n) \rightsquigarrow (\mathbf{X}, \mathbf{c})$.

(6) 若 $\mathbf{X}_n \xrightarrow{\text{P}} \mathbf{X}$, $\mathbf{Y}_n \xrightarrow{\text{P}} \mathbf{Y}$, 则 $(\mathbf{X}_n, \mathbf{Y}_n) \xrightarrow{\text{P}} (\mathbf{X}, \mathbf{Y})$.

证明 以下按照先证 (1), 再按照 (1)→(4)→(2)→(3)→(5)→(6) 的顺序进行证明.

(1) $\forall \varepsilon > 0$, 定义 $A_n = \bigcup_{m \geqslant n} \{d(\mathbf{X}_m, \mathbf{X}) > \varepsilon\}$, 则 $A_1 \supset A_2 \supset \cdots$.

当 $n \to \infty$ 时, 若 $\mathbf{X}_n(\omega) \to \mathbf{X}(\omega)$, 则存在 $n > 0$, 当 $m \geqslant n$ 时, $d(\mathbf{X}_m(\omega), \mathbf{X}(\omega)) < \varepsilon$. 因此 $\omega \notin A_n$. 故 $\bigcap_n A_n$ 仅包含 $\mathbf{X}_n$ 不收敛到 $\mathbf{X}$ 的 ω. 由条件, $\mathrm{P}(\bigcap_n A_n) = 0 = \lim_{n \to \infty} \mathrm{P}(A_n)$. 而当 $n \to \infty$ 时, $\mathrm{P}(d(\mathbf{X}_n, \mathbf{X}) > \varepsilon) \leqslant \mathrm{P}(A_n) \to 0$.

(4) 为简单起见, 仅证随机变量的情形.

对任意的 $\varepsilon > 0$, 有

$$
\begin{aligned}
\mathrm{P}(Y_n \leqslant x) &\leqslant \mathrm{P}(Y_n \leqslant x,\, d(X_n, Y_n) \leqslant \varepsilon) + \mathrm{P}(d(X_n, Y_n) > \varepsilon) \\
&\leqslant \mathrm{P}(X_n \leqslant x + \varepsilon) + \mathrm{P}(d(X_n, Y_n) > \varepsilon) = \mathrm{P}(X_n \leqslant x + \varepsilon) + o(1).
\end{aligned}
$$

若 $x + \varepsilon$ 为 X 分布函数的连续点, 则

$$
\limsup_n \mathrm{P}(Y_n \leqslant x) \leqslant \mathrm{P}(X \leqslant x + \varepsilon).
$$

取 $\{\varepsilon_m\}$, 使得 $x + \varepsilon_m$ 为 X 分布函数的连续点, 且 $\varepsilon_m \searrow 0$, 则

$$
\limsup_n \mathrm{P}(Y_n \leqslant x) \leqslant \lim_{m \to \infty} \mathrm{P}(X \leqslant x + \varepsilon_m) = \mathrm{P}(X \leqslant x).
$$

同理可证 $\lim_n \sup \mathrm{P}(Y_n > x) \leqslant \mathrm{P}(X > x)$, 即 $\lim_n \inf \mathrm{P}(Y_n \leqslant x) \geqslant \mathrm{P}(X \leqslant x)$. 因此, $\lim_n \mathrm{P}(Y_n \leqslant x) = \mathrm{P}(X \leqslant x)$.

(2) $\mathbf{X}_n \xrightarrow{\text{P}} \mathbf{X} \Longleftrightarrow d(\mathbf{X}_n, \mathbf{X}) \xrightarrow{\text{P}} 0$. 因为 $\mathbf{X} \rightsquigarrow \mathbf{X}$, 故 $\mathbf{X}_n \rightsquigarrow \mathbf{X}$.

(3) "$\Longrightarrow$": 为 (2) 的特殊情况.

“$\Longleftarrow$”: 仅证一维的情形. 常值随机变量的分布函数仅在 c 点不连续. 故对任意的 $\varepsilon>0$, 当 $n\to\infty$ 时,

$$\begin{aligned}\mathrm{P}(d(X_n,c)\geqslant\varepsilon)&=\mathrm{P}(X_n\leqslant c-\varepsilon)+\mathrm{P}(X_n\geqslant c+\varepsilon)\\&\to\mathrm{P}(c\leqslant c-\varepsilon)+\mathrm{P}(c\geqslant c+\varepsilon)=0.\end{aligned}$$

(5) 仅证一维的情形. 因 $d((X_n,Y_n),(X_n,c))=d(Y_n,c)\xrightarrow{\mathrm{P}}0$, 只需证 $(X_n,c)\rightsquigarrow(X,c)$. 注意到

$$\mathrm{P}(X_n\leqslant x,c\leqslant y)=\begin{cases}\mathrm{P}(X_n\leqslant x), & y\geqslant c,\\ 0, & y<c,\end{cases}$$

$$\mathrm{P}(X\leqslant x,c\leqslant y)=\begin{cases}\mathrm{P}(X\leqslant x), & y\geqslant c,\\ 0, & y<c.\end{cases}$$

而 $X_n\rightsquigarrow X$, 因此 $(X_n,c)\rightsquigarrow(X,c)$.

(6) 因 $d((\mathbf{X}_n,\mathbf{Y}_n),(\mathbf{X},\mathbf{Y}))\leqslant d(\mathbf{X}_n,\mathbf{X})+d(\mathbf{Y}_n,\mathbf{Y})$, 故结论成立.

注 2.5 值得注意的是: 对于依概率收敛, 有

$$X_n\xrightarrow{\mathrm{P}}X,\quad Y_n\xrightarrow{\mathrm{P}}Y\Longleftrightarrow(X_n,Y_n)\xrightarrow{\mathrm{P}}(X,Y).$$

然而, 对于依分布收敛, 虽然由 $(X_n,Y_n)\rightsquigarrow(X,Y)$ 可得 $X_n\rightsquigarrow X$ 与 $Y_n\rightsquigarrow Y$, 但反之却不一定成立.

几乎处处收敛的随机变量序列一定是依概率收敛的. 反之, 依概率收敛的随机变量序列就不一定几乎处处收敛了. 以下是一个反例.

例 2.7 设 $\{X_n\}$ 为独立的随机变量序列, 且 X_n 的分布律为

X_n	1	0
p_k	$\dfrac{1}{n}$	$1-\dfrac{1}{n}$

对任意的 $0<\varepsilon<1/2$, 当 $n\to\infty$ 时,

$$\mathrm{P}(|X_n|\geqslant\varepsilon)=\mathrm{P}(X_n=1)=\frac{1}{n}\to 0.$$

因此, $X_n\xrightarrow{\mathrm{P}}0$. 但是

$$\mathrm{P}\left(\lim_{n\to\infty}X_n=0\right)=\mathrm{P}\big(存在N>0,当n\geqslant N时,\ X_n=0\big)$$

$$= \mathrm{P}\Big(\bigcup_{N\geqslant 1}\bigcap_{n\geqslant N}\{X_n=0\}\Big) = \sum_{N\geqslant 1}\mathrm{P}\Big(\bigcap_{n\geqslant N}\{X_n=0\}\Big)$$
$$= \sum_{N\geqslant 1}\prod_{n\geqslant N}\mathrm{P}\big(X_n=0\big)=0.$$

因此, X_n 并不几乎处处收敛到 0.

依概率收敛的序列一定依分布收敛, 反之不然. 例如,

例 2.8 设 $X\sim U[0,1]$. 定义 $X_{2n-1}=X$, 但 $X_{2n}=1-X$. 则显然序列 X_n 依分布收敛, 但却非依概率收敛.

引理 2.1 (Slutsky 引理) 设 X_n, X 和 Y_n 为随机变量. 若 $X_n\rightsquigarrow X, Y_n\rightsquigarrow c$, c 为一常数. 则

(1) $X_n+Y_n\rightsquigarrow X+c$; (2) $Y_nX_n\rightsquigarrow cX$; (3) 若 $c\neq 0$, 则 $Y_n^{-1}X_n\rightsquigarrow c^{-1}X$.

在引理 2.1 中, 当 X_n, Y_n, X, c 变为同维数的随机向量时, 第 (1) 部分的结论仍然成立; 当 X_n, X 变为同维数的随机向量时, 第 (2), (3) 部分的结论也仍然成立.

例 2.9 设 $Y_1, Y_2, \cdots$ 为独立同分布的随机变量序列, $\mathrm{E}[Y_1]=0$, $\mathrm{E}[Y_1^2]<\infty$, 则

$$\sqrt{n}\frac{\overline{Y}_n}{S_n}\rightsquigarrow N(0,1),$$

其中 $S_n^2=\dfrac{1}{n-1}\sum_{i=1}^n(Y_i-\overline{Y}_n)^2$.

证明 由大数定律, $\dfrac{1}{n}\sum_{i=1}^n Y_i^2\xrightarrow{\mathrm{P}}\mathrm{E}[Y_1^2]$, $\overline{Y}_n\xrightarrow{\mathrm{P}}\mathrm{E}[Y_1]$, 因此

$$S_n^2=\frac{n}{n-1}\left(\frac{1}{n}\sum_{i=1}^n Y_i^2-\overline{Y}_n^2\right)\xrightarrow{\mathrm{P}}\mathrm{Var}(Y_1).$$

由连续映照定理, $S_n\xrightarrow{\mathrm{P}}\sqrt{\mathrm{Var}(Y_1)}$. 由中心极限定理, $\sqrt{n}\overline{Y}_n\rightsquigarrow N(0,\mathrm{Var}(Y_1))$. 由 Slutsky 引理, $\sqrt{n}\dfrac{\overline{Y}_n}{S_n}\rightsquigarrow N(0,1)$.

特别地, 在例 2.9 中, 若 $Y_1, Y_2, \cdots$ 为独立同分布的正态随机变量, 则对于任意固定的 n,

$$\sqrt{n}\frac{\overline{Y}_n}{S_n}\sim t(n-1).$$

自由度为 $n-1$ 的 t 分布当 $n\to\infty$ 时收敛到标准正态分布.

例 2.10 (置信区间) T_n, S_n 为两统计量, $\sqrt{n}(T_n-\theta) \rightsquigarrow N(0,\sigma^2)$, $S_n^2 \xrightarrow{\mathrm{P}} \sigma^2$. 由 Slutsky 引理, 得

$$\frac{\sqrt{n}(T_n-\theta)}{S_n} \rightsquigarrow N(0,1).$$

由

$$\mathrm{P}\Big(-z_{1-\alpha/2} \leqslant \frac{\sqrt{n}(T_n-\theta)}{S_n} \leqslant z_{1-\alpha/2}\Big) \to 1-\alpha,$$

知 θ 的置信水平近似为 $1-\alpha$ 的置信区间为

$$\left(T_n - \frac{S_n}{\sqrt{n}} z_{1-\alpha/2}, T_n + \frac{S_n}{\sqrt{n}} z_{1-\alpha/2}\right),$$

这里 $z_{1-\alpha/2}$ 为标准正态分布的 $1-\alpha/2$ 分位点.

2.4 矩收敛性

我们常说 X_n 依某种意义收敛到 X 暗含着矩的收敛性, 但一般情况下并非如此. 具有较小概率的 X_n 的尾部可能将 $\mathrm{E}(X_n)$ 收敛到 $\mathrm{E}(X)$ 的性质毁坏掉. 要使得矩收敛性的结论成立, 就必须对 X_n 施加一定的矩有界条件.

首先看几乎处处收敛与矩收敛间的关系.

定理 2.3 (Lebesgue 控制收敛定理) 假设 $X_n \xrightarrow{\text{a.s.}} X$, 且存在 $n_0 > 0$ 使得当 $n \geqslant n_0$ 时 $|X_n| \leqslant Y$ 成立, 其中 $\mathrm{E}(Y) < \infty$. 则 $\mathrm{E}(X_n) \to \mathrm{E}(X)$.

为了探讨依概率收敛和依分布收敛与矩收敛间的关系, 先引入一致可积的概念.

定义 2.5 (一致可积性) 若随机变量序列 $\{X_n\}$ 满足

$$\lim_{x\to\infty} \limsup_{n\to\infty} \mathrm{E}[|X_n| \mathbb{I}_{(x,\infty)}(|X_n|)] = 0,$$

则称随机变量序列 $\{X_n\}$ 是一致可积的.

下面的两条结论都可以得到一致可积性.

(1) 若对某个 $\delta > 0$ 有 $\sup_n \mathrm{E}[|X_n|^{1+\delta}] < \infty$, 则 $\{X_n\}$ 是一致可积的.

(2) 若存在一个随机变量 Y 满足 $\mathrm{E}|Y| < \infty$, 并且存在 n_0 使得对所有的 $n \geqslant n_0$ 及 $x > 0$ 满足 $\mathrm{P}(|X_n| > x) \leqslant \mathrm{P}(|Y| > x)$, 则 $\{X_n\}$ 是一致可积的.

有了这些准备工作, 现在来看依概率收敛与矩收敛间的关系.

定理 2.4 (Vitali 定理) 假设 $X_n \xrightarrow{\mathrm{P}} X$, 且存在 $0 < r < \infty$, 对所有的 n, $\mathrm{E}[|X_n|^r] < \infty$ 成立, 则以下命题等价:

(1) $\{|X_n|^r\}$ 是一致可积的;

(2) $\mathrm{E}[|X_n - X|^r] \to 0$;

(3) $\mathrm{E}[|X_n|^r] \to \mathrm{E}[|X|^r]$.

最后来看依分布收敛与矩收敛间的关系.

定理 2.5 假设 $X_n \rightsquigarrow X$. 若 $\{X_n\}$ 一致可积, 则 $\mathrm{E}[|X|] < \infty$ 且 $\mathrm{E}(X_n) \to \mathrm{E}(X)$.

由一致可积性, 可得 $\sup_n \mathrm{E}[|X_n|] < \infty$. 再由 Skorokhod 表示定理及 Lebesgue 控制收敛定理, 便可证得定理 2.5.

2.5 多元正态分布、多元中心极限定理与 χ^2-检验统计量

2.5.1 多元正态分布的概念与性质

为引入多元正态分布的概念, 先介绍随机向量的一些基本概念.

定义 2.6 (随机向量的期望和协方差矩阵) 随机向量 $\mathbf{X} = (X_1, X_2, \cdots, X_k)^{\mathrm{T}}$ 的期望和协方差矩阵分别定义为

$$\mathrm{E}(\mathbf{X}) = \begin{pmatrix} \mathrm{E}(X_1) \\ \mathrm{E}(X_2) \\ \vdots \\ \mathrm{E}(X_k) \end{pmatrix}$$

和

$$\mathrm{Cov}(\mathbf{X}) = \begin{pmatrix} \mathrm{Cov}(X_1, X_1) & \mathrm{Cov}(X_1, X_2) & \cdots & \mathrm{Cov}(X_1, X_k) \\ \mathrm{Cov}(X_2, X_1) & \mathrm{Cov}(X_2, X_2) & \cdots & \mathrm{Cov}(X_2, X_k) \\ \vdots & \vdots & & \vdots \\ \mathrm{Cov}(X_k, X_1) & \mathrm{Cov}(X_k, X_2) & \cdots & \mathrm{Cov}(X_k, X_k) \end{pmatrix}.$$

引理 2.2 对于任意矩阵 A, 向量 $\mathbf{b}$ 及随机向量 $\mathbf{X}$, 有

(1) $\mathrm{E}(A\mathbf{X} + \mathbf{b}) = A\,\mathrm{E}(\mathbf{X}) + \mathbf{b}$;

(2) $\mathrm{Cov}(A\mathbf{X}) = A\,\mathrm{Cov}(\mathbf{X})A^{\mathrm{T}}$;

(3) $\mathrm{Cov}(\mathbf{X})$ 是一对称的非负定矩阵.

定义 2.7 称随机向量 $\mathbf{X}$ 服从参数为 $\boldsymbol{\mu}$ ①和 Σ 的多元正态分布, 记为 $\mathbf{X} \sim N_k(\boldsymbol{\mu}, \Sigma)$, 若

$$\mathbf{X} \stackrel{d}{=} \boldsymbol{\mu} + L\mathbf{Z},$$

其中 L 是一矩阵, 且 $LL^{\mathrm{T}} = \Sigma$, $\mathbf{Z} = (Z_1, \cdots, Z_k)^{\mathrm{T}}$ 是一随机向量且 $Z_1, \cdots, Z_k$ 为独立同分布的 $N(0,1)$ 随机变量.

① 全书用希腊小写字母表示向量的符号均黑斜体.

注 2.6　若 Σ 为奇异矩阵, 则 $\mathbf{X}$ 的密度函数不存在.

引理 2.3　若 $\mathbf{X} \sim N_k(\boldsymbol{\mu}, \Sigma)$, 且 Σ 非奇异, 则 $\mathbf{X}$ 的密度函数为

$$f(\mathbf{x}) = \frac{1}{(2\pi)^{k/2}\sqrt{\det \Sigma}} \exp\Big\{ -\frac{1}{2}(\mathbf{x}-\boldsymbol{\mu})^{\mathrm{T}} \Sigma^{-1} (\mathbf{x}-\boldsymbol{\mu})\Big\}.$$

证明　$\mathbf{Z}$ 的密度函数为

$$f(\mathbf{z}) = \prod_{i=1}^{k} \left(\frac{1}{\sqrt{2\pi}} \mathrm{e}^{-\frac{z_i^2}{2}} \right) = \frac{1}{(2\pi)^{k/2}} \exp\left\{ -\frac{1}{2}\mathbf{z}^{\mathrm{T}}\mathbf{z} \right\}.$$

注意到

$$\mathbf{X} = \boldsymbol{\mu} + L\mathbf{Z} \Longleftrightarrow \mathbf{Z} = L^{-1}(\mathbf{X} - \boldsymbol{\mu}).$$

通过变量替换, 易证得结论.

特别地, 当

$$\boldsymbol{\mu} = \begin{pmatrix} 0 \\ 0 \end{pmatrix}, \quad \Sigma = \begin{pmatrix} 1 & 0.5 \cdot 2 \\ 0.5 \cdot 2 & 2^2 \end{pmatrix}$$

时, $\mathbf{x} = (x, y)^{\mathrm{T}} \sim N(\boldsymbol{\mu}, \Sigma)$ 为二维, 其密度函数的图像可以用三维图形加以展示, 如图 2-1. 相应的密度函数的等高线图如图 2-2.

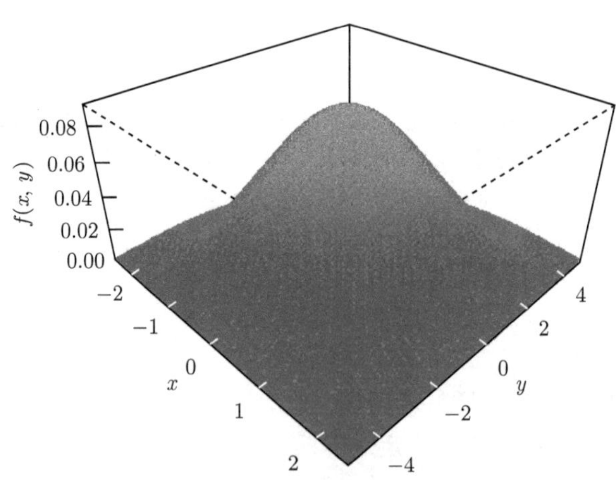

图 2-1　二维正态分布的密度函数

在概率论中, 变量 $\mathbf{z}$ 的函数 $\mathrm{E}[\mathrm{e}^{\mathrm{i}\langle \mathbf{z}, \mathbf{X}\rangle}]$, 称为随机向量 $\mathbf{X}$ 的特征函数 (characteristic function). 随机向量的特征函数与密度函数一样, 可以完整刻画随机变量的统计规律. 例如

$$\mathbf{X} \sim N_k(\boldsymbol{\mu}, \Sigma) \quad \text{当且仅当} \quad \mathrm{E}[\mathrm{e}^{\mathrm{i}\langle \mathbf{z}, \mathbf{X}\rangle}] = \mathrm{e}^{\mathrm{i}\langle \mathbf{z}, \boldsymbol{\mu}\rangle - \frac{1}{2}\mathbf{z}^{\mathrm{T}}\Sigma\mathbf{z}}.$$

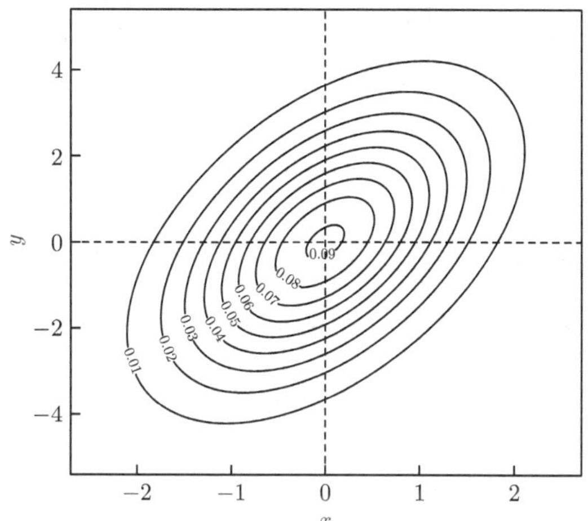

图 2-2 二维正态分布的密度函数等高线图

对于一维的情况, 有 $X \sim N_1(\mu, \sigma^2)$ 当且仅当 $\mathrm{E}[\mathrm{e}^{\mathrm{i}zX}] = \mathrm{e}^{\mathrm{i}\mu z - \frac{1}{2}\sigma^2 z^2}$.

另外, 随机变量间的相互独立性也可以通过特征函数来加以判断. 设 $\mathbf{X} = (X_1, \cdots, X_k)$, $\mathbf{z} = (z_1, \cdots, z_k)^{\mathrm{T}}$, 则

$$X_1, \cdots, X_k\text{相互独立当且仅当}\mathrm{E}[\mathrm{e}^{\mathrm{i}\langle \mathbf{z}, \mathbf{X} \rangle}] = \prod_{i=1}^{k} \mathrm{E}[\mathrm{e}^{\mathrm{i}z_i X_i}].$$

多元正态分布与一维正态分布间存在如下关系:

引理 2.4 $\mathbf{X} \sim N_k(\boldsymbol{\mu}, \varSigma)$ 当且仅当对任意的 $\mathbf{a} \in \mathbb{R}^k$, $\mathbf{a}^{\mathrm{T}}\mathbf{X} \sim N_1(\mathbf{a}^{\mathrm{T}}\boldsymbol{\mu}, \mathbf{a}^{\mathrm{T}}\varSigma\mathbf{a})$.

证明 以下通过特征函数来完成引理的证明.

先证 "$\Longrightarrow$":

$$\begin{aligned}
\mathbf{X} \sim N_k(\boldsymbol{\mu}, \varSigma) &\Longrightarrow \mathrm{E}[\mathrm{e}^{\mathrm{i}\langle \mathbf{z}, \mathbf{X} \rangle}] = \mathrm{e}^{\mathrm{i}\langle \mathbf{z}, \boldsymbol{\mu} \rangle - \frac{1}{2}\mathbf{z}^{\mathrm{T}}\varSigma\mathbf{z}} \\
&\Longrightarrow \mathrm{E}[\mathrm{e}^{\mathrm{i}z\mathbf{a}^{\mathrm{T}}\mathbf{X}}] = \mathrm{E}[\mathrm{e}^{\mathrm{i}\langle z\mathbf{a}, \mathbf{X} \rangle}] = \mathrm{e}^{\mathrm{i}z\mathbf{a}^{\mathrm{T}}\boldsymbol{\mu} - \frac{1}{2}(\mathbf{a}^{\mathrm{T}}\varSigma\mathbf{a})z^2} \\
&\Longrightarrow \mathbf{a}^{\mathrm{T}}\mathbf{X} \sim N_1(\mathbf{a}^{\mathrm{T}}\boldsymbol{\mu}, \mathbf{a}^{\mathrm{T}}\varSigma\mathbf{a}).
\end{aligned}$$

再证 "$\Longleftarrow$": 对任意的 $\mathbf{a} \in \mathbb{R}^k$,

$$\begin{aligned}
\mathbf{a}^{\mathrm{T}}\mathbf{X} \sim N_1(\mathbf{a}^{\mathrm{T}}\boldsymbol{\mu}, \mathbf{a}^{\mathrm{T}}\varSigma\mathbf{a}) &\Longrightarrow \mathrm{E}[\mathrm{e}^{\mathrm{i}z\mathbf{a}^{\mathrm{T}}\mathbf{X}}] = \mathrm{e}^{\mathrm{i}z\mathbf{a}^{\mathrm{T}}\boldsymbol{\mu} - \frac{1}{2}(\mathbf{a}^{\mathrm{T}}\varSigma\mathbf{a})z^2} \\
&\Longrightarrow \mathrm{E}[\mathrm{e}^{\mathrm{i}\mathbf{a}^{\mathrm{T}}\mathbf{X}}] = \mathrm{e}^{\mathrm{i}\mathbf{a}^{\mathrm{T}}\boldsymbol{\mu} - \frac{1}{2}(\mathbf{a}^{\mathrm{T}}\varSigma\mathbf{a})} \quad (\text{取}z = 1) \\
&\Longrightarrow \mathrm{E}[\mathrm{e}^{\mathrm{i}\langle \mathbf{a}, \mathbf{X} \rangle}] = \mathrm{e}^{\mathrm{i}\langle \mathbf{a}, \boldsymbol{\mu} \rangle - \frac{1}{2}\mathbf{a}^{\mathrm{T}}\varSigma\mathbf{a}}.
\end{aligned}$$

推论 2.1 若 $\mathbf{X} \sim N_k(\boldsymbol{\mu}, \Sigma)$, $A: \mathbb{R}^k \mapsto \mathbb{R}^m$ 为一任意矩阵, 则

$$A\mathbf{X} \sim N_m(A\boldsymbol{\mu}, A\Sigma A^{\mathrm{T}}).$$

该结论证明与引理 2.4 "$\Longrightarrow$" 部分的证明类似.

引理 2.5 若 $\mathbf{X} = (X_1, \cdots, X_k)^{\mathrm{T}} \sim N_k(\boldsymbol{\mu}, \Sigma)$, 则 Σ 为对角矩阵 $\Longleftrightarrow$ $X_1, \cdots, X_k$ 相互独立, 且都服从一维正态分布.

证明 $\mathbf{X} \sim N_k(\boldsymbol{\mu}, \Sigma)$, Σ 为对角矩阵, 不妨设 $\Sigma = \mathrm{diag}(\sigma_1^2, \cdots, \sigma_k^2)$. 如此, $\mathbf{X}$ 的特征函数为

$$\begin{aligned}\mathrm{E}[\mathrm{e}^{\mathrm{i}\langle \mathbf{z}, \mathbf{X}\rangle}] &= \mathrm{e}^{\mathrm{i}(\mu_1 z_1 + \cdots + \mu_k z_k) - \frac{1}{2}(\sigma_1^2 z_1^2 + \cdots + \sigma_k^2 z_k^2)} \\ &= \mathrm{e}^{\mathrm{i}\mu_1 z_1 - \frac{1}{2}\sigma_1^2 z_1^2} \cdots \mathrm{e}^{\mathrm{i}\mu_k z_k - \frac{1}{2}\sigma_k^2 z_k^2} = \mathrm{E}[\mathrm{e}^{\mathrm{i}z_1 X_1}] \cdots \mathrm{E}[\mathrm{e}^{\mathrm{i}z_k X_k}].\end{aligned}$$

这等价于 $X_1, \cdots, X_k$ 相互独立, 且 $X_i \sim N(\mu_i, \sigma_i^2)$, $i = 1, \cdots, k$.

2.5.2 多元中心极限定理

定理 2.6 设 $\mathbf{Y}_1, \mathbf{Y}_2, \cdots$ 是一列独立同分布且取值为 $\mathbb{R}^k$ 上的随机向量序列, 每个随机向量的均值都为 $\boldsymbol{\mu}$, 协方差矩阵都为 Σ, 则

$$\sqrt{n}(\bar{\mathbf{Y}}_n - \boldsymbol{\mu}) \rightsquigarrow N_k(\mathbf{0}, \Sigma).$$

证明 注意到对任意的 $\mathbf{a} \in \mathbb{R}^k$,

$$\mathbf{a}^{\mathrm{T}}\sqrt{n}(\bar{\mathbf{Y}}_n - \boldsymbol{\mu}) = \sqrt{n}(\mathbf{a}^{\mathrm{T}}\bar{\mathbf{Y}}_n - \mathbf{a}^{\mathrm{T}}\boldsymbol{\mu}).$$

这样, $\mathbf{a}^{\mathrm{T}}\bar{\mathbf{Y}}_n$ 可看作 $\mathbf{a}^{\mathrm{T}}\mathbf{Y}_1, \cdots, \mathbf{a}^{\mathrm{T}}\mathbf{Y}_n$ 的算术平均, 它们独立同分布, 且

$$\mathrm{E}[\mathbf{a}^{\mathrm{T}}\mathbf{Y}_1] = \mathbf{a}^{\mathrm{T}}\boldsymbol{\mu}, \quad \mathrm{Var}[\mathbf{a}^{\mathrm{T}}\mathbf{Y}_1] = \mathbf{a}^{\mathrm{T}}\Sigma\mathbf{a}.$$

由一维随机变量的中心极限定理, 有

$$\sqrt{n}\,(\mathbf{a}^{\mathrm{T}}\bar{\mathbf{Y}}_n - \mathbf{a}^{\mathrm{T}}\boldsymbol{\mu}) \rightsquigarrow N_1(0, \mathbf{a}^{\mathrm{T}}\Sigma\mathbf{a}).$$

根据连续映照定理, 有

$$\mathrm{e}^{\mathrm{i}z\mathbf{a}^{\mathrm{T}}\sqrt{n}(\bar{\mathbf{Y}}_n - \boldsymbol{\mu})} \rightsquigarrow \mathrm{e}^{\mathrm{i}zX},$$

其中 $X \sim N_1(0, \mathbf{a}^{\mathrm{T}}\Sigma\mathbf{a})$. 再由 Skorokhod 表示定理及 Lebesgue 控制收敛定理, 可得

$$\mathrm{E}[\mathrm{e}^{\mathrm{i}z\mathbf{a}^{\mathrm{T}}\sqrt{n}(\bar{\mathbf{Y}}_n - \boldsymbol{\mu})}] \to \mathrm{e}^{-\frac{1}{2}z^2\mathbf{a}^{\mathrm{T}}\Sigma\mathbf{a}}.$$

取 $z = 1$ 及 $\mathbf{a} = \mathbf{z}$, 结论即得证.

注 2.7 一维中心极限定理的证明同样需要借助特征函数. 设 $X_1, X_2, \cdots$ 为一列独立同分布的随机变量序列, 且 $\mathrm{E}(X_i)=0$, $\mathrm{Var}(X_i)=1$, 则对任意的 z,

$$\mathrm{E}\left[\mathrm{e}^{\mathrm{i}z\frac{1}{\sqrt{n}}\sum_{i=1}^{n}X_i}\right]=\left(\mathrm{E}(\mathrm{e}^{\mathrm{i}zX_1/\sqrt{n}})\right)^n=\left(1-\frac{z^2}{2n}+o\left(\frac{1}{n}\right)\right)^n=\mathrm{e}^{-z^2/2}.$$

因此, $\dfrac{1}{\sqrt{n}}\sum_{i=1}^{n}X_i \rightsquigarrow N(0,1)$.

2.5.3 Pearson χ^2-检验

设 $\mathbf{X}_n=(X_{n,1},X_{n,2},\cdots,X_{n,k})^{\mathrm{T}}$ 服从参数为 n 和 $\mathbf{p}=(p_1,\cdots,p_k)^{\mathrm{T}}$ 的多项分布. Pearson 统计量定义为

$$C_n^2=\sum_{i=1}^{k}\frac{(X_{n,i}-np_i)^2}{np_i}.$$

这一统计量由 Karl Pearson 提出. K. Pearson 是一个有影响力的英国数学家和生物统计学家, 他被公认为是数理统计学科的奠基人之一, 在生物学、气象学、社会达尔文主义和优生学理论领域做出了卓越贡献.

定理 2.7 若 $\mathbf{X}_n=(X_{n,1},X_{n,2},\cdots,X_{n,k})^{\mathrm{T}}$ 服从参数为 n 和 $\mathbf{p}=(p_1,\cdots,p_k)^{\mathrm{T}}>\mathbf{0}$ 的多项分布, 则当 $n\to\infty$ 时,

$$C_n^2 \rightsquigarrow \chi^2(k-1),$$

其中 $\chi^2(k)$ 表示自由度为 k 的 χ^2 分布.

注 2.8 设 $(X_1,\cdots,X_n)$ 为取自总体 $N(0,1)$ 的样本, 则称统计量

$$\chi^2=X_1^2+\cdots+X_n^2$$

服从自由度为 n 的 χ^2 分布. 记为 $\chi^2\sim\chi^2(n)$. $\chi^2(n)$ 分布的密度函数为

$$p(y)=\begin{cases}\dfrac{2^{-n/2}}{\Gamma\left(\dfrac{n}{2}\right)}y^{\frac{n}{2}-1}\mathrm{e}^{-\frac{y}{2}}, & y>0,\\ 0, & \text{其他}.\end{cases}$$

χ^2 分布具有可加性. 设 $\chi_1^2\sim\chi^2(n_1)$, $\chi_2^2\sim\chi^2(n_2)$, 且 χ_1^2 与 χ_2^2 相互独立, 则 $\chi_1^2+\chi_2^2\sim\chi^2(n_1+n_2)$. 另外, 若 $\chi^2\sim\chi^2(n)$, 则有 $\mathrm{E}(\chi^2)=n$, $\mathrm{Var}(\chi^2)=2n$.

为证定理 2.7, 需先证以下引理.

引理 2.6 若 $\mathbf{X}\sim N_k(\mathbf{0},\Sigma)$, 则 $\|\mathbf{X}\|^2\overset{d}{=}\sum_{i=1}^{k}\lambda_iZ_i^2$, 其中 $Z_1,\cdots,Z_k$ 为独立同分布的 $N(0,1)$ 随机变量, $\lambda_1,\cdots,\lambda_k$ 为 Σ 的特征值.

该引理本身亦较为重要.

证明 (引理 2.6 证明)　因 Σ 非负定, 故存在正交矩阵 A, 使得

$$A\Sigma A^{\mathrm{T}} = \mathrm{diag}(\lambda_1, \cdots, \lambda_k).$$

由推论 2.1, 知 $A\mathbf{X} \sim N_k(\mathbf{0}, \mathrm{diag}(\lambda_1, \cdots, \lambda_k))$. 所以

$$\|\mathbf{X}\|^2 = \|A\mathbf{X}\|^2 \stackrel{d}{=} \sum_{i=1}^{k}(\sqrt{\lambda_i}Z_i)^2 = \sum_{i=1}^{k}\lambda_i Z_i^2.$$

证明 (定理 2.7 证明)　$\mathbf{X}_n$ 可以如下分解: $\mathbf{X}_n = \sum_{i=1}^n \mathbf{Y}_i$, 其中 $\mathbf{Y}_1, \cdots, \mathbf{Y}_n$ 为独立同分布的随机向量, 且都服从参数为 1 和 $\mathbf{p} = (p_1, \cdots, p_k)$ 的多项分布, 容易算得 $\mathrm{E}(\mathbf{Y}_i) = \mathbf{p}$, 且

$$\mathrm{Cov}(\mathbf{Y}_i) = \begin{pmatrix} p_1(1-p_1) & -p_1p_2 & \cdots & -p_1p_k \\ -p_2p_1 & p_2(1-p_2) & \cdots & -p_2p_k \\ \vdots & \vdots & & \vdots \\ -p_kp_1 & -p_kp_2 & \cdots & p_k(1-p_k) \end{pmatrix}.$$

据多元中心极限定理, 得

$$\frac{1}{\sqrt{n}}(\mathbf{X}_n - n\mathbf{p}) \rightsquigarrow N_k(\mathbf{0}, \mathrm{Cov}(\mathbf{Y}_1)).$$

设 $D = \mathrm{diag}(1/\sqrt{p_1}, \cdots, 1/\sqrt{p_k})$, 则由连续映照定理, 得

$$\frac{1}{\sqrt{n}}D(\mathbf{X}_n - n\mathbf{p}) \rightsquigarrow N_k(\mathbf{0}, D\mathrm{Cov}(\mathbf{Y}_1)D),$$

这里

$$\begin{aligned} D\mathrm{Cov}(\mathbf{Y}_1)D &= \begin{pmatrix} 1-p_1 & -\sqrt{p_1}\sqrt{p_2} & \cdots & -\sqrt{p_1}\sqrt{p_k} \\ -\sqrt{p_2}\sqrt{p_1} & 1-p_2 & \cdots & -\sqrt{p_2}\sqrt{p_k} \\ \vdots & \vdots & & \vdots \\ -\sqrt{p_k}\sqrt{p_1} & -\sqrt{p_k}\sqrt{p_2} & \cdots & 1-p_k \end{pmatrix} \\ &= I - (\sqrt{p_1}, \cdots, \sqrt{p_k})^{\mathrm{T}}(\sqrt{p_1}, \cdots, \sqrt{p_k}). \end{aligned}$$

也就是说

$$\left(\frac{X_{n,1} - np_1}{\sqrt{np_1}}, \cdots, \frac{X_{n,k} - np_k}{\sqrt{np_k}}\right)^{\mathrm{T}} \rightsquigarrow N(\mathbf{0}, I - (\sqrt{p_1}, \cdots, \sqrt{p_k})^{\mathrm{T}}(\sqrt{p_1}, \cdots, \sqrt{p_k})).$$

由于矩阵 $I - (\sqrt{p_1}, \cdots, \sqrt{p_k})^{\mathrm{T}}(\sqrt{p_1}, \cdots, \sqrt{p_k})$ 的特征值为 0(1 重) 和 1($k-1$ 重), 于是, 由连续映照定理及引理 2.6 得

$$C_n^2 = \sum_{i=1}^{k}\frac{(X_{n,i} - np_i)^2}{np_i} \rightsquigarrow \chi^2(k-1).$$

注 2.9 借用定理 2.7 证明中的矩阵记号, Pearson 统计量可以表示为

$$C_n^2=\left[\frac{1}{\sqrt{n}}D(\mathbf{X}_n-n\mathbf{p})\right]^{\mathrm{T}}\left[\frac{1}{\sqrt{n}}D(\mathbf{X}_n-n\mathbf{p})\right].$$

若 $X_n\sim b(n,p)$, 由 De Moivre-Laplace 中心极限定理, 知

$$\frac{1}{\sqrt{n}}(X_n-np)\rightsquigarrow N(0,p(1-p)).$$

对于多项分布的情况, 由中心极限定理, 我们可以得到

$$\frac{1}{\sqrt{n}}(\mathbf{X}_n-n\mathbf{p})\rightsquigarrow N\Big(\mathbf{0},D^{-1}(I-(\sqrt{p_1},\cdots,\sqrt{p_k})^{\mathrm{T}}(\sqrt{p_1},\cdots,\sqrt{p_k}))D^{-1}\Big).$$

2.6 习 题

习题 2.1 谈谈随机变量序列依分布收敛、依概率收敛与几乎处处收敛之间的联系.

习题 2.2 大数定律是属于哪种随机收敛性? 中心极限定理是属于哪种收敛性? 谈谈大数定律的直观解释. 谈谈中心极限定理的直观解释.

习题 2.3 设 $\mathrm{P}(X_n=i/n)=1/n$, $i=1,2,\cdots,n$, $X\sim U(0,1)$. 试证 $X_n\rightsquigarrow X$.

习题 2.4 设 $x_n\to x$. 若对任意的 $n\geqslant 1$, $\mathrm{P}(X_n=x_n)=1$, 则 $X_n\rightsquigarrow X$, 其中 $\mathrm{P}(X=x)=1$. 试用以下两种方法证明该命题: (1) 通过分布函数的定义; (2) 通过定理 2.2.

习题 2.5 设 $X_n\sim b(n,p_n)$. 若 $n\to\infty$ 且 $np_n\to\lambda>0$, 则 $X_n\rightsquigarrow X$, X 服从参数为 λ 的 Poisson 分布.

习题 2.6 试举出一个随机变量序列的例子, 使得 $X_n\rightsquigarrow 0$ 但 $\mathrm{E}(X_n)\to\infty$.

习题 2.7 设 $Y_{n(1)}$ 与 $Y_{n(n)}$ 分别为取自 $U(0,1)$ 分布总体样本 $Y_1,\cdots,Y_n$ 的最小者和最大者. 试证

$$n(Y_{n(1)},1-Y_{n(n)})\rightsquigarrow(U,V),$$

其中 U,V 是两个相互独立的指数分布随机变量.

习题 2.8 设 $X_1,\cdots,X_n$ 为独立同分布的随机变量序列, 共同的分布函数为 $F(x)$ 并且其反函数存在. 定义 $Y_n=\max\{X_1,\cdots,X_n\}$, 试证 $n(1-F(Y_n))\rightsquigarrow\mathrm{Exp}(1)$, 其中 $\mathrm{Exp}(\theta)$ 表示均值为 θ 的指数分布.

习题 2.9 试举例说明 $X_n\rightsquigarrow X$ 及 $Y_n\rightsquigarrow Y$, 但未必有 (X_n,Y_n) 依分布收敛.

习题 2.10 若对任意的 n, X_n 与 Y_n 相互独立, 则 $X_n\rightsquigarrow X$ 与 $Y_n\rightsquigarrow Y$ 可推出 $(X_n,Y_n)\rightsquigarrow(X,Y)$, 其中 X 与 Y 相互独立.

习题 2.11 假定 $X_n \rightsquigarrow N(\mu, \sigma^2)$. 求序列 $bX_n + a$ 的极限分布.

习题 2.12 假定 $X_n = (X_{n,1}, \cdots, X_{n,k}) \rightsquigarrow X = (X_1, \cdots, X_k)$, 其中 $X_1, \cdots, X_k$ 为相互独立的 $N(0,1)$ 随机变量. 证明 $\|X_n\|^2 \rightsquigarrow \chi^2(k)$. 这里, $\|\cdot\|$ 表示欧氏范数.

习题 2.13 证明若 $\mathrm{E}(X_n) = \mu$ 且 $\mathrm{Var}(X_n) \to 0$, 则 $X_n \xrightarrow{\mathrm{P}} \mu$.

习题 2.14 证明若 $X_n \rightsquigarrow N(0,1)$ 且 $Y_n \xrightarrow{\mathrm{P}} \sigma$, 则 $X_nY_n \rightsquigarrow N(0, \sigma^2)$.

习题 2.15 设 $X_n = \sqrt{n}Z\Big/\sqrt{Z_1^2 + \cdots + Z_n^2}$, 其中 $Z, Z_1, \cdots, Z_n$ 为相互独立的 $N(0,1)$ 随机变量, 则 $X_n \sim t(n)$, 即自由度为 n 的 t 分布. 试证当 $n \to \infty$ 时, $X_n \rightsquigarrow N(0,1)$.

习题 2.16 试证若 $\sqrt{n}(T_n - \theta)$ 依分布收敛, 则 $T_n \xrightarrow{\mathrm{P}} \theta$.

习题 2.17 试举出一个随机变量序列的例子, 使得 $X_n \xrightarrow{\mathrm{P}} 0$, 但 $X_n \xrightarrow{\mathrm{a.s.}} 0$ 不成立.

习题 2.18 设 X_n 是取自 $U(0,1)$ 分布的随机样本的最大者, 试证 $X_n \xrightarrow{\mathrm{a.s.}} 1$.

习题 2.19 假设随机变量 X 与 Y 不相关且具有方差 1, 求向量 $(X - Y, X + Y)^{\mathrm{T}}$ 的协方差矩阵.

习题 2.20 试证若随机向量 $\mathbf{X}$ 与 $\mathbf{Y}$ 相互独立, 则 $\mathrm{Cov}(\mathbf{X} + \mathbf{Y}) = \mathrm{Cov}(\mathbf{X}) + \mathrm{Cov}(\mathbf{Y})$.

习题 2.21 试求具有参数为 n 和 $\mathbf{p} = (p_1, \cdots, p_k)$ 的多项分布随机变量 X 的协方差矩阵. 该矩阵奇异否?

习题 2.22 设 X, Y 是相互独立的 $N(0,1)$ 随机变量, 试证 $X + Y$, $X - Y$ 相互独立.

习题 2.23 假定 X 是关于 0 点对称的分布, 且具有有限的二阶矩. 试证 X 与 $Y = X^2$ 是不相关的. 进一步, 它们独立吗?

习题 2.24 设 T_n 是参数 $\boldsymbol{\theta}$ 的估计量且满足 $\sqrt{n}(T_n - \boldsymbol{\theta}) \rightsquigarrow N_k(\mathbf{0}, \Sigma)$, S_n 是非奇异矩阵 Σ 的相合估计量, 即 $S_n \xrightarrow{\mathrm{P}} \Sigma$. 试证 S_n 是非奇异矩阵的概率趋于 1, 且

$$\{\boldsymbol{\theta} : n(T_n - \boldsymbol{\theta})^{\mathrm{T}} S_n^{-1}(T_n - \boldsymbol{\theta}) \leqslant \chi_{1-\alpha}^2(k)\}$$

是参数 $\boldsymbol{\theta}$ 的置信水平为 $1 - \alpha$ 的渐近置信区间, 其中 $\chi_{1-\alpha}^2(k)$ 表示自由度为 k 的 χ^2 分布的 $1 - \alpha$ 分位点.

第 3 章　点估计及其评价标准

判断一个参数估计方法“好”的准则有哪些? 对于给定的“好坏”标准, 是否存在达到这些标准的估计方法? 在什么情况下能达到这些标准? 这样的估计方法如何去寻找? 本章将探讨这些问题.

3.1　参数点估计与均方误差

如果统计结构的分布族由 $\mathcal{P}=\{P_\theta,\theta\in\Theta\}$ 给出, 其均值、方差等都是 θ 的实值函数. 一般地, 任何定义在 Θ 上的实值函数都可以称为参数, 但参数的概念并不局限于参数统计结构, 在非参数统计结构中也有参数. 如 X 的分布族为 $\mathcal{P}=\{P\}$, 则均值 $\mathrm{E}_P(X)$、方差 $\mathrm{Var}_P(X)$ 等分布的数字特征也都是参数.

定义 3.1　定义在分布族 $\mathcal{P}$ 上的一个实值泛函 $g(P)$ 称为参数, 而 $(\mathcal{X},\mathcal{B}(\mathcal{X}),\mathcal{P})$ 上用来估计 $g(P)$ 的实值统计量称为 $g(P)$ 的点估计量, 简称估计. 这里, $P\in\mathcal{P}$.

关于三元组 $(\mathcal{X},\mathcal{B}(\mathcal{X}),\mathcal{P})$, 直观上可这样理解: $\mathcal{X}$ 为样本观察值所构成的集合 (即样本空间, 其中的元素为 n 维随机变量, n 为样本容量), $\mathcal{B}(\mathcal{X})$ 为由样本空间生成的 Borel 集, $\mathcal{P}$ 为概率分布的集合 (概率分布族).

通常以 θ 表示参数, 以 $\hat\theta=\hat\theta(X_1,\cdots,X_n)$ 表示参数点估计量. 由定义 3.1 可见, 估计的概念相当广泛. 对于一个参数, 可以任意给出多个不同的估计量. 因此, 需要建立起讨论估计好坏的标准.

假设用 $\hat\theta(X_1,\cdots,X_n)$ 估计 θ, 评价该估计好坏的一个自然度量是 $|\hat\theta(X_1,\cdots,X_n)-\theta|$, 由于 $\hat\theta(X_1,\cdots,X_n)$ 是一随机变量, 因此, 这一度量实际上不可行. 为了数学处理上的方便, 常用的标准是由

$$\mathrm{MSE}_\theta(\hat\theta)=\mathrm{E}\big((\hat\theta(X_1,\cdots,X_n)-\theta)^2\big)$$

所定义的均方误差.

自然, 我们希望均方误差越小越好. 当 $\hat\theta=\theta$ 时均方误差为 0, 但因 θ 未知, 这一估计量毫无意义. 因此, 需先对估计量提出一些合理要求, 然后在这些满足合理性要求的估计中寻找最好的估计.

3.2 估计量的无偏性和相合性

若用 $\hat{\theta}=\hat{\theta}(X_1,\cdots,X_n)$ 来估计 θ, 则由简单的数学推导易知一个估计量的均方误差可以分解为两部分, 即

$$\mathrm{MSE}_\theta(\hat{\theta})=\mathrm{Var}(\hat{\theta})+\big(\mathrm{E}(\hat{\theta})-\theta\big)^2. \tag{3-1}$$

在式 (3-1) 中, 等号右侧第一项为估计量的方差, 反映估计量的稳定性; 等式右侧第二项反映估计量的均值相对于真值的偏离程度. 在等式右侧第二项中, $\mathrm{E}(\hat{\theta})-\theta$ 称为估计量 $\hat{\theta}$ 的偏差. 如果偏差等于 0, 就是所谓的无偏估计. 具体地,

定义 3.2 设 $(\mathcal{X},\mathcal{B}(\mathcal{X}),\{P_\theta,\theta\in\Theta\})$ 为一参数统计结构, $g(\theta)$ 是未知参数, $(X_1,\cdots,X_n)$ 是来自该统计结构的一个样本, 若用 $\hat{g}(X_1,\cdots,X_n)$ 估计 $g(\theta)$, 且对任意的 $\theta\in\Theta$,

$$\mathrm{E}_\theta(\hat{g}(X_1,\cdots,X_n))=g(\theta),$$

则称 $\hat{g}(X_1,\cdots,X_n)$ 为 $g(\theta)$ 的无偏估计 (量).

例 3.1 设总体 $X\sim b(1,p)$ (二项分布 $b(n,p)$ 当 $n=1$ 时的情况, 也称为 0-1 分布), X_1 为其一次观测, 则 X_1 是 p 的无偏估计. 然而这个具有一次观测值的估计量没有任何意义.

例 3.2 设 $(X_1,\cdots,X_n)$ 是取自 $N(\mu,\sigma^2)$ 的一个样本, μ 和 σ^2 是未知参数, 其常用统计量有样本均值

$$\overline{X}=\frac{1}{n}\sum_{i=1}^{n}X_i,$$

样本二阶中心矩为

$$S_n^2=\frac{1}{n}\sum_{i=1}^{n}(X_i-\overline{X})^2,$$

样本方差为

$$S^2=\frac{1}{n-1}\sum_{i=1}^{n}(X_i-\overline{X})^2.$$

则 $\overline{X}$ 为 μ 的无偏估计, S^2 为 σ^2 的无偏估计. 虽然 S_n^2 不是 σ^2 的无偏估计, 但 $\mathrm{E}(S_n^2)\to\sigma^2$.

定义 3.3 设 $\hat{g}_n=\hat{g}_n(X_1,\cdots,X_n)$ 是 $g(\theta)$ 的估计量, 若对任意的 $\theta\in\Theta$,

$$\lim_{n\to\infty}\mathrm{E}_\theta(\hat{g}_n)=g(\theta),$$

则称 $\hat{g}_n$ 为 $g(\theta)$ 的渐近无偏估计 (量).

估计量是与样本容量有关的, 用 $\hat{\theta}_n = \hat{\theta}(X_1, \cdots, X_n)$ 估计 θ, 则 $\hat{\theta}_n$ 关于 θ 的相合性定义如下.

定义 3.4 设 $\hat{\theta}_n = \hat{\theta}_n(X_1, \cdots, X_n)$ 是 θ 的估计量, 若当 $n \to \infty$ 时, 有

$$\hat{\theta}_n \xrightarrow{\text{a.s.}} (\xrightarrow{\text{P}}) \theta,$$

则称 $\hat{\theta}_n$ 是 θ 的强 (弱) 相合估计.

强相合的结论要比弱相合强. 在统计学中, 一般指的相合是弱相合性. 设 $\hat{\theta}_n = \hat{\theta}_n(X_1, X_2, \cdots, X_n)$ 是参数 θ 的一个估计量, 在样本量 n 给定的情况下, 由于样本的随机性, 不能要求 $\hat{\theta}_n$ 等同于 θ. 因此, 随机偏差 $|\hat{\theta}_n - \theta|$ 总是存在的, 且不可避免. 但作为一个好的估计量, 在样本量不断增大时, 较大偏差 (如 $|\hat{\theta}_n - \theta| > \varepsilon$) 发生的机会应逐渐缩小. 这项要求即为估计量相合性的直观意义. 相合性是对一个估计的基本要求. 如果一个估计不具有相合性, 即样本量不断增加时它都不能把被估参数估计到任意指定的精确程度, 那么该估计的使用价值便值得商榷.

例 3.3 设 $(X_1, \cdots, X_n)$ 是取自总体 $U(0, \theta)$ 的一个样本, 最大次序统计量 $X_{(n)}$ 是 θ 的常用估计. $X_{(n)}$ 的密度函数为

$$p(t; \theta) = n t^{n-1} \theta^{-n}, \quad 0 < t < \theta.$$

易求得 $\mathrm{E}(X_{(n)}) = n\theta/(n+1)$, 因此, $X_{(n)}$ 是 θ 的渐近无偏估计. 另外, 由例 2.6 可知, $X_{(n)}$ 是 θ 的相合估计.

根据连续映照定理, 我们有如下定理.

定理 3.1 设 $T_{jn} = T_{jn}(X_1, \cdots, X_n)$ 是 $g_j(\theta)$ 的相合估计, $j = 1, \cdots, k$. 函数 $h(\cdot)$ 在 $(g_1(\theta), \cdots, g_k(\theta))$ 处连续, 则 $h(T_{1n}, \cdots, T_{kn})$ 是 $h(g_1(\theta), \cdots, g_k(\theta))$ 的相合估计量.

例 3.4 设 $(X_1, \cdots, X_n)$ 是来自密度函数为

$$p(x; \theta) = \theta(\theta+1) x^{\theta-1}(1-x), \quad 0 < x < 1, \quad \theta > 0$$

的一个样本, 因

$$\mathrm{E}(X_1) = \frac{\theta}{\theta+2} =: \eta.$$

由强大数定律, $\overline{X} \overset{\text{a.s.}}{\to} \eta$. 而 $\theta = \dfrac{2\eta}{1-\eta}$ 是 η 的连续函数, 由定理 3.1, 知 $\dfrac{2\overline{X}}{1-\overline{X}}$ 是参数 θ 的相合估计量.

注 3.1 由渐近无偏性并不能得到相合性的结论, 因为仅有一阶矩的性质并不能得到分布的性质, 而相合性的概念是从估计量的分布性质来获得的. 反之, 由

相合性也得不到渐近无偏性, 这是因为依分布收敛并不能得到数学期望收敛的结论. 例如, 设 $\mathrm{P}(Y=k)=\dfrac{1}{2^k}$, $k\geqslant 1$, 则 $\mathrm{P}(Y\geqslant n)=\sum_{k=n}^{\infty}\dfrac{1}{2^k}=\dfrac{1}{2^{n-1}}$. 设 $X_n=\lambda 2^{n-1}\mathbb{I}_{[n,\infty)}(Y)$, 其中 $\lambda\neq 0$. 则 $X_n\xrightarrow{\mathrm{P}}0$, 但 $\mathrm{E}(X_n)=\lambda\nrightarrow 0$.

在相合性成立的前提下, 若进一步 $\lim_{M\to\infty}\sup_{n\geqslant 1}\mathrm{E}[|X_n|\,\mathbb{I}_{[M,\infty)}(|X_n|)]\leqslant C$, 则 X_n 依概率收敛于 X 便可得到 $\mathrm{E}(X_n)\to\mathrm{E}(X)$.

相合估计量可能并不唯一, 如何确定相合估计量的好坏, 需要考察它们渐近方差的大小. 以下引入估计量渐近正态性的概念.

3.3 估计量的渐近正态性及其应用

3.3.1 估计量的渐近正态性

相合性是对估计的一种较低要求, 它只要求估计序列 $\hat{\theta}_n$ 将随样本容量 n 的增加而以越来越大的概率接近被估参数 θ. 而渐近正态性则说明了对相对较大的 n, 误差 $\hat{\theta}_n-\theta$ 将以什么速度收敛于标准正态分布 $N(0,1)$. 下面给出渐近正态性的定义.

定义 3.5 设 $\hat{\theta}_n=\hat{\theta}_n(X_1,\cdots,X_n)$ 是参数 θ 的估计量, 若存在 $\sigma_n^2(\theta)$, 使得

$$(\hat{\theta}_n-\theta)/\sigma_n(\theta)\rightsquigarrow N(0,1),$$

则称 $\hat{\theta}_n$ 是参数 θ 的渐近正态估计量, $\sigma_n^2(\theta)$ 称为估计量 $\hat{\theta}_n$ 的渐近方差.

若定义 3.5 中 $\sigma_n^2(\theta)$ 存在, 则它不是唯一的. 由 Slutsky 引理, 若 $\tilde{\sigma}_n^2(\theta)$ 满足

$$\tilde{\sigma}_n^2(\theta)/\sigma_n^2(\theta)\xrightarrow{\mathrm{P}}1,$$

则有 $(\hat{\theta}_n-\theta)/\tilde{\sigma}_n(\theta)\rightsquigarrow N(0,1)$. 一般情况下, $\sigma_n^2(\theta)$ 取为 $\hat{\theta}_n$ 的方差.

由中心极限定理, 若 $X_1,\cdots,X_n$ 是独立同分布的随机变量序列, $\mathrm{E}(X_1)=\theta$, $\mathrm{Var}(X_1)=\sigma^2<\infty$, 则该序列的样本均值满足 $\sqrt{n}(\overline{X}-\theta)/\sigma\rightsquigarrow N(0,1)$. 即 $\overline{X}$ 为 θ 的渐近正态估计量, 并且可知 $\overline{X}-\theta=O_P(1/\sqrt{n})$.

例 3.5 设 $(X_1,\cdots,X_n)$ 是取自总体 $b(1,\theta)$ 的一个样本, $\overline{X}=\sum_{i=1}^n X_i/n$ 为参数 θ 的一个估计量. 由中心极限定理,

$$\sqrt{n}(\overline{X}-\theta)\rightsquigarrow N(0,\theta(1-\theta)),$$

即 $\overline{X}$ 为参数 θ 的渐近正态估计量.

定理 3.2 设 $(X_1,\cdots,X_n)$ 是取自具有密度函数 $p(x)$ 的总体的一个样本, 对给定的 $p\in(0,1)$, $p(x)$ 在总体的 p 分位数 a_p 处连续, 且 $p(a_p)>0$, 则对于样

本的 p 分位数 $M_p = X_{([np]+1)}$, 满足

$$\frac{\sqrt{n}(M_p - a_p)}{\sqrt{p(1-p)}/p(a_p)} \rightsquigarrow N(0,1). \tag{3-2}$$

定理 3.2 说明样本 p 分位点是总体 p 分位点的渐近正态估计量.

证明 对于任意的 x, 有

$$\begin{aligned}
&\mathrm{P}\left(\frac{\sqrt{n}(M_p - a_p)}{\sqrt{p(1-p)}/p(a_p)} \leqslant x\right) \\
&= \mathrm{P}\left(M_p = X_{([np]+1)} \leqslant \frac{x\sqrt{p(1-p)}}{\sqrt{n}p(a_p)} + a_p\right) \\
&= \mathrm{P}\left(\sum_{i=1}^n \mathbb{I}_{\left(-\infty, \frac{x\sqrt{p(1-p)}}{\sqrt{n}p(a_p)} + a_p\right]}(X_i) \geqslant [np] + 1\right) \\
&= \mathrm{P}\left(\frac{\sum_{i=1}^n \mathbb{I}_{\left(-\infty, \frac{x\sqrt{p(1-p)}}{\sqrt{n}p(a_p)} + a_p\right]}(X_i) - nF\left(\frac{x\sqrt{p(1-p)}}{\sqrt{n}p(a_p)} + a_p\right)}{\sqrt{nF\left(\frac{x\sqrt{p(1-p)}}{\sqrt{n}p(a_p)} + a_p\right)\left(1 - F\left(\frac{x\sqrt{p(1-p)}}{\sqrt{n}p(a_p)} + a_p\right)\right)}}\right. \\
&\qquad \left.\geqslant \frac{[np] + 1 - nF\left(\frac{x\sqrt{p(1-p)}}{\sqrt{n}p(a_p)} + a_p\right)}{\sqrt{nF\left(\frac{x\sqrt{p(1-p)}}{\sqrt{n}p(a_p)} + a_p\right)\left(1 - F\left(\frac{x\sqrt{p(1-p)}}{\sqrt{n}p(a_p)} + a_p\right)\right)}}\right).
\end{aligned}$$

既然 $\sum_{i=1}^n \mathbb{I}_{\left(-\infty, \frac{x\sqrt{p(1-p)}}{\sqrt{n}p(a_p)} + a_p\right]}(X_i)$ 是二项分布, 由中心极限定理, 可知

$$\begin{aligned}
&\lim_{n\to\infty} \mathrm{P}\left(\frac{\sqrt{n}(M_p - a_p)}{\sqrt{p(1-p)}/p(a_p)} \leqslant x\right) \\
&= 1 - \lim_{n\to\infty} \Phi\left(\frac{[np] + 1 - nF\left(\frac{x\sqrt{p(1-p)}}{\sqrt{n}p(a_p)} + a_p\right)}{\sqrt{nF\left(\frac{x\sqrt{p(1-p)}}{\sqrt{n}p(a_p)} + a_p\right)\left(1 - F\left(\frac{x\sqrt{p(1-p)}}{\sqrt{n}p(a_p)} + a_p\right)\right)}}\right).
\end{aligned} \tag{3-3}$$

再对 $F\Big(\dfrac{x\sqrt{p(1-p)}}{\sqrt{n}p(a_p)}+a_p\Big)$ 在 a_p 处 Taylor 展开得

$$\begin{aligned}F\Big(\frac{x\sqrt{p(1-p)}}{\sqrt{n}p(a_p)}+a_p\Big)&=F(a_p)+p(a_p)\frac{x\sqrt{p(1-p)}}{\sqrt{n}p(a_p)}+o(1/\sqrt{n})\\&=p+x\sqrt{p(1-p)}/\sqrt{n}+o(1/\sqrt{n}).\end{aligned}\tag{3-4}$$

将式 (3-4) 代入式 (3-3), 并取极限得

$$\lim_{n\to\infty}\mathrm{P}\left(\frac{\sqrt{n}(M_p-a_p)}{\sqrt{p(1-p)}/p(a_p)}\leqslant x\right)=1-\Phi(-x)=\Phi(x).$$

证毕.

若 $p=1/2$, 由式 (3-2) 可知

$$\sqrt{n}(M_{1/2}-a_{1/2})\rightsquigarrow N\big(0,1/(4p(a_{1/2})^2)\big).\tag{3-5}$$

例 3.6 设 $(X_1,\cdots,X_n)$ 是取自 $N(\theta,1)$ 的总体的一个样本, 因 $a_{1/2}=\theta$, 由式 (3-5) 知

$$\sqrt{n}(M_{1/2}-\theta)\rightsquigarrow N(0,\pi/2).$$

由中心极限定理知

$$\sqrt{n}(\overline{X}-\theta)\rightsquigarrow N(0,1).$$

$M_{1/2}$ 与 $\overline{X}$ 都是参数 θ 的渐近正态估计量. 但 $\overline{X}$ 的渐近方差较 $M_{1/2}$ 的渐近方差更小.

3.3.2 渐近正态性的应用

参数估计量的渐近正态性主要有三个方面的应用.

第一, 可以借助估计量的渐近正态性构造参数渐近置信区间. 若

$$\sqrt{n}(\hat{\theta}_n-\theta)\rightsquigarrow N(0,\sigma^2),\quad \hat{\sigma}_n^2\xrightarrow{\mathrm{P}}\sigma^2,$$

则由 Slutsky 引理,

$$\sqrt{n}\frac{\hat{\theta}_n-\theta}{\hat{\sigma}_n}\rightsquigarrow N(0,1).$$

于是, 参数 θ 置信水平渐近为 $1-\alpha$ 的置信区间为

$$\Big(\hat{\theta}_n+\frac{\hat{\sigma}_n}{\sqrt{n}}z_{\alpha/2},\hat{\theta}_n+\frac{\hat{\sigma}_n}{\sqrt{n}}z_{1-\alpha/2}\Big).$$

第二, 可用于对参数进行双边假设检验 $H_0: \theta = \theta_0$. 其检验统计量为

$$T_n = \sqrt{n}\frac{\hat{\theta}_n - \theta_0}{\hat{\sigma}_n},$$

当 H_0 为真时, 该检验统计量具有渐近正态性.

第三, 可用于比较两个估计量的优劣.

定义 3.6 设 $\hat{\theta}_n, \tilde{\theta}_n$ 是参数 θ 的两个渐近正态估计量, 则称

$$\text{asy-eff}(\hat{\theta}_n, \tilde{\theta}_n) = \lim_{n\to\infty} \frac{\text{Var}(\sqrt{n}(\tilde{\theta}_n - \theta))}{\text{Var}(\sqrt{n}(\hat{\theta}_n - \theta))}$$

为 $\hat{\theta}_n$ 对 $\tilde{\theta}_n$ 的渐近相对效.

在例 3.6 中, $M_{1/2}$ 对 $\overline{X}$ 的渐近相对效为 $2/\pi$. 该渐近相对效小于 1, 说明在估计参数 θ 时, 在渐近意义下, $\overline{X}$ 较 $M_{1/2}$ 更有效, 即渐近方差更小.

3.4 Fisher 信息不等式、估计量的有效性及渐近有效性

3.4.1 Fisher 信息量

Fisher 信息量和信息不等式是统计学中两个重要的结果, 以下先给出 Fisher 信息量的概念和性质.

定义 3.7 设 $(\mathcal{X}, \mathcal{B}(\mathcal{X}), \{P_\theta, \theta \in \Theta\})$ $(\Theta \subset \mathbb{R}^k)$ 为一参数统计结构. 假设定义在 $(\mathcal{X}, \mathcal{B}(\mathcal{X}))$ 上取值于 $(\mathbb{R}^k, \mathcal{B}(\mathbb{R}^k))$ 的随机向量

$$\mathbf{S}_\theta(X) = \left(\frac{\partial \ln p_\theta(X)}{\partial \theta_1}, \cdots, \frac{\partial \ln p_\theta(X)}{\partial \theta_k}\right)^{\mathrm{T}}$$

满足

(1) $\mathbf{S}_\theta(x)$ 对一切 $\theta \in \Theta$ 有定义;

(2) 对任意的 $\theta \in \Theta$, $\mathrm{E}_\theta[\mathbf{S}_\theta(X)] = \mathbf{0}$;

(3) $\mathrm{E}_\theta[\|\mathbf{S}_\theta(X)\|^2] < \infty$.

则把 $\mathbf{S}_\theta(X)$ 的协方差矩阵

$$\mathbf{I}(\theta) = \text{Var}_\theta(\mathbf{S}_\theta(X)) = \mathrm{E}_\theta[\mathbf{S}_\theta(X)\mathbf{S}_\theta(X)^{\mathrm{T}}]$$

称为该统计结构关于参数 θ 的 Fisher 信息矩阵, 简称 Fisher 信息. 当 $k = 1$ 时, 常称 $I(\theta)$ 为 Fisher 信息量.

不是所有的统计结构都存在 Fisher 信息, 而 Cramér-Rao 正则族中 Fisher 信息一定存在. 以下为 Cramér-Rao 正则族的定义.

定义 3.8 分布族 $\{p_\theta(x), \theta \in \Theta\}$ 称为 Cramér-Rao 正则族, 如果

(1) Θ 是 $\mathbb{R}^k$ 上的开矩形;

(2) $\partial \ln p_\theta(x)/\partial\theta_i$, $i=1,\cdots,k$, 对所有 $\theta\in\Theta$ 都存在;

(3) 支撑 $A=\{x: p_\theta(x)>0\}$ 与 θ 无关;

(4) 对 $p_\theta(x)$, 积分与微分可交换, 即 $p_\theta(x)$ 关于 x 的积分与关于 θ 的微分运算次序可以交换;

(5) 对一切 $1\leqslant i,j\leqslant k$, 对任意的 $\theta\in\Theta$, $\mathrm{E}_\theta\left|\dfrac{\partial \ln p_\theta(X)}{\partial\theta_i}\dfrac{\partial \ln p_\theta(X)}{\partial\theta_j}\right|<\infty$.

易知定义 3.8 中的 (2), (5) 分别与定义 3.7 中的 (1), (3) 等价, 而定义 3.8 中的 (3) 和 (4) 可推出定义 3.7 中的 (2). 因此, Cramér-Rao 正则族存在 Fisher 信息. 一般而言, 指数族为 Cramér-Rao 正则族. 均匀分布 $U(0,\theta)$ 不是 Cramér-Rao 正则族, 因为其支撑与 θ 有关.

例 3.7 Poisson 分布族 $\{\mathrm{Pois}(\lambda), \lambda>0\}$ 为 Cramér-Rao 正则族, 其中 $\mathrm{Pois}(\lambda)$ 表示强度参数为 λ 的 Poisson 分布. Poisson 分布族 Fisher 信息存在, 容易计算得

$$S_\lambda(x)=\partial \ln p_\lambda(x)/\partial\lambda = x/\lambda-1, \quad I(\lambda)=\mathrm{Var}(S_\lambda(X))=\mathrm{Var}(X/\lambda)=1/\lambda.$$

例 3.8 正态分布族 $\{N(\mu,\sigma^2), (\mu,\sigma^2)\in\mathbb{R}\times\mathbb{R}_+\}$ 为 Cramér-Rao 正则族. 其 Fisher 信息存在, 记 $\theta=(\mu,\sigma^2)$, 则

$$\mathbf{S}_\theta(x)=\left(\frac{x-\mu}{\sigma^2}, \frac{(x-\mu)^2}{2\sigma^4}-\frac{1}{2\sigma^2}\right), \quad \mathbf{I}(\theta)=(I_{ij})_{2\times 2},$$

其中

$$I_{11}=\mathrm{Var}_\theta\left(\frac{X-\mu}{\sigma^2}\right)=\frac{1}{\sigma^2}, \quad I_{22}=\mathrm{Var}_\theta\left(\frac{(X-\mu)^2}{2\sigma^4}\right)=\frac{1}{2\sigma^4},$$
$$I_{12}=\mathrm{E}_\theta\left(\frac{X-\mu}{\sigma^2}\left(\frac{(X-\mu)^2}{2\sigma^4}-\frac{1}{2\sigma^2}\right)\right)=0.$$

注 3.2 若 $\ln p_\theta(x)$ 可对 θ 求二阶偏导数, 且积分与微分可交换次序 (指数族密度函数一般满足该条件), 则 Fisher 信息可由

$$I_{ij}=-\mathrm{E}_\theta\left\{\frac{\partial^2 \ln p_\theta(X)}{\partial\theta_i\partial\theta_j}\right\} \tag{3-6}$$

来计算. 这是因为

$$0=\frac{\partial \mathrm{E}(\mathbf{S}_\theta(X)^{(i)})}{\partial\theta_j}=\int\frac{\partial\{\mathbf{S}_\theta^{(i)}(x)p_\theta(x)\}}{\partial\theta_j}\,\mathrm{d}x$$

$$
\begin{aligned}
&= \int \frac{\partial \mathbf{S}_\theta^{(i)}(x)}{\partial \theta_j} p_\theta(x)\,\mathrm{d}x + \int \mathbf{S}_\theta^{(i)}(x) \frac{\partial p_\theta(x)}{\partial \theta_j}\,\mathrm{d}x \\
&= \int \frac{\partial^2 \ln p_\theta(x)}{\partial \theta_i \partial \theta_j} p_\theta(x)\,\mathrm{d}x + \int \mathbf{S}_\theta^{(i)}(x) \frac{\partial \ln p_\theta(x)}{\partial \theta_j} p_\theta(x)\,\mathrm{d}x \\
&= \mathrm{E}_\theta\Big\{\frac{\partial^2 \ln p_\theta(X)}{\partial \theta_i \partial \theta_j}\Big\} + \mathrm{E}\{\mathbf{S}_\theta^{(i)}(X)\mathbf{S}_\theta^{(j)}(X)\}.
\end{aligned}
$$

这里, 记 $\mathbf{S}_\theta^{(i)}(x) = \dfrac{\partial \ln p_\theta(x)}{\partial \theta_i}$, $i = 1, \cdots, k$.

利用式 (3-6) 求例 3.8 中参数的 Fisher 信息矩阵将变得十分简单.

设 $(X_1, \cdots, X_n)$ 为取自总体 X 的一个样本, 则

$$
\mathbf{S}_\theta(X_1, \cdots, X_n) = \frac{\partial}{\partial \theta} \ln \prod_{i=1}^n p_\theta(X_i) = \sum_{i=1}^n \mathbf{S}_\theta(X_i).
$$

若 $\mathbf{I}(\theta)$ 存在, 则

$$
\mathbf{I}_n(\theta) = \mathrm{Var}_\theta(\mathbf{S}_\theta(X_1, \cdots, X_n)) = \sum_{i=1}^n \mathrm{Var}_\theta(\mathbf{S}_\theta(X_i)) = n\mathbf{I}(\theta)
$$

称为**样本的 Fisher 信息矩阵**.

3.4.2 Fisher 信息与充分统计量

定义 3.9 设 $T(\mathbf{X})$ 是统计结构 $(\mathcal{X}, \mathcal{B}(\mathcal{X}), \{P_\theta, \theta \in \Theta\})$ 上的统计量, $(\mathcal{T}, \mathcal{L}, \{P_\theta^{\mathrm{T}}, \theta \in \Theta\})$ 是 $T(\mathbf{X})$ 的诱导统计结构, 如果 $(\mathcal{T}, \mathcal{L}, \{P_\theta^{\mathrm{T}}, \theta \in \Theta\})$ 上的 Fisher 信息存在, 则称其为统计量 $T(\mathbf{X})$ 关于参数 θ 的 Fisher 信息, 记为 $I_T(\theta)$.

定理 3.3 设 $\{P_\theta, \theta \in \Theta\}$ 是 Cramér-Rao 正则族, 其 Fisher 信息存在, 记为 $\mathbf{I}(\theta)$, 样本 Fisher 信息为 $\mathbf{I}_n(\theta) = n\mathbf{I}(\theta)$. 又设 $\mathbf{T}(\mathbf{X})$ 是该统计结构上的统计量, 其 Fisher 信息存在, 记为 $\mathbf{I}_T(\theta)$, 则

$$
\mathbf{I}_T(\theta) \leqslant \mathbf{I}_n(\theta).
$$

定理中结论 $\mathbf{I}_T(\theta) \leqslant \mathbf{I}_n(\theta)$ 表示矩阵 $\mathbf{I}_n(\theta) - \mathbf{I}_T(\theta)$ 是一非负定矩阵.

定理 3.3 的证明将用到条件数学期望的相关概念, 这里从略.

定理 3.3 的结论是显然的, 因为统计量是对样本的加工, 它不可能比样本本身提供更多关于参数 θ 的信息.

定理 3.4 在定理 3.3 的条件下, 对任意的 $\theta \in \Theta$, $\mathbf{I}_T(\theta) = \mathbf{I}_n(\theta)$ 的充要条件是 $\mathbf{T}(\mathbf{X})$ 是充分统计量.

定理 3.4 表明: Fisher 称 $\mathbf{I}(\theta)$ 为信息量是确有一定根据的, 因为当且仅当 $\mathbf{T}(\mathbf{X})$ 是充分统计量时, $\mathbf{T}(\mathbf{X})$ 所含 θ 的信息与样本所含 θ 的信息一致.

该定理证明略.

例 3.9 设 $(X_1,\cdots,X_n)$ 是取自 $N(\mu,\sigma^2)$ 的一个样本, 记 $\theta=(\mu,\sigma^2)$, 其样本 Fisher 信息矩阵 (参见例 3.8) 为

$$\mathbf{I}_n(\theta)=\begin{pmatrix} n/\sigma^2 & 0 \\ 0 & n/(2\sigma^4)\end{pmatrix}. \tag{3-7}$$

定义统计量 $\mathbf{T}(X_1,\cdots,X_n)=(\overline{X},S^2)$, 由例 1.14的结论知 $\mathbf{T}(X_1,\cdots,X_n)$ 为 θ 的充分统计量. 由定理 3.4 知, $\mathbf{I}_T(\theta)$ 仍为式 (3-7).

3.4.3 信息不等式

信息不等式也称为 Cramér-Rao 不等式, 它是用 Fisher 信息表示无偏估计的协方差矩阵下限的一个不等式. 这一不等式最早由 Harald Cramér 与 Calyampudi Radhakrishna Rao 给出. H. Cramér 是瑞典数学家、保险精算师、统计学家, 被描述为"统计理论的巨人之一". C. R. Rao 是美国数学家和统计学家. 他是宾夕法尼亚州立大学名誉教授、布法罗大学研究教授.

定理 3.5 设 $\{p_\theta(x),\theta\in\Theta\}$ 为 Cramér-Rao 正则族, $\Theta\subset\mathbb{R}^k$, 其样本 Fisher 信息 $\mathbf{I}_n(\theta)$ 是非奇异矩阵, 并设 $\mathbf{g}(\theta)=(g_1(\theta),\cdots,g_s(\theta))^{\mathrm{T}}$, $s\leqslant k$, 且 $\partial g_i(\theta)/\partial\theta_j$ 对一切 $i=1,\cdots,s$, $j=1,\cdots,k$ 都存在. 假设 $\mathbf{T}(\mathbf{X})$ 是 $\mathbf{g}(\theta)$ 的模平方可积的无偏估计, 记 $\Delta=\mathrm{E}(\mathbf{T}(\mathbf{X})\mathbf{S}_\theta(\mathbf{X})^{\mathrm{T}})=\dfrac{\mathrm{d}}{\mathrm{d}\theta}\mathbf{g}(\theta)$. 则对任意的 $\theta\in\Theta$, 有

$$\mathrm{Var}_\theta(\mathbf{T}(\mathbf{X}))\geqslant\Delta\mathbf{I}_n^{-1}(\theta)\Delta^{\mathrm{T}},$$

其中 $\Delta\mathbf{I}_n^{-1}(\theta)\Delta^{\mathrm{T}}$ 称为 $\mathbf{g}(\theta)$ 的无偏估计协方差矩阵的下界, 或称为 $\mathbf{g}(\theta)$ 的无偏估计的 Cramér-Rao 下界, 简称为 C-R 下界.

证明 记 $\mathbf{W}=\mathbf{T}(\mathbf{X})-\mathbf{g}(\theta)-\Delta\mathbf{I}_n^{-1}(\theta)\mathbf{S}_\theta(\mathbf{X})$, 其数学期望和方差分别为

$$\mathrm{E}(\mathbf{W})=\mathrm{E}(\mathbf{T}(\mathbf{X}))-\mathbf{g}(\theta)-\Delta\mathbf{I}_n^{-1}(\theta)\mathrm{E}(\mathbf{S}_\theta(\mathbf{X}))=\mathbf{0}$$

和

$$\begin{aligned}\mathrm{Var}(\mathbf{W})=&\mathrm{E}(\mathbf{W}\mathbf{W}^{\mathrm{T}})\\ =&\mathrm{E}[(\mathbf{T}(\mathbf{X})-\mathbf{g}(\theta))(\mathbf{T}(\mathbf{X})-\mathbf{g}(\theta))^{\mathrm{T}}]+\Delta\mathbf{I}_n^{-1}(\theta)\mathrm{E}(\mathbf{S}_\theta(X)\mathbf{S}_\theta(X)^{\mathrm{T}})\mathbf{I}_n^{-1}(\theta)\Delta^{-1}\\ &-\mathrm{E}[(\mathbf{T}(\mathbf{X})-\mathbf{g}(\theta))\mathbf{S}_\theta(X)^{\mathrm{T}}]\mathbf{I}_n^{-1}(\theta)\Delta^{\mathrm{T}}-\Delta\mathbf{I}_n^{-1}(\theta)\mathrm{E}[\mathbf{S}_\theta(X)(\mathbf{T}(\mathbf{X})-\mathbf{g}(\theta))^{\mathrm{T}}]\end{aligned}$$

$$=\mathrm{Var}(\mathbf{T}(\mathbf{X}))-\Delta\mathbf{I}_n^{-1}(\theta)\Delta^{\mathrm{T}}.$$

由于 $\mathrm{Var}(\mathbf{W})\geqslant\mathbf{0}$, 定理证毕.

对于 $s=k=1$ 的情形, 信息不等式为

$$\mathrm{Var}_\theta(T(\mathbf{X}))\geqslant\left(\frac{\partial g(\theta)}{\partial\theta}\right)^2\Big/I_n(\theta),$$

这里 $I_n(\theta)=nI_1(\theta)$.

例 3.10 设 $(X_1,\cdots,X_n)$ 是来自 $b(1,\theta)$ 的一个样本, 因二点分布是正则族, 其 Fisher 信息存在, 且

$$S_\theta(X_1)=\frac{X_1-\theta}{\theta(1-\theta)},\quad I_1(\theta)=\mathrm{E}\Big(\frac{X_1-\theta}{\theta(1-\theta)}\Big)^2=\frac{1}{\theta(1-\theta)}.$$

由 Fisher 信息不等式可知, 参数 θ 无偏估计的 C-R 下界为 $\theta(1-\theta)/n$. 现取 $\overline{X}$ 作为 θ 的估计, 则有 $\mathrm{Var}_\theta(\overline{X})=\theta(1-\theta)/n$. 故 $\overline{X}$ 的方差达到 θ 的 C-R 下界.

例 3.11 设 $(X_1,\cdots,X_n)$ 为取自 $N(0,\theta)$ 的一个样本, $\theta>0$. 由式 (3-6), 容易算得 $I_1(\theta)=-\mathrm{E}\left(\frac{1}{2\theta^2}-\frac{X_1^2}{\theta^3}\right)=\frac{1}{2\theta^2}$. 从而 $I_n(\theta)=\frac{n}{2\theta^2}$. 取 $\hat{\theta}=\frac{1}{n}\sum_{i=1}^n X_i^2$, 简单验证即知 $\mathrm{E}(\hat{\theta})=\theta$, $\mathrm{Var}(\hat{\theta})=2\theta^2/n$, 从而 $\hat{\theta}$ 的方差达到 C-R 下界.

3.4.4 估计量的有效性及渐近有效性

通常把方差达到 C-R 下界的无偏估计称为有效无偏估计. 具体为

定义 3.10 (有效无偏估计) 设 $\{p_\theta(x),\theta\in\Theta\}$ 是 Cramér-Rao 正则族, $g(\theta)$ 是可估参数, $T(\mathbf{X})$ 是 $g(\theta)$ 的一个无偏估计, 则称

$$\mathrm{eff}(T(\mathbf{X}))=\frac{(g'(\theta))^2\,I_n^{-1}(\theta)}{\mathrm{Var}_\theta(T(X))}$$

为估计量 $T(\mathbf{X})$ 的效. 如果效等于 1, 则称 $\mathrm{eff}(T(\mathbf{X}))$ 为 $g(\theta)$ 的有效无偏估计.

定义 3.11 (一致最小方差无偏估计) 设 $g(\theta)$ 是可估参数, 如果 $T(\mathbf{X})$ 是 $g(\theta)$ 的一个无偏估计, 且对任意 $g(\theta)$ 的无偏估计 $S(\mathbf{X})$, 有

$$\mathrm{Var}_\theta[T(\mathbf{X})]\leqslant\mathrm{Var}_\theta[S(\mathbf{X})]$$

对所有的 $\theta\in\Theta$ 都成立, 则称 $T(\mathbf{X})$ 为 $g(\theta)$ 的一致最小方差无偏估计 (uniformly minimum variance unbiased estimator), 简记为 UMVUE.

有效无偏估计也是一致最小方差无偏估计.

达到 C-R 下界的渐近无偏的估计序列称为渐近有效的.

定义 3.12 (渐近有效估计)　设 T_n 是 $g(\theta)$ 的相合估计, $g(\theta)$ 可微, Fisher 信息存在, 且

$$\sqrt{n}(T_n - g(\theta)) \rightsquigarrow N(0, \sigma^2(\theta)),$$

则称

$$\text{asy-eff}(T_n) = \frac{[g'(\theta)]^2/I(\theta)}{\sigma^2(\theta)}$$

为 T_n 的渐近效. 如果 asy-eff$(T_n) = 1$, 则称 T_n 是 $g(\theta)$ 的渐近有效估计.

在前面几节我们介绍了评价估计量优劣性的指标有哪些, 在渐近性质方面主要有估计量的相合性、渐近正态性和渐近有效性. 本章接下来主要探讨在什么条件下一个估计量可以达到相合性、渐近正态性或渐近有效性这些优良性质.

3.5　Δ 方法与矩估计量

若一参数估计量的渐近正态性成立, 我们便可以据其开展参数区间估计及假设检验等统计推断工作. 因此, 证明估计量具有渐近正态性是十分重要的. 依据中心极限定理, 在一定条件下, 样本原点矩会收敛到正态分布. 如果我们所关心的参数是总体原点矩的函数, 那么, 是否可以从样本原点矩出发来构造关于参数具有渐近正态性的统计量呢? 回答是肯定的. 这类估计量的构造方法统称为 Δ 方法, 矩估计量的构造方法便是 Δ 方法应用的一个典型例子.

下面将逐一介绍 Δ 方法与矩估计量.

3.5.1　Δ 方法

先考虑一维的情形. 设 T_n 为参数 θ 的一个估计量, 且 $\sqrt{n}(T_n-\theta) \rightsquigarrow N(0,\sigma^2)$. 易知 $\phi(T_n)$ 为 $\phi(\theta)$ 的一个估计量. 若 $\phi(\cdot)$ 是一个连续可微函数, 则有

$$\sqrt{n}(\phi(T_n) - \phi(\theta)) \approx \phi'(\theta)\sqrt{n}(T_n - \theta).$$

我们期望有如下渐近正态性的结论:

$$\sqrt{n}(\phi(T_n) - \phi(\theta)) \rightsquigarrow N(0, \phi'(\theta)^2\sigma^2).$$

这一结论一般是成立的. 一般地, 我们有如下结论.

定理 3.6　设 $\phi : \mathbb{R}^k \mapsto \mathbb{R}^m$ 是一定义在 $\mathbb{R}^k$ 的子集上的映射, 且 ϕ 在 θ 点可微, 设 $\mathbf{T}_n$ 为一随机向量, 其取值在 ϕ 的定义域上. 若 $r_n \to \infty$ 为一序列, 且 $r_n(\mathbf{T}_n - \boldsymbol{\theta}) \rightsquigarrow \mathbf{T}$, 则有

$$r_n(\phi(\mathbf{T}_n) - \phi(\boldsymbol{\theta})) \rightsquigarrow \phi'(\boldsymbol{\theta})\mathbf{T}.$$

进而

$$r_n(\phi(\mathbf{T}_n)-\phi(\boldsymbol{\theta}))-r_n\phi'(\theta)(\mathbf{T}_n-\boldsymbol{\theta})\xrightarrow{\mathrm{P}}\mathbf{0}.$$

注 3.3 (1) 这里 $\phi'(\boldsymbol{\theta})$ 为一 $m\times k$ 矩阵.

$$\phi'(\boldsymbol{\theta})=\begin{pmatrix}\dfrac{\partial\phi_1}{\partial\theta_1}(\boldsymbol{\theta}) & \cdots & \dfrac{\partial\phi_1}{\partial\theta_k}(\boldsymbol{\theta})\\ \vdots & & \vdots\\ \dfrac{\partial\phi_m}{\partial\theta_1}(\boldsymbol{\theta}) & \cdots & \dfrac{\partial\phi_m}{\partial\theta_k}(\boldsymbol{\theta})\end{pmatrix}.$$

(2) 若 $\sqrt{n}(\mathbf{T}_n-\boldsymbol{\theta})\rightsquigarrow N_k(\boldsymbol{\mu},\Sigma)$, ϕ 在 $\boldsymbol{\theta}$ 点可微, 则

$$\sqrt{n}(\phi(\mathbf{T}_n)-\phi(\boldsymbol{\theta}))\rightsquigarrow N_m\big(\phi'(\boldsymbol{\theta})\boldsymbol{\mu},\phi'(\boldsymbol{\theta})\Sigma\phi'(\boldsymbol{\theta})^{\mathrm{T}}\big).$$

证明 (定理 3.6 证明) 首先, 据 Slutsky 引理,

$$\mathbf{T}_n-\boldsymbol{\theta}=\frac{1}{r_n}r_n(\mathbf{T}_n-\boldsymbol{\theta})\rightsquigarrow 0\mathbf{T}=\mathbf{0}\Longrightarrow\mathbf{T}_n-\boldsymbol{\theta}\xrightarrow{\mathrm{P}}\mathbf{0}.$$

其次, 定义函数 g:

$$g(\mathbf{h})\triangleq\begin{cases}\dfrac{\phi(\boldsymbol{\theta}+\mathbf{h})-\phi(\boldsymbol{\theta})-\phi'(\boldsymbol{\theta})\mathbf{h}}{\|\mathbf{h}\|}, & \mathbf{h}\neq\mathbf{0},\\ \mathbf{0}, & \mathbf{h}=\mathbf{0}.\end{cases}$$

根据 $\phi(\cdot)$ 的可微性知 $g(\cdot)$ 在 $\mathbf{h}=\mathbf{0}$ 点连续. 再根据连续映照定理, $g(\mathbf{T}_n-\boldsymbol{\theta})\xrightarrow{\mathrm{P}}\mathbf{0}$. 再由 Slutsky 引理及连续映照定理, 得

$$r_n\|\mathbf{T}_n-\boldsymbol{\theta}\|\,g(\mathbf{T}_n-\boldsymbol{\theta})\xrightarrow{\mathrm{P}}\|\mathbf{T}\|\,\mathbf{0}=\mathbf{0}.$$

因此

$$r_n\left(\phi(\mathbf{T}_n)-\phi(\boldsymbol{\theta})-\phi'(\boldsymbol{\theta})(\mathbf{T}_n-\boldsymbol{\theta})\right)=r_n\|\mathbf{T}_n-\boldsymbol{\theta}\|\,g(\mathbf{T}_n-\boldsymbol{\theta})\xrightarrow{\mathrm{P}}\mathbf{0}.$$

最后, 由连续映照定理,

$$\phi'(\boldsymbol{\theta})r_n(\mathbf{T}_n-\boldsymbol{\theta})\rightsquigarrow\phi'(\boldsymbol{\theta})\mathbf{T}.$$

再利用 Slutsky 引理便得

$$r_n\big(\phi(\mathbf{T}_n)-\phi(\boldsymbol{\theta})\big)\rightsquigarrow\phi'(\boldsymbol{\theta})\mathbf{T}.$$

例 3.12 设 $(X_1,\cdots,X_n)$ 是取自总体 $b(1,\theta)$ 的一个样本, $\overline{X}=\sum_{i=1}^n X_i/n$ 为参数 θ 的一个估计量. 若取 $g(\theta)=1/(1-\theta)$, 则据定理 3.6 及例 3.5,

$$\sqrt{n}(g(\overline{X})-g(\theta))\rightsquigarrow N(0,g'(\theta)^2\theta(1-\theta))=N(0,\theta/(1-\theta)^3).$$

样本方差是总体方差的无偏估计, 用样本方差估计总体方差的渐近方差由下面的例子给出:

例 3.13 (样本方差) 设 $(X_1,\cdots,X_n)$ 为取自总体 X 的一个样本. 已知 $\mathrm{E}(X^k)=\mu_k$, $k=1,2,3,4$ 皆存在. X 的二阶中心矩为 σ^2, S^2 为样本方差. 求 S^2 的渐近分布.

解 由多元中心极限定理,

$$\sqrt{n}\left(\begin{pmatrix}\overline{X}\\ \overline{X}^2\end{pmatrix}-\begin{pmatrix}\mu_1\\ \mu_2\end{pmatrix}\right)\rightsquigarrow N_2\left(\begin{pmatrix}0\\ 0\end{pmatrix},\begin{pmatrix}\mu_2-\mu_1^2 & \mu_3-\mu_1\mu_2\\ \mu_3-\mu_1\mu_2 & \mu_4-\mu_2^2\end{pmatrix}\right).$$

定义 $\phi(x,y)=y-x^2$, 则 $\phi'(\mu_1,\mu_2)=(-2\mu_1,1)$. 据定理 3.6,

$$\begin{aligned}&\sqrt{n}(\phi(\overline{X},\overline{X}^2)-\phi(\mu_1,\mu_2))\\ &\rightsquigarrow N\left(0,(-2\mu_1,1)\begin{pmatrix}\mu_2-\mu_1^2 & \mu_3-\mu_1\mu_2\\ \mu_3-\mu_1\mu_2 & \mu_4-\mu_2^2\end{pmatrix}(-2\mu_1,1)^{\mathrm{T}}\right)\\ &=N(0,8\mu_1^2\mu_2-4\mu_1^4+\mu_4-\mu_2^2-4\mu_1\mu_3).\end{aligned}$$

因 $S^2=\dfrac{n}{n-1}(\overline{X^2}-\overline{X}^2)=\dfrac{n}{n-1}\phi(\overline{X},\overline{X^2})$, 由 Slutsky 引理, 得

$$\sqrt{n}(S^2-\sigma^2)\rightsquigarrow N(0,8\mu_1^2\mu_2-4\mu_1^4+\mu_4-\mu_2^2-4\mu_1\mu_3).$$

当总体为正态分布时, 我们知道样本均值 $\overline{X}$ 与样本方差 S^2 是相互独立的, 并且 $\overline{X}$ 为正态分布, $(n-1)S^2/\sigma^2$ 为 $\chi^2(n-1)$ 分布, 其中 σ^2 为总体的方差. 当总体为一般的分布时, 对于 $\overline{X}$ 与 S^2 有如下的渐近性质:

例 3.14 (例 3.13 续) 求 $(\overline{X},S^2)$ 的渐近分布.

解 取 $\phi(x,y)=(x,y-x^2)^{\mathrm{T}}$, 则 $\phi'(\mu_1,\mu_2)=\begin{pmatrix}1 & 0\\ -2\mu_1 & 1\end{pmatrix}$. 据定理 3.6,

$$\begin{aligned}&\sqrt{n}(\phi(\overline{X},\overline{X}^2)-\phi(\mu_1,\mu_2))\\ &\rightsquigarrow N\left(\begin{pmatrix}0\\ 0\end{pmatrix},\begin{pmatrix}1 & 0\\ -2\mu_1 & 1\end{pmatrix}\begin{pmatrix}\mu_2-\mu_1^2 & \mu_3-\mu_1\mu_2\\ \mu_3-\mu_1\mu_2 & \mu_4-\mu_2^2\end{pmatrix}\begin{pmatrix}1 & 0\\ -2\mu_1 & 1\end{pmatrix}^{\mathrm{T}}\right)\end{aligned}$$

$$= N\left(\begin{pmatrix}0\\0\end{pmatrix}, \begin{pmatrix}\mathrm{E}(X-\mu_1)^2 & \mathrm{E}(X-\mu_1)^3\\ \mathrm{E}(X-\mu_1)^3 & \mathrm{E}(X-\mu_1)^4-\mu_2^2\end{pmatrix}^{\mathrm{T}}\right).$$

因此

$$\sqrt{n}\left(\begin{pmatrix}\overline{X}\\ S^2\end{pmatrix} - \begin{pmatrix}\mu_1\\ \mu_2-\mu_1^2\end{pmatrix}\right) \rightsquigarrow N\left(\begin{pmatrix}0\\0\end{pmatrix}, \begin{pmatrix}\mathrm{E}(X-\mu_1)^2 & \mathrm{E}(X-\mu_1)^3\\ \mathrm{E}(X-\mu_1)^3 & \mathrm{E}(X-\mu_1)^4-\mu_2^2\end{pmatrix}^{\mathrm{T}}\right).$$

3.5.2 矩估计量

矩估计的基本思想是用样本原点矩代替总体原点矩, 其主要思想基础为大数定律. 设 $(X_1,\cdots,X_n)$ 是取自总体 X 的一个样本, 记 $A_j = \dfrac{1}{n}\sum_{i=1}^n X_i^j$, $j=1,\cdots,k$. 若总体分布参数 θ(不妨设 θ 为 m 维参数) 可以表示为总体原点矩各阶矩的函数 $\theta=\theta(\mu_1,\cdots,\mu_k)$, 我们可以用 $\hat{\theta}=\theta(A_1,\cdots,A_k)$ 作为参数 θ 的矩估计量.

若 $\sqrt{n}\big((A_1,\cdots,A_k)^{\mathrm{T}}-(\mu_1,\cdots,\mu_k)^{\mathrm{T}}\big) \rightsquigarrow N(\mathbf{0},\Sigma)$. 据定理 3.6, 有

$$\sqrt{n}(\hat{\theta}-\theta) \rightsquigarrow N\big(\mathbf{0}, (\mathrm{d}\theta(\boldsymbol{\mu})/\mathrm{d}\boldsymbol{\mu})\Sigma(\mathrm{d}\theta(\boldsymbol{\mu})/\mathrm{d}\boldsymbol{\mu})^{\mathrm{T}}\big).$$

例 3.15 设 $(X_1,\cdots,X_n)$ 为取自总体 X 的样本, X 的密度函数为

$$f(x)=\frac{\Gamma(\alpha+\beta)}{\Gamma(\alpha)\Gamma(\beta)}x^{\alpha-1}(1-x)^{\beta-1}, \quad 0<x<1,$$

其中 $\alpha,\beta>0$ 为未知参数. 试证 α, β 的矩估计量存在且具有渐近正态性.

证明 因为

$$\mu_1=\mathrm{E}(X)=\frac{\alpha}{\alpha+\beta},$$

$$\mu_2=\mathrm{E}(X^2)=\frac{(\alpha+1)\alpha}{(\alpha+\beta+1)(\alpha+\beta)}.$$

所以 α, β 可以表示成 (μ_1,μ_2) 的光滑函数. 因此, α, β 的矩估计量存在. 又据中心极限定理, $(\overline{X},\overline{X}^2)$ 具有渐近正态分布, 据定理 3.6, 矩估计量具有渐近正态性.

3.6 Z-估计与 M-估计的概念与例子

在数理统计中, 绝大多数的估计量构造方法都是通过解方程或求目标函数最大 (或最小) 值点的方法来获得的. 我们把这两类获得参数估计量的方法分别称为

Z-估计法和 M-估计法. 本节主要讨论这两类估计的概念和例子, 下一节将给出它们相合性及渐近正态性的一般结论.

设 $(X_1,\cdots,X_n)$ 为取自总体 X 的样本, X 的分布函数为 $F(x,\theta)$.

定义 3.13　设 $m_\theta:\mathcal{X}\to\mathbb{R}$ 为一已知函数, 定义

$$M_n(\theta)\triangleq\frac{1}{n}\sum_{i=1}^n m_\theta(X_i).$$

若 $\hat{\theta}_n=\hat{\theta}_n(X_1,\cdots,X_n)=\arg\max_\theta M_n(\theta)$, 则称 $\hat{\theta}_n$ 为参数 θ 的 M-估计 (量).

定义 3.14　M-估计量的求解经常转化为解如下形式的方程组而得到.

$$\boldsymbol{\Psi}_n(\theta)=\frac{1}{n}\sum_{i=1}^n\boldsymbol{\psi}_\theta(X_i)=\mathbf{0}. \tag{3-8}$$

若 θ 为 k 维参数, 则一般 $\boldsymbol{\psi}_\theta(x)=(\psi_{\theta,1}(x),\cdots,\psi_{\theta,k}(x))^{\mathrm{T}}$ 具有 k 维函数值. 方程组 (3-8) 称为参数 θ 的估计方程组, 相应的估计量为参数 θ 的 Z-估计 (量).

例 3.16　设 $(X_1,\cdots,X_n)$ 为取自总体 X 的样本, X 的密度函数为 $p(x,\theta)$, $\theta\in\Theta$. 用于估计参数 θ 的似然函数为

$$L(X_1,\cdots,X_n;\theta)=\prod_{i=1}^n p(X_i,\theta),$$

对数似然函数为

$$l(X_1,\cdots,X_n;\theta)=\sum_{i=1}^n\ln p(X_i,\theta).$$

参数 θ 的最大似然估计量

$$\hat{\theta}_{\mathrm{MLE}}=\arg\max_{\theta\in\Theta}l(X_1,\cdots,X_n;\theta)$$

为 M-估计量.

若 $l(X_1,\cdots,X_n;\theta)$ 关于 θ 分量的偏导数连续 (即 $\ln p(X_i;\theta)$ 关于 θ 分量的一阶偏导数), 则 $\hat{\theta}_{\mathrm{MLE}}$ 亦可以通过解方程组

$$\begin{cases}\dfrac{\partial l(X_1,\cdots,X_n;\theta)}{\partial\theta_1}=0,\\ \cdots\cdots\\ \dfrac{\partial l(X_1,\cdots,X_n;\theta)}{\partial\theta_k}=0\end{cases}$$

而得到, 此时 θ_{MLE} 为 Z-估计量.

例 3.17 设随机变量 $X \sim U[0,\theta]$, 则似然函数为

$$L(X_1,\cdots,X_n;\theta)=\prod_{i=1}^{n}\left(\theta^{-1}\mathbb{I}_{[0,\theta]}(X_i)\right)=\theta^{-n}\prod_{i=1}^{n}\mathbb{I}_{[0,\theta]}(X_i).$$

这里, $\hat{\theta}_{\text{MLE}}$ 为 M-估计量, 但不是 Z-估计量.

例 3.18 (位置参数估计量) 概率分布的位置参数一般指均值或中位数. 设 $(X_1,\cdots,X_n)$ 为取自总体 X 的样本, 样本均值和样本中位数分别是总体均值和总体中位数的 Z-估计量, 它们分别可以通过求解以下两个方程而获得.

$$\sum_{i=1}^{n}(X_i-\theta)=0,\quad \sum_{i=1}^{n}\text{sgn}(X_i-\theta)=0.$$

以上两个估计方程是形如

$$\sum_{i=1}^{n}\psi(X_i-\theta)=0$$

的估计方程的特例, 这里 $\psi(\cdot)$ 是单调函数且为奇函数, 解估计方程 $\sum_{i=1}^{n}\psi(X_i-\theta)=0$ 所得参数 θ 的估计量称为位置参数估计量. 因为若 X_i 移动固定值 α, 则解估计方程 $\sum_{i=1}^{n}\psi(X_i+\alpha-\theta)=0$ 得到的 θ 的估计量 $\hat{\theta}$ 亦移动 α.

若取

$$\psi(x)=\begin{cases}-k, & x<-k,\\ x, & |x|\leqslant k,\\ k, & x>k,\end{cases}$$

则相应的估计量称为 Huber 估计量. 这里 $\psi(x)$ 称为 Huber 函数.

位置参数的中位数估计量不受极端观测值的影响, 称为稳健估计量. 位置参数的均值估计量受极端观测值影响较大, 是不稳健的估计量. 对于 Huber 估计量, 当 k 较大时, 更接近于位置参数的均值估计量, 较不稳健; 当 k 较小时, 更接近于位置参数的中位数估计量, 较稳健. 变化 k 的大小, 可以调整位置参数估计量的稳健性.

例 3.19 (加权线性回归) 设 $(\mathbf{X}_1,Y_1),\cdots,(\mathbf{X}_n,Y_n)$ 服从以下线性回归模型

$$Y_i=\boldsymbol{\theta}^{\mathrm{T}}\mathbf{X}_i+e_i,$$

其中 $e_1,\cdots,e_n$ 为独立同分布的随机误差, 且与 $\mathbf{X}_1,\cdots,\mathbf{X}_n$ 独立.

参数 θ 的最小二乘估计量为

$$\hat{\theta}_{\text{LSE}}=\arg\min_{\theta\in\Theta}\sum_{i=1}^{n}(Y_i-\boldsymbol{\theta}^{\mathrm{T}}\mathbf{X}_i)^2.$$

显然, $\hat{\theta}_{\text{LSE}}$ 为参数 θ 的 M-估计量. $\hat{\theta}_{\text{LSE}}$ 存在如下局限性: ① X_i 远离中心时的观测 (X_i, Y_i) 对 $\hat{\theta}_{\text{LSE}}$ 的值的影响; ② (X_i, Y_i) 极端值对 $\hat{\theta}_{\text{LSE}}$ 的影响. 这两点造成 $\hat{\theta}_{\text{LSE}}$ 不够稳健.

取 $m(x) = |x|$ 或 Huber 函数 $\psi(x)$ 的原函数, 则

$$\hat{\theta} = \arg\min_{\theta\in\Theta} \sum_{i=1}^{n} m(Y_i - \boldsymbol{\theta}^{\mathrm{T}}\mathbf{X}_i)$$

为参数 θ 的 M-估计量. $\hat{\theta}$ 通常可以通过求解方程

$$\sum_{i=1}^{n} \psi(Y_i - \boldsymbol{\theta}^{\mathrm{T}}\mathbf{X}_i)\mathbf{X}_i = 0$$

计算得到, 因此 $\hat{\theta}$ 亦为参数 θ 的 Z-估计量. 这样得到的估计量可克服上述提及的局限性 (2). 要想解决局限性 (1), $\hat{\theta}$ 可通过求解方程

$$\sum_{i=1}^{n} \psi(Y_i - \boldsymbol{\theta}^{\mathrm{T}}\mathbf{X}_i)w(\mathbf{X}_i) = 0$$

计算得到, 其中 $w(x)$ 为权重函数. 当 $\psi(x) = x$ 且 $w(x) = x$ 时, 即为最小二乘估计的情况.

注 3.4　在例 3.19 中, 若取 $m(x) = x(\tau - \mathbb{I}_{(-\infty,0)}(x))$, 则相应回归为 τ-分位数回归 (参见 [53]). 当 $\tau = 1/2$ 时, 即为中位数回归.

3.7　Z-估计与 M-估计的渐近性质

3.7.1　相合性

先考察 M-估计量的相合性. 设 $\hat{\theta}_n = \arg\max_{\theta\in\Theta} M_n(\theta)$, $\theta_0 = \arg\max_{\theta\in\Theta} M(\theta)$. 现在的问题是若 $M_n(\theta) \xrightarrow{\mathrm{P}} M(\theta)$, 是否可以得到 $\hat{\theta}_n \xrightarrow{\mathrm{P}} \theta_0$. 结论是肯定的, 但需要附加一定的条件.

定义 3.15　称参数 θ 的估计量 $\hat{\theta}_n$ 近乎最大化 (nearly maximize) 随机函数 M_n, 若

$$M_n(\hat{\theta}_n) \geqslant \sup_{\theta} M_n(\theta) - o_P(1).$$

注 3.5　近乎最大化的概念实际上是指 $M_n(\hat{\theta}_n) - \sup_\theta M_n(\theta) \xrightarrow{\mathrm{P}} 0$. M-估计量为近乎最大化 $M_n(\theta)$ 的.

定理 3.7　设 $M_n(\theta)$ 是 θ 的一随机函数序列, $M(\theta)$ 是 θ 的一确定性函数. 若对于任意给定的 $\varepsilon > 0$,

$$\sup_{\theta\in\Theta} |M_n(\theta) - M(\theta)| \xrightarrow{\mathrm{P}} 0, \tag{3-9}$$

$$\sup_{\theta\in\{\theta:d(\theta,\theta_0)\geqslant\varepsilon\}} M(\theta) < M(\theta_0). \tag{3-10}$$

则任何近乎最大化 $M_n(\theta)$ 的序列 $\hat{\theta}_n$ 都满足 $\hat{\theta}_n \xrightarrow{\mathrm{P}} \theta_0$.

注 3.6 条件 (3-9) 也称为随机函数序列 $M_n(\theta)$ 依概率一致收敛到函数 $M(\theta)$.

证明 因 $\hat{\theta}_n$ 近乎最大化随机函数 M_n, 故

$$M_n(\hat{\theta}_n) \geqslant M_n(\theta_0) - o_P(1).$$

由条件 (3-9), $M_n(\theta)$ 以概率收敛, 所以

$$M_n(\hat{\theta}_n) \geqslant M(\theta_0) - o_P(1),$$

这等价于

$$M(\theta_0) \leqslant M_n(\hat{\theta}_n) + o_P(1). \tag{3-11}$$

将 (3-11) 两边同时减去 $M(\hat{\theta}_n)$, 得

$$\begin{aligned} M(\theta_0) - M(\hat{\theta}_n) &\leqslant M_n(\hat{\theta}_n) - M(\hat{\theta}_n) + o_P(1) \\ &\leqslant \sup_{\theta\in\Theta} |M_n(\theta) - M(\theta)| + o_P(1) \xrightarrow{\mathrm{P}} 0. \end{aligned} \tag{3-12}$$

由条件 (3-10), 对任意的 $\varepsilon > 0$ 及 $\hat{\theta}_n$ 满足 $d(\hat{\theta}_n, \theta_0) \geqslant \varepsilon$, 都存在 $\eta > 0$, 使得

$$M(\hat{\theta}_n) < M(\theta_0) - \eta \Longleftrightarrow M(\theta_0) - M(\hat{\theta}_n) > \eta.$$

于是

$$\mathrm{P}(d(\hat{\theta}_n, \theta_0) \geqslant \varepsilon) \leqslant \mathrm{P}(M(\theta_0) - M(\hat{\theta}_n) > \eta).$$

再由 (3-12) 式, 得

$$\mathrm{P}(d(\hat{\theta}_n, \theta_0) \geqslant \varepsilon) \longrightarrow 0.$$

证毕.

例 3.20 (例 3.16 续) 假设密度函数 $p(x,\theta)$ 关于参数 θ 为对数凹函数, 并关于变量 x 的积分与关于参数 θ 的导数可交换. 进一步假设 $M(\theta) := \mathrm{E}_{\theta_0}[\log p(X,\theta)]$ 对所有的 $\theta \in \Theta$ 都存在. 则通过考察 $M(\theta)$ 关于 θ 的一、二阶导数可知, $M(\theta)$ 在 $\theta = \theta_0$ 处达到最大值. 即参数真值 θ_0 最大化函数 $M(\theta)$, 而最大似然估计量 $\hat{\theta}_n$ 最大化函数 $M_n(\theta) := \dfrac{1}{n}\sum_{i=1}^n \ln p(X_i,\theta)$. 若 $M_n(\theta)$ 关于 θ 依概率一致收敛到 $M(\theta)$, 则 $\hat{\theta}_n \xrightarrow{\mathrm{P}} \theta_0$.

定理 3.7 的应用需要验证随机函数列的一致收敛性, 以下给出随机函数列一致收敛的一个充分条件.

引理 3.1 (Glivenko-Cantelli 引理)　设 Θ 为一紧的测度空间, 若对于任意的 $\theta \in \Theta$, $f(x;\theta)$ 为一给定的可测函数, 对于任意的 x, $f(x;\theta)$ 关于 θ 为连续的, 且对任意的 θ, 存在函数 $F(x)$ 使得 $|f(x;\theta)| \leqslant F(x)$. 若 $(X_1, X_2, \cdots, X_n)$ 为取自总体 X 的样本, 且 $\mathrm{E}[F(X)] < \infty$, 则

$$\sup_{\theta\in\Theta}\left|\frac{1}{n}\sum_{i=1}^{n} f(X_i;\theta) - \mathrm{E}[f(X;\theta)]\right| \xrightarrow{\mathrm{P}} 0.$$

例 3.21 (Cauchy 似然)　设 $(X_1, X_2, \cdots, X_n)$ 为取自总体 X 的样本, X 的密度为

$$p(x;\theta) = \frac{1}{\pi}\frac{1}{1+(x-\theta)^2}.$$

证明参数 θ 最大似然估计的相合性.

证明　参数 θ 的对数似然函数为

$$l(\theta; X_1, \cdots, X_n) = -\sum_{i=1}^{n}\log(1+(X_i-\theta)^2) - n\log\pi.$$

取 $m(x;\theta) = -\log(1+(x-\theta)^2)$ 及 $M_n(\theta) = \sum_{i=1}^{n} m(X_i;\theta)$.

对任意的 x, $m(x;\theta)$ 关于 θ 是连续的. 对任意的 θ, 存在常数 K, 使得 $\theta_0 \in [-K, K]$. 当 $\theta \in [-K, K]$ 时,

$$(x-\theta)^2 = x^2 - 2\theta x + \theta^2 \leqslant x^2 + 2K|x| + K^2.$$

现在

$$|m(x;\theta)| \leqslant \log(1 + x^2 + 2K|x| + K^2) =: F(x),$$

这里,$\mathrm{E}[F(X)] \leqslant \mathrm{E}(|X|^{\delta}) < \infty$, 其中 $0 < \delta < 1$ 为一常数. 这时,

$$\sup_{\theta\in[-K,K]}\left|\frac{1}{n}\sum_{i=1}^{n} m(X_i;\theta) - \mathrm{E}[m(X;\theta)]\right| \xrightarrow{\mathrm{P}} 0.$$

故由定理 3.7, 若 $\hat{\theta}_n = \arg\max_{\theta\in[-K,K]} M_n(\theta)$, 则 $\hat{\theta}_n \xrightarrow{\mathrm{P}} \theta_0$.

以下考察 Z-估计量的相合性.

定理 3.8　设 $\Psi_n(\theta)$ 是一随机向量函数序列, $\Psi(\theta)$ 为一确定性函数. 若对任意的 $\varepsilon > 0$,

$$\sup_{\theta\in\Theta}\|\Psi_n(\theta) - \Psi(\theta)\| \xrightarrow{\mathrm{P}} 0,$$

$$\inf_{\theta\in\{\theta:\, d(\theta,\theta_0)\geqslant\varepsilon\}}\|\Psi(\theta)\|>0=\|\Psi(\theta_0)\|.$$

那么对满足 $\Psi_n(\hat{\theta}_n)=o_P(1)$ 的任意 $\hat{\theta}_n$ 都有 $\hat{\theta}_n\xrightarrow{\text{P}}\theta_0$.

证明 在定理 3.7 中, 令 $M_n(\theta)=-\|\Psi_n(\theta)\|$ 及 $M(\theta)=-\|\Psi(\theta)\|$. 注意到

$$\|\Psi_n(\hat{\theta}_n)\|=o_P(1)\leqslant\inf_{\theta}\|\Psi_n(\theta)\|+o_P(1),$$

结论得证.

例 3.22 (中位数) 样本中位数 $\hat{\theta}_n$ 为方程 $\Psi_n(\theta)=\dfrac{1}{n}\sum_{i=1}^n\operatorname{sgn}(X_i-\theta)=0$ 的解, 总体中位数 θ_0 满足 $\text{P}(X>\theta_0)=\text{P}(X<\theta_0)$. 证明 $\hat{\theta}_n\xrightarrow{\text{P}}\theta_0$.

证明 由定理 3.8, 仅需证明 $\Psi_n(\theta)$ 关于 θ 一致收敛于

$$\Psi(\theta)=\text{E}[\operatorname{sgn}(X-\theta)]=\text{P}(X>\theta)-\text{P}(X<\theta)$$

即可.

注意到

$$\begin{aligned}\Psi_n(\theta)=&\frac{1}{n}\sum_{i=1}^n\operatorname{sgn}(X_i-\theta)=\frac{1}{n}\sum_{i=1}^n\mathbb{I}_{(\theta,\infty)}(X_i)-\frac{1}{n}\sum_{i=1}^n\mathbb{I}_{(-\infty,\theta)}(X_i)\\&=:\Psi_n^{(1)}(\theta)-\Psi_n^{(2)}(\theta).\end{aligned}$$

由三角不等式

$$\begin{aligned}\|\Psi_n(\theta)-(\text{P}(X>\theta)-\text{P}(X<\theta))\|_\infty\leqslant&\|\Psi_n^{(1)}(\theta)-\text{P}(X>\theta)\|_\infty\\&+\|\Psi_n^{(2)}(\theta)-\text{P}(X<\theta)\|_\infty,\end{aligned}$$

仅需证明

$$\|\Psi_n^{(1)}(\theta)-\text{P}(X>\theta)\|_\infty\xrightarrow{\text{P}}0\quad 与\quad\|\Psi_n^{(2)}(\theta)-\text{P}(X<\theta)\|_\infty\xrightarrow{\text{P}}0.$$

设 $G(t)=\text{P}(X>t)$. 对任意的 $\varepsilon>0$, 取 $t_0=-\infty$,

$$t_{i+1}=\inf\{t>t_i:G(t)-G(t_i)\leqslant-\varepsilon\},\quad i=0,1,2,\cdots.$$

由 $G(t)$ 的右连续性, 必定存在 k, 使得 $t_k=\infty$. 若 $i<k$, 则有

$$G(t_{i+1})-G(t_i)\leqslant-\varepsilon\quad 且\quad G(t_{i+1}-)-G(t_i)\geqslant-\varepsilon.$$

若 $t_i \leqslant \theta < t_{i+1}$, 则

$$\Psi_n^{(1)}(\theta) - G(\theta) \leqslant \Psi_n^{(1)}(t_i) - G(t_{i+1}-) \leqslant \Psi^{(1)}(t_i) - G(t_i) + \varepsilon,$$

$$\Psi_n^{(1)}(\theta) - G(\theta) \geqslant \Psi_n^{(1)}(t_{i+1}-) - G(t_i) \geqslant \Psi^{(1)}(t_{i+1}-) - G(t_{i+1}-) - \varepsilon.$$

既然 $-\infty = t_0 < t_1 < \cdots < t_n = \infty$ 构成 $(-\infty, \infty)$ 的一个分割, 故

$$\sup_{t_i \leqslant \theta < t_{i+1}} |\Psi_n^{(1)}(\theta) - G(\theta)| \leqslant |\Psi^{(1)}(t_i) - G(t_i)| \vee |\Psi^{(1)}(t_{i+1}-) - G(t_{i+1}-)| + \varepsilon$$

$$\Longrightarrow \|\Psi_n^{(1)}(\theta) - G(\theta)\|_\infty \leqslant \max_{0 \leqslant i \leqslant k-1} \{|\Psi^{(1)}(t_i) - G(t_i)| \vee |\Psi^{(1)}(t_{i+1}-) - G(t_{i+1}-)|\} + \varepsilon.$$

由大数定律, 当 $n \to \infty$ 时,

$$\|\Psi_n^{(1)}(\theta) - G(\theta)\|_\infty \xrightarrow{\mathrm{P}} 0.$$

设 $F(t) = \mathrm{P}(X < t)$. 对任意的 $\varepsilon > 0$, 取 $t_0 = -\infty$,

$$t_{i+1} = \sup\{t > t_i : F(t) - F(t_i+) \leqslant \varepsilon\}, \quad i = 0, 1, 2, \cdots.$$

由 $F(t)$ 的左连续性, 必定存在 k, 使得 $t_k = \infty$. 若 $i < k$, 则有

$$F(t_{i+1}) - F(t_i+) \leqslant \varepsilon \quad \text{且} \quad F(t_{i+1}+) - F(t_i+) \geqslant \varepsilon.$$

若 $t_i \leqslant \theta < t_{i+1}$, 则

$$\Psi_n^{(2)}(\theta) - F(\theta) \leqslant \Psi_n^{(2)}(t_{i+1}) - F(t_i+) \leqslant \Psi^{(2)}(t_{i+1}) - F(t_{i+1}) + \varepsilon,$$

$$\Psi_n^{(2)}(\theta) - F(\theta) \geqslant \Psi_n^{(2)}(t_i+) - F(t_{i+1}) \geqslant \Psi^{(2)}(t_i+) - F(t_i+) - \varepsilon.$$

既然 $-\infty = t_0 < t_1 < \cdots < t_n = \infty$ 构成 $(-\infty, \infty)$ 的一个分割, 故

$$\sup_{t_i \leqslant \theta < t_{i+1}} |\Psi_n^{(2)}(\theta) - F(\theta)| \leqslant |\Psi^{(2)}(t_{i+1}) - F(t_{i+1})| \vee |\Psi^{(2)}(t_i+) - F(t_i+)| + \varepsilon$$

$$\Longrightarrow \|\Psi_n^{(2)}(\theta) - F(\theta)\|_\infty \leqslant \max_{0 \leqslant i \leqslant k-1} \{|\Psi^{(2)}(t_{i+1}) - F(t_{i+1})| \vee |\Psi^{(2)}(t_i+) - F(t_i+)|\} + \varepsilon.$$

由大数定律, 当 $n \to \infty$ 时,

$$\|\Psi_n^{(2)}(\theta) - F(\theta)\|_\infty \xrightarrow{\mathrm{P}} 0.$$

证毕.

3.7.2 渐近正态性

设 $(X_1,\cdots,X_n)$ 为取自总体 X 的样本, X 的分布函数为 $F(x,\theta)$, 其中 θ 为未知参数. 假设 $\hat{\theta}_n$ 为 $\Psi_n(\theta)=\dfrac{1}{n}\sum_{i=1}^n\psi_\theta(X_i)=0$ 的根, θ_0 为 $\Psi(\theta)=\mathrm{E}[\psi_\theta(X)]=0$ 的根, $\hat{\theta}_n\xrightarrow{\mathrm{P}}\theta_0$, 现以一维参数的情形为例讨论估计量的渐近正态性.

定理 3.9 函数 $\psi_\theta(x)$ 关于 θ 在 θ_0 的一邻域 B 内二次连续可微. 设 $\psi_\theta(x)$ 关于 θ 的一、二阶导数分别为 $\dot{\psi}_\theta(x)$ 和 $\ddot{\psi}_\theta(x)$, 且 $\ddot{\psi}_\theta(x)$ 满足 $|\ddot{\psi}_\theta(x)|\leqslant\ddot{\psi}(x)$, 其中 $\ddot{\psi}(x)$ 满足 $\mathrm{E}_{\theta_0}[\ddot{\psi}(X)]<\infty$. 假设 $\mathrm{E}_{\theta_0}[\psi_{\theta_0}^2(X)]<\infty$, $\mathrm{E}_{\theta_0}[|\dot{\psi}_{\theta_0}(X)|]<\infty$ 和 $\mathrm{E}_{\theta_0}[\dot{\psi}_{\theta_0}(X)]\neq 0$. 若 $\hat{\theta}_n$ 为 $\Psi_n(\theta)=0$ 的根, θ_0 为 $\Psi(\theta)=\mathrm{E}_{\theta_0}[\psi_\theta(X)]=0$ 的根, 且 $\hat{\theta}_n\xrightarrow{\mathrm{P}}\theta_0$. 则

$$\sqrt{n}(\hat{\theta}_n-\theta_0)\rightsquigarrow N\left(0,\frac{\mathrm{E}_{\theta_0}[\psi_{\theta_0}^2(X)]}{(\mathrm{E}_{\theta_0}[\dot{\psi}_{\theta_0}(X)])^2}\right).$$

证明 因 $\hat{\theta}_n\xrightarrow{\mathrm{P}}\theta_0$, 可将 $\Psi_n(\theta)$ 在 θ_0 点二阶 Taylor 展开, 并代入 $\hat{\theta}_n$ 得

$$0=\Psi_n(\hat{\theta}_n)=\Psi_n(\theta_0)+(\hat{\theta}_n-\theta_0)\dot{\Psi}_n(\theta_0)+\frac{1}{2}(\hat{\theta}_n-\theta_0)^2\ddot{\Psi}_n(\tilde{\theta}_n),\tag{3-13}$$

其中 $\tilde{\theta}_n\in[\theta_0\wedge\hat{\theta}_n,\theta_0\vee\hat{\theta}_n]$. 由式 (3-13) 得

$$\sqrt{n}(\hat{\theta}_n-\theta_0)=\frac{-\sqrt{n}\Psi_n(\theta_0)}{\dot{\Psi}_n(\theta_0)+\dfrac{1}{2}(\hat{\theta}_n-\theta_0)\ddot{\Psi}_n(\tilde{\theta}_n)}.\tag{3-14}$$

由中心极限定理, $\sqrt{n}\Psi_n(\theta_0)\rightsquigarrow N(0,\mathrm{E}[\psi_{\theta_0}^2(X)])$. 由大数定律, $\dot{\Psi}_n(\theta_0)\xrightarrow{\mathrm{P}}\mathrm{E}[\dot{\psi}_{\theta_0}(X)]$. 又因为 $\hat{\theta}_n-\theta_0\xrightarrow{\mathrm{P}}0$, 只需证 $\ddot{\Psi}_n(\tilde{\theta}_n)=O_P(1)$.

令 $A_n=\{\omega:\tilde{\theta}_n(\omega)\in B\}$. 则在 A_n 内有

$$|\ddot{\Psi}_n(\tilde{\theta}_n)|\leqslant\frac{1}{n}\sum_{i=1}^n|\ddot{\psi}_{\tilde{\theta}_n}(X_i)|\leqslant\frac{1}{n}\sum_{i=1}^n\ddot{\psi}(X_i).$$

故对任意的 $M>0$,

$$\mathrm{P}(|\ddot{\Psi}_n(\tilde{\theta}_n)|>M)\leqslant\mathrm{P}\left(\frac{1}{n}\sum_{i=1}^n\ddot{\psi}(X_i)>M\right)+\mathrm{P}(A_n^c).$$

对任意的 $\varepsilon>0$, 可取充分大的 M, 使得

$$\mathrm{P}\left(\frac{1}{n}\sum_{i=1}^n\ddot{\psi}(X_i)>M\right)\leqslant\frac{\mathrm{E}[\ddot{\psi}(X)]}{M}<\frac{\varepsilon}{2}.$$

同时, 当 $n\to\infty$ 时, $\mathrm{P}(A_n^c)\to 0$. 所以 $\ddot{\Psi}_n(\tilde{\theta}_n)=O_P(1)$.

注 3.7 由式 (3-14) 及 $\ddot{\Psi}_n(\tilde{\theta}_n)=O_P(1)$ 可得

$$\sqrt{n}\Psi_n(\theta_0)=-\dot{\Psi}_n(\theta_0)\sqrt{n}(\hat{\theta}_n-\theta_0)+o_P(1). \tag{3-15}$$

注 3.8 若 $\boldsymbol{\theta}_0$ 为 k 维 $(k\geqslant 2)$, 则定理的最终结论为

$$\sqrt{n}(\hat{\boldsymbol{\theta}}_n-\boldsymbol{\theta}_0)\rightsquigarrow N_k\big(\mathbf{0},(\mathrm{E}[\dot{\psi}_{\boldsymbol{\theta}_0}(X)])^{-1}\mathrm{E}(\psi_{\boldsymbol{\theta}_0}(X)\psi_{\boldsymbol{\theta}_0}(X)^{\mathrm{T}})(\mathrm{E}[\dot{\psi}_{\boldsymbol{\theta}_0}(X)]^{\mathrm{T}})^{-1}\big).$$

例 3.23 (例 3.21 续) $\hat{\theta}_{\mathrm{MLE}}$ 也是一 Z-估计量. 这时

$$\Psi_n(\theta)=\frac{1}{n}\sum_{i=1}^{n}\frac{X_i-\theta}{1+(X_i-\theta)^2}.$$

于是可取 $\psi_\theta(x)=\dfrac{x-\theta}{1+(x-\theta)^2}$. 容易验证 $\psi_\theta(x)$ 满足定理 3.9 的条件, 所以

$$\sqrt{n}(\hat{\theta}_n-\theta_0)\rightsquigarrow N\left(0,\frac{\mathrm{E}_{\theta_0}[\psi^2_{\theta_0}(X)]}{(\mathrm{E}_{\theta_0}[\dot{\psi}_{\theta_0}(X)])^2}\right).$$

定理 3.9 需要 $\psi_\theta(x)$ 关于 θ 二阶导数存在的条件, 但当 $\psi_\theta(x)$ 为 Huber 函数时, 二阶导数就不存在, 这时的估计量是否还具有渐近正态性呢? 以下给出不需二阶导数存在情况下验证渐近正态性的一个定理.

定理 3.10 设 Θ 为欧氏空间的一个子集, $\psi_\theta(x)$ 关于 x 为一向量值可测函数, 且关于 θ 在 θ_0 的一个邻域 $U(\theta_0)$ 内满足 Lipschitz 条件, 即对任意的 $\theta_1,\theta_2\in U(\theta_0)$, 存在可测函数 $\dot{\psi}(\cdot)$(满足 $\mathrm{E}[\dot{\psi}^2(X)]<\infty$), 使得

$$\|\psi_{\theta_1}(x)-\psi_{\theta_2}(x)\|\leqslant\dot{\psi}(x)\|\theta_1-\theta_2\|.$$

假设 $\mathrm{E}[\|\psi_{\theta_0}(X)\|^2]<\infty$, 且 $\mathrm{E}_{\theta_0}[\psi_\theta(X)]$ 在 θ_0 处可导, 记导数矩阵为 V_{θ_0}, 假定 V_{θ_0} 非奇异. 若 $\Psi_n(\hat{\theta}_n)=\Psi_n(\theta_0)+o_P\left(\dfrac{1}{n}\right)$ 且 $\hat{\theta}_n\xrightarrow{\mathrm{P}}\theta_0$, 则

$$\sqrt{n}(\hat{\theta}_n-\theta_0)\rightsquigarrow N\big(\mathbf{0},V_{\theta_0}^{-1}\mathrm{E}[\psi_{\theta_0}(X)\psi_{\theta_0}(X)^{\mathrm{T}}](V_{\theta_0}^{-1})^{\mathrm{T}}\big).$$

例 3.24 (Huber 估计量) 若 $\psi_\theta(x)=\psi(x-\theta)$, 其中

$$\psi(x)=\begin{cases}k, & x>k,\\ x, & |x|\leqslant k,\\ -k, & x<-k.\end{cases}$$

参数 θ 的估计量通过求解估计方程

$$\Psi_n(\theta)=\frac{1}{n}\sum_{i=1}^{n}\psi_\theta(X_i)=0$$

得到. 对任意的 θ_1,θ_2, 有

$$|\psi_{\theta_1}(x)-\psi_{\theta_2}(x)|=|\psi(x-\theta_1)-\psi(x-\theta_2)|\leqslant|\theta_1-\theta_2|,$$

这里取 $\dot{\psi}(x)\equiv 1$.

若总体 X 具有密度 $p_\theta(x)$, 则

$$\mathrm{E}_{\theta_0}[\psi_\theta(X)]=\int_{-\infty}^{+\infty}\psi(x-\theta)p_{\theta_0}(x)\,\mathrm{d}x=\int_{-\infty}^{+\infty}\psi(x)p_{\theta_0}(x+\theta)\,\mathrm{d}x.$$

若 $p_\theta(x)$ 关于 x 可导, 则 $\mathrm{E}_{\theta_0}[\psi_\theta(X)]$ 关于 θ 可导. 设

$$V_\theta=\int_{-\infty}^{+\infty}\psi(x)p'_{\theta_0}(x+\theta)\,\mathrm{d}x.$$

只要 $V_{\theta_0}\neq 0$, 则定理 3.10 条件满足.

3.8 最大似然估计及其渐近性质

3.8.1 最大似然估计的概念

最大似然估计最早由德国数学家高斯于 1821 年提出, 但未得到重视. 1922 年, R. A. Fisher 再次提出最大似然的思想并探讨它的性质, 使之得到广泛研究和应用.

最大似然估计的基本思想 (原理) 是: 在一次试验中, 概率大的事件比概率小的事件更容易发生.

设总体 X 属离散型, 其分布律 $\mathrm{P}(X=x)=p_\theta(x)$ 形式已知. $(X_1,\cdots,X_n)$ 为取自总体 X 的一个样本, 其分布律为

$$\mathrm{P}(X_1=x_1,\cdots,X_n=x_n)=p_\theta(x_1)\cdots p_\theta(x_n).$$

若抽一次样发生了事件 $A=\{X_1=a_1,\cdots,X_n=a_n\}$, 说明一次试验中 A 发生的可能性较大, 故我们应选使概率 $\mathrm{P}(A)=p_\theta(a_1)\cdots p_\theta(a_n)$ 较大的 θ 作为真实参数的估计.

定义 3.16 (似然函数) 设 $(X_1,\cdots,X_n)$ 为取自总体 X 的一个样本, X 具有概率密度函数或概率质量函数 $p_\theta(x)$, $(x_1,\cdots,x_n)$ 为其观测值, 则

$$L(\theta)=L(x_1,\cdots,x_n;\theta)=p_\theta(x_1)\cdots p_\theta(x_n),\quad \theta\in\Theta$$

为参数 θ 的函数, 称其为样本的似然函数.

定义 3.17 (最大似然估计)　若

$$L(x_1,\cdots,x_n;\hat{\theta})=\max_{\theta\in\Theta}L(x_1,\cdots,x_n;\theta),$$

则称 $\hat{\theta}(x_1,\cdots,x_n)$ 为参数 θ 的最大似然估计值, 称 $\hat{\theta}(X_1,\cdots,X_n)$ 为参数 θ 的最大似然估计量.

在很多情形下, $p_\theta(x)$ 关于 θ 连续可微, 最大似然估计 $\hat{\theta}$ 常可通过解方程

$$\frac{\mathrm{d}}{\mathrm{d}\theta}L(\theta)=0\quad(\text{称为似然方程})$$

或

$$\frac{\mathrm{d}}{\mathrm{d}\theta}\ln L(\theta)=0\quad(\text{称为对数似然方程})$$

得到.

最大似然估计具有如下性质.

定理 3.11　设 $u=u(\theta)$, $\theta\in\Theta$, 具有单调反函数 $\theta=\theta(u)$, $u\in\mathcal{U}$, 设 $\hat{\theta}$ 是 X 的概率分布中参数 θ 的最大似然估计, 则 $\hat{u}=u(\hat{\theta})$ 是 $u(\theta)$ 的最大似然估计.

证明　考虑到 $\hat{u}=u(\hat{\theta})\Longleftrightarrow\hat{\theta}=\theta(\hat{u})$, 所以

$$\begin{aligned}&L(x_1,\cdots,x_n;\hat{\theta})=\max_{\theta\in\Theta}L(x_1,\cdots,x_n;\theta)\\ \Longleftrightarrow\quad &L(x_1,\cdots,x_n;\theta(\hat{u}))=\max_{u\in\mathcal{U}}L(x_1,\cdots,x_n;\theta(u)).\end{aligned}$$

例如, 若 $\hat{\sigma}^2$ 是参数 σ^2 的最大似然估计, 则 $\hat{\sigma}$ 为参数 σ 的最大似然估计.

为了保证最大似然估计量的唯一性, 需要如下的**可识别性条件**:

$$\text{若}\quad\theta\neq\theta_0,\quad\text{则}\quad p_\theta(x)\not\equiv p_{\theta_0}(x).$$

注意到

$$\begin{aligned}\hat{\theta}_{\mathrm{MLE}}=\arg\max_{\theta\in\Theta}\prod_{i=1}^n p_\theta(X_i)&=\arg\max_{\theta\in\Theta}\sum_{i=1}^n\log p_\theta(X_i)\\&=\arg\max_{\theta\in\Theta}\sum_{i=1}^n\log\frac{p_\theta(X_i)}{p_{\theta_0}(X_i)}.\end{aligned}$$

结合大数定律, 以下引理可以保证当 n 充分大时最大似然估计量的唯一性.

引理 3.2　若 $\{p_\theta(x):\theta\in\Theta\}$ 为一族满足可识别性条件的概率密度函数, 则 $M(\theta)=\mathrm{E}_{\theta_0}\left[\log\dfrac{p_\theta(X)}{p_{\theta_0}(X)}\right]$ 在 $\theta=\theta_0$ 处达到其唯一的最大值点.

证明 注意到 $M(\theta_0)=0$, 故只需证对任意的 $\theta\neq\theta_0$, $M(\theta)<0$ 即可. 而这是成立的, 因为

$$M(\theta)=\mathrm{E}_{\theta_0}\left[\log\frac{p_\theta(X)}{p_{\theta_0}(X)}\right]\leqslant 2\mathrm{E}_{\theta_0}\left(\sqrt{\frac{p_\theta(X)}{p_{\theta_0}(X)}}-1\right)=2\left(\int\sqrt{p_\theta(x)p_{\theta_0}(x)}\,\mathrm{d}x-1\right)$$
$$=-\int\left(\sqrt{p_\theta(x)}-\sqrt{p_{\theta_0}(x)}\right)^2\mathrm{d}x<0.$$

这里, 不等号成立是因为不等式 $\log x\leqslant 2(\sqrt{x}-1)$ 对所有的 $x>0$ 都成立.

3.8.2 最大似然估计的渐近性质

最大似然估计量是 M-估计量的一个特例. 以下主要讨论最大似然估计量的相合性与渐近正态性.

定理 3.12 (相合性) 若密度函数族 $\{p_\theta(x):\theta\in\Theta\}$ 满足可识别性条件, 且 $\log p_\theta(x)$ 关于 θ 在 θ_0 的一个邻域内连续可导, 则解估计方程 $\sum_{i=1}^n\dfrac{\partial\log p_\theta(X_i)}{\partial\theta}=0$ 所得的估计量 $\hat\theta_n$ 满足 $\hat\theta_n\xrightarrow{\mathrm{P}}\theta_0$.

只需验证 Z-估计量的相合性条件即可得到定理 3.12 的结论.

当 $\log p_\theta(x)$ 关于 θ 不可导时, 相合性可通过如下定理证明.

定理 3.13 设 $\hat\theta_n=\hat\theta_n(X_1,X_2,\cdots,X_n)$ 是参数 θ 的一个估计量, 若

$$\lim_{n\to\infty}\mathrm{E}(\hat\theta_n)=\theta,\quad \lim_{n\to\infty}\mathrm{Var}(\hat\theta_n)=0,$$

则 $\hat\theta_n$ 是 θ 的相合估计量.

证明 由定理 3.13 的条件, 对任意的 $\varepsilon>0$, 由 Chebyshev 不等式,

$$\mathrm{P}(|\hat\theta_n-\theta|>\varepsilon)\leqslant\frac{\mathrm{Var}(\hat\theta_n)+(\mathrm{E}(\hat\theta_n-\theta)^2)}{\varepsilon^2}\to 0.$$

证毕.

例 3.25 设 $(X_1,\cdots,X_n)$ 是取自 $U(0,\theta)$ 的一个样本, 证明 θ 的最大似然估计是相合估计.

证明 参数 θ 的最大似然估计量是 $X_{(n)}$, 其密度函数为

$$p(t;\theta)=nt^{n-1}\theta^{-n},\quad 0<t<\theta.$$

易求得 $\mathrm{E}(X_{(n)})=n\theta/(n+1)$, $\mathrm{Var}(X_{(n)})=\left(\dfrac{n}{n+2}-\dfrac{n^2}{(n+1)^2}\right)\theta^2$. 由定理 3.13 可知, $X_{(n)}$ 是 θ 的相合估计.

记 $l_\theta(x)=\log p_\theta(x)$. $\dot{l}_\theta(x)$, $\ddot{l}_\theta(x)$, $\dddot{l}_\theta(x)$ 分别代表 $l_\theta(x)$ 关于 θ 的一、二、三阶导数, 假设它们在 θ_0 的一个邻域内连续. 则有

定理 3.14 (渐近正态性)　在定理 3.12 条件满足的情况下, 若存在函数 $H(x)$ 使得

(1) $|\dddot{l}_\theta(x)|\leqslant H(x)$ 和 $\mathrm{E}_\theta[H(X)]<\infty$ 在 θ_0 附近成立;

(2) $\mathrm{E}_{\theta_0}[\dot{l}_\theta(X)]\big|_{\theta=\theta_0}=0$;

(3) Fisher 信息量 $I(\theta_0)=\mathrm{E}_{\theta_0}[\dot{l}_\theta(X)\dot{l}_\theta(X)^{\mathrm{T}}]\big|_{\theta=\theta_0}$ 为正常数.

则解似然方程 $\sum_{i=1}^n\dfrac{\partial\log p_\theta(X_i)}{\partial\theta}=0$ 所得的估计量 $\hat{\theta}_n$ 具有渐近正态性, 即

$$\sqrt{n}(\hat{\theta}_n-\theta_0)\rightsquigarrow N(0,I(\theta_0)^{-1}).$$

证明　在定理 3.9 中, 取 $\psi_\theta(x)=\dot{l}_\theta(x)$, 则 $\Psi_n(\theta)=\dfrac{1}{n}\sum_{i=1}^n\dot{l}_\theta(X_i)$. 则该定理的证明可以通过验证定理 3.9 的条件得到.

注 3.9　(1) 定理 3.14 中, 函数 $\dot{l}_\theta(x)=\dfrac{\partial\ln p_\theta(x)}{\partial\theta}$ 称为得分 (score) 函数. (2) 由定理 3.9 可知最大似然估计的渐近方差为 $\mathrm{E}_{\theta_0}[\ddot{l}_{\theta_0}]^{-1}I(\theta_0)\mathrm{E}_{\theta_0}[\ddot{l}_{\theta_0}^{\mathrm{T}}]^{-1}$, 再由 (3-6) 式即可得渐近方差为 $I(\theta_0)^{-1}$, 这一渐近方差达到了 Cramér-Rao 下界. 也就是说, 这时最大似然估计是渐近有效的.

注 3.10　在式 (3-15) 中, 取 $\psi_\theta(x)=\dot{l}_\theta(x)$, 则 $\Psi_n(\theta_0)=\dfrac{1}{n}\sum_{i=1}^n\dot{l}_{\theta_0}(X_i)$, $\dot{\Psi}_n(\theta_0)=\dfrac{1}{n}\sum_{i=1}^n\ddot{l}_{\theta_0}(X_i)\xrightarrow{\mathrm{P}}I(\theta_0)$. 于是有

$$\frac{1}{\sqrt{n}}\sum_{i=1}^n\dot{l}_{\theta_0}(X_i)=I(\theta_0)\sqrt{n}(\hat{\theta}_n-\theta_0)+o_P(1).\tag{3-16}$$

并不是所有的最大似然估计都是渐近有效的, 如下面的例子中最大似然估计就不是渐近有效的.

例 3.26　设 $(X_1,\cdots,X_n)$ 是取自总体 $U(0,\theta)$ 的一个样本, 参数 θ 的最大似然估计 $X_{(n)}$ 满足: 对任意的 $x>0$,

$$\begin{aligned}\mathrm{P}(n(X_{(n)}-\theta)\leqslant -x)&=\mathrm{P}\left(X_{(n)}\leqslant\theta-\frac{x}{n}\right)=\left(\mathrm{P}\left(X_1\leqslant\theta-\frac{x}{n}\right)\right)^n\\&=\left(\frac{\theta-\dfrac{x}{n}}{\theta}\right)^n\longrightarrow\mathrm{e}^{-\frac{x}{\theta}}.\end{aligned}$$

因此, $-n(X_{(n)}-\theta)\rightsquigarrow Y$, 其中 Y 服从均值参数为 θ 的指数分布, $\sqrt{n}(X_{(n)}-\theta)\xrightarrow{\mathrm{P}}0$.

以下定理为密度函数关于参数二阶导数不存在情况下渐近正态性的结论, 证明从略.

定理 3.15 设 Θ 为欧氏空间的子集, $\{p_\theta(x); \theta \in \Theta\}$ 为一族概率密度. 对任意的 x, $\log p_\theta(x)$ 关于 θ 是连续可导的, 且对任意的 $\theta_1, \theta_2 \in U(\theta_0)$, 存在可测函数 $\dot{l}(\cdot)$, $\mathrm{E}_{\theta_0}[\dot{l}(X)^2] < \infty$, 使得

$$|\log p_{\theta_1}(x) - \log p_{\theta_2}(x)| \leqslant \dot{l}(x)\,|\theta_1 - \theta_2|.$$

假设 Fisher 信息量 $I(\theta) = \mathrm{E}_{\theta_0}[\dot{l}_\theta(X)\dot{l}_\theta(X)^{\mathrm{T}}]$ 关于 θ 连续且非奇异, 若 $\hat{\theta}_n$ 为参数 θ 的最大似然估计, 且 $\hat{\theta}_n \xrightarrow{\mathrm{P}} \theta_0$, 则

$$\sqrt{n}(\hat{\theta}_n - \theta_0) \rightsquigarrow N(0, I(\theta_0)^{-1}).$$

3.9 习 题

习题 3.1 谈谈无偏估计量、渐近无偏估计量、相合估计量、渐近正态估计量之间的联系.

习题 3.2 谈谈统计结构的 Fisher 信息量与该统计结构上的统计量的 Fisher 信息量之间的关系, 以及统计结构的 Fisher 信息量与参数充分统计量 Fisher 信息量之间的关系.

习题 3.3 谈谈估计量的有效性与渐近有效性之间的区别与联系.

习题 3.4 一个无偏估计量的渐近方差最小是多少? 一个相合估计量的渐近方差最小是多少? 是什么结论保证了估计量的方差或渐近方差不可能小于该最小者?

习题 3.5 谈谈 Fisher 信息矩阵与参数估计量的渐近方差之间的联系?

习题 3.6 谈谈矩估计、最大似然估计、最小二乘估计、Z-估计、M-估计这些估计方法之间的联系.

习题 3.7 谈谈估计量渐近正态性有哪些应用?

习题 3.8 设 $(X_1, \cdots, X_n)$ 为取自总体 X 的样本, 且 $\mathrm{E}(|X|^3) < \infty$. 在数理统计中常用样本均值 $\overline{X} = \dfrac{1}{n}\sum_{i=1}^n X_i$ 估计总体均值 $\mathrm{E}(X)$. 对于这一估计量, 问: (1) 有无偏性吗? 为什么? (2) 有相合性吗? 为什么? (3) 有渐近正态性吗? 为什么?

习题 3.9 设 X_1, X_2 独立同分布, 其共同的密度函数为

$$p(x;\theta) = 3x^2/\theta^3, \quad 0 < x < \theta, \quad \theta > 0.$$

(1) 证明 $T_1 = \dfrac{2}{3}(X_1 + X_2)$ 和 $T_2 = \dfrac{7}{6}\max(X_1, X_2)$ 都是 θ 的无偏估计量;

(2) 计算 T_1 和 T_2 的均方误差并进行比较;

(3) 证明在均方误差意义下, 在形如 $T_c = c\max(X_1, X_2)$ 的估计中, $T_{8/7}$ 最优.

习题 3.10 设样本 $(X_1, \cdots, X_n)$ 取自均值为 $\theta\,(\theta > 0)$ 的指数分布总体, $\hat{\theta}_n = \overline{X}$ 为 θ 的最大似然估计量. (1) 求参数 θ 的 Fisher 信息量 $I(\theta)$; (2) 求估计量 $\hat{\theta}_n$ 的方差; (3) 存在比 $\hat{\theta}_n$ 更有效的参数 θ 的其他估计量吗? 为什么?

习题 3.11 设 $\hat{\theta}_n$ 是 θ 的一估计量, 证明: 若 $n \to \infty$ 时, $\mathrm{E}(\hat{\theta}_n) \to \theta$, $\mathrm{Var}(\hat{\theta}_n) \to 0$, 则 $\hat{\theta}_n$ 是 θ 的相合估计量.

习题 3.12 设 $(X_1, Y_1), \cdots, (X_n, Y_n)$ 为独立同分布的二元正态随机变量, $\mathrm{E}(X_1) = \mathrm{E}(Y_1) = 0$, $\mathrm{Var}(X_1) = \mathrm{Var}(Y_1) = 1$, $\mathrm{Cov}(X_1, Y_1) = \rho$. 记

$$S_{XX} = \frac{1}{n}\sum_{i=1}^{n} X_i^2, \quad S_{XY} = \frac{1}{n}\sum_{i=1}^{n} X_i Y_i, \quad S_{YY} = \frac{1}{n}\sum_{i=1}^{n} Y_i^2.$$

(1) 证明 $\sqrt{n}\,(S_{XX} - 1, S_{XY} - \rho, S_{YY} - 1)^{\mathrm{T}} \rightsquigarrow N_3(\mathbf{0}, \varSigma)$, 其中

$$\varSigma = \begin{pmatrix} 2 & 2\rho & 2\rho^2 \\ 2\rho & 1+\rho^2 & 2\rho \\ 2\rho^2 & 2\rho & 2 \end{pmatrix}.$$

(2) 求 $\sqrt{n}\left(S_{XY}/\sqrt{S_{XX}S_{YY}} - \rho\right)$ 的渐近分布.

习题 3.13 设 $(X_1, \cdots, X_n)$ 是取自均值为 μ, 方差为 σ^2 的分布的一个样本, μ, σ^2 均未知, 考虑 μ 的线性估计类

$$\mathcal{L}_\theta = \left\{ T(X_1, \cdots, X_n) : T(X_1, \cdots, X_n) = \sum_{i=1}^{n} c_i X_i \right\}.$$

(1) 证明 $T(X_1, \cdots, X_n)$ 为 μ 的无偏估计的充要条件是 $\sum_{i=1}^{n} c_i = 1$;

(2) 证明 $\overline{X}$ 在线性无偏估计类中方差一致达到最小.

习题 3.14 对均值参数为 θ 的 Poisson 分布, (1) 求 $I(\theta)$; (2) 求 $I(1/\theta)$; (3) 找一个函数 $g(\cdot)$, 使 $g(\theta)$ 的 Fisher 信息与 θ 无关.

习题 3.15 设 $(X_1, \cdots, X_n)$ 是来自密度函数为 $p(x;\theta) = \theta(1+\theta)x^{\theta-1}(1-x)$, $0 < x < 1$, $\theta > 0$ 的一个样本. (1) 求 θ 的矩估计量 $\hat{\theta}_n$; (2) 求 $\sqrt{n}(\hat{\theta}_n - \mathrm{E}\hat{\theta}_n)$ 的渐近分布; (3) $\hat{\theta}_n$ 是否是渐近有效的?

习题 3.16 设 $(X_1, \cdots, X_n)$ 是取自总体 X 的一个样本, $0 < \theta < 1$,

$$\mathrm{P}(X = -1) = \frac{1-\theta}{2}, \quad \mathrm{P}(X = 0) = \frac{1}{2}, \quad \mathrm{P}(X = 1) = \frac{\theta}{2}.$$

(1) 求 θ 的最大似然估计量 $\hat{\theta}_1$, 并问 $\hat{\theta}_1$ 是否是无偏的? (2) 求 θ 的矩估计量 $\hat{\theta}_2$; (3) 计算 θ 的无偏估计的方差的 Cramér-Rao 下界.

习题 3.17 设 $\hat{\lambda}_n$ 是一基于取自参数为 λ 的指数分布的随机样本 $(X_1, \cdots, X_n)$ 所得的参数 λ 的估计量. (1) 求序列 $\sqrt{n}(\hat{\lambda}_n - \lambda)$ 的极限分布; (2) 基于该极限分布构造参数 λ 的渐近置信区间.

习题 3.18 一概率分布的密度函数为 $p_\alpha(x) = \alpha x^{-\alpha-1}\mathbb{I}_{[1,\infty)}(x)$, 其中 $\alpha > 0$ 为未知参数. 设 $\hat{\alpha}_n$ 为基于样本容量为 n 的样本的参数 α 的最大似然估计量, 确定 $\sqrt{n}(\hat{\alpha}_n - \alpha)$ 的极限分布.

习题 3.19 设 $(X_1, \cdots, X_n)$ 为取自一个具有期望为 μ, 方差为 1 的总体的随机样本. 分别在 $\mu = 0$ 与 $\mu \neq 0$ 两种情况下确定常数 a_n 与 b_n, 使 $a_n(\overline{X^2} - b_n)$ 依分布收敛.

习题 3.20 设 $(X_1, \cdots, X_n)$ 为取自一个具有密度函数为 $f_{\lambda,\alpha}(x) = \lambda \mathrm{e}^{-\lambda(x-\alpha)}\mathbb{I}_{[\alpha,\infty)}(x)$ 的总体的样本, 其中 $\lambda > 0$ 与 $\alpha \in \mathbb{R}$ 皆为未知参数. 计算参数 (λ, α) 的最大似然估计量 $(\hat{\lambda}_n, \hat{\alpha}_n)$ 并导出其渐近性质.

习题 3.21 设 $(X_1, \cdots, X_n)$ 为取自一个具有严格正的密度且关于某点对称的分布总体. 证明位置参数的 Huber 估计量关于该对称点是相合的.

习题 3.22 设 $(X_1, \cdots, X_n)$ 为取自一个具有严格正的密度的分布总体. 设 $\psi(x) = 2(1 + \mathrm{e}^{-x})^{-1} - 1$, $\hat{\theta}_n$ 是方程 $\sum_{i=1}^n \psi(X_i - \theta) = 0$ 的解. (1) 证明存在某参数 θ_0, 使得 $\hat{\theta}_n \xrightarrow{\mathrm{P}} \theta_0$. (2) 证明 $\sqrt{n}(\hat{\theta}_n - \theta_0)$ 依分布收敛, 并给出极限分布的方差.

习题 3.23 设 $(X_1, \cdots, X_n)$ 为取自总体 $N(\mu, 1)$ 的样本, 定义 $\hat{\theta}_n = \arg\min_\theta \sum_{i=1}^n (X_i - \theta)^4$. (1) 证明存在 θ_0, 使得 $\hat{\theta}_n \xrightarrow{\mathrm{P}} \theta_0$. (2) 证明 $\sqrt{n}(\hat{\theta}_n - \theta_0)$ 依分布收敛于正态分布. (3) 作为参数 μ 的估计量, 确定 $\hat{\theta}_n$ 与样本均值的渐近相对效.

习题 3.24 确定取自 $U(0, 1)$ 分布样本的样本中位数与样本均值的相对效.

习题 3.25 基于一个方差为 1 的正态总体样本, 给出 Huber 估计量与样本均值相对效的表达式.

习题 3.26 证明注 3.4 中分位点回归参数估计的相合性.

习题 3.27 设 $(X_1, \cdots, X_n)$ 为取自总体 $N(\theta, \theta)$ 的样本. (1) 计算 Fisher 信息量 $I(\theta)$; (2) 导出参数 θ 的最大似然估计量, 并说明其具有渐近正态性, 渐近方差为 $I(\theta)^{-1}$.

第 4 章　假设检验及其评价标准

一个检验“好”的标准是什么? 对于给定的“好坏”标准, 是否存在最优的检验方法? 如果存在, 又怎么求得? 本章将探讨这些问题.

4.1　基本概念

4.1.1　统计假设

定义 4.1　设 $(\mathcal{X},\mathcal{B}(\mathcal{X}),\mathcal{P})$ 为一个统计结构, 则 $\mathcal{P}$ 的非空子集称为 (统计) 假设. 对于参数分布族 $\mathcal{P}=\{\mathrm{P}_\theta;\theta\in\Theta\}$, Θ 的非空子集称为 (统计) 假设.

在定义 4.1 中, $\mathcal{P}$ 与 Θ 的非空子集对应关于总体的一个或一类模型.

通俗地讲, 统计假设就是抽样前对总体分布的假定. 抽样前作出的假设是否与实际相符, 可以用样本所提供的信息验证. 用样本所提供的信息验证抽样前作出的假设是否与实际相符的问题称为假设检验问题.

在一个假设检验问题中常涉及两个假设. 所要检验的假设称为原假设 (null hypothesis), 记为 H_0. 与 H_0 不相容的假设称为备择假设 (alternative hypothesis), 记为 H_1. 关于统计结构 $(\mathcal{X},\mathcal{B}(\mathcal{X}),\mathcal{P})$ 的原假设和备择假设分别记为

$$H_0:\mathrm{P}\in\mathcal{P}_0\quad \text{v.s.}\quad H_1:\mathrm{P}\in\mathcal{P}_1,$$

这里 $\mathcal{P}_0$ 和 $\mathcal{P}_1$ 是 $\mathcal{P}$ 的两个互不相交的非空子集. 在参数分布族 $\mathcal{P}=\{\mathrm{P}_\theta:\theta\in\Theta\}$ 场合, 原假设和备择假设分别记为

$$H_0:\theta\in\Theta_0\qquad \text{v.s.}\qquad H_1:\theta\in\Theta_1, \tag{4-1}$$

这里 Θ_0 和 Θ_1 是 Θ 的两个互不相交的非空子集. 给定 H_0 和 H_1 就等于给定一个检验问题, 记为检验问题 (H_0,H_1). 而 (Θ_0,Θ_1) 称为参数假设检验问题, 其他的假设检验问题称为非参数假设检验问题.

4.1.2　检验、拒绝域与检验统计量

定义 4.2　在检验问题 (H_0,H_1) 中, 所谓检验法则 (简称检验法), 就是设法把样本空间划分为互不相交的两个可测集:

$$\mathcal{X}=C+C^c,$$

并作出如下规定:

当观测值 $\mathbf{x} \in C$ 时, 就拒绝原假设 H_0, 认为备择假设 H_1 成立;

当观测值 $\mathbf{x} \notin C$(即 $\mathbf{x} \in C^c$) 时, 就不拒绝原假设 H_0. 这里的 C 称为检验的拒绝域.

这样一来, 选定了检验法, 就确定了拒绝域; 反之, 选定了拒绝域, 也就确定了检验法.

拒绝域实际上是样本观测值的集合, 当观测值落入该集合时就作出拒绝 H_0 的判断. 为了确定拒绝域, 往往首先由问题的直观背景出发, 寻找一个统计量, 使得在原假设 H_0 成立时和在备择假设 H_1 成立时, 该统计量的值有差异. 从而能够根据这个统计量值的大小选定一个样本观测值的集合 (即拒绝域). 称这个能从样本空间中划分出拒绝域的统计量为检验统计量.

例 4.1 电话交换台单位时间内接到的呼唤次数服从 Poisson 分布 Pois(λ), 其中 $\lambda > 0$ 为单位时间内接到的平均呼唤次数. 为了考察该交换台在单位时间内的平均呼唤次数是否超过 1, 可考虑建立假设检验问题

$$H_0 : \lambda \leqslant 1 \qquad \text{v.s.} \qquad H_1 : \lambda > 1.$$

设 $(X_1, \cdots, X_n)$ 为取自该总体的一个样本, $(x_1, \cdots, x_n)$ 为 $(X_1, \cdots, X_n)$ 的观测值. 取检验统计量 $T = \sum_{i=1}^n X_i$, 它是一充分统计量. 根据问题的直观背景, 拒绝域的形式应为

$$C = \left\{ (x_1, \cdots, x_n) : \sum_{i=1}^n x_i \geqslant c \right\}.$$

剩下的问题就是如何确定常数 c 的值. 这与检验法犯两类错误的概率有关.

4.1.3 两类错误

在进行检验时, 由于样本的随机性, 我们可能作出正确的判断, 也可能作出错误的判断, 具体如表 4-1. 假设检验对两类错误的界定以 H_0 为基准. 当 H_0 为真时拒绝 H_0 这样一种 "弃真" 现象称为犯第 I 类错误; 而当 H_0 不真时接受 H_0 的这种 "受伪" 现象称为犯第 II 类错误.

表 4-1 假设检验的两类错误

	接受 H_0	拒绝 H_0
H_0 为真	正确	"弃真"
H_0 不真	"受伪"	正确

犯第 I 类错误的概率为

$$\alpha(\mathrm{P}) = \mathrm{P}((X_1, \cdots, X_n) \in C), \quad \mathrm{P} \in \mathcal{P}_0.$$

在参数统计结构中, 犯第 I 类错误的概率为

$$\alpha(\theta) = \mathrm{P}_\theta((X_1, \cdots, X_n) \in C), \quad \theta \in \Theta_0.$$

犯第 II 类错误的概率为

$$\beta(\mathrm{P}) = \mathrm{P}((X_1, \cdots, X_n) \notin C) = 1 - \mathrm{P}((X_1, \cdots, X_n) \in C), \quad \mathrm{P} \in \mathcal{P}_1.$$

在参数统计结构中, 犯第 II 类错误的概率为

$$\beta(\theta) = \mathrm{P}_\theta((X_1, \cdots, X_n) \notin C) = 1 - \mathrm{P}_\theta((X_1, \cdots, X_n) \in C), \quad \theta \in \Theta_1.$$

譬如在例 4.1 中的检验犯第 I 类错误的概率为

$$\alpha(\lambda) = \sum_{k=c}^{\infty} \frac{(n\lambda)^k}{k!} \exp\{-n\lambda\}, \quad \lambda \leqslant 1, \tag{4-2}$$

而犯第 II 类错误的概率为

$$\beta(\lambda) = \sum_{k=0}^{c-1} \frac{(n\lambda)^k}{k!} \exp\{-n\lambda\} = 1 - \sum_{k=c}^{\infty} \frac{(n\lambda)^k}{k!} \exp\{-n\lambda\}, \quad \lambda > 1. \tag{4-3}$$

这两类错误的概率都可以通过 $\mathrm{P}_\theta(X \in C)$ 来表示. 当 $\theta \in \Theta_0$ 时, $\mathrm{P}_\theta(X \in C)$ 为犯第 I 类错误的概率, 而当 $\theta \in \Theta_1$ 时, $\mathrm{P}_\theta(X \in C)$ 为作出正确判断的概率.

4.1.4 显著性水平与功效函数

定义 4.3　控制犯第 I 类错误概率的正常数 α 称为**显著性水平** (significance level), 即

$$\alpha = \max_{\theta \in \Theta_0} \mathrm{P}_\theta((X_1, \cdots, X_n) \in C).$$

定义 4.4　称样本观测值落在拒绝域的概率为检验的**功效函数** (power function), 记为

$$\gamma(\theta) = \mathrm{P}_\theta((X_1, \cdots, X_n) \in C), \quad \theta \in \Theta.$$

当 $\theta \in \Theta_0$ 时, $\gamma(\theta) = \alpha(\theta)$, $\gamma(\theta)$ 是检验犯第 I 类错误的概率. 在 $\theta \in \Theta_1$ 时, $\gamma(\theta) = 1 - \beta(\theta)$, $1 - \gamma(\theta)$ 是检验犯第 II 类错误的概率.

例 4.1 中检验的功效函数为

$$\gamma(\lambda) = \sum_{k=c}^{\infty} \frac{(n\lambda)^k}{k!} \exp\{-n\lambda\}.$$

它是 λ 的严格递增函数. 取显著性水平 $\alpha = 0.05$, 则临界值 $c(n) = a_{1-\alpha}(n)$ 为强度参数为 n 的 Poisson 分布的 $1-\alpha$ 分位点. 如图 4-1 给出了不同样本容量下功效函数曲线随 λ 的变化趋势.

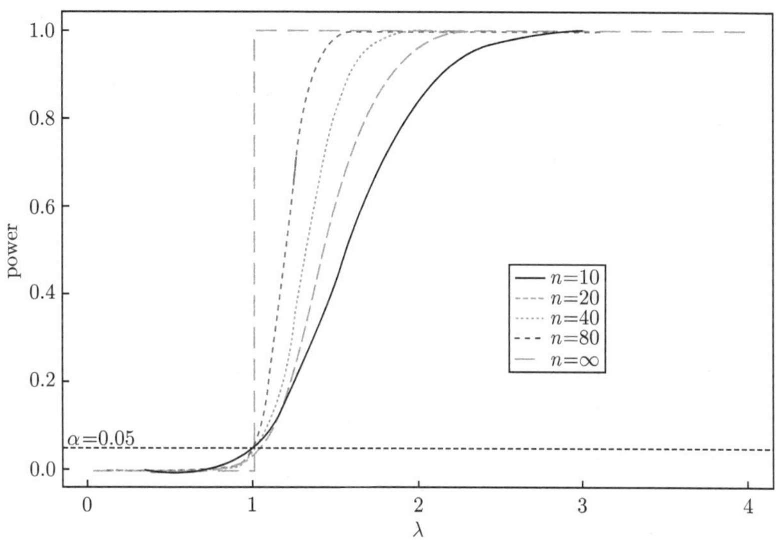

图 4-1 不同样本容量下 Poisson 分布均值检验的功效函数随 λ 的变化曲线

定义 4.5 对于任意的 $\theta \in \Theta_1$, 若当 $n \to \infty$ 时, $\gamma(\theta) = \mathrm{P}_\theta((X_1, \cdots, X_n) \in C) \to 1$, 则称拒绝域 C 对应的检验为相合检验.

例 4.2 设 $(X_1, \cdots, X_n)$ 为一取自正态总体 $N(\theta, 1)$ 的样本. 现检验:

$$H_0: \theta \leqslant 0 \quad \text{v.s.} \quad H_1: \theta > 0.$$

考虑采用拒绝域

$$C = \left\{ \mathbf{x} \middle| \sqrt{n}\bar{x} = \frac{1}{\sqrt{n}} \sum_{i=1}^{n} x_i \geqslant z_{1-\alpha} \right\} \tag{4-4}$$

进行检验, 其中 $z_{1-\alpha}$ 为标准正态分布的 $1-\alpha$ 分位点. 相应地, 检验的功效为

$$\gamma(\theta) = \mathrm{P}_\theta(\sqrt{n}\overline{X} \geqslant z_{1-\alpha}) = \mathrm{P}_\theta(\sqrt{n}(\overline{X} - \theta) \geqslant z_{1-\alpha} - \sqrt{n}\theta) = 1 - \Phi(z_{1-\alpha} - \sqrt{n}\theta).$$

对于任意的 $\theta > 0$, 当 $n \to \infty$ 时, $\gamma(\theta) \to 1$. 因此, 检验 (4-4) 是相合的.

4.2 最大功效检验

4.2.1 最大功效检验的概念

在例 4.1 中, 从 (4-2) 与 (4-3) 两式可见, 在样本容量 n 固定时, 要减少犯第

I 类错误的概率, 必须增加 c, 从而导致犯第 II 类错误的概率增大; 反之, 若要减少犯第 II 类错误的概率, 必须减小 c, 从而导致犯第 I 类错误的概率增加. 换句话说, 当样本容量 n 固定时, 不可能使犯两类错误的概率都减少. 这一现象在一般的检验问题中都出现.

基于这种情况, 需要采取某种妥协方案. 这种妥协方案即为首先控制犯第 I 类错误的概率. 在假设检验中, 我们把显著性水平控制在 α 以内的检验称为显著性检验. 显著性检验可以控制犯第 I 类错误的概率, 但却不能保证犯第 II 类错误的概率也小. 例如, 我们设计如下的检验法: 在一个盒子中装有 100 只球, 其中 5 只黑球、95 只白球. 每次摇匀后从中取一球作为检验准则. 若取得黑球则拒绝 H_0, 否则不能拒绝 H_0. 显然用该检验法检验任何问题的显著性水平都是 0.05, 但是当 H_1 为真时, 作出正确判断的概率也仅为 0.05. 因此, 在保证显著性水平的情况下, 还需要提高检验的功效. 为此, 引入如下定义.

定义 4.6 假设 C 是样本空间的子集. 对于简单原假设 $H_0: \theta = \theta'$ 对简单备择假设 $H_1: \theta = \theta''$ 的检验问题, 称 C 为显著性水平为 α 的**最大功效拒绝域** (most powerful critical region), 若 C 满足:

(1) $\mathrm{P}_{\theta'}(\mathbf{X} \in C) = \alpha$, 其中 $\mathbf{X} = (X_1, \cdots, X_n)$ 为样本;

(2) 对于任意样本空间的子集 A,

$$\mathrm{P}_{\theta'}(\mathbf{X} \in A) = \alpha \Longrightarrow \mathrm{P}_{\theta''}(\mathbf{X} \in C) \geqslant \mathrm{P}_{\theta''}(\mathbf{X} \in A).$$

由最大功效拒绝域定义的检验称为**最大功效检验** (most powerful test).

在定义 4.6 中的检验问题称为简单原假设对简单备择假设的检验问题. 这类检验问题特别简单, 是我们解决许多更一般检验问题的基础. 以下先研究这种检验问题. 定义 4.6 表明: 存在样本空间的多个子集 A 使得 $\mathrm{P}_{\theta'}(\mathbf{X} \in A) = \alpha$. 假设在其中有一个子集 (记为 C), 使得当 H_1 为真时, 与 C 相关联的检验的功效不小于任意与 A 相关联的功效. 这时, C 就称为检验 H_0 对 H_1 的显著性水平为 α 的最大功效拒绝域.

4.2.2 Neyman-Pearson 定理

以下定理给出了确定最大功效拒绝域的一般性方法.

定理 4.1 (Neyman-Pearson 定理) 设 $(X_1, \cdots, X_n)$ 为一取自具有概率密度函数 (pdf) 或概率质量函数 (pmf)$p(x;\theta)$ 的总体的一个样本. 样本 $(X_1, \cdots, X_n)$ 的似然函数为

$$L(\mathbf{x};\theta) = \prod_{i=1}^{n} p(x_i;\theta),$$

其中 $\mathbf{x} = (x_1, \cdots, x_n)^{\mathrm{T}}$. 设 θ' 与 θ'' 是 θ 的两个不同值, 即 $\Theta = \{\theta : \theta = \theta', \theta''\}$, 设 k 是常数. 设 C 是样本空间的一个子集, 使得

(1) 对任一 $\mathbf{x} \in C$, $\dfrac{L(\mathbf{x};\theta')}{L(\mathbf{x};\theta'')} \leqslant k$.

(2) 对任一 $\mathbf{x} \in C^c$, $\dfrac{L(\mathbf{x};\theta')}{L(\mathbf{x};\theta'')} \geqslant k$.

(3) $\alpha = \mathrm{P}_{H_0}(\mathbf{X} \in C)$.

则 C 是检验简单假设 $H_0: \theta = \theta'$ 对简单假设 $H_1: \theta = \theta''$ 的显著性水平为 α 的最大功效拒绝域.

证明 仅对连续型总体的情况进行证明, 离散型总体的情况可类似证明.

若 C 是唯一的显著性水平为 α 的拒绝域, 则定理得证.

若存在另一显著性水平为 α 的拒绝域 A, 我们仅需证明

$$\int_C L(\mathbf{x};\theta'')\,\mathrm{d}\mathbf{x} \geqslant \int_A L(\mathbf{x};\theta'')\,\mathrm{d}\mathbf{x}.$$

既然 $C = (C\cap A)\cup(C\cap A^c)$, $A = (A\cap C)\cup(A\cap C^c)$, 因此

$$\begin{aligned}&\int_C L(\mathbf{x};\theta'')\,\mathrm{d}\mathbf{x} - \int_A L(\mathbf{x};\theta'')\,\mathrm{d}\mathbf{x}\\ =&\int_{C\cap A} L(\mathbf{x};\theta'')\,\mathrm{d}\mathbf{x} + \int_{C\cap A^c} L(\mathbf{x};\theta'')\,\mathrm{d}\mathbf{x} - \int_{A\cap C} L(\mathbf{x};\theta'')\,\mathrm{d}\mathbf{x} - \int_{A\cap C^c} L(\mathbf{x};\theta'')\,\mathrm{d}\mathbf{x}\\ =&\int_{C\cap A^c} L(\mathbf{x};\theta'')\,\mathrm{d}\mathbf{x} - \int_{A\cap C^c} L(\mathbf{x};\theta'')\,\mathrm{d}\mathbf{x}.\end{aligned} \tag{4-5}$$

然而, 据定理假设, 对任一 $\mathbf{x} \in C$, $L(\mathbf{x};\theta'') \geqslant (1/k)L(\mathbf{x};\theta')$, 于是

$$\int_{C\cap A^c} L(\mathbf{x};\theta'')\,\mathrm{d}\mathbf{x} \geqslant \frac{1}{k}\int_{C\cap A^c} L(\mathbf{x};\theta')\,\mathrm{d}\mathbf{x}. \tag{4-6}$$

但对任一 $\mathbf{x} \in C^c$, $L(\mathbf{x};\theta'') \leqslant (1/k)L(\mathbf{x};\theta')$, 于是

$$\int_{A\cap C^c} L(\mathbf{x};\theta'')\,\mathrm{d}\mathbf{x} \leqslant \frac{1}{k}\int_{A\cap C^c} L(\mathbf{x};\theta')\,\mathrm{d}\mathbf{x}. \tag{4-7}$$

由 (4-6) 与 (4-7) 两式, 可得

$$\int_{C\cap A^c} L(\mathbf{x};\theta'')\,\mathrm{d}\mathbf{x} - \int_{A\cap C^c} L(\mathbf{x};\theta'')\,\mathrm{d}\mathbf{x} \geqslant \frac{1}{k}\int_{C\cap A^c} L(\mathbf{x};\theta')\,\mathrm{d}\mathbf{x} - \frac{1}{k}\int_{A\cap C^c} L(\mathbf{x};\theta')\,\mathrm{d}\mathbf{x}. \tag{4-8}$$

由 (4-5) 与 (4-8) 两式, 可得

$$\int_C L(\mathbf{x};\theta'')\,\mathrm{d}\mathbf{x} - \int_A L(\mathbf{x};\theta'')\,\mathrm{d}\mathbf{x} \geqslant \frac{1}{k}\left(\int_{C\cap A^c} L(\mathbf{x};\theta')\,\mathrm{d}\mathbf{x} - \int_{A\cap C^c} L(\mathbf{x};\theta')\,\mathrm{d}\mathbf{x}\right). \tag{4-9}$$

然而

$$\begin{aligned}&\int_{C\cap A^c} L(\mathbf{x};\theta')\,\mathrm{d}\mathbf{x}-\int_{A\cap C^c} L(\mathbf{x};\theta')\,\mathrm{d}\mathbf{x}\\=&\int_{C\cap A^c} L(\mathbf{x};\theta')\,\mathrm{d}\mathbf{x}+\int_{C\cap A} L(\mathbf{x};\theta')\,\mathrm{d}\mathbf{x}-\int_{A\cap C} L(\mathbf{x};\theta')\,\mathrm{d}\mathbf{x}-\int_{A\cap C^c} L(\mathbf{x};\theta')\,\mathrm{d}\mathbf{x}\\=&\int_{C} L(\mathbf{x};\theta')\,\mathrm{d}\mathbf{x}-\int_{A} L(\mathbf{x};\theta')\,\mathrm{d}\mathbf{x}=\alpha-\alpha=0.\end{aligned}$$

再由 (4-9) 式, $\int_C L(\mathbf{x};\theta'')\,\mathrm{d}\mathbf{x}\geqslant\int_A L(\mathbf{x};\theta'')\,\mathrm{d}\mathbf{x}$.

注 4.1　定理 4.1 中的参数 θ 也可以为向量.

一个检验应当具有如下性质: 其功效应永远不低于显著性水平. 否则犯第 I 类错误的概率将会超过当 H_1 为真时接受 H_1 这种正确决定的概率. 这一性质被称为检验的无偏性. 具体为:

定义 4.7　设 $(X_1,\cdots,X_n)$ 为一取自具有概率密度函数或概率质量函数 $p(x;\theta)$ 的总体的一个样本, 其中 $\theta\in\Theta$. 考虑假设检验问题 (4-1). 如果一个具有拒绝域 C 和显著性水平 α 的检验满足: 对任意的 $\theta\in\Theta_1$,

$$\mathrm{P}_\theta((X_1,\cdots,X_n)\in C)\geqslant\alpha,$$

则称该检验是**无偏的** (unbiased).

以下结论说明, 最大功效检验为无偏检验.

推论 4.1　设 C 是检验简单假设 $H_0:\theta=\theta'$ 对简单假设 $H_1:\theta=\theta''$ 的显著性水平为 α 的最大功效拒绝域, $\gamma(\theta'')=\mathrm{P}_{\theta''}((X_1,\cdots,X_n)\in C)$ 表示检验的功效. 则 $\alpha\leqslant\gamma(\theta'')$.

证明　考虑一不合理检验, 该检验没有利用样本的信息而是通过一个 Bernoulli 试验来进行的, 该 Bernoulli 试验成功概率为 α. 若试验成功, 则拒绝 H_0. 该检验的显著性水平为 α, 且其功效亦为 α. 而 C 是显著性水平为 α 的最大功效拒绝域, 因此, $\gamma(\theta'')\geqslant\alpha$.

由定理 4.1 可知, 若对某个 $k>0$, 取

$$C=\left\{\mathbf{x}\left|\mathbf{x}\in\mathcal{X}^n,\ \frac{L(\mathbf{x};\theta')}{L(\mathbf{x};\theta'')}\leqslant k\right.\right\}.\tag{4-10}$$

若 $\mathrm{P}_{H_0}(\mathbf{X}\in C)=\alpha$, 则 C 为检验简单假设 $H_0:\theta=\theta'$ 对简单假设 $H_1:\theta=\theta''$ 的显著性水平为 α 的最大功效拒绝域. 在很多情况下, 式 (4-10) 可表示为

$$C=\{\mathbf{x}|\mathbf{x}\in\mathcal{X}^n,\,T(\mathbf{x};\theta',\theta'')\leqslant c_1\}\quad\text{或}\quad C=\{\mathbf{x}|\mathbf{x}\in\mathcal{X}^n,\,T(\mathbf{x};\theta',\theta'')\geqslant c_2\},\tag{4-11}$$

这里 c_1, c_2 为常数, 当 H_0 为真时 $T(\mathbf{x};\theta',\theta'')$ 为一分布已知的统计量. 最大功效拒绝域 C 的构造经常基于统计量 $T(\mathbf{x};\theta',\theta'')$, 通过使 $\mathrm{P}_{H_0}(\mathbf{X}\in C)=\alpha$ 确定式 (4-11) 中的常数 c_1, c_2 来进行.

例 4.3 设 $(X_1,\cdots,X_n)$ 为一取自正态总体 $N(\theta,1)$ 的样本. 现检验

$$H_0:\theta=\theta'=0 \quad \text{v.s.} \quad H_1:\theta=\theta''=1. \tag{4-12}$$

注意到

$$\frac{L(\mathbf{x};\theta')}{L(\mathbf{x};\theta'')}=\frac{\dfrac{1}{(2\pi)^{n/2}}\exp\left[-\dfrac{1}{2}\sum_{i=1}^{n}x_i^2\right]}{\dfrac{1}{(2\pi)^{n/2}}\exp\left[-\dfrac{1}{2}\sum_{i=1}^{n}(x_i-1)^2\right]}=\exp\left\{-\sum_{i=1}^{n}x_i+\frac{n}{2}\right\},$$

因此, 可取

$$C=\left\{\mathbf{x}\middle|\exp\left[-\sum_{i=1}^{n}x_i+\frac{n}{2}\right]\leqslant k\right\}=\left\{\mathbf{x}\middle|\sqrt{n}\bar{x}=\frac{1}{\sqrt{n}}\sum_{i=1}^{n}x_i\geqslant\frac{\sqrt{n}}{2}-\frac{\log k}{\sqrt{n}}=:c\right\}.$$

既然当 H_0 为真时, $\sqrt{n}\overline{X}\sim N(0,1)$, 因此可取 $c=z_{1-\alpha}$ (标准正态分布的 $1-\alpha$ 分位点), 则

$$C=\{\mathbf{x}|\sqrt{n}\bar{x}\geqslant z_{1-\alpha}\} \tag{4-13}$$

为检验 (4-12) 的显著性水平为 α 的最大功效拒绝域. 相应地, 当 $\theta=1$ 时, 检验的功效为

$$\mathrm{P}_{\theta=1}(\sqrt{n}\overline{X}\geqslant z_{1-\alpha})=\mathrm{P}_{\theta=1}(\sqrt{n}(\overline{X}-1)\geqslant z_{1-\alpha}-\sqrt{n})=1-\Phi(z_{1-\alpha}-\sqrt{n}).$$

若取 $\alpha=0.05$, 表 4-2 给出了检验的功效函数随样本容量的变化情况.

表 4-2 检验 (4-12) 的功效函数随样本容量的变化表

n	5	10	15	20	25	30	35
功效函数值	0.7228	0.9354	0.9871	0.9977	0.9996	0.9999	1.0000

值得一提的是: 定理 4.1 中, H_0 与 H_1 中的假设不限于参数假设, 并且样本个体间相互独立的假设也不是必需的. 如果 H_0 关于 $(X_1,\cdots,X_n)$ 联合概率密度函数或概率质量函数的假设是 $g(x_1,\cdots,x_n)$, H_1 关于联合概率密度函数或概率质量函数的简单备择假设是 $h(x_1,\cdots,x_n)$. 若对 $k>0$,

(1) 当 $(x_1,\cdots,x_n)\in C$ 时, $\dfrac{g(x_1,\cdots,x_n)}{h(x_1,\cdots,x_n)}\leqslant k$;

(2) 当 $(x_1,\cdots,x_n)\in C^c$ 时, $\dfrac{g(x_1,\cdots,x_n)}{h(x_1,\cdots,x_n)}\geqslant k$;

(3) $\alpha=\mathrm{P}_{H_0}((X_1,\cdots,X_n)\in C)$.

则 C 是检验 H_0 对 H_1 的显著性水平为 α 的最大功效拒绝域.

例4.4　设 $(X_1,\cdots,X_n)$ 为取自概率质量函数为 $f(x)$ 的总体的样本. 现检验

$$H_0: f(x)=\begin{cases}\dfrac{\mathrm{e}^{-1}}{x!}, & x=0,1,2,\cdots,\\ 0, & \text{其他}\end{cases}\quad \text{v.s.}$$

$$H_1: f(x)=\begin{cases}\left(\dfrac{1}{2}\right)^{x+1}, & x=0,1,2,\cdots,\\ 0, & \text{其他}.\end{cases}$$

注意到

$$\frac{g(x_1,\cdots,x_n)}{h(x_1,\cdots,x_n)}=\frac{\mathrm{e}^{-n}/(x_1!\cdots x_n!)}{\left(\dfrac{1}{2}\right)^n\left(\dfrac{1}{2}\right)^{x_1+\cdots+x_n}}=\frac{(2\mathrm{e}^{-1})^n 2^{\sum_{i=1}^n x_i}}{\prod\limits_{i=1}^n(x_i!)}.$$

若 $k>0$, 则

$$C=\left\{(x_1,\cdots,x_n)\left|\left(\sum_{i=1}^n x_i\right)\log 2-\log\left(\prod_{i=1}^n(x_i!)\right)\leqslant\log k-n\log(2\mathrm{e}^{-1})=c\right.\right\}$$

为最大功效拒绝域. 考虑一种特殊情况, $k=n=1$. 这时

$$\begin{aligned}C&=\{x_1|x_1\log 2-\log(x_1!)\leqslant-\log(2\mathrm{e}^{-1})\}=\{x_1|2^{x_1}/(x_1!)\leqslant\mathrm{e}/2\}\\&=\{x_1|x_1=0,3,4,5,\cdots\}.\end{aligned}\tag{4-14}$$

现在, 犯第 I 类错误的概率为

$$\mathrm{P}_{H_0}(X_1\in C)=1-\mathrm{P}_{H_0}(X_1=1,2)=0.448,$$

即 C 为显著性水平为 0.448 的检验 (4-14) 的拒绝域. 当 H_1 成立时, 检验的功效为

$$\mathrm{P}_{H_1}(X_1\in C)=1-\mathrm{P}_{H_1}(X_1=1,2)=1-1/4-1/8=0.625.$$

该检验为最大功效无偏检验.

4.3 一致最大功效检验

4.3.1 一致最大功效检验的概念与求法

本小节研究简单原假设 H_0 对复合备择假设 H_1 的假设检验问题. 现在需要定义简单原假设 H_0 对复合备择假设 H_1 的最大功效拒绝域. 这一最大功效拒绝域应当是简单原假设 H_0 对每个 H_1 中的简单备择假设的最大功效拒绝域. 也就是说, 与最大功效拒绝域相关联的功效不小于简单原假设 H_0 对任一个 H_1 中的简单备择假设的最大功效拒绝域相关联的功效. 严格讲, 定义如下.

定义 4.8 假设 C 是样本空间的子集. 对于简单原假设 H_0 对复合备择假设 H_1 的检验问题, 称 C 为显著性水平是 α 的**一致最大功效拒绝域** (uniformly most powerful critical region), 若 C 是检验简单假设 H_0 对 H_1 中任一简单备择假设的显著性水平为 α 的最大功效拒绝域. 由最大功效拒绝域 C 定义的检验称为显著性水平为 α 的**一致最大功效检验** (uniformly most powerful test).

一致最大功效检验并不一定存在. 当一致最大功效检验存在时, 同样可以依据 Neyman-Pearson 定理求一致最大功效拒绝域. 以下是一些说明性例子.

例 4.5 设 $(X_1,\cdots,X_n)$ 为一取自正态总体 $N(0,\theta)$ 的样本. 以下说明存在检验

$$H_0:\theta=\theta' \quad \text{v.s.} \quad H_1:\theta>\theta' \tag{4-15}$$

的显著性水平为 α 的一致最大功效检验.

注意到

$$\frac{L(\mathbf{x};\theta')}{L(\mathbf{x};\theta'')}=\frac{\dfrac{1}{(2\pi\theta')^{n/2}}\exp\left[-\dfrac{1}{2\theta'}\displaystyle\sum_{i=1}^{n}x_i^2\right]}{\dfrac{1}{(2\pi\theta'')^{n/2}}\exp\left[-\dfrac{1}{2\theta''}\displaystyle\sum_{i=1}^{n}x_i^2\right]}=\left(\frac{\theta''}{\theta'}\right)^{n/2}\exp\left\{-\frac{\theta''-\theta'}{2\theta'\theta''}\sum_{i=1}^{n}x_i^2\right\}.$$

简单原假设 $H_0:\theta=\theta'$ 对简单备择假设 $H_1:\theta=\theta''$ 显著性水平为 α 的最大功效拒绝域可取为

$$\begin{aligned}C&=\left\{\mathbf{x}\left|\left(\frac{\theta''}{\theta'}\right)^{n/2}\exp\left\{-\frac{\theta''-\theta'}{2\theta'\theta''}\sum_{i=1}^{n}x_i^2\right\}\leqslant k\right.\right\}\\&=\left\{\mathbf{x}\left|\frac{\displaystyle\sum_{i=1}^{n}x_i^2}{\theta'}\geqslant\frac{2\theta''}{\theta''-\theta'}\left(\frac{n}{2}\log\frac{\theta''}{\theta'}-\log k\right)=:c\right.\right\}.\end{aligned}$$

既然当 H_0 为真时, $\frac{\sum_{i=1}^n X_i^2}{\theta'} \sim \chi^2(n)$, 因此, 可取 $c=\chi^2_{1-\alpha}(n)$(自由度为 n 的 χ^2 分布的 $1-\alpha$ 分位点), 则 $C=\left\{\mathbf{x}\left|\frac{\sum_{i=1}^n x_i^2}{\theta'} \geqslant \chi^2_{1-\alpha}(n)\right.\right\}$ 为检验 $H_0: \theta=\theta'$ 对任一简单备择假设 $H_1: \theta=\theta''$ 的显著性水平为 α 的最大功效拒绝域. 因此, 也是检验 (4-15) 的一致最大功效拒绝域.

相应地, 一致最大功效检验的功效函数为

$$\gamma(\theta)=\mathrm{P}_\theta\left(\frac{\sum_{i=1}^n X_i^2}{\theta} \geqslant \frac{\theta'}{\theta}\chi^2_{1-\alpha}(n)\right)=\mathrm{P}\left(\chi^2 \geqslant \frac{\theta'}{\theta}\chi^2_{1-\alpha}(n)\right),$$

其中 $\chi^2 \sim \chi^2(n)$. 若 $\theta'=3$, 取显著性水平 $\alpha=0.05$, 如图 4-2 给出了不同样本容量下功效函数曲线随参数 θ 的变化趋势.

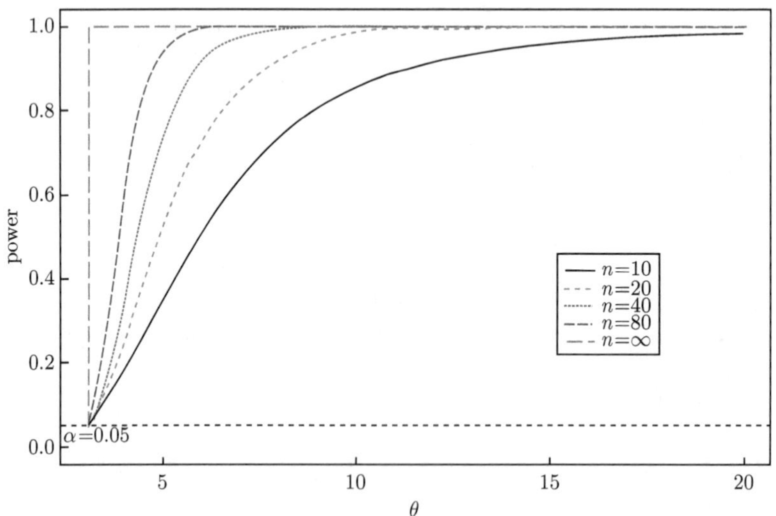

图 4-2 不同样本容量下正态分布方差检验的功效函数随参数 θ 的变化图像

例 4.6 设 $(X_1,\cdots,X_n)$ 为一取自正态总体 $N(\theta,1)$ 的样本. 以下说明不存在检验

$$H_0: \theta=\theta' \quad \text{v.s.} \quad H_1: \theta\neq\theta' \tag{4-16}$$

的显著性水平为 α 的一致最大功效检验.

注意到

$$\frac{L(\mathbf{x};\theta')}{L(\mathbf{x};\theta'')}=\frac{\dfrac{1}{(2\pi)^{n/2}}\exp\left[-\dfrac{1}{2}\sum_{i=1}^{n}(x_i-\theta')^2\right]}{\dfrac{1}{(2\pi)^{n/2}}\exp\left[-\dfrac{1}{2}\sum_{i=1}^{n}(x_i-\theta'')^2\right]}$$
$$=\exp\left\{-(\theta''-\theta')\sum_{i=1}^{n}x_i+\frac{n}{2}(\theta''-\theta')^2\right\}.$$

简单原假设 $H_0:\theta=\theta'$ 对简单备择假设 $H_1:\theta=\theta''$ 显著性水平为 α 的最大功效拒绝域可取为

$$C=\left\{\mathbf{x}\middle|\exp\left[-(\theta''-\theta')\sum_{i=1}^{n}x_i+\frac{n}{2}(\theta''-\theta')^2\right]\leqslant k\right\}$$
$$=\left\{\mathbf{x}\middle|(\theta'-\theta'')\frac{1}{\sqrt{n}}\sum_{i=1}^{n}(x_i-\theta')\leqslant\frac{1}{\sqrt{n}}\log k-\frac{\sqrt{n}}{2}(\theta'-\theta'')^2=:c\right\}.$$

也就是说, 检验简单原假设 $H_0:\theta=\theta'$ 对简单备择假设 $H_1:\theta=\theta''>\theta'$ 显著性水平为 α 的最大功效拒绝域具有形式

$$C=\left\{\mathbf{x}\middle|\frac{1}{\sqrt{n}}\sum_{i=1}^{n}(x_i-\theta')\geqslant c'\right\},$$

而检验简单原假设 $H_0:\theta=\theta'$ 对简单备择假设 $H_1:\theta=\theta''<\theta'$ 显著性水平为 α 的最大功效拒绝域具有形式

$$C=\left\{\mathbf{x}\middle|\frac{1}{\sqrt{n}}\sum_{i=1}^{n}(x_i-\theta')\leqslant c''\right\},$$

其中, c', c'' 都为常数. 这就是说, H_1 取为 $\theta=\theta''>\theta'$ 与 $\theta=\theta''<\theta'$ 的检验问题不可能具有相同的最大功效拒绝域. 因此, 检验 (4-16) 不存在一致最大功效拒绝域.

值得注意的是: 检验问题

$$H_0:\theta=\theta'\quad \text{v.s.}\quad H_1:\theta>\theta' \tag{4-17}$$

与

$$H_0:\theta=\theta'\quad \text{v.s.}\quad H_1:\theta<\theta' \tag{4-18}$$

的显著性水平为 α 的一致最大功效检验都是存在的. 既然当 H_0 为真时, $\dfrac{1}{\sqrt{n}}\cdot\sum_{i=1}^{n}(X_i-\theta')\sim N(0,1)$, 因此可取 $c=z_{1-\alpha}$(标准正态分布的 $1-\alpha$ 分位点), 则 $C=\left\{\mathbf{x}\middle|\ \dfrac{1}{\sqrt{n}}\sum_{i=1}^{n}(x_i-\theta')\geqslant z_{1-\alpha}\right\}$ 与 $C=\left\{\mathbf{x}\middle|\ \dfrac{1}{\sqrt{n}}\sum_{i=1}^{n}(x_i-\theta')\leqslant z_{\alpha}\right\}$ 分别是检验 (4-17) 与 (4-18) 的一致最大功效拒绝域.

相应地, 一致最大功效检验的功效函数分别为

$$\gamma(\theta)=\mathrm{P}_\theta\left(\frac{1}{\sqrt{n}}\sum_{i=1}^{n}(X_i-\theta')\geqslant z_{1-\alpha}\right)=1-\Phi(z_{1-\alpha}-\sqrt{n}(\theta-\theta'))$$

与

$$\gamma(\theta)=\mathrm{P}_\theta\left(\frac{1}{\sqrt{n}}\sum_{i=1}^{n}(X_i-\theta')\leqslant z_{\alpha}\right)=\Phi(z_\alpha+\sqrt{n}(\theta'-\theta)).$$

若 $\theta'=0$, 取显著性水平 $\alpha=0.05$, 如图 4-3 给出了不同样本容量下功效函数曲线随参数 θ 的变化趋势.

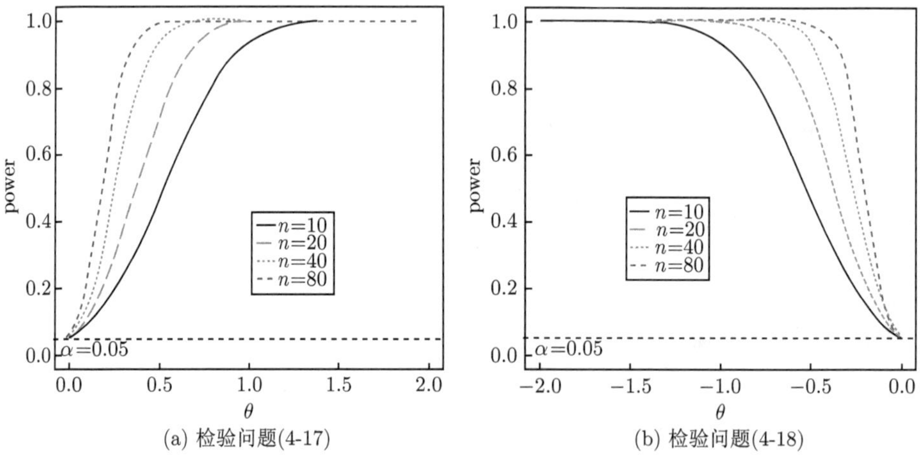

图 4-3　不同样本容量下正态分布均值检验的功效函数随参数 θ 的变化图像

4.3.2　一致最大功效检验与充分统计量

设 $(X_1,\cdots,X_n)$ 为取自总体 X 中的一个样本, X 的分布中含有未知参数 θ. 又设 $T(X_1,\cdots,X_n)$ 为参数 θ 的充分统计量. 由因子分解定理 (定理 1.2), 样本似然函数为

$$L(x_1,\cdots,x_n;\theta)=g_\theta(T(x_1,\cdots,x_n))h(x_1,\cdots,x_n).$$

因此, 对于两个不同的参数, 似然比为

$$\frac{L(x_1,\cdots,x_n;\theta')}{L(x_1,\cdots,x_n;\theta'')}=\frac{g_{\theta'}(T(x_1,\cdots,x_n))}{g_{\theta''}(T(x_1,\cdots,x_n))}.$$

这一似然比完全由充分统计量 $T(X_1,\cdots,X_n)$ 决定. 因此, 由 Neyman-Pearson 定理, 基于充分统计量构造最大功效检验统计量和一致最大功效检验统计量是一个自然的想法.

在一定的条件下, 对于特殊假设检验问题, 可以得到最大功效检验和一致最大功效检验的一般形式. 作为例子, 以下考察单边假设检验问题

$$H_0:\theta\leqslant\theta' \quad \text{v.s.} \quad H_1:\theta>\theta'. \tag{4-19}$$

这样, 另一单边假设检验问题

$$H_0:\theta\geqslant\theta' \quad \text{v.s.} \quad H_1:\theta<\theta' \tag{4-20}$$

的相关结论可完全类似得到.

首先考察具有单调似然比的概率分布族. 其定义如下:

定义 4.9 称似然函数 $L(x_1,\cdots,x_n;\theta)$ 关于统计量 $T(X_1,\cdots,X_n)$ 具有单调似然比 (monotone likelihood ratio), 若对于 $\theta_1<\theta_2$, 似然比

$$\frac{L(x_1,\cdots,x_n;\theta_1)}{L(x_1,\cdots,x_n;\theta_2)}$$

是关于 $T(x_1,\cdots,x_n)$ 的单调函数.

定理 4.2 若取自总体 X(其分布含参数 θ) 的样本的似然函数关于统计量 $T(X_1,\cdots,X_n)$ 具有单调递减的似然比, 则单边假设检验 (4-19) 显著性水平为 α 的一致最大功效拒绝域为

$$C=\{\mathbf{x}|T(\mathbf{x})\geqslant c_T\},$$

其中 c_T 为一常数, 由 $\mathrm{P}_{\theta'}(T(X_1,\cdots,X_n)\geqslant c_T)=\alpha$ 确定. 相反地, 若取自总体 X(其分布含参数 θ) 的样本的似然函数关于统计量 $T(X_1,\cdots,X_n)$ 具有单调递增的似然比, 则单边假设检验 (4-19) 显著性水平为 α 的一致最大功效拒绝域为

$$C=\{\mathbf{x}|T(\mathbf{x})\leqslant c_T\},$$

其中 c_T 为一常数, 由 $\mathrm{P}_{\theta'}(T(X_1,\cdots,X_n)\leqslant c_T)=\alpha$ 确定.

证明 仅证似然函数关于统计量 $T(X_1,\cdots,X_n)$ 具有单调递减似然比的情况.

注意到

$$\frac{L(\mathbf{x};\theta')}{L(\mathbf{x};\theta'')}=g(T(\mathbf{x})),$$

$g(t)$ 关于 $t = T(\mathbf{x})$ 是单调递减函数. 由 Neyman-Pearson 定理, 简单原假设 $H_0: \theta = \theta'$ 对简单备择假设 $H_1: \theta = \theta'' > \theta'$ 显著性水平为 α 的最大功效拒绝域可取为

$$C = \{\mathbf{x} |\, g(T(\mathbf{x})) \leqslant k\} = \{\mathbf{x} | T(\mathbf{x}) \geqslant g^{-1}(k) =: c_T\}, \tag{4-21}$$

其中 c_T 满足 $\mathrm{P}_{\theta'}(T(X_1, \cdots, X_n) \geqslant c_T) = \alpha$. 拒绝域 (4-21) 与 θ'' 无关, 因此, 它也是假设检验问题

$$H_0: \theta = \theta' \quad \text{v.s.} \quad H_1: \theta > \theta'$$

的显著性水平为 α 的一致最大功效拒绝域.

设 $\gamma_T(\theta) = \mathrm{P}_\theta(T(X_1, \cdots, X_n) \geqslant c_T)$, 要使 (4-21) 也是检验 (4-19) 的显著性水平为 α 的一致最大功效拒绝域, 只需证明 $\max_{\theta \leqslant \theta'} \gamma_T(\theta) = \alpha$. 这只要证明 $\gamma_T(\theta)$ 关于 θ 是单调不减函数即可. 而这是显然的. 因为对任意的 $\theta_1 < \theta_2$, 检验 $H_0: \theta = \theta_1$ v.s. $H_1: \theta = \theta_2$ 的显著性水平为 $\gamma_T(\theta_1)$ 的最大功效拒绝域亦具有形式 (4-21). 由推论 4.1, $\gamma_T(\theta_1) \leqslant \gamma_T(\theta_2)$. 证毕.

例 4.7 设 $(X_1, \cdots, X_n)$ 为取自参数为 $p = \theta$ 的 Bernoulli 分布的样本, $0 < \theta < 1$. 令 $\theta' < \theta''$. 考虑似然比

$$\frac{L(x_1, \cdots, x_n; \theta')}{L(x_1, \cdots, x_n; \theta'')} = \frac{(\theta')^{\sum_{i=1}^n x_i}(1-\theta')^{n-\sum_{i=1}^n x_i}}{(\theta'')^{\sum_{i=1}^n x_i}(1-\theta'')^{n-\sum_{i=1}^n x_i}} = \left[\frac{\theta'(1-\theta'')}{\theta''(1-\theta')}\right]^{\sum_{i=1}^n x_i} \left(\frac{1-\theta'}{1-\theta''}\right)^n.$$

因函数 $\dfrac{x}{1-x}$ 关于 x 在区间 $[0,1]$ 上递增, 故 $\theta'(1-\theta'')/[\theta''(1-\theta')] < 1$, 因此, 似然比关于 $t = \sum_{i=1}^n x_i$ 是递减函数, 因此似然函数关于统计量 $T = \sum_{i=1}^n X_i$ 具有单调似然比.

由定理 4.2, 检验

$$H_0: \theta \leqslant \theta' \quad \text{v.s.} \quad H_1: \theta > \theta'$$

的显著性水平为 α 的一致最大功效拒绝域为

$$C = \left\{\mathbf{x} \,\middle|\, \sum_{i=1}^n x_i \geqslant b_{1-\alpha}(n, \theta')\right\},$$

其中 $b_{1-\alpha}(n, \theta')$ 是参数为 n 与 θ' 的二项分布的 $1-\alpha$ 分位点.

注 4.2 考虑密度函数为

$$p_\theta(x) = c(\theta) \exp\left\{c_1(\theta) T(x)\right\} h(x)$$

的指数族. 由式 (1-2) 知, 指数族的似然函数具有形式

$$L(x_1, \cdots, x_n; \theta) = [c(\theta)]^n \exp\left\{c_1(\theta) \sum_{i=1}^n T(x_i)\right\} \left(\prod_{i=1}^n h(x_i)\right).$$

于是, 若 $\theta_1 < \theta_2$, 似然比为

$$\frac{L(x_1,\cdots,x_n;\theta_1)}{L(x_1,\cdots,x_n;\theta_2)} = \left[\frac{c(\theta_1)}{c(\theta_2)}\right]^n \exp\left\{(c_1(\theta_1)-c_1(\theta_2))\sum_{i=1}^n T(x_i)\right\}.$$

由因子分解定理, 若 $c_1(\theta)$ 关于 θ 单调递增, 则似然比关于 $t=\sum_{i=1}^n T(x_i)$ 为单调递减的. 由定理 4.2, 单边假设检验 (4-19) 显著性水平为 α 的一致最大功效拒绝域为

$$C = \left\{\mathbf{x}\left|\sum_{i=1}^n T(x_i) \geqslant c_T\right.\right\},$$

其中 c_T 为一常数, 由 $\mathrm{P}_{\theta'}(\sum_{i=1}^n T(X_i) \geqslant c_T) = \alpha$ 确定.

事实上, 在例 4.5 —例 4.7 中, 都借用了指数族中的充分统计量来构造一致最大功效拒绝域. 因此, 例 4.5 与例 4.6 中的相关结论都可扩展到单边假设检验的情况.

4.4 似然比检验

4.2 节讨论了简单原假设对简单备择假设的最大功效检验, 4.3 节针对单边复合备择假设与单调似然比的分布族, 讨论了一致最大功效检验问题. 那么, 一般的情况最优检验又是什么呢? 即针对分布族的参数 $\theta \in \Theta$, 一般假设检验问题

$$H_0: \theta \in \Theta_0 \quad \text{v.s.} \quad H_1: \theta \in \Theta_1$$

的最优检验是什么呢? 其实, 将最优检验的理论推广到这一一般情况具有一定的复杂性, 具体可参见文献 [57].

值得注意的是, 基于 Neyman-Pearson 定理构造最优检验本质上是基于似然比进行检验的. 虽然不能保证基于似然比的检验一定是最优的, 但在很多情况下, 基于似然比的检验都是最优的 (参见文献 [57]). 因此, 本节针对双边假设检验问题

$$H_0: \theta = \theta_0 \quad \text{v.s.} \quad H_1: \theta \neq \theta_0 \tag{4-22}$$

讨论最大似然比检验.

4.4.1 最大似然比检验

设 $(X_1,\cdots,X_n)$ 为取自总体 X 的样本, 其中 X 的分布含未知参数 $\theta \in \Theta$. 假设参数真值为 θ_0, 考虑两个似然函数的比值

$$\Lambda = \Lambda(X_1,\cdots,X_n) = \frac{L(X_1,\cdots,X_n;\theta_0)}{L(X_1,\cdots,X_n;\hat{\theta}_n)},$$

$\hat{\theta}_n$ 为参数 θ 的最大似然估计. 注意到 $\Lambda \leqslant 1$, 但若 H_0 为真, Λ 将较大 (接近 1); 若 H_1 为真, Λ 将较小. 对于一具体的显著性水平 α, 假设检验问题 (4-22) 的拒绝域可取为

$$C = \{\mathbf{x} | \Lambda(\mathbf{x}) \leqslant c\},$$

其中, c 满足 $\mathrm{P}_{\theta_0}(\Lambda(X_1, \cdots, X_n) \leqslant c) = \alpha$. 我们称这类检验为**似然比检验** (likelihood ratio test). 首先看似然比检验的一些例子.

例 4.8 (指数分布的似然比检验) 设 $(X_1, \cdots, X_n)$ 为取自具有密度

$$f(x;\theta) = \theta^{-1} \exp\{-x/\theta\} \mathbb{I}_{(0,\infty)}(x), \quad \theta > 0$$

的总体的样本, 其似然函数为

$$L(X_1, \cdots, X_n; \theta) = \theta^{-n} \exp\left\{ -\frac{n}{\theta} \overline{X} \right\}.$$

因参数 θ 的最大似然估计为 $\hat{\theta}_n = \overline{X}$, 故最大似然比为

$$\Lambda(X_1, \cdots, X_n) = \mathrm{e}^n \left(\frac{\overline{X}}{\theta_0} \right)^n \exp\left\{ -n \frac{\overline{X}}{\theta_0} \right\}.$$

最大似然比检验拒绝域的形式为

$$C = \{\mathbf{x} | \Lambda(\mathbf{x}) \leqslant c\},$$

其中, c 满足 $\mathrm{P}_{\theta_0}(\Lambda(X_1, \cdots, X_n) \leqslant c) = \alpha$. 因函数 $g(t) = t^n \exp\{-nt\}$ 关于 t 在 $t = 1$ 处达到唯一的最大值, 且单调性先增后减, 因此, 最大似然比检验拒绝域具有等价形式

$$C = \left\{ \mathbf{x} \,\middle|\, \frac{2}{\theta_0} \sum_{i=1}^n x_i \leqslant c_1 \text{ 或 } \frac{2}{\theta_0} \sum_{i=1}^n x_i \geqslant c_2 \right\},$$

其中 $0 < c_1 < c_2 < \infty$ 为常数. 注意到 H_0 为真时, $(2/\theta_0) \sum_{i=1}^n X_i \sim \chi^2(2n)$. 故可取 $c_1 = \chi^2_{\alpha/2}(2n)$, $c_2 = \chi^2_{1-\alpha/2}(2n)$.

相应地, 最大似然比检验的功效函数为

$$\begin{aligned}
\gamma(\theta) &= \mathrm{P}_\theta\left(\frac{2}{\theta_0} \sum_{i=1}^n X_i \leqslant \chi^2_{\alpha/2}(2n) \right) + \mathrm{P}_\theta\left(\frac{2}{\theta_0} \sum_{i=1}^n X_i \geqslant \chi^2_{1-\alpha/2}(2n) \right) \\
&= \mathrm{P}_\theta\left(\frac{2}{\theta} \sum_{i=1}^n X_i \leqslant \frac{\theta_0}{\theta} \chi^2_{\alpha/2}(2n) \right) + \mathrm{P}_\theta\left(\frac{2}{\theta} \sum_{i=1}^n X_i \geqslant \frac{\theta_0}{\theta} \chi^2_{1-\alpha/2}(2n) \right)
\end{aligned}$$

$$= \mathrm{P}\left(\chi^2 \leqslant \frac{\theta_0}{\theta}\chi^2_{\alpha/2}(2n)\right) + \mathrm{P}\left(\chi^2 \geqslant \frac{\theta_0}{\theta}\chi^2_{1-\alpha/2}(2n)\right),$$

其中 $\chi^2 \sim \chi^2(2n)$. 若 $\theta_0 = 1$, 取显著性水平 $\alpha = 0.05$, 图 4-4 给出了不同样本容量下功效函数曲线随参数 θ 的变化趋势.

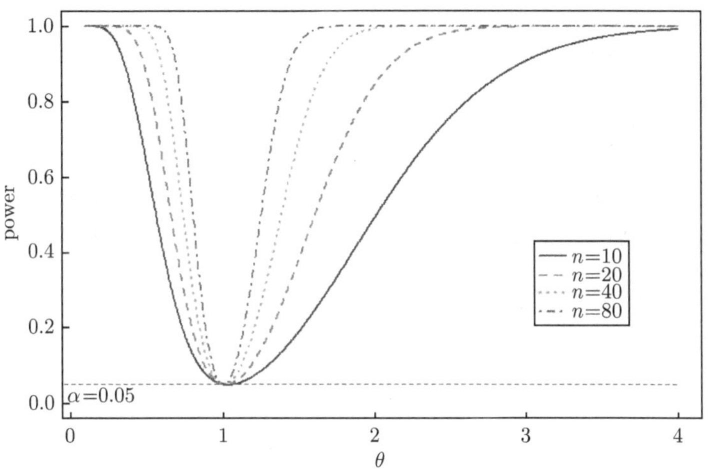

图 4-4 不同样本容量下指数分布参数双侧检验的功效函数曲线随参数 θ 的变化图像

例 4.9 (正态分布均值的似然比检验) 设 $(X_1, \cdots, X_n)$ 为一取自正态总体 $N(\theta, \sigma^2)$ 的样本, 其中 $-\infty < \theta < \infty$ 未知, $\sigma^2 > 0$ 已知. 考虑假设检验

$$H_0: \theta = \theta_0 \quad \text{v.s.} \quad H_1: \theta \neq \theta_0 \tag{4-23}$$

的显著性水平为 α 的似然比检验.

参数 θ 的最大似然估计为 $\hat{\theta}_n = \overline{X}$, 故最大似然比为

$$\Lambda = \frac{L(\mathbf{x};\theta_0)}{L(\mathbf{x};\hat{\theta}_n)} = \frac{\dfrac{1}{(2\pi\sigma^2)^{n/2}}\exp\left[-\dfrac{1}{2\sigma^2}\displaystyle\sum_{i=1}^n (x_i-\theta_0)^2\right]}{\dfrac{1}{(2\pi\sigma^2)^{n/2}}\exp\left[-\dfrac{1}{2\sigma^2}\displaystyle\sum_{i=1}^n (x_i-\bar{x})^2\right]} = \exp\left\{-\frac{1}{2\sigma^2}n(\bar{x}-\theta_0)^2\right\}.$$

最大似然比检验拒绝域的形式为

$$C = \left\{\mathbf{x}\middle|\Lambda(\mathbf{x}) \leqslant c\right\} = \left\{\mathbf{x}\middle| -2\log\Lambda(\mathbf{x}) = \left(\frac{\bar{x}-\theta_0}{\sigma/\sqrt{n}}\right)^2 \geqslant c'\right\}.$$

既然 H_0 为真时, $\dfrac{\overline{X}-\theta_0}{\sigma/\sqrt{n}} \sim N(0,1)$, 因此, $-2\log\Lambda(X_1,\cdots,X_n) \sim \chi^2(1)$. c' 应取

为 $\chi^2_{1-\alpha}(1)$, 即自由度为 1 的 χ^2 分布的 $1-\alpha$ 分位点, 如此可保证检验的显著性水平为 α.

相应地, 最大似然比检验的功效函数为

$$\begin{aligned}\gamma(\theta) &= \mathrm{P}_\theta\left(-2\log\Lambda(\mathbf{X}) = \left(\frac{\overline{X}-\theta_0}{\sigma/\sqrt{n}}\right)^2 \geqslant \chi^2_{1-\alpha}(1)\right)\\ &= \mathrm{P}_\theta\left(\left|\frac{\overline{X}-\theta_0}{\sigma/\sqrt{n}}\right| \geqslant \sqrt{\chi^2_{1-\alpha}(1)} = z_{1-\alpha/2}\right)\\ &= 1-\Phi(z_{1-\alpha/2}-\sqrt{n}(\theta-\theta_0)/\sigma)+\Phi(z_{\alpha/2}+\sqrt{n}(\theta_0-\theta)/\sigma).\end{aligned}$$

若 $\theta_0=0$, $\sigma^2=1$, 取显著性水平 $\alpha=0.05$, 图 4-5 给出了不同样本容量下功效函数曲线随参数 θ 的变化趋势.

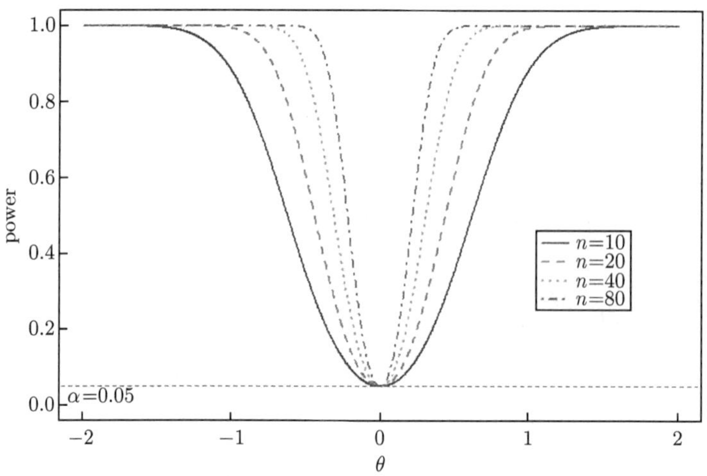

图 4-5　不同样本容量下正态分布均值双侧检验的功效函数随参数 θ 的变化图像

4.4.2　似然比检验统计量的渐近分布

在 4.4.1 节的例子中, H_0 为真时, 统计量 Λ 一般都与一个已知常见分布的统计量相关联. 但这在一般情况下并不一定成立. 然而, 我们可以借助如下定理结论构造渐近拒绝域.

定理 4.3　在与定理 3.14 相同的正则性条件下, 当 $H_0:\theta=\theta_0$ 为真时, 有 $-2\log\Lambda \rightsquigarrow \chi^2(1)$.

证明　将对数似然函数 $l(\mathbf{x};\theta)=\sum_{i=1}^n\log p(x_i;\theta)$ 在真值点 θ_0 处二阶展开, 并代入最大似然估计 $\hat{\theta}_n$, 得

$$l(\hat{\theta}_n)=l(\theta_0)+(\hat{\theta}_n-\theta_0)l'(\theta_0)+\frac{1}{2}(\hat{\theta}_n-\theta_0)^2l''(\theta_n^*),$$

其中 θ_n^* 位于 $\hat{\theta}_n$ 与 θ_0 之间. 于是

$$-2\log\Lambda = 2(l(\hat{\theta}_n) - l(\theta_0)) = 2(\hat{\theta}_n - \theta_0)l'(\theta_0) + (\hat{\theta}_n - \theta_0)^2 l''(\theta_n^*)$$

因为 $\hat{\theta}_n \xrightarrow{\mathrm{P}} \theta_0$, 所以 $\theta_n^* \xrightarrow{\mathrm{P}} \theta_0$. 由大数定律, 知

$$-\frac{1}{n}l''(\theta_n^*) \xrightarrow{\mathrm{P}} I(\theta_0).$$

由定理 3.14, $\sqrt{n}(\hat{\theta}_n - \theta_0) \rightsquigarrow N(0, I(\theta_0)^{-1})$. 因此, 由 Slutsky 引理及连续映照定理,

$$(\hat{\theta}_n - \theta_0)^2 l''(\theta_n^*) = -n(\hat{\theta}_n - \theta_0)^2\left(-\frac{1}{n}l''(\theta_n^*)\right) = -\left(\sqrt{nI(\theta_0)}(\hat{\theta}_n - \theta_0)\right)^2 + o_P(1).$$

又根据式 (3-16), 有

$$\frac{1}{\sqrt{n}}l'(\theta_0) = I(\theta_0)\sqrt{n}(\hat{\theta}_n - \theta_0) + o_P(1). \tag{4-24}$$

所以

$$(\hat{\theta}_n - \theta_0)l'(\theta_0) = \sqrt{n}(\hat{\theta}_n - \theta_0)\frac{1}{\sqrt{n}}l'(\theta_0) = \left(\sqrt{nI(\theta_0)}(\hat{\theta}_n - \theta_0)\right)^2 + o_P(1).$$

因此

$$-2\log\Lambda = 2(l(\hat{\theta}_n) - l(\theta_0)) = \left(\sqrt{nI(\theta_0)}(\hat{\theta}_n - \theta_0)\right)^2 + o_P(1) \rightsquigarrow \chi^2(1). \tag{4-25}$$

注 4.3 定义检验统计量 $\chi_L^2 = -2\log\Lambda$. 由定理 4.3, 可以通过拒绝域

$$\{\mathbf{x}|\chi_L^2 = -2\log\Lambda(\mathbf{x}) \geqslant \chi_{1-\alpha}^2(1)\}$$

定义检验法, 称为 -2 对数似然比检验, 相应检验的渐近显著性水平为 α. 当 θ 为 k 维参数且 $H_0: \theta = \theta_0$ 为真时, 有 $-2\log\Lambda \rightsquigarrow \chi^2(k)$, 拒绝域变为 $\{\mathbf{x}|\chi_L^2 = -2\log\Lambda(\mathbf{x}) \geqslant \chi_{1-\alpha}^2(k)\}$.

注 4.4 定义检验统计量

$$\chi_W^2 = \left\{\sqrt{nI(\theta_0)}(\hat{\theta}_n - \theta_0)\right\}^2,$$

通过拒绝域

$$\{\mathbf{x}|\chi_W^2 \geqslant \chi_{1-\alpha}^2(1)\}$$

定义的检验法, 称为 Wald 型检验. 因 $I(\theta)$ 关于参数 θ 连续, 由连续映照定理, 在 H_0 为真时, $I(\hat{\theta}_n) \xrightarrow{\text{P}} I(\theta_0)$. 再由式 (4-25) 知

$$\chi_W^2 - \chi_L^2 \xrightarrow{\text{P}} 0.$$

因此, Wald 型检验与 -2 对数似然比检验渐近等价.

注 4.5　定义检验统计量

$$\chi_R^2 = \left(\frac{l'(\theta_0)}{\sqrt{nI(\theta_0)}}\right)^2 = \left(\frac{1}{\sqrt{nI(\theta_0)}}\sum_{i=1}^n \frac{\partial \log f(X_i;\theta_0)}{\partial \theta}\right)^2 = \left(\frac{1}{\sqrt{nI(\theta_0)}}\sum_{i=1}^n \dot{l}_{\theta_0}(X_i)\right)^2,$$

通过拒绝域

$$\{\mathbf{x} | \chi_R^2 \geqslant \chi_{1-\alpha}^2(1)\}$$

定义的检验法, 称为 Rao 得分 (score) 型检验. 由式 (4-24) 与 (4-25) 知, Rao 得分型检验与 -2 对数似然比检验渐近等价.

注 4.6　当参数 θ 为 k ($k \geqslant 2$) 维时, Wald 型检验统计量与 Rao 得分型检验统计量分别为

$$\chi_W^2 = n(\hat{\theta}_n - \theta_0)^{\mathrm{T}} \mathbf{I}(\theta_0)(\hat{\theta}_n - \theta_0) \quad 与 \quad \chi_R^2 = \frac{1}{n} l'(\theta_0)^{\mathrm{T}} \mathbf{I}(\theta_0)^{-1} l'(\theta_0).$$

相应地, 原假设 H_0 为真时, 这些统计量都渐近服从 $\chi^2(k)$ 分布.

例 4.10 (Laplace 分布位置参数的似然比检验)　设 $(X_1, \cdots, X_n)$ 为取自具有密度函数 $f(x;\theta) = \dfrac{1}{2}\exp\{-|x-\theta|\}$, $-\infty < \theta < \infty$ 的总体的样本, 其似然函数为

$$L(x_1, \cdots, x_n; \theta) = 2^{-n} \exp\left\{-\sum_{i=1}^n |X_i - \theta|\right\}.$$

因参数 θ 的最大似然估计为样本中位数 $\hat{\theta}_n = Q_2 = \mathrm{med}\{X_1, \cdots, X_n\}$, 故最大似然比为

$$\Lambda(X_1, \cdots, X_n) = \exp\left\{\sum_{i=1}^n |X_i - \hat{\theta}_n| - \sum_{i=1}^n |X_i - \theta_0|\right\}.$$

相应地

$$-2\log\Lambda = 2\left(\sum_{i=1}^n |X_i - \theta_0| - \sum_{i=1}^n |X_i - \hat{\theta}_n|\right).$$

因 $I(\theta) = 1$, 故 Wald 型检验统计量为

$$\chi_W^2 = [\sqrt{n}(Q_2 - \theta_0)]^2.$$

因为 $\dot{l}_\theta(x)=\operatorname{sgn}(x-\theta)$, Rao 得分型检验统计量为

$$\chi_R^2=\left(\frac{1}{\sqrt{n}}\sum_{i=1}^n \operatorname{sgn}(X_i-\theta_0)\right)^2=\frac{1}{n}\Big(2T_n-n\Big)^2,$$

其中 $T_n=\#\{X_i>\theta_0\}\sim b(n,1/2)$.

对于假设检验问题

$$H_0:\theta=\theta_0 \quad \text{v.s.} \quad H_1:\theta\neq\theta_0,$$

当样本容量较小时, 可以考虑使用 Rao 得分型检验统计量进行检验. 这是因为 H_0 为真时, 其检验统计量分布是已知的. 当样本容量较大时, -2 对数似然比检验、Wald 型检验与 Rao 得分型检验是等价的.

4.5 习　题

习题 4.1　为什么要做假设检验 (假设检验是干什么的)?

习题 4.2　在假设检验中, 拒绝域的边界点称为临界点. 谈谈拒绝域临界点与检验的显著性水平之间的联系.

习题 4.3　评价检验方法好坏的指标有哪些? 谈谈它们的直观意义.

习题 4.4　在显著性水平一定的条件下, 如何提高检验的功效?

习题 4.5　谈谈 Neyman-Pearson 定理的用途.

习题 4.6　设 $(X_1,\cdots,X_n)$ 为一取自正态总体 $N(0,\theta)$ 的样本, $(x_1,\cdots,x_n)$ 为其观测值. 现利用检验统计量 $\sum_{i=1}^n X_i^2$ 检验

$$H_0:\theta\leqslant 1 \quad \text{v.s.} \quad H_1:\theta>1.$$

(1) 求显著性水平为 α $(0<\alpha<1)$ 的上述检验问题的拒绝域; (2) 给出上述检验 p-值的定义.

习题 4.7　设 $(X_1,\cdots,X_{10})$ 是一取自正态总体 $N(0,\sigma^2)$ 的样本. 求检验

$$H_0:\sigma^2=1 \quad \text{v.s.} \quad H_1:\sigma^2=2$$

的显著性水平为 $\alpha=0.05$ 的最大功效检验. 该检验是否也是检验

$$H_0:\sigma^2=1 \quad \text{v.s.} \quad H_1:\sigma^2=4$$

的显著性水平为 $\alpha=0.05$ 的最大功效检验? 更一般地, 该检验是否也是检验

$$H_0:\sigma^2=1 \quad \text{v.s.} \quad H_1:\sigma^2=\sigma_1^2>1$$

的显著性水平为 $\alpha=0.05$ 的最大功效检验?

习题 4.8 设 $(X_1,\cdots,X_n)$ 是一取自密度函数为 $f(x;\theta)=\theta x^{\theta-1}, 0<x<1$ 的总体的样本. 试验证 $C=\{(x_1,\cdots,x_n)|\prod_{i=1}^n x_i\geqslant c\}$ 为检验

$$H_0:\theta=1 \quad \text{v.s.} \quad H_1:\theta=2$$

的最大功效拒绝域.

习题 4.9 设 $(X_1,\cdots,X_{10})$ 是一取自正态总体 $N(\theta_1,\theta_2)$ 的样本. 求检验

$$H_0:\theta_1=\theta_1'=0,\theta_2=\theta_2'=1 \quad \text{v.s.} \quad H_1:\theta_1=\theta_1''=1,\theta_2=\theta_2''=4$$

的最大功效检验.

习题 4.10 设 $(X_1,\cdots,X_n)$ 是一取自正态总体 $N(\theta,100)$ 的样本. 验证

$$C=\left\{(x_1,\cdots,x_n)\middle|\bar{x}=\sum_{i=1}^n x_i\middle/n\geqslant c\right\}$$

为检验

$$H_0:\theta=75 \quad \text{v.s.} \quad H_1:\theta=78$$

的最大功效拒绝域. 求常数 n 与 c 使其满足

$$\mathrm{P}_{H_0}((X_1,\cdots,X_n)\in C)=\mathrm{P}_{H_0}(\overline{X}\geqslant c)=0.05$$

与

$$\mathrm{P}_{H_1}((X_1,\cdots,X_n)\in C)=\mathrm{P}_{H_0}(\overline{X}\geqslant c)=0.90.$$

习题 4.11 设 $(X_1,\cdots,X_{10})$ 是一取自 $b(1,\theta)$ 总体的样本. $C=\{(x_1,\cdots,x_n)|\sum_{i=1}^n x_i\leqslant 1\}$ 为检验

$$H_0:\theta=1/4 \quad \text{v.s.} \quad H_1:\theta<1/4$$

的拒绝域. 求检验的功效函数 $\gamma(\theta), 0<\theta\leqslant 1/4$.

习题 4.12 设 $(X_1,\cdots,X_{25})$ 是一取自正态总体 $N(\theta,4)$ 的样本. $C=\{(x_1,\cdots,x_n)|\bar{x}\geqslant 1\}$ 为检验

$$H_0:\theta=0 \quad \text{v.s.} \quad H_1:\theta>0$$

的拒绝域. 求检验的功效函数 $\gamma(\theta), \theta>0$.

习题 4.13 设 $(X_1,\cdots,X_{25})$ 是一取自正态总体 $N(\theta,100)$ 的样本. 求检验

$$H_0:\theta=75 \quad \text{v.s.} \quad H_1:\theta<75$$

的显著性水平为 $\alpha=0.1$ 的一致最大功效检验.

习题 4.14　设 $(X_1,\cdots,X_{100})$ 是一取自总体 $b(1,\theta)$ 的样本, $0<\theta<1$. 试求检验

$$H_0:\theta\leqslant 0.01 \quad \text{v.s.} \quad H_1:\theta>0.01$$

的显著性水平为 $\alpha=0.05$ 的一致最大功效检验.

习题 4.15　设 $(X_1,\cdots,X_n)$ 是一取自带有位置参数的指数分布总体的样本, 总体密度函数为

$$p(x;\theta)=\begin{cases}\exp\{-(x-\theta)\}, & x\geqslant\theta,\\ 0, & \text{其他}.\end{cases}$$

考虑假设检验问题: $H_0:\theta=0$ v.s. $H_1:\theta>0$. 试求显著性水平为 α 的一致最大功效检验.

习题 4.16　设 $(X_1,\cdots,X_{10})$ 是一取自 Pareto 分布总体的样本, 总体密度函数为

$$p(x;\theta)=\begin{cases}\dfrac{\beta}{\theta}\left(\dfrac{\theta}{x}\right)^{\beta+1}, & x\geqslant\theta,\\ 0, & \text{其他},\end{cases}$$

其中 $\beta=2$ 已知. 考虑假设检验问题: $H_0:\theta=1$ v.s. $H_1:\theta>1$. 试求显著性水平为 $\alpha=0.1$ 的一致最大功效检验.

习题 4.17　设 $(X_1,\cdots,X_n)$ 是一取自正态总体 $N(\mu_0,\theta)$ 的样本, 其中 μ_0 已知但 $0<\theta<\infty$ 未知. 试说明检验 $H_0:\theta=\theta_0$ v.s. $H_1:\theta\neq\theta_0$ 的似然比检验可归结为基于统计量 $W=\sum_{i=1}^n(X_i-\mu_0)^2/\theta_0$ 的检验, 并给出检验的拒绝域.

习题 4.18　设 $(X_1,\cdots,X_n)$ 是一取自总体 $b(1,\theta)$ 的样本, 其中 $0<\theta<1$.

(1) 试说明检验 $H_0:\theta=\theta_0$ v.s. $H_1:\theta\neq\theta_0$ 的似然比检验可归结为基于统计量 $Y(X_1,\cdots,X_n)=\sum_{i=1}^n X_i$ 的检验.

(2) 当 $n=100$ 且 $\theta_0=1/2$ 时, 求常数 c_1, 使得

$$C=\{(x_1,\cdots,x_n)|Y(x_1,\cdots,x_n)\leqslant c_1 \text{ 或 } Y(x_1,\cdots,x_n)\geqslant c_2=100-c_1\}$$

的显著性水平近似为 $\alpha=0.05$ 的拒绝域.

习题 4.19　设 $(X_1,\cdots,X_n)$ 是一取自总体 $b(1,\theta)$ 的样本, $0<\theta<1$. 考虑假设检验问题 $H_0:\theta=1/3$ v.s. $H_1:\theta\neq1/3$.

(1) 求 Λ 与 $-2\log\Lambda$.

(2) 确定 Wald 型检验的拒绝域.

(3) 求 Rao 得分型检验统计量.

习题 4.20　设 $(X_1,\cdots,X_n)$ 是一取自均值参数为 θ 的 Poisson 分布的样本, $\theta>0$. 考虑假设检验问题 $H_0:\theta=2$ v.s. $H_1:\theta\neq 2$.

(1) 求 $-2\log\Lambda$.

(2) 求 Wald 型检验统计量.

(3) 求 Rao 得分型检验统计量.

习题 4.21　设 $(X_1,Y_1),\cdots,(X_n,Y_n)$ 为一取自二元正态总体 $N(\mu_1,\mu_2,\sigma_1^2,\sigma_2^2,\rho)$ 的样本, 其中 ρ 是相关系数. 试求检验问题 $H_0:\rho=0$ v.s. $H_1:\rho\neq 0$ 的似然比检验.

第 5 章　区间估计及其评价标准

点估计得到的是参数的近似值, 该近似值的精确程度如何? 误差有多大? 这些单从点估计值本身很难评估. 有时候, 我们希望得到: ① 参数真值所在的范围 (常以区间形式给出), 当然给出 $\theta \in (-\infty, \infty)$ 的推断是毫无意义的, 我们希望这个范围越小越好; ② 真值 θ 在这个范围的可信程度 (常用概率刻画), 我们希望可信程度尽可能大.

给定一随机区间 $[\hat{\theta}_L(X_1, \cdots, X_n), \hat{\theta}_U(X_1, \cdots, X_n)]$, 使得该区间包含 θ 的可能性相当大. 区间 $[\hat{\theta}_L(X_1, \cdots, X_n), \hat{\theta}_U(X_1, \cdots, X_n)]$ 给出了参数的所在范围, 称为对参数的**区间估计**. 本章将给出区间估计的相关概念、构造区间估计的方法以及区间估计优劣的评价准则.

5.1　区间估计基本概念

5.1.1　置信区间

以下置信区间的概念保证了一区间估计 $[\hat{\theta}_L(X_1, \cdots, X_n), \hat{\theta}_U(X_1, \cdots, X_n)]$ 包含参数真值 θ 的概率充分大.

定义 5.1　设 $(\mathcal{X}, \mathcal{B}(\mathcal{X}), \mathcal{P})$ 为一参数统计结构, 其中 $\mathcal{P} = \{\mathrm{P}_\theta | \theta \in \Theta \subset \mathbb{R}\}$. 设 $(X_1, \cdots, X_n)$ 为取自该统计结构的一个样本, 若给定一个值 α $(0 < \alpha < 1)$, 区间估计 $[\hat{\theta}_L(X_1, \cdots, X_n), \hat{\theta}_U(X_1, \cdots, X_n)]$ 满足

$$\mathrm{P}(\hat{\theta}_L(X_1, \cdots, X_n) \leqslant \theta \leqslant \hat{\theta}_U(X_1, \cdots, X_n)) \geqslant 1 - \alpha, \tag{5-1}$$

则称随机区间 $[\hat{\theta}_L, \hat{\theta}_U] = [\hat{\theta}_L(X_1, \cdots, X_n), \hat{\theta}_U(X_1, \cdots, X_n)]$ 是 θ 的置信水平为 $1 - \alpha$ 的**置信区间**. $1 - \alpha$ 称为**置信水平**.

注 5.1　置信水平 $1 - \alpha$ 可以理解为: 固定样本容量 n, 随机区间 $[\hat{\theta}_L, \hat{\theta}_U]$ 观测值中含真值 θ 的区间占 $(1 - \alpha)100\%$.

例 5.1　设样本 $(X_1, \cdots, X_{10})$ 取自正态总体 $N(\mu, \sigma^2)$, 这里 $-\infty < \mu < \infty$ 与 $\sigma^2 > 0$ 都未知. 可以验证随机区间 $\left[\overline{X} + \dfrac{S}{\sqrt{10}} t_{\alpha/2}(9), \overline{X} + \dfrac{S}{\sqrt{10}} t_{1-\alpha/2}(9)\right]$ 为参数 μ 的置信水平为 $1 - \alpha$ 的置信区间, 这里 $t_p(9)$ 为自由度为 9 的 t 分布的 p-分位点. 分别取 $1 - \alpha = 0.5$ 与 0.9, 从总体 $N(5, 2^2)$ 中重复抽取样本容量为 10 的样本 100 次, 所得的 100 个置信区间的观测值如图 5-1 所示.

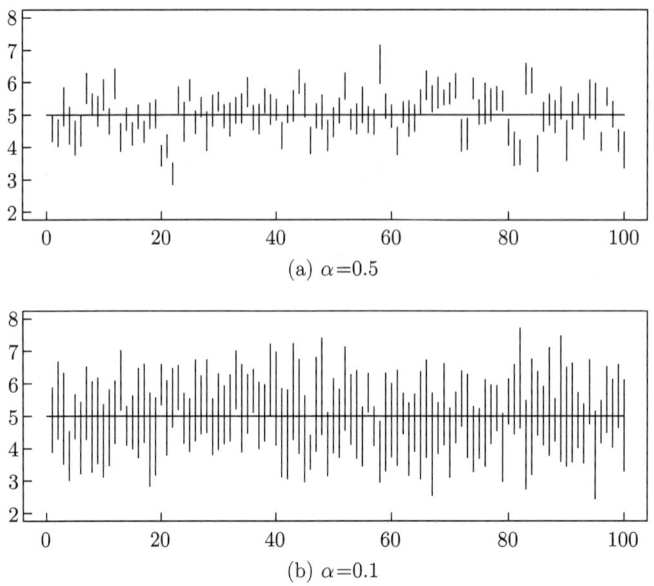

(a) α=0.5

(b) α=0.1

图 5-1　正态总体参数 μ 置信区间的 100 次实现

5.1.2　置信区间的评价标准

对于置信水平为 $1-\alpha$ 的置信区间, 我们已经知道, 参数真值落入置信区间的概率不小于 $1-\alpha$, 这一点是置信水平为 $1-\alpha$ 的置信区间的共性. 对于两个置信水平为 $1-\alpha$ 的不同置信区间, 哪一个更好呢? 以下将讨论这一问题.

常用的评价置信区间的标准有两个. 一个标准是置信区间 $[\hat{\theta}_L, \hat{\theta}_U]$ 的平均长度 $\mathrm{E}_\theta[\hat{\theta}_U - \hat{\theta}_L]$ 要短, 即区间的范围不能太大. 另一个标准是设参数真值为 θ, 当参数 $\theta' \neq \theta$ 时, 区间 $[\hat{\theta}_L, \hat{\theta}_U]$ 包含 θ' 的概率 $\mathrm{P}(\hat{\theta}_L \leqslant \theta' \leqslant \hat{\theta}_U)$ 要小. 区间包含非真值的情况越少越好. 我们期望置信区间能够至少满足以上两个标准之一.

例 5.2　设 $(X_1, \cdots, X_n)$ 为取自正态总体 $N(\mu, \sigma^2)$ 的一个样本, $-\infty < \mu < \infty$, σ^2 是两未知参数. 参数 μ 和 σ^2 的估计通常分别取为样本均值 $\overline{X}$ 和样本方差 S^2. 考虑到 μ 为位置参数, 采用形如 $[\overline{X} - k \cdot S, \overline{X} + k \cdot S]$ 的置信区间, 这里 k 为待定量.

注意到

$$\mathrm{P}(\overline{X} - k \cdot S \leqslant \mu \leqslant \overline{X} + k \cdot S) = \mathrm{P}\left(\left|\frac{\overline{X} - \mu}{S/\sqrt{n}}\right| \leqslant \sqrt{n}k\right)$$

及 $\dfrac{\overline{X} - \mu}{S/\sqrt{n}} \sim t(n-1)$. 根据置信区间的定义, 要使 $[\overline{X} - k \cdot S, \overline{X} + k \cdot S]$ 为参数 μ 的置信水平为 $1-\alpha$ 的置信区间, k 可取为满足 $\sqrt{n}k \geqslant t_{1-\alpha/2}(n-1)$ 的任意实数.

置信区间 $[\overline{X}-k\cdot S,\overline{X}+k\cdot S]$ 的平均长度为 $2k\mathrm{E}(S)$. 显然, k 值越小, 置信区间的平均长度也越小.

置信区间 $[\overline{X}-k\cdot S,\overline{X}+k\cdot S]$ 包含非真值 $\mu'\neq\mu$ 的概率为

$$\begin{aligned}&\mathrm{P}(\overline{X}-k\cdot S\leqslant\mu'\leqslant\overline{X}+k\cdot S)\\=&\mathrm{P}\left(\sqrt{n}\left(\frac{\mu'-\mu}{S}-k\right)\leqslant\frac{\overline{X}-\mu}{S/\sqrt{n}}\leqslant\sqrt{n}\left(\frac{\mu'-\mu}{S}+k\right)\right)\\=&\mathrm{P}\left(\sqrt{n}\left(\frac{\mu'-\mu}{S}-k\right)\leqslant t\leqslant\sqrt{n}\left(\frac{\mu'-\mu}{S}+k\right)\right),\end{aligned}$$

其中 $t\sim t(n-1)$. 显然 k 越小, 置信区间 $[\overline{X}-k\cdot S,\overline{X}+k\cdot S]$ 包含非真值的概率也越小.

综上所述, 应取 $k=t_{\alpha/2}(n-1)/\sqrt{n}$. 这样所得的置信区间 $[\overline{X}-St_{\alpha/2}(n-1)/\sqrt{n},\overline{X}+St_{\alpha/2}(n-1)/\sqrt{n}]$ 其置信水平为 $1-\alpha$. 这一置信区间是形如 $[\overline{X}-k\cdot S,\overline{X}+k\cdot S]$ 的置信水平为 $1-\alpha$ 的置信区间中, 平均长度最短、包含非真值概率最小的置信区间.

注 5.2 在置信水平 $1-\alpha$ 中, α 是事先选定的, 常取 0.1, 0.05, 0.01 等作为 α 的值. 对于给定的置信水平 $1-\alpha$, 人们总是力图构造区间估计, 使得 (5-1) 式成立, 且至少存在一个 $\theta\in\Theta$, 使得

$$\mathrm{P}(\hat{\theta}_L\leqslant\theta\leqslant\hat{\theta}_U)=1-\alpha.$$

这意味着置信水平被 "足量" 使用了. 置信水平被足量使用的置信区间往往具有较短的平均长度, 并且包含非真值的概率也较小.

例 5.3 设 $(X_1,\cdots,X_n)$ 为取自正态总体 $N(\mu,\sigma^2)$ 的一个样本, $-\infty<\mu<\infty$, σ^2 是两未知参数. 参数 μ 和 σ^2 的估计通常分别取为样本均值 $\overline{X}$ 和样本方差 S^2. 考虑到 σ^2 为尺度参数, 采用形如 $[aS^2,bS^2]$ 的置信区间, 这里 $0<a<b<\infty$ 为待定常数.

注意到

$$\mathrm{P}(aS^2\leqslant\sigma^2\leqslant bS^2)=\mathrm{P}\left(\frac{n-1}{b}\leqslant\frac{(n-1)S^2}{\sigma^2}\leqslant\frac{n-1}{a}\right)$$

及 $\dfrac{(n-1)S^2}{\sigma^2}\sim\chi^2(n-1)$. 根据置信区间的定义, 要使 $[aS^2,bS^2]$ 为参数 σ^2 的置信水平为 $1-\alpha$ 的置信区间, 可取 a,b 满足 $\dfrac{n-1}{a}=\chi^2_{\alpha_1}(n-1)$, $\dfrac{n-1}{b}=\chi^2_{\alpha_2}(n-1)$, 且 $\alpha_1-\alpha_2\geqslant1-\alpha$. 这里 $\chi^2_\beta(n-1)$ 为自由度为 $n-1$ 的 χ^2 分布的 β 分位点.

置信水平为 $1-\alpha$ 的置信区间 $[aS^2, bS^2]$ 的平均长度为

$$(b-a)\mathrm{E}(S^2) = \frac{(b-a)\sigma^2}{n-1}\mathrm{E}\left(\frac{(n-1)S^2}{\sigma^2}\right) = (b-a)\sigma^2$$

$$= (n-1)\sigma^2\left(\frac{1}{\chi^2_{\alpha_2}(n-1)} - \frac{1}{\chi^2_{\alpha_1}(n-1)}\right).$$

可以发现, 平均长度最小的置信区间必须满足 $\alpha_1-\alpha_2=1-\alpha$. 这样, 要找平均长度最小的置信区间就仅需确定 α_1 的值, 使置信区间平均长度最小, 即

$$\min_{\alpha_1\in(1-\alpha,1)}\left(\frac{1}{\chi^2_{\alpha_1+\alpha-1}(n-1)} - \frac{1}{\chi^2_{\alpha_1}(n-1)}\right).$$

显然, 在置信水平为 $1-\alpha$ 的形如 $[aS^2, bS^2]$ 的置信区间中, 平均长度最短的置信区间依赖于样本容量 n. 取 $\sigma^2=1$, $\alpha=0.05$, 利用非线性最优化方法, 易算得 α_1, 置信区间最短平均长度随样本容量 n 的变化情况如表 5-1 所示.

表 5-1　置信区间最短平均长度随样本容量 n 的变化情况一览表

n	10	20	40	80	160	320	640	1280
α_1	0.9520	0.9554	0.9596	0.9634	0.9666	0.9689	0.9707	0.9719
最短平均长度	2.3958	1.4236	0.9354	0.6396	0.4451	0.3123	0.2200	0.1552

置信区间 $[aS^2, bS^2]$ 包含非真值 ${\sigma'}^2\neq\sigma^2$ 的概率为

$$\mathrm{P}(aS^2\leqslant{\sigma'}^2\leqslant bS^2) = \mathrm{P}\left(\frac{(n-1){\sigma'}^2}{b\sigma^2}\leqslant\frac{(n-1)S^2}{\sigma^2}\leqslant\frac{(n-1){\sigma'}^2}{a\sigma^2}\right).$$

考虑 $a=\dfrac{n-1}{\chi^2_{\alpha_1}(n-1)}$, $b=\dfrac{n-1}{\chi^2_{\alpha_1+\alpha-1}(n-1)}$ 的情况, 则

$$\mathrm{P}(aS^2\leqslant{\sigma'}^2\leqslant bS^2) = \mathrm{P}\left(\frac{{\sigma'}^2}{\sigma^2}\chi^2_{\alpha_1+\alpha-1}(n-1)\leqslant\chi^2\leqslant\frac{{\sigma'}^2}{\sigma^2}\chi^2_{\alpha_1}(n-1)\right),$$

其中 $\chi^2\sim\chi^2(n-1)$. 这一概率依赖于非真值 ${\sigma'}^2$, 因此, 使置信区间 $[aS^2, bS^2]$ 包含所有非真值的概率达最小的 a 与 b, 事实上是不存在的.

在实际应用中, 常取 σ^2 的置信水平为 $1-\alpha$ 的置信区间为

$$\left[\frac{n-1}{\chi^2_{1-\alpha/2}(n-1)}S^2, \frac{n-1}{\chi^2_{\alpha/2}(n-1)}S^2\right].$$

事实上, 这一区间既不是平均长度最短的置信区间, 也不是非真值落入其中概率最小的置信区间.

5.1.3 置信域

置信区间的概念可以推广到多个参数的情况.

定义 5.2 设 $(\mathcal{X},\mathcal{B}(\mathcal{X}),\mathcal{P})$ 为一参数统计结构, 其中 $\mathcal{P}=\{\mathrm{P}_{\boldsymbol{\theta}}|\boldsymbol{\theta}\in\Theta\subset\mathbb{R}^k\}$. 设 $(X_1,\cdots,X_n)$ 为取自该统计结构的一个样本, 若给定一个值 α $(0<\alpha<1)$, 一参数空间 Θ 的子集 $R=R(X_1,\cdots,X_n)$ 满足

$$\mathrm{P}(\boldsymbol{\theta}\in R(X_1,\cdots,X_n))\geqslant 1-\alpha, \tag{5-2}$$

则称 R 是 $\boldsymbol{\theta}$ 的置信水平为 $1-\alpha$ 的**置信域 (集)**.

例 5.4 设 $(\mathbf{X}_1,\cdots,\mathbf{X}_n)$ 为取自二元正态总体 $N_2(\boldsymbol{\mu},\varSigma)$ 的一个样本, 其中协方差矩阵 $\varSigma$ 已知. 因为总体为二元正态分布, 在定理 2.6 证明中考虑 n 有限的情况, 借助正态性, 可得 $\sqrt{n}(\overline{\mathbf{X}}-\boldsymbol{\mu})\sim N_2(\mathbf{0},\varSigma)$, 因此

$$Z^2=n(\overline{\mathbf{X}}-\boldsymbol{\mu})^{\mathrm{T}}\varSigma^{-1}(\overline{\mathbf{X}}-\boldsymbol{\mu})\sim\chi^2(2).$$

所以, 参数 $\boldsymbol{\mu}$ 的置信水平为 $1-\alpha$ 的置信域可取为

$$R=\{\boldsymbol{\mu}|z^2=n(\bar{\mathbf{x}}-\boldsymbol{\mu})^{\mathrm{T}}\varSigma^{-1}(\bar{\mathbf{x}}-\boldsymbol{\mu})\leqslant\chi^2_{1-\alpha}(2)\}.$$

这里取置信水平 “足量” 使用的情况.

现有某校大学新生男同学身高与体重的 20 个抽样数据 (参见表 5-2), 假设这些数据取自二元正态总体 $N_2(\boldsymbol{\mu},\varSigma)$, 其中

$$\varSigma=\begin{pmatrix}20 & 100\\ 100 & 1000\end{pmatrix}.$$

表 5-2 大学新生男同学身高与体重的 20 个抽样数据

序号	身高 (x_1)	体重 (x_2)	序号	身高 (x_1)	体重 (x_2)
1	69	153	11	72	140
2	74	175	12	79	265
3	68	155	13	74	185
4	70	135	14	67	112
5	72	172	15	66	140
6	67	150	16	71	150
7	66	115	17	74	165
8	70	137	18	75	185
9	76	200	19	75	210
10	68	130	20	76	220

易算得 $\bar{x}_1=71.45$, $\bar{x}_2=164.7$. 取置信水平为 0.95. 则参数 $\boldsymbol{\mu}$ 的置信水平为 0.95 的置信域可取为

$$R=\{(\mu_1,\mu_2)|z^2=20((71.45,164.7)-\boldsymbol{\mu}^{\mathrm{T}})\varSigma^{-1}((71.45,164.7)^{\mathrm{T}}-\boldsymbol{\mu})\leqslant\chi^2_{0.95}(2)\}$$

$$
\begin{aligned}
&= \{(\mu_1, \mu_2) | (71.45 - \mu_1)^2 - 0.2(71.45 - \mu_1)(164.7 - \mu_2) \\
&\quad + 0.02(164.7 - \mu_2)^2 \leqslant \chi^2_{0.95}(2)/2\}.
\end{aligned}
$$

置信域为一椭圆形区域, 如图 5-2.

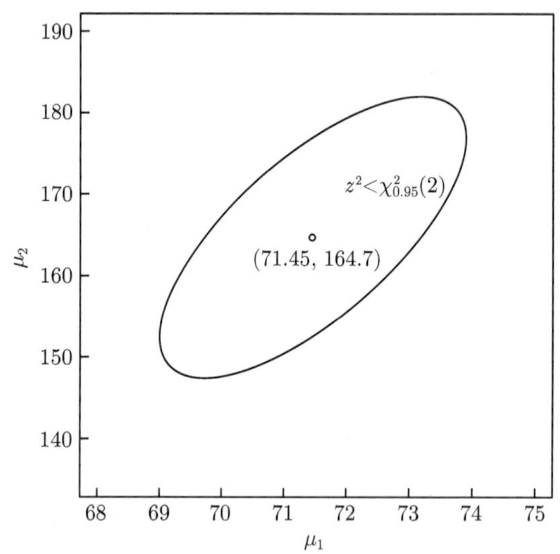

图 5-2　二元正态总体参数 $\boldsymbol{\mu}$ 的置信水平为 0.95 的置信域实例

5.2　置信区间的构造方法

5.2.1　枢轴量法

设 $(\mathcal{X}, \mathcal{B}(\mathcal{X}), \mathcal{P})$ 为一参数统计结构, 其中 $\mathcal{P} = \{\mathrm{P}_{\boldsymbol{\theta}} | \boldsymbol{\theta} \in \Theta \subset \mathbb{R}^k\}$. 设 $(X_1, \cdots, X_n)$ 为取自该统计结构的一个样本, 若给定一个值 α $(0 < \alpha < 1)$, 构造未知参数 θ 的置信水平为 $1 - \alpha$ 的置信区间的一般步骤分为以下三步.

第 1 步: 找样本 $(X_1, \cdots, X_n)$ 的函数 $W = W(X_1, \cdots, X_n; \theta)$, 它含有待估参数, 但不含其他未知参数, 且要 W 的分布已知但不依赖于任何未知参数. 具有这种性质的函数 W 称为**枢轴量**.

第 2 步: 选取两常数 a 和 b $(a < b)$, 使得

$$
\mathrm{P}(a \leqslant W(X_1, \cdots, X_n; \theta) \leqslant b) \geqslant 1 - \alpha.
$$

第 3 步: 如果不等式 $a \leqslant W(X_1, \cdots, X_n; \theta) \leqslant b$ 可等价变换为 $\hat{\theta}_L(X_1, \cdots, X_n) \leqslant \theta \leqslant \hat{\theta}_U(X_1, \cdots, X_n)$, 那么

$$
\mathrm{P}(\hat{\theta}_L(X_1, \cdots, X_n) < \theta < \hat{\theta}_U(X_1, \cdots, X_n)) \geqslant 1 - \alpha,
$$

则随机区间 $[\hat{\theta}_L(X_1,\cdots,X_n),\hat{\theta}_U(X_1,\cdots,X_n)]$ 为参数 θ 的置信水平为 $1-\alpha$ 的双侧置信区间.

例 5.5 设 $(X_1,\cdots,X_n)$ 为取自均匀分布总体 $U(0,\theta)$ 的一个样本, $\theta>0$ 为未知参数. 给定 $\alpha\ (0<\alpha<1)$, 求参数 θ 的置信水平为 $1-\alpha$ 的置信区间.

解 最大次序统计量 $X_{(n)}=\max\{X_1,\cdots,X_n\}$ 是参数 θ 的最大似然估计. 由例 1.11, $X_{(n)}$ 也是 θ 的充分统计量. 因此, 以 $X_{(n)}$ 构造 θ 的区间估计是合理的.

因 $\dfrac{X_{(n)}}{\theta}$ 的密度函数为 $ny^{n-1}\ (0\leqslant y\leqslant 1)$, 取枢轴量 $\dfrac{X_{(n)}}{\theta}$, 取 a 与 $b\ (a<b)$ 满足条件 $b^n-a^n=1-\alpha$, 则

$$\mathrm{P}\left(a\leqslant\frac{X_{(n)}}{\theta}\leqslant b\right)=\int_a^b ny^{n-1}\,\mathrm{d}y=1-\alpha.$$

通过不等式等价变形可得参数 θ 的置信水平为 $1-\alpha$ 的置信区间应具有形式 $[X_{(n)}/b,X_{(n)}/a]$.

以下考虑平均长度最短的置信区间. 置信区间为 $[X_{(n)}/b,X_{(n)}/a]$ 的平均长度为 $(1/a-1/b)(n/(n+1))\theta$. 要使平均长度最小, 只需求 a, 使函数

$$f(a)=\frac{1}{a}-\frac{1}{b}=\frac{1}{a}-\frac{1}{(1-\alpha+a^n)^{1/n}}$$

最小化. 经求解可得, 当 $a=\alpha^{1/n}$, $b=1$ 时, 置信水平为 $1-\alpha$ 的置信区间 $[X_{(n)}/b,X_{(n)}/a]$ 的平均长度最短.

设 8.3, 5.0, 1.7, 2.9, 4.3, 1.8, 4.6, 5.8, 1.6, 6.6 是取自总体 $U(0,\theta)$ 的 10 个观测值, 取 $\alpha=0.05$. 则平均长度最短的置信水平为 0.95 的置信区间是 [8.3, 11.2].

例 5.6 设 $(X_1,\cdots,X_n)$ 为取自 0-1 分布总体 $b(1,\theta)$ 的一个样本, $0<\theta<1$ 为未知参数. 给定 $\alpha(0<\alpha<1)$, 求参数 θ 的置信水平为 $1-\alpha$ 的置信区间.

解 参数 θ 的最大似然估计量为 $\hat{\theta}=\overline{X}$. 由中心极限定理,

$$\sqrt{n}\frac{\hat{\theta}-\theta}{\sqrt{\theta(1-\theta)}}\rightsquigarrow N(0,1).$$

再根据大数定律, $\hat{\theta}=\overline{X}\xrightarrow{\mathrm{P}}\theta$. 于是, 由连续映照定理及 Slutsky 引理, 可得

$$\sqrt{n}\frac{\overline{X}-\theta}{\sqrt{\overline{X}(1-\overline{X})}}\rightsquigarrow N(0,1).$$

取枢轴量 $\sqrt{n}\dfrac{\overline{X}-\theta}{\sqrt{\overline{X}(1-\overline{X})}}$, 可知当 n 较大时,

$$\mathrm{P}\left(z_{\alpha/2}\leqslant\sqrt{n}\frac{\overline{X}-\theta}{\sqrt{\overline{X}(1-\overline{X})}}\leqslant z_{1-\alpha/2}\right)\approx 1-\alpha. \tag{5-3}$$

从而可得 θ 的置信水平近似为 $1-\alpha$ 的置信区间为

$$\left[\overline{X}+\frac{\sqrt{\overline{X}(1-\overline{X})}}{\sqrt{n}}z_{\alpha/2}, \overline{X}+\frac{\sqrt{\overline{X}(1-\overline{X})}}{\sqrt{n}}z_{1-\alpha/2}\right]$$

若使这一置信区间的置信水平与 $1-\alpha$ 较为接近, 一般要求 $n \geqslant 30$.

例如, 要了解美国民众对 2016 年共和党候选人特朗普的支持率 θ. 如果要求估计 $\hat{\theta}$ 与真值 θ 之间的最大误差不超过 0.03, 且置信区间的置信水平为 95%, 则应随机调查多少居民呢? 由 (5-3) 式, 得

$$\mathrm{P}\left(|\hat{\theta}-\theta| \leqslant \frac{\sqrt{\overline{X}(1-\overline{X})}}{\sqrt{n}}z_{0.975}\right) \approx 0.95.$$

于是应有 $\dfrac{\sqrt{\overline{X}(1-\overline{X})}}{\sqrt{n}}z_{0.975} \leqslant 0.03$. 注意到 $\sqrt{\overline{X}(1-\overline{X})} \leqslant 1/2$, 所以只需 $z_{0.975}/(2\sqrt{n}) \leqslant 0.03$, 即 $n \geqslant (z_{0.975}/0.06)^2 = 1067.072$. 在一个总人口接近 3.2 亿的国家, 只需随机访问 1068 个居民, 就能保证特朗普支持率的估计值与真值之间的最大误差不超过 0.03, 且所得置信区间的置信水平为 0.95.

5.2.2 区间估计与假设检验的关系

区间估计与假设检验这两个统计推断问题看似完全不同, 而实际上两者之间关系非常密切. 正因如此, Neyman 才将 Neyman 和 Pearson 假设检验理论的基本思想推广到区间估计.

设 $(\mathcal{X}, \mathcal{B}(\mathcal{X}), \mathcal{P})$ 为一参数统计结构, 其中 $\mathcal{P}=\{\mathrm{P}_{\boldsymbol{\theta}}|\boldsymbol{\theta} \in \Theta \subset \mathbb{R}^k\}$, $\boldsymbol{\theta} \in \Theta$ 为一未知参数. 设 $(X_1, \cdots, X_n)$ 为取自该统计结构的一个样本, 若给定一个值 α $(0<\alpha<1)$, 通过置信区间与显著性检验的概念, 自然地可以得到未知参数 θ 的置信水平为 $1-\alpha$ 的置信区间与显著性水平为 α 的显著性检验的拒绝域之间存在如下关系.

$$\overbrace{\mathrm{P}(\hat{\theta}_L(X_1,\cdots,X_n) \leqslant \theta_0 \leqslant \hat{\theta}_U(X_1,\cdots,X_n)) \geqslant 1-\alpha}^{\text{参数 }\theta\text{ 的置信水平为 }1-\alpha\text{ 的双侧置信区间为 }[\hat{\theta}_L,\hat{\theta}_U]}$$

$$\Updownarrow$$

$$\underbrace{\mathrm{P}(\theta_0 \leqslant \hat{\theta}_L(X_1,\cdots,X_n)\text{ 或 }\theta_0 \geqslant \hat{\theta}_U(X_1,\cdots,X_n)) \leqslant \alpha}_{\text{参数 }\theta\text{ 双侧检验 }H_0:\ \theta=\theta_0\text{ v.s. }H_1:\ \theta\neq\theta_0\text{ 的拒绝域为 }\{\mathbf{x}|\hat{\theta}_L(\mathbf{x})\geqslant\theta_0\text{ 或 }\hat{\theta}_U(\mathbf{x})\leqslant\theta_0\}}$$

例 5.7 设总体 $X \sim N(\mu,1)$, μ 未知, $\alpha=0.05$, $n=16$, $\bar{x}=5.20$. μ 的置信水平为 1 − 0.05 的双侧置信区间为 $\left(\bar{x}+\frac{1}{\sqrt{16}}z_{0.025}, \bar{x}+\frac{1}{\sqrt{16}}z_{0.975}\right)=(4.71,5.69)$, 由此知, 显著性水平为 0.05 的检验 $H_0: \mu=5.5$ v.s. $H_1: \mu\neq 5.5$ 的拒绝域为: $\mu \leqslant 4.71$ 或 $\mu \geqslant 5.69$. 现在 $5.5\in(4.71,5.69)$, 故接受 H_0. 反之, 显著性水平为 0.05 的检验 $H_0: \mu=\mu_0=5.5$ v.s. $H_1: \mu\neq 5.5$ 的拒绝域为

$$\left|\frac{\bar{x}-\mu_0}{1/\sqrt{16}}\right| \geqslant z_{0.975} \Longleftrightarrow \mu_0 \leqslant \bar{x}+\frac{1}{\sqrt{16}}z_{0.025} \text{ 或 } \mu_0 \geqslant \bar{x}+\frac{1}{\sqrt{16}}z_{0.975}.$$

由此知, μ 的置信水平为 $1-0.05$ 的双侧置信区间为 $\left(\bar{x}+\frac{1}{\sqrt{16}}z_{0.025}, \bar{x}+\frac{1}{\sqrt{16}}z_{0.975}\right)=(4.71,5.69)$.

这样看来, 区间估计与假设检验之间存在着天然的联系. 在本质上这两者是一致的. 只要稍加思索, 就会发现: 区间估计与假设检验的评价标准间存在如表 5-3 所示的对应关系.

表 5-3 区间估计与假设检验的评价标准间的对应关系

区间估计	假设检验
置信水平为 $1-\alpha$	显著性水平为 α
非真值落入置信区间的概率最小	一致最大功效检验, H_1 为真时做出正确判断的概率最大

我们知道, 除了双侧假设检验问题外, 还有单侧的假设检验问题. 同样地, 在置信区间中也有单侧置信区间的概念. 具体地, 单侧置信区间与单侧假设检验之间的关系如下:

$$\overbrace{\mathrm{P}(\theta_0 \leqslant \hat{\theta}_U(X_1,\cdots,X_n)) \geqslant 1-\alpha}^{\theta\text{的置信水平为}1-\alpha\text{的置信区间为}(-\infty,\hat{\theta}_U]} \Longleftrightarrow \underbrace{\mathrm{P}(\theta_0 \geqslant \hat{\theta}_U(X_1,\cdots,X_n)) \leqslant \alpha}_{\theta\text{检验问题}H_0:\ \theta\geqslant\theta_0 \text{ v.s. } H_1:\ \theta<\theta_0\text{的拒绝域为}\{\mathbf{x}|\hat{\theta}_U(\mathbf{x})\leqslant\theta_0\}},$$

$$\overbrace{\mathrm{P}(\hat{\theta}_L(X_1,\cdots,X_n) \leqslant \theta_0) \geqslant 1-\alpha}^{\theta\text{的置信水平为}1-\alpha\text{的置信区间为}[\hat{\theta}_L,\infty)} \Longleftrightarrow \underbrace{\mathrm{P}(\theta_0 \leqslant \hat{\theta}_L(X_1,\cdots,X_n)) \leqslant \alpha}_{\theta\text{检验问题}H_0:\ \theta\leqslant\theta_0 \text{ v.s. } H_1:\ \theta>\theta_0\text{的拒绝域为}\{\mathbf{x}|\hat{\theta}_L(\mathbf{x})\geqslant\theta_0\}}.$$

基于置信区间与假设检验之间的这些联系, 若最优的置信区间 (非真值落入其中的概率最小) 存在, 求最优置信区间可以通过以下步骤进行. 首先, 将问题转

化为假设检验的问题; 其次, 求相应检验问题的一致最大功效无偏拒绝域; 最后, 通过拒绝域与置信区间之间的对应关系, 得到参数的最优置信区间.

理解了置信区间与假设检验之间的关系, 也就不难发现例 5.3 中使所有非真值落入其中概率最小的置信区间实际上是不存在的.

5.3 似然比置信区间

根据 Neyman-Pearson 定理, 求参数的一致最大功效 (无偏) 检验可以从似然比出发来进行. 既然置信区间与假设检验之间存在紧密联系, 因此找参数的最优置信区间 (若存在), 往往也从似然比出发来进行构造. 在很多情况下, 基于似然比的置信区间是最优的.

在通过最大似然比求置信区间时, 自然就需要通过最大似然比 $\Lambda=L(X_1,\cdots,X_n;\theta)/L(X_1,\cdots,X_n;\hat{\theta}_n)$ 或 -2 对数似然比 $-2\log\Lambda$ 来构造枢轴量. 下面通过两个实例说明如何求似然比置信区间.

例 5.8 设 $(X_1,\cdots,X_n)$ 为取自正态总体 $N(0,\theta)$ 的一个样本. 试求参数 θ 的置信水平为 $1-\alpha$ 的似然比置信区间.

解 注意到似然函数为

$$L(\mathbf{x};\theta)=\frac{1}{(2\pi\theta)^{n/2}}\exp\left[-\frac{1}{2\theta}\sum_{i=1}^{n}x_i^2\right].$$

因此, 参数 θ 的最大似然估计为 $\hat{\theta}_n=\overline{X}^2=\dfrac{1}{n}\sum_{i=1}^{n}X_i^2$. 相应地, 最大似然比为

$$\Lambda(\mathbf{x};\theta)=\frac{L(\mathbf{x};\theta)}{L(\mathbf{x};\hat{\theta}_n)}=\frac{\dfrac{1}{(2\pi\theta)^{n/2}}\exp\left[-\dfrac{1}{2\theta}\displaystyle\sum_{i=1}^{n}x_i^2\right]}{\dfrac{1}{(2\pi\hat{\theta}_n)^{n/2}}\exp\left[-\dfrac{1}{2\hat{\theta}_n}\displaystyle\sum_{i=1}^{n}x_i^2\right]}=\left(\frac{\bar{x}^2}{\theta}\right)^{n/2}\exp\left\{\frac{n}{2}-\frac{n}{2\theta}\bar{x}^2\right\},$$

其中 $\bar{x}^2=\dfrac{1}{n}\sum_{i=1}^{n}x_i^2$. 基于该似然比, 要求置信水平为 $1-\alpha$ 的置信区间, 需找一常数 c, 使得

$$\mathrm{P}(\Lambda(\mathbf{X};\theta)\geqslant c)=1-\alpha. \tag{5-4}$$

注意到函数 $g(t)=t^n\exp\{-nt\}$ 关于 t 在 $t=1$ 处达到唯一的最大值点, 且单调性先增后减. 因此, 找 c 满足 (5-4) 就相当于找常数 a 与 b $(a<b)$, 满足

$$\mathrm{P}\left(a\leqslant\frac{n\overline{X}^2}{\theta}\leqslant b\right)=1-\alpha.$$

因为 $\dfrac{n\overline{X}^2}{\theta} \sim \chi^2(n)$, 故可取 $a=\chi^2_{\alpha/2}(n)$, $b=\chi^2_{1-\alpha/2}(n)$. 相应地, 参数 θ 置信水平为 $1-\alpha$ 的置信区间可取为

$$\left[\frac{n\overline{X}^2}{\chi^2_{1-\alpha/2}(n)}, \frac{n\overline{X}^2}{\chi^2_{\alpha/2}(n)}\right].$$

在例 5.8 的求解过程中, 我们从似然比出发导出一个具有标准分布的枢轴量以构造置信区间. 但在大多数情况下从似然比出发可以导出具有标准分布的枢轴量是困难的, 这时我们可以考虑采用 $-2\log\Lambda$ 的极限分布来给出参数的置信区间(或置信域). 以下用例子加以说明.

例 5.9 将人按性别与色盲分类, 则按遗传学模型, 有下列概率模型

性别	正常	色盲
男	$\dfrac{p}{2}$	$\dfrac{1-p}{2}$
女	$\dfrac{p(2-p)}{2}$	$\dfrac{(1-p)^2}{2}$

其中 $0<p<1$. 今随机调查 1000 人, 得数据如下

性别	正常	色盲
男	442	38
女	514	6

求参数 p 的置信水平为 0.95 的置信区间.

解 在该概率模型中, 似然函数为

$$L(p)=\left(\frac{p}{2}\right)^{442}\left(\frac{1-p}{2}\right)^{38}\left(\frac{p(2-p)}{2}\right)^{514}\left(\frac{(1-p)^2}{2}\right)^{6} \propto p^{956}(2-p)^{514}(1-p)^{50}.$$

可以求得最大似然估计值为 $\hat{p}=0.913$. 由定理 4.3, 知

$$\mathrm{P}\left(-2\log\Lambda=-2\log\frac{L(p)}{L(\hat{p})}\leqslant \chi^2_{0.95}(1)\right)\approx 0.95,$$

其中 $\chi^2_{0.95}(1)=3.841$. 对该式进行等价变换, 得

$$\mathrm{P}\big(956\log p+514\log(2-p)+50\log(1-p)\geqslant -168.1487\big)\approx 0.95.$$

经过对函数 $f(p)=956\log p+514\log(2-p)+50\log(1-p)$ 性质的考察, 可得参数 p 的置信水平近似为 0.95 的置信区间为 $[0.904, 0.922]$.

5.4　习　　题

习题 5.1　评价未知参数置信区间好坏的标准有哪些? 怎样的置信区间算是好的置信区间?

习题 5.2　谈谈区间估计与假设检验之间的联系?

习题 5.3　设 $(X_1, \cdots, X_n)$ 为取自总体 $b(1,p)$ $(0<p<1)$ 的样本, $\overline{X}$ 为样本均值. 请根据中心极限定理和大数定律的结论

$$\sqrt{n}(\overline{X}-p) \rightsquigarrow N(0, p(1-p)) \quad 与 \quad \overline{X} \xrightarrow{\mathrm{P}} p,$$

求: (1) 参数 p 的置信水平近似为 $1-\alpha$ $(0<\alpha<1)$ 的双侧置信区间; (2) 双边假设检验 $H_0: p=0.5$ 的显著性水平近似为 α 的拒绝域.

习题 5.4　设 $(X_1, \cdots, X_n)$ 为取自密度函数为 $p(x;\theta)=\theta/x^2 (0<\theta \leqslant x<\infty)$ 的总体的一个样本. 试求参数 θ 的置信水平为 $1-\alpha$ 的置信区间. 采用形如 $[cX_{(1)}, dX_{(1)}]$ 的区间估计, 如何选择 c 与 d 使得置信区间的平均长度最小?

习题 5.5　设 $(X_1, \cdots, X_n)$ 为取自参数为 λ 的 Poisson 分布总体的一个样本. 试求样本容量充分大时, 参数 λ 的置信水平近似为 $1-\alpha$ 的置信区间.

习题 5.6　设 X_1 为取自均值为 θ 的指数分布的样本容量为 1 的一个样本, 利用该样本给出参数 θ 的置信水平为 $1-\alpha$ 的最大似然比置信区间.

习题 5.7　设 $(X_1, \cdots, X_n)$ 为取自密度函数为

$$p(x;\theta)=\begin{cases}\exp\{-(x-\theta)\}, & x \geqslant \theta, \\ 0, & x<\theta\end{cases}$$

的总体的一个样本. 试基于最小次序统计量 $X_{(1)}$ 构造参数 θ 的置信水平近似为 $1-\alpha$ 的置信区间.

第 6 章　广义矩方法与经验似然

在第 3 章中, 我们讨论了点估计优劣的评价标准. 一个好的估计量应当不仅具有相合性和渐近正态性, 而且渐近正态分布的渐近方差应尽可能小. Cramér-Rao 不等式告诉我们, 渐近正态分布的渐近方差最小不会小于 Cramér-Rao 下界. 最大似然估计量的渐近方差往往可以达到 Cramér-Rao 下界. 但并不是所有的模型最大似然估计是存在的, 即使最大似然估计存在, 其求解也不一定容易. 毕竟求最大似然估计需求似然函数的最值点, 其最值点的存在性及其求解计算量取决于似然函数关于参数的性质. 在众多统计模型中, 我们并不能确定似然函数的具体表达形式.

总体矩条件往往较容易获得, 在很多模型中最大似然估计又不易获得. 因此, 研究基于矩条件的估计, 同时估计量渐近方差可以尽可能地接近 Cramér-Rao 下界的统计推断方法是很有意义的. 本章将讨论能够在给定矩条件下使估计量达到最优 (渐近方差最小) 的两种方法: 一种是广义矩估计, 另一种是经验似然方法.

6.1　广义矩方法

设 $(X_1,\cdots,X_n)$ 为取自总体 X 的样本, 总体分布函数为 $F(x;\boldsymbol{\theta})$, 其中 $\boldsymbol{\theta}\in\Theta$ 为 p 维未知参数. 假设存在 r 个矩条件 $\mathrm{E}_F[g_i(X;\boldsymbol{\theta})]=0,\ i=1,\cdots,r$, 其中 $g_i(X;\boldsymbol{\theta}),\ i=1,2,\cdots,r$ 为相互独立的估计函数, 且 $r\geqslant p$. 记 $\mathbf{g}(x;\boldsymbol{\theta})=(g_1(x;\boldsymbol{\theta}),\cdots,g_r(x;\boldsymbol{\theta}))^{\mathrm{T}}$. 则矩条件可写为

$$\mathrm{E}_F[\mathbf{g}(x;\boldsymbol{\theta})]=\mathbf{0}.$$

若 $r=p$, 则通过解方程

$$\frac{1}{n}\sum_{i=1}^{n}\mathbf{g}(X_i;\boldsymbol{\theta})=\mathbf{0}\tag{6-1}$$

可得参数 $\boldsymbol{\theta}$ 的矩估计量. 事实上, 方程 (6-1) 的解 $\hat{\boldsymbol{\theta}}_n$ 可理解为

$$\hat{\boldsymbol{\theta}}_n=\arg\min_{\boldsymbol{\theta}\in\Theta}Q_n(\boldsymbol{\theta}),\quad 其中\quad Q_n(\boldsymbol{\theta})=\left[\frac{1}{n}\sum_{i=1}^{n}\mathbf{g}(X_i;\boldsymbol{\theta})\right]^{\mathrm{T}}\left[\frac{1}{n}\sum_{i=1}^{n}\mathbf{g}(X_i;\boldsymbol{\theta})\right].$$

6.1.1 广义矩估计量

广义矩估计是基于 r 个矩条件估计 p 个参数的估计方法 ($r \geqslant p$). 若 $r = p$, 则称方程 (6-1) 是恰好识别的 (just-identified). 事实上, 这仅是可识别的必要条件. 若 $r > p$, 则称方程 (6-1) 是过度识别的 (over-identified), 这时, 方程 (6-1) 的解实际上是不存在的.

定义 6.1 (广义矩估计) 总体 X 未知参数 $\boldsymbol{\theta}$ 的广义矩估计 (generalized method of moments, GMM) 定义为

$$\hat{\boldsymbol{\theta}}_{\text{GMM}} = \arg\min_{\boldsymbol{\theta}\in\Theta} Q_n(\boldsymbol{\theta}) := \arg\min_{\boldsymbol{\theta}\in\Theta} \left[\frac{1}{n}\sum_{i=1}^{n}\mathbf{g}(X_i;\boldsymbol{\theta})\right]^{\mathrm{T}} W_n \left[\frac{1}{n}\sum_{i=1}^{n}\mathbf{g}(X_i;\boldsymbol{\theta})\right], \quad (6\text{-}2)$$

其中 W_n 为 $r \times r$ 权重矩阵, 其为正定矩阵. 这里, W_n 为样本的函数, 但与未知参数 $\boldsymbol{\theta}$ 无关.

若 $r > p$, 权重矩阵 W_n 的不同可导致估计量的不同, 虽然所得的矩估计一般具有相合性, 但渐近方差不同. 最简单的取法是取 W_n 为单位矩阵, 但这种取法所得的矩估计量一般较差. 当 $r = p$ 时, 取 W_n 为单位矩阵即得参数 $\boldsymbol{\theta}$ 的矩估计量.

例 6.1 对称的 α-稳定 (stable) 分布广泛应用于金融工程及计量经济等相关领域. 其特征函数具有十分简单的形式:

$$\phi(t) = \mathrm{E}(\mathrm{e}^{\mathrm{i}tX}) = \exp\big\{-\sigma^{\alpha}|t|^{\alpha}\big\}, \quad (6\text{-}3)$$

其中 $\alpha \in (0, 2]$ 称为特征指数, $\sigma \in (0, \infty)$ 称为尺度参数. 但是除了几种 α 取特殊值的情况 ($\alpha = 1/2, 1, 2$) 外, 其密度函数都不具有显式表达形式 (只能表示成无穷序列的形式, 见文献 [35, 58] 等). 因此, 用最大似然估计对其参数进行估计十分不方便, 在相当长的一段时间内, 基于特征函数的估计受到广泛关注 (如文献 [7, 20, 21, 62] 等).

设 $(X_1, \cdots, X_n)$ 为取自尺度参数为 σ 的对称 α-稳定分布的总体. 假设 t_1, $t_2, \cdots, t_k$ 为 k 个固定的点. 记

$$\boldsymbol{\Phi} = \big(\mathrm{Re}\,(\phi(t_1)), \cdots, \mathrm{Re}\,(\phi(t_k)), \mathrm{Im}\,(\phi(t_1)), \cdots, \mathrm{Im}\,(\phi(t_k))\big)^{\mathrm{T}}$$

与

$$\boldsymbol{\Psi}(x) = \big(\mathrm{Re}\,(\mathrm{e}^{\mathrm{i}t_1x}), \cdots, \mathrm{Re}\,(\mathrm{e}^{\mathrm{i}t_kx}), \mathrm{Im}\,(\mathrm{e}^{\mathrm{i}t_1x}), \cdots, \mathrm{Im}\,(\mathrm{e}^{\mathrm{i}t_kx})\big)^{\mathrm{T}}.$$

事实上, 在这里

$$\boldsymbol{\Phi} = (\phi(t_1), \cdots, \phi(t_k), 0, \cdots, 0)^{\mathrm{T}},$$

$$\boldsymbol{\Psi}(x) = \big(\cos(t_1x), \cdots, \cos(t_kx), \sin(t_1x), \cdots, \sin(t_kx)\big)^{\mathrm{T}},$$

其中 $\phi(\cdot)$ 由式 (6-3) 定义. 令 $g(t;x)=\cos(tx)-\phi(t)$, $h(t;x)=\sin(tx)$. 记

$$\mathbf{g}(x;\boldsymbol{\theta})=(g(t_1;x),\cdots,g(t_k;x),h(t_1;x),\cdots,h(t_k;x))^{\mathrm{T}}, \tag{6-4}$$

其中 $\boldsymbol{\theta}=(\alpha,\sigma)^{\mathrm{T}}$ 为未知参数, 其真值为 $\boldsymbol{\theta}_0$. 现在便得到 $2k$ 个矩条件 $\mathrm{E}_{\boldsymbol{\theta}_0}[\mathbf{g}(X)]=\mathbf{0}$. 选择适当的权重矩阵 W_n, 便可通过式 (6-2) 得到参数的广义矩估计量.

对 $Q_n(\boldsymbol{\theta})$ 关于 $\boldsymbol{\theta}$ 求一阶导数, 便可得到 GMM 的一阶条件, 即

$$\left[\frac{1}{n}\sum_{i=1}^n\frac{\mathrm{d}\mathbf{g}(X_i;\boldsymbol{\theta})}{\mathrm{d}\boldsymbol{\theta}}\bigg|_{\boldsymbol{\theta}=\hat{\boldsymbol{\theta}}_{\mathrm{GMM}}}\right]^{\mathrm{T}}W_n\left[\frac{1}{n}\sum_{i=1}^n\mathbf{g}(X_i;\boldsymbol{\theta})\bigg|_{\boldsymbol{\theta}=\hat{\boldsymbol{\theta}}_{\mathrm{GMM}}}\right]=\mathbf{0}.$$

以下考察广义矩估计量的渐近性质.

定理 6.1 假定: (A1) $\mathrm{E}[\mathbf{g}(X;\boldsymbol{\theta}_0)]=\mathbf{0}$;

(A2) $\mathbf{g}(x;\boldsymbol{\theta}_1)=\mathbf{g}(x;\boldsymbol{\theta}_2)$ 当且仅当 $\boldsymbol{\theta}_1=\boldsymbol{\theta}_2$;

(A3) 存在秩为 p 的 $r\times p$ 矩阵 G_0, 满足

$$\frac{1}{n}\sum_{i=1}^n\frac{\mathrm{d}\mathbf{g}(X_i;\boldsymbol{\theta})}{\mathrm{d}\boldsymbol{\theta}}\bigg|_{\boldsymbol{\theta}=\boldsymbol{\theta}_0}\xrightarrow{\mathrm{P}}G_0;$$

(A4) $W_n\xrightarrow{\mathrm{P}}W_0$, 其中 W_0 为有限的正定矩阵;

(A5) $\frac{1}{\sqrt{n}}\sum_{i=1}^n\mathbf{g}(X_i;\boldsymbol{\theta})\Big|_{\boldsymbol{\theta}=\boldsymbol{\theta}_0}\rightsquigarrow N(\mathbf{0},S(\boldsymbol{\theta}_0))$, 其中 $S(\boldsymbol{\theta}_0)$ 满足

$$\frac{1}{n}\sum_{i=1}^n\mathbf{g}(X_i;\boldsymbol{\theta})\mathbf{g}(X_i;\boldsymbol{\theta})^{\mathrm{T}}\bigg|_{\boldsymbol{\theta}=\boldsymbol{\theta}_0}\xrightarrow{\mathrm{P}}S(\boldsymbol{\theta}_0).$$

则通过解方程

$$\left[\frac{1}{n}\sum_{i=1}^n\frac{\mathrm{d}\mathbf{g}(X_i;\boldsymbol{\theta})}{\mathrm{d}\boldsymbol{\theta}}\right]^{\mathrm{T}}W_n\left[\frac{1}{n}\sum_{i=1}^n\mathbf{g}(X_i;\boldsymbol{\theta})\right]=\mathbf{0} \tag{6-5}$$

所得的 $\hat{\boldsymbol{\theta}}_{\mathrm{GMM}}$ 满足 $\hat{\boldsymbol{\theta}}_{\mathrm{GMM}}\xrightarrow{\mathrm{P}}\boldsymbol{\theta}_0$, 且

$$\sqrt{n}(\hat{\boldsymbol{\theta}}_{\mathrm{GMM}}-\boldsymbol{\theta}_0)\rightsquigarrow N\big(\mathbf{0},(G_0^{\mathrm{T}}W_0G_0)^{-1}(G_0^{\mathrm{T}}W_0S_0W_0G_0)(G_0^{\mathrm{T}}W_0G_0)^{-1}\big), \tag{6-6}$$

其中 $S_0=S(\boldsymbol{\theta}_0)$.

证明 先证相合性. 由条件 (A3)—(A5), 可知

$$\left[\frac{1}{n}\sum_{i=1}^n\frac{\mathrm{d}\mathbf{g}(X_i;\boldsymbol{\theta})}{\mathrm{d}\boldsymbol{\theta}}\bigg|_{\boldsymbol{\theta}=\boldsymbol{\theta}_0}\right]^{\mathrm{T}}W_n\left[\frac{1}{n}\sum_{i=1}^n\mathbf{g}(X_i;\boldsymbol{\theta})\bigg|_{\boldsymbol{\theta}=\boldsymbol{\theta}_0}\right]$$

$$= \left[\frac{1}{n}\sum_{i=1}^{n}\frac{\mathrm{d}\mathbf{g}(X_i;\boldsymbol{\theta})}{\mathrm{d}\boldsymbol{\theta}}\bigg|_{\boldsymbol{\theta}=\boldsymbol{\theta}_0}\right]^{\mathrm{T}} W_n \frac{1}{\sqrt{n}}\left[\frac{1}{\sqrt{n}}\sum_{i=1}^{n}\mathbf{g}(X_i;\boldsymbol{\theta})\bigg|_{\boldsymbol{\theta}=\boldsymbol{\theta}_0}\right] \xrightarrow{\mathrm{P}} \mathbf{0}.$$

由定理 3.8, 仅需证明参数 $\boldsymbol{\theta}_0$ 是可识别的即可. 因条件 (A2)—(A4) 成立, 这是显然的.

再证渐近正态性. 注意到最大似然估计量满足方程 (6-5), 若记

$$\mathbf{g}_n(\boldsymbol{\theta}) = \frac{1}{n}\sum_{i=1}^{n}\mathbf{g}(X_i;\boldsymbol{\theta}), \quad G_n(\boldsymbol{\theta}) = \frac{\mathrm{d}\mathbf{g}_n(\boldsymbol{\theta})}{\mathrm{d}\boldsymbol{\theta}},$$

则有

$$G_n(\boldsymbol{\theta})^{\mathrm{T}} W_n \sqrt{n}\,\mathbf{g}_n(\boldsymbol{\theta}) = \mathbf{0}. \tag{6-7}$$

将 $\sqrt{n}\,\mathbf{g}_n(\boldsymbol{\theta})$ 在 $\boldsymbol{\theta}=\boldsymbol{\theta}_0$ 处 Taylor 展开, 并代入 $\boldsymbol{\theta}=\hat{\boldsymbol{\theta}}_n$ 的值, 得

$$\sqrt{n}\,\mathbf{g}_n(\hat{\boldsymbol{\theta}}_n) = \sqrt{n}\,\mathbf{g}_n(\hat{\boldsymbol{\theta}}_0) + G_n(\bar{\boldsymbol{\theta}}_n)\sqrt{n}(\hat{\boldsymbol{\theta}}_n - \boldsymbol{\theta}_0), \tag{6-8}$$

其中 $\bar{\boldsymbol{\theta}}_n$ 为 $\hat{\boldsymbol{\theta}}_n$ 与 $\boldsymbol{\theta}_0$ 之间的值. 将式 (6-8) 代入 (6-7), 得

$$G_n(\boldsymbol{\theta})^{\mathrm{T}} W_n \sqrt{n}\,\mathbf{g}_n(\hat{\boldsymbol{\theta}}_0) + G_n(\boldsymbol{\theta})^{\mathrm{T}} W_n G_n(\bar{\boldsymbol{\theta}}_n)\sqrt{n}(\hat{\boldsymbol{\theta}}_n - \boldsymbol{\theta}_0) = \mathbf{0}.$$

于是

$$\sqrt{n}(\hat{\boldsymbol{\theta}}_n - \boldsymbol{\theta}_0) = -[G_n(\boldsymbol{\theta})^{\mathrm{T}} W_n G_n(\bar{\boldsymbol{\theta}}_n)]^{-1} G_n(\boldsymbol{\theta})^{\mathrm{T}} W_n \sqrt{n}\,\mathbf{g}_n(\hat{\boldsymbol{\theta}}_0). \tag{6-9}$$

由条件 (A3)—(A4), 得

$$[G_n(\boldsymbol{\theta})^{\mathrm{T}} W_n G_n(\bar{\boldsymbol{\theta}}_n)]^{-1} \xrightarrow{\mathrm{P}} [G_0^{\mathrm{T}} W_0 G_0]^{-1} \tag{6-10}$$

与

$$G_n(\boldsymbol{\theta})^{\mathrm{T}} W_n \xrightarrow{\mathrm{P}} G_0^{\mathrm{T}} W_0. \tag{6-11}$$

由条件 (A5), 得

$$\sqrt{n}\,\mathbf{g}_n(\hat{\boldsymbol{\theta}}_0) \rightsquigarrow N(\mathbf{0}, S(\boldsymbol{\theta}_0)). \tag{6-12}$$

融合式 (6-9)—式 (6-12), 并利用 Slutsky 引理, 可证得渐近正态性结论 (6-6) 成立.

若 $(X_1, \cdots, X_n)$ 为简单随机样本, 则

$$S(\boldsymbol{\theta}_0) = \mathrm{E}[\mathbf{g}(X;\boldsymbol{\theta})\mathbf{g}(X;\boldsymbol{\theta})^{\mathrm{T}}]\Big|_{\boldsymbol{\theta}=\boldsymbol{\theta}_0},$$

$$G_0 = \mathrm{E}\Big[\frac{\mathrm{d}\mathbf{g}(X;\boldsymbol{\theta})}{\mathrm{d}\boldsymbol{\theta}}\Big]\Big|_{\boldsymbol{\theta}=\boldsymbol{\theta}_0}.$$

若 $r=p$, 则 G_0, W_0, S_0 皆为方阵, 于是式 (6-6) 中的渐近方差为

$$\begin{aligned}&(G_0^{\mathrm{T}}W_0G_0)^{-1}(G_0^{\mathrm{T}}W_0S_0W_0G_0)(G_0^{\mathrm{T}}W_0G_0)^{-1}\\&=G_0^{-1}W_0^{-1}(G_0^{\mathrm{T}})^{-1}G_0^{\mathrm{T}}W_0S_0W_0G_0G_0^{-1}W_0^{-1}(G_0^{\mathrm{T}})^{-1}=G_0^{-1}S_0(G_0^{\mathrm{T}})^{-1}.\end{aligned}$$

矩估计量皆可看作广义矩估计的特例, 这时, 权重矩阵可以取为任意满秩的矩阵.

6.1.2 方差矩阵的估计

由式 (6-6) 可知, 广义矩估计量的渐近方差为

$$(G_0^{\mathrm{T}}W_0G_0)^{-1}(G_0^{\mathrm{T}}W_0S_0W_0G_0)(G_0^{\mathrm{T}}W_0G_0)^{-1}.$$

要对该渐近方差进行估计, 关键需对 G_0, S_0 与 W_0 进行估计.

若观测样本为相互独立的, 有两种方法可以实现 G_0, S_0 与 W_0 的估计. 一种方法为用

$$\hat{G}_n=\frac{1}{n}\sum_{i=1}^{n}\frac{\mathrm{d}\mathbf{g}(X_i;\boldsymbol{\theta})}{\mathrm{d}\boldsymbol{\theta}}\Big|_{\boldsymbol{\theta}=\hat{\boldsymbol{\theta}}_{\mathrm{GMM}}},\quad W_n,\quad \hat{S}_n=\frac{1}{n}\sum_{i=1}^{n}\mathbf{g}(X_i;\boldsymbol{\theta})\mathbf{g}(X_i;\boldsymbol{\theta})^{\mathrm{T}}\Big|_{\boldsymbol{\theta}=\hat{\boldsymbol{\theta}}_{\mathrm{GMM}}}$$

分别估计 G_0, W_0 与 S_0. 这种方法无需关于总体分布函数的假设. 另一种方法可以分别通过

$$\hat{G}_E=\mathrm{E}\Big[\frac{\mathrm{d}\mathbf{g}(X;\boldsymbol{\theta})}{\mathrm{d}\boldsymbol{\theta}}\Big]\Big|_{\boldsymbol{\theta}=\hat{\boldsymbol{\theta}}_{\mathrm{GMM}}},\quad W_n,\quad \hat{S}_E=\mathrm{E}[\mathbf{g}(X;\boldsymbol{\theta})\mathbf{g}(X;\boldsymbol{\theta})^{\mathrm{T}}]\Big|_{\boldsymbol{\theta}=\hat{\boldsymbol{\theta}}_{\mathrm{GMM}}}$$

来估计 G_0, W_0 与 S_0. 这种估计方法需要提前知道总体分布函数.

若观测样本不具有独立性, 如观测序列为从时间序列中所得的样本, 这时渐近协方差矩阵的估计可参见文献 [5, 6, 38, 39] 等.

6.1.3 最优权重矩阵的选取

定义 6.2 对于给定的估计函数 $\mathbf{g}(x;\boldsymbol{\theta})$, 使得广义矩估计量渐近协方差矩阵达到最小的权重矩阵称为**最优权重阵**. 相应地, 广义矩估计量称为**最优广义矩估计量**.

注 6.1 若估计函数 $\mathbf{g}(x;\boldsymbol{\theta})$ 选择得不够好, 即使采用最优广义矩估计量, 其渐近协方差矩阵也有可能较大.

对于 $r>p$ 且 S_0 已知的情况, 最优的广义矩估计量可通过选择 $W_n=S_0^{-1}$ 而获得, 这时

$$\sqrt{n}(\hat{\boldsymbol{\theta}}_{\mathrm{GMM}}-\boldsymbol{\theta})\rightsquigarrow N(\mathbf{0},(G_0^{\mathrm{T}}S_0^{-1}G_0)^{-1}).$$

这主要是因为: 若 $\hat{\boldsymbol{\theta}}=\arg\min \mathbf{U}^{\mathrm{T}}W\mathbf{U}$, 则当取 $W=(\mathrm{Cov}(\mathbf{U}))^{-1}$ 时, 所得的估计量为利用现有估计方程线性组合信息得到的最有效估计量 (见文献 [40]). 当 W_0 取为最优权重矩阵 S_0^{-1} 时, 式 (6-6) 中的渐近方差为 $(G_0^{\mathrm{T}}S_0^{-1}G_0)^{-1}$.

例 6.2 (例 6.1续) 在例 6.1 中,

$$G_0=\mathrm{E}\left[\frac{\partial \mathbf{g}(X;\boldsymbol{\theta})}{\partial \boldsymbol{\theta}}\right]=-\frac{\partial \Phi}{\partial \boldsymbol{\theta}}=\begin{pmatrix}(\sigma|t_1|)^\alpha \log(\sigma|t_1|)\mathrm{e}^{-\sigma^\alpha|t_1|^\alpha} & \alpha\sigma^{\alpha-1}|t_1|^\alpha \mathrm{e}^{-\sigma^\alpha|t_1|^\alpha}\\ \vdots & \vdots\\ (\sigma|t_k|)^\alpha \log(\sigma|t_k|)\mathrm{e}^{-\sigma^\alpha|t_k|^\alpha} & \alpha\sigma^{\alpha-1}|t_k|^\alpha \mathrm{e}^{-\sigma^\alpha|t_k|^\alpha}\\ 0 & 0\\ \vdots & \vdots\\ 0 & 0\end{pmatrix}.$$

这时, $S_0=S(\boldsymbol{\theta})$. 这里

$$\begin{aligned}S(\boldsymbol{\theta})&=\mathrm{Var}_{\boldsymbol{\theta}}(\mathbf{g}(X;\boldsymbol{\theta}))=\mathrm{Var}_{\boldsymbol{\theta}}(\Psi(X))\\ &=\begin{pmatrix}\Big(\mathrm{Cov}(\cos(t_iX),\cos(t_jX))\Big)_{k\times k} & \Big(\mathrm{Cov}(\cos(t_iX),\sin(t_jX))\Big)_{k\times k}\\ \Big(\mathrm{Cov}(\sin(t_iX),\cos(t_jX))\Big)_{k\times k} & \Big(\mathrm{Cov}(\sin(t_iX),\sin(t_jX))\Big)_{k\times k}\end{pmatrix},\end{aligned}$$

其中

$$\begin{aligned}\mathrm{Cov}(\cos(t_iX),\cos(t_jX))&=\frac{1}{2}\big[\mathrm{Re}\,\phi(t_i+t_j;\boldsymbol{\theta})+\mathrm{Re}\,\phi(t_i-t_j;\boldsymbol{\theta})\big]\\ &\quad-\mathrm{Re}\,\phi(t_i;\boldsymbol{\theta})\mathrm{Re}\,\phi(t_j;\boldsymbol{\theta})\\ &=\frac{1}{2}\big[\exp\big\{-\sigma^\alpha|t_i+t_j|^\alpha\big\}+\exp\big\{-\sigma^\alpha|t_i-t_j|^\alpha\big\}\big]\\ &\quad-\exp\big\{-\sigma^\alpha(|t_i|^\alpha+|t_j|^\alpha)\big\},\\ \mathrm{Cov}(\cos(t_iX),\sin(t_jX))&=\frac{1}{2}\big[\mathrm{Im}\,\phi(t_i+t_j;\boldsymbol{\theta})+\mathrm{Im}\,\phi(t_i-t_j;\boldsymbol{\theta})\big]\\ &\quad-\mathrm{Re}\,\phi(t_i;\boldsymbol{\theta})\mathrm{Im}\,\phi(t_j;\boldsymbol{\theta})\\ &=0,\\ \mathrm{Cov}(\sin(t_iX),\sin(t_jX))&=\frac{1}{2}\big[-\mathrm{Re}\,\phi(t_i+t_j;\boldsymbol{\theta})+\mathrm{Re}\,\phi(t_i-t_j;\boldsymbol{\theta})\big]\\ &\quad-\mathrm{Im}\,\phi(t_i;\boldsymbol{\theta})\mathrm{Im}\,\phi(t_j;\boldsymbol{\theta})\\ &=\frac{1}{2}\big[-\exp\big\{-\sigma^\alpha|t_i+t_j|^\alpha\big\}+\exp\big\{-\sigma^\alpha|t_i-t_j|^\alpha\big\}\big].\end{aligned}$$

利用最优权重矩阵得到的参数 $\boldsymbol{\theta}$ 的广义矩估计量的渐近方差为 $(G_0^{\mathrm{T}}S_0^{-1}G_0)^{-1}$. 特别地, 若参数真值为 $\boldsymbol{\theta}_0=(\alpha,\sigma)=(1.5,1)$, 表 6-1 给出了不同格点选择下, 参数最优广义矩估计的渐近协方差矩阵. 事实上, 格点的位置比格点的个数起更重要的作用, 关于格点的适定选择算法可参见文献 [100].

表 6-1 不同格点选择下对称 α-稳定分布最优参数广义矩估计的渐近协方差矩阵

格点集	协方差矩阵	格点集	协方差矩阵
$(0.1,1.5)$	$\begin{pmatrix}3.231 & 0.303\\ 0.303 & 2.078\end{pmatrix}$	$(0.1,1.5,2)$	$\begin{pmatrix}3.220 & 0.327\\ 0.327 & 2.026\end{pmatrix}$
$(0.1,1.5,0.01)$	$\begin{pmatrix}3.199 & 0.292\\ 0.292 & 2.075\end{pmatrix}$	$(0.1,1.5,100)$	$\begin{pmatrix}3.231 & 0.303\\ 0.303 & 2.078\end{pmatrix}$
$(0.1,1.5,0.5)$	$\begin{pmatrix}2.907 & 0.783\\ 0.783 & 1.367\end{pmatrix}$		

事实上, S_0 是未知的. 因此, 可以取 S_0 的一相合估计量 $\hat{S}$ 代替 S_0, 即取 $W_n=\hat{S}^{-1}$.

在具体计算时, 最优广义矩估计可以通过如下两步实现.

第 1 步: 取 $W_n=I_r$, 得

$$\hat{\boldsymbol{\theta}}_n'=\arg\min_{\boldsymbol{\theta}\in\Theta}\left[\frac{1}{n}\sum_{i=1}^n\mathbf{g}(X_i;\boldsymbol{\theta})\right]^{\mathrm{T}}\left[\frac{1}{n}\sum_{i=1}^n\mathbf{g}(X_i;\boldsymbol{\theta})\right].$$

第 2 步: 取 $\hat{S}=\dfrac{1}{n}\sum_{i=1}^n\mathbf{g}(\hat{\boldsymbol{\theta}}_n')\mathbf{g}(\hat{\boldsymbol{\theta}}_n')^{\mathrm{T}}$. 最优广义矩估计量 (或二步广义矩估计量) 为

$$\hat{\boldsymbol{\theta}}_{\mathrm{GMM}}=\arg\min_{\boldsymbol{\theta}\in\Theta}\left[\frac{1}{n}\sum_{i=1}^n\mathbf{g}(X_i;\boldsymbol{\theta})\right]^{\mathrm{T}}\hat{S}^{-1}\left[\frac{1}{n}\sum_{i=1}^n\mathbf{g}(X_i;\boldsymbol{\theta})\right].$$

这样所得的估计量即满足

$$\sqrt{n}(\hat{\boldsymbol{\theta}}_{\mathrm{GMM}}-\boldsymbol{\theta}_0)\rightsquigarrow N\big(\mathbf{0},(G_0^{\mathrm{T}}S_0^{-1}G_0)^{-1}\big).$$

注 6.2 广义矩估计还涉及最优估计函数 $\mathbf{g}(x;\boldsymbol{\theta})$ 的选择. 理论上, 最优取法为 $\mathbf{g}(x;\boldsymbol{\theta})=\partial\ln f(x;\boldsymbol{\theta})/\partial\boldsymbol{\theta}$, 其中 $f(x;\boldsymbol{\theta})$ 为总体密度函数. 但是, 总体密度函数不一定存在. 广义矩估计正是通过充分利用已知矩条件进行参数估计的方法.

6.2 经验似然

首先介绍文献 [67,69] 中给出的均值参数的经验似然 (empirical likelihood) 方法. 设 $(\mathbf{x}_1,\mathbf{x}_2,\cdots,\mathbf{x}_n)$ 为取自一取值为 k 维数值总体的简单随机样本的观测值.

设总体分布函数为 $F(\mathbf{x})$, 并具有非奇异的协方差矩阵. 则经验似然函数为

$$L(F)=\prod_{i=1}^{n}\mathrm{d}F(\mathbf{x}_i)=\prod_{i=1}^{n}p_i, \tag{6-13}$$

其中 $p_i=\mathrm{P}(\mathbf{X}=\mathbf{x}_i)$. 式 (6-13) 在经验分布函数 $F_n(\mathbf{x})=n^{-1}\sum_{i=1}^{n}\mathbb{I}_{(-\infty^k,\mathbf{x}]}(\mathbf{x}_i)$ 处达到最大值. 经验似然比定义为

$$R(F)=\frac{L(F)}{L(F_n)}=\prod_{i=1}^{n}(np_i).$$

6.2.1　均值参数的经验似然

现假设欲估计总体均值向量 $\boldsymbol{\mu}$. 为得到参数 $\boldsymbol{\mu}$ 的置信域, 需定义剖面经验似然比函数 (profile empirical likelihood ratio function)

$$R_E(\boldsymbol{\mu})=\sup\left\{\prod_{i=1}^{n}(np_i):p_i\geqslant 0,\ \sum_{i=1}^{n}p_i=1,\ \sum_{i=1}^{n}p_i(\mathbf{x}_i-\boldsymbol{\mu})=\mathbf{0}\right\}. \tag{6-14}$$

若 $\boldsymbol{\mu}$ 在点 $\mathbf{x}_1,\mathbf{x}_2,\cdots,\mathbf{x}_n$ 的一个凸壳内, 则优化问题 (6-14) 的解存在 (见文献 [67, 69]). 剖面经验似然比函数 $R_E(\boldsymbol{\mu})$ 的具体表达式可以通过 Lagrange 乘数法得到.

优化问题 (6-14) 即为在约束条件 $p_i\geqslant 0$, $\sum_{i=1}^{n}p_i=1$ 与 $\sum_{i=1}^{n}p_ix_i=\mu$ 下, 最大化目标函数 $\prod_{i=1}^{n}(np_i)$. 经求解可得

$$p_i=p_i(\boldsymbol{\mu})=\frac{1}{n}\frac{1}{1+\mathbf{t}^{\mathrm{T}}(\mathbf{x}_i-\boldsymbol{\mu})},$$

其中 $\mathbf{t}$ 为方程

$$\sum_{i=1}^{n}\frac{\mathbf{x}_i-\boldsymbol{\mu}}{1+\mathbf{t}^{\mathrm{T}}(\mathbf{x}_i-\boldsymbol{\mu})}=\mathbf{0}$$

的解. 现在, $R_E(\boldsymbol{\mu})=\prod_{i=1}^{n}\{1+\mathbf{t}^{\mathrm{T}}(\mathbf{x}_i-\boldsymbol{\mu})\}^{-1}$. 相应地, -2 对数经验似然比统计量为

$$W_E(\boldsymbol{\mu})=-2\log R_E(\boldsymbol{\mu})=2\sum_{i=1}^{n}\log\left\{1+\mathbf{t}^{\mathrm{T}}(\mathbf{x}_i-\boldsymbol{\mu})\right\}.$$

文献 [67,69] 中已证明, 在一定的条件下, 若 $\boldsymbol{\mu}=\boldsymbol{\mu}_0$, 则当 $n\to\infty$ 时, $W_E(\boldsymbol{\mu}_0)\rightsquigarrow\chi^2(k)$.

6.2.2　一般参数的经验似然

为简单起见, 现假设样本取自一维总体, 总体分布函数为 $F(x)$, 其中含有一 p 维的参数向量 $\boldsymbol{\theta}$. 进一步假设除了样本信息外, 我们还有关于 $\boldsymbol{\theta}$ 的进一步的矩信息, 即 $\mathrm{E}_F\{g_j(X;\boldsymbol{\theta})\}=0$ 对所有的 $j=1,2,\cdots,r$ 都成立, 其中 $g_j(X;\boldsymbol{\theta})$, $j=$

$1, 2, \cdots, r$ 为相互独立的估计函数, 且 $r \geqslant p$. 用向量的表示方式, 若令 $\mathbf{g}(x;\boldsymbol{\theta}) = (g_1(x;\boldsymbol{\theta}), \cdots, g_r(x;\boldsymbol{\theta}))^{\mathrm{T}}$, 则

$$\mathrm{E}_F\{\mathbf{g}(x;\boldsymbol{\theta})\} = \mathbf{0}. \tag{6-15}$$

在约束条件

$$p_i \geqslant 0, \quad \sum_{i=1}^{n} p_i = 1, \quad \sum_{i=1}^{n} p_i\, \mathbf{g}(x_i;\boldsymbol{\theta}) = \mathbf{0}$$

下, 通过最大化式 (6-13) 可得参数 $\boldsymbol{\theta}$ 的最大经验似然估计.

若向量 $\mathbf{0}$ 在点 $\mathbf{g}(x_1;\boldsymbol{\theta}), \cdots, \mathbf{g}(x_n;\boldsymbol{\theta})$ 所构成的凸壳内, 则最大化 (6-13) 的解存在且唯一. 令

$$H(p_1, \cdots, p_n; \lambda, \mathbf{t}) = \sum_i \log p_i + \lambda\left(1 - \sum_i p_i\right) - n\mathbf{t}^{\mathrm{T}} \sum_i p_i\, \mathbf{g}(x_i;\boldsymbol{\theta}),$$

其中 λ 与 $\mathbf{t} = (t_1, \cdots, t_r)^{\mathrm{T}}$ 都是 Lagrange 乘子. 关于 p_i 求导, 得

$$\frac{\partial H}{\partial p_i} = \frac{1}{p_i} - \lambda - n\,\mathbf{t}^{\mathrm{T}}\mathbf{g}(x_i;\boldsymbol{\theta}) = 0 \Rightarrow \sum_i p_i \frac{\partial H}{\partial p_i} = n - \lambda = 0 \Rightarrow \lambda = n.$$

则 $\prod_{i=1}^{n}(np_i)$ 在约束条件下的最大值在

$$p_i = \frac{1}{n}\frac{1}{1 + \mathbf{t}^{\mathrm{T}}\mathbf{g}(x_i;\boldsymbol{\theta})}$$

处达到, 其中 $\mathbf{t}$ 为方程

$$\sum_{i=1}^{n} p_i \mathbf{g}(x_i;\boldsymbol{\theta}) = \frac{1}{n}\sum_{i=1}^{n} \frac{1}{1 + \mathbf{t}^{\mathrm{T}}\mathbf{g}(x_i,\boldsymbol{\theta})}\mathbf{g}(x_i;\boldsymbol{\theta}) = \mathbf{0}$$

的根.

现在参数 $\boldsymbol{\theta}$ 的 (拟) 经验似然函数为

$$L_E(\boldsymbol{\theta}) = \prod_{i=1}^{n}\left\{\frac{1}{n}\frac{1}{1 + \mathbf{t}^{\mathrm{T}}(\boldsymbol{\theta})\mathbf{g}(x_i;\boldsymbol{\theta})}\right\}.$$

经验对数似然比为

$$l_E(\boldsymbol{\theta}) = \sum_{i=1}^{n} \log\left\{1 + \mathbf{t}^{\mathrm{T}}(\boldsymbol{\theta})\mathbf{g}(x_i;\boldsymbol{\theta})\right\}. \tag{6-16}$$

令 $\gamma_i(\boldsymbol{\theta})=\mathbf{t}^{\mathrm{T}}\mathbf{g}(x_i;\boldsymbol{\theta})$, $\mathbf{S}=\frac{1}{n}\sum_{i=1}^n\mathbf{g}(x_i;\boldsymbol{\theta})\mathbf{g}^{\mathrm{T}}(x_i;\boldsymbol{\theta})$. 则

$$\begin{aligned}\mathbf{0}&=\frac{1}{n}\sum_{i=1}^n\frac{1}{1+\mathbf{t}^{\mathrm{T}}\mathbf{g}(x_i;\boldsymbol{\theta})}\mathbf{g}(x_i;\boldsymbol{\theta})=\frac{1}{n}\sum_{i=1}^n\mathbf{g}(x_i;\boldsymbol{\theta})\left(1-\gamma_i(\boldsymbol{\theta})+\frac{\gamma_i^2(\boldsymbol{\theta})}{1+\gamma_i(\boldsymbol{\theta})}\right)\\&=\frac{1}{n}\sum_{i=1}^n\mathbf{g}(x_i;\boldsymbol{\theta})-\mathbf{S}\,\mathbf{t}+\frac{\gamma_i^2(\boldsymbol{\theta})}{1+\gamma_i(\boldsymbol{\theta})}\frac{1}{n}\sum_{i=1}^n\mathbf{g}(x_i;\boldsymbol{\theta}).\end{aligned}\tag{6-17}$$

以下引理称为 Borel-Cantelli 引理 (参见文献 [50] 定理 3.18).

引理 6.1 (Borel-Cantelli 引理)　设 $A_1,A_2,\cdots\in\mathcal{A}$, 则由 $\sum_n\mathrm{P}(A_n)<\infty$ 可得 $\mathrm{P}(A_n,\ \text{i.o.})=0$, 并且当 $\{A_n\}$ 为对立事件序列时, 两条件等价. 这里, i.o. 代表发生无穷次.

引理 6.2 (文献 [69] 引理 3)　设 $Y_i\geqslant 0$ 为独立同分布的随机变量. 定义 $Z_n=\max_{1\leqslant i\leqslant n}Y_i$. 若 $\mathrm{E}(Y_i^2)<\infty$, 则当 $n\to\infty$ 时, 依概率 1 有 $Z_n=o(n^{1/2})$, 且 $\frac{1}{n}\sum_{i=1}^n Y_i^3=o(n^{1/2})$.

证明　由 $\mathrm{E}(Y_1^2)<\infty$, 可得 $\sum_{n=1}^\infty\mathrm{P}(Y_1^2>n)<\infty$, 这暗含着 $\sum_{n=1}^\infty\mathrm{P}(Y_n>n^{1/2})<\infty$. 由 Borel-Cantelli 引理 (引理 6.1), 得 $Y_n>n^{1/2}$ 依概率 0 无穷次出现. 进一步, $Z_n>n^{1/2}$ 依概率 0 无穷次出现. 类似地, 可证得对任意的常数 $A>0$, $Z_n>An^{1/2}$ 依概率 0 无穷次出现. 因此, 依概率 1 有 $\limsup Z_n/n^{1/2}\leqslant A$, 其中 $A>0$ 可以为任意可数集中的值. 所以, 当 $n\to\infty$ 时, 依概率 1 有 $Z_n=o(n^{1/2})$.

由 $Z_n=o(n^{1/2})$ 及强大数定律, 得 $\frac{1}{n}\sum_{i=1}^n Y_i^3\leqslant\frac{Z_n}{n}\sum_{i=1}^n Y_i^2=o(n^{1/2})$. 证毕.

若 $\mathbf{g}(x;\boldsymbol{\theta})$ 在参数真值 $\boldsymbol{\theta}_0$ 的一邻域内连续, 且 $\mathrm{E}[\|\mathbf{g}(X;\boldsymbol{\theta}_0)\|^2]$ 有限, 由引理 6.2, 可知

$$\max_{1\leqslant i\leqslant n}\|\mathbf{g}(X_i;\boldsymbol{\theta})\|=o(n^{1/2})\tag{6-18}$$

与

$$\frac{1}{n}\sum\|\mathbf{g}(X_i;\boldsymbol{\theta})\|^3=o(n^{1/2}).\tag{6-19}$$

现说明 $\|\mathbf{t}\|=O_P(n^{-1/2})$. 记 $\mathbf{t}=\|\mathbf{t}\|\boldsymbol{\rho}$, 则 $\|\boldsymbol{\rho}\|=1$. 由 $p_i\leqslant 1$, 易知 $1+\|\mathbf{t}\|\boldsymbol{\rho}^{\mathrm{T}}\mathbf{g}(X_i;\boldsymbol{\theta})>0$. 现

$$0=\left\|\frac{1}{n}\sum_{i=1}^n\frac{1}{1+\|\mathbf{t}\|\boldsymbol{\rho}^{\mathrm{T}}\mathbf{g}(x_i;\boldsymbol{\theta})}\mathbf{g}(x_i;\boldsymbol{\theta})\right\|$$

$$
\begin{aligned}
&\geqslant \frac{1}{n}\left\|\sum_{i=1}^{n}\frac{1}{1+\|\mathbf{t}\|\boldsymbol{\rho}^{\mathrm{T}}\mathbf{g}(x_i;\boldsymbol{\theta})}\boldsymbol{\rho}^{\mathrm{T}}\mathbf{g}(x_i;\boldsymbol{\theta})\right\| \\
&= \frac{1}{n}\left\|\sum_{i=1}^{n}\boldsymbol{\rho}^{\mathrm{T}}\mathbf{g}(x_i;\boldsymbol{\theta}) - \|\mathbf{t}\|\sum_{i=1}^{n}\frac{\mathbf{g}(x_i;\boldsymbol{\theta})^{\mathrm{T}}\mathbf{g}(x_i;\boldsymbol{\theta})}{1+\|\mathbf{t}\|\boldsymbol{\rho}^{\mathrm{T}}\mathbf{g}(x_i;\boldsymbol{\theta})}\right\| \\
&\geqslant \|\mathbf{t}\|\frac{\dfrac{1}{n}\displaystyle\sum_{i=1}^{n}\mathbf{g}(x_i;\boldsymbol{\theta})^{\mathrm{T}}\mathbf{g}(x_i;\boldsymbol{\theta})}{1+\|\mathbf{t}\|\displaystyle\max_{1\leqslant i\leqslant n}\boldsymbol{\rho}^{\mathrm{T}}\mathbf{g}(x_i;\boldsymbol{\theta})} - \left\|\frac{1}{n}\sum_{i=1}^{n}\boldsymbol{\rho}^{\mathrm{T}}\mathbf{g}(x_i;\boldsymbol{\theta})\right\|.
\end{aligned}
\tag{6-20}
$$

由中心极限定理, 式 (6-20) 中第二项为 $O_P(n^{-1/2})$. 由式 (6-20) 及大数定律, 得

$$
\frac{\|\mathbf{t}\|}{1+\|\mathbf{t}\|\displaystyle\max_{1\leqslant i\leqslant n}\boldsymbol{\rho}^{\mathrm{T}}\mathbf{g}(x_i;\boldsymbol{\theta})} = O_P(n^{-1/2}).
$$

再由式 (6-18), 可得

$$
\|\mathbf{t}\| = O_P(n^{-1/2}). \tag{6-21}
$$

再一次利用式 (6-18), 可得

$$
\max_{1\leqslant i\leqslant n}|\gamma_i(\boldsymbol{\theta})| = O_P(n^{-1/2})o(n^{1/2}) = o_P(1). \tag{6-22}
$$

假定 $\mathrm{E}[\|\mathbf{g}(X;\boldsymbol{\theta}_0)\|^2]<\infty$. 由式 (6-19), (6-21) 及 (6-22), 式 (6-17) 最后一项的范数是有限的, 即

$$
\frac{1}{n}\sum_{i=1}^{n}\|\mathbf{g}(x_i;\boldsymbol{\theta})\|^3\|\mathbf{t}\|^2\big|1+\gamma_i(\boldsymbol{\theta})\big| = o(n^{1/2})O_P(n^{-1})O_P(1) = o_P(n^{-1/2}).
$$

假定 $\mathrm{E}[\mathbf{g}(x;\boldsymbol{\theta}_0)\mathbf{g}^{\mathrm{T}}(x;\boldsymbol{\theta}_0)]$ 为正定矩阵, 则在参数真值 $\boldsymbol{\theta}_0$ 的一个邻域内,

$$
\begin{aligned}
\mathbf{t}(\boldsymbol{\theta}) &= S^{-1}\frac{1}{n}\sum_{i=1}^{n}\mathbf{g}(x_i;\boldsymbol{\theta}) + S^{-1}o_P(n^{-1/2}) \\
&= S^{-1}\frac{1}{n}\sum_{i=1}^{n}\mathbf{g}(x_i;\boldsymbol{\theta}_0) + S^{-1}\frac{1}{n}\sum_{i=1}^{n}\frac{\partial\mathbf{g}(x_i;\bar{\boldsymbol{\theta}})}{\partial\boldsymbol{\theta}}(\boldsymbol{\theta}-\boldsymbol{\theta}_0) + S^{-1}o_P(n^{-1/2}),
\end{aligned}
$$

其中 $\|\bar{\boldsymbol{\theta}}-\boldsymbol{\theta}_0\|\leqslant\|\boldsymbol{\theta}-\boldsymbol{\theta}_0\|$. 由大数定律及中心极限定理, 得

$$
\mathbf{t}(\boldsymbol{\theta}) = O_P(n^{-1/3}) + o_P(n^{-1/2}) = O_P(n^{-1/3}) \tag{6-23}
$$

关于 $\boldsymbol{\theta}\in\big\{\boldsymbol{\theta}\big|\|\boldsymbol{\theta}-\boldsymbol{\theta}_0\|\leqslant n^{-1/3}\big\}$ 一致成立.

引理 6.3　假定: (B1) $\mathrm{E}[\mathbf{g}(x;\boldsymbol{\theta}_0)\mathbf{g}^{\mathrm{T}}(x;\boldsymbol{\theta}_0)]$ 为正定矩阵;
(B2) $\partial\mathbf{g}(x;\boldsymbol{\theta})/\partial\boldsymbol{\theta}$ 在参数真值 $\boldsymbol{\theta}_0$ 的一邻域 $U(\boldsymbol{\theta}_0)$ 内连续;
(B3) $\|\partial\mathbf{g}(x;\boldsymbol{\theta})/\partial\boldsymbol{\theta}\|,\|\mathbf{g}(x;\boldsymbol{\theta})\|^3\leqslant G(x)$ 在 $U(\boldsymbol{\theta}_0)$ 内一致成立;
(B4) 矩阵 $\mathrm{E}[\partial\mathbf{g}(x;\boldsymbol{\theta})/\partial\boldsymbol{\theta}]$ 的秩为 p.

则当 $n\to\infty$ 时, 在球 $\|\boldsymbol{\theta}-\boldsymbol{\theta}_0\|\leqslant n^{-1/3}$ 内部依概率 1 存在 $\tilde{\boldsymbol{\theta}}$ 使得 $l_E(\boldsymbol{\theta})$ 达到最小者, 并且 $\tilde{\boldsymbol{\theta}}$ 与 $\tilde{\mathbf{t}}=\mathbf{t}(\tilde{\boldsymbol{\theta}})$ 满足

$$Q_{1n}(\tilde{\boldsymbol{\theta}},\mathbf{t}(\tilde{\boldsymbol{\theta}}))=0,\qquad Q_{2n}(\tilde{\boldsymbol{\theta}},\mathbf{t}(\tilde{\boldsymbol{\theta}}))=0,$$

其中

$$Q_{1n}(\boldsymbol{\theta},\mathbf{t})=\frac{1}{n}\sum_i\frac{1}{1+\mathbf{t}^{\mathrm{T}}(\boldsymbol{\theta})\mathbf{g}(x_i;\boldsymbol{\theta})}\mathbf{g}(x_i;\boldsymbol{\theta}),\tag{6-24}$$

$$Q_{2n}(\boldsymbol{\theta},\mathbf{t})=\frac{1}{n}\sum_i\frac{1}{1+\mathbf{t}^{\mathrm{T}}(\boldsymbol{\theta})\mathbf{g}(x_i;\boldsymbol{\theta})}\left(\frac{\partial\mathbf{g}(x_i;\boldsymbol{\theta})}{\partial\boldsymbol{\theta}}\right)^{\mathrm{T}}\mathbf{t}.\tag{6-25}$$

证明　对于任意 $\boldsymbol{\theta}\in\left\{\boldsymbol{\theta}\middle|\|\boldsymbol{\theta}-\boldsymbol{\theta}_0\|=n^{-1/3}\right\}$, 记 $\boldsymbol{\theta}=\boldsymbol{\theta}_0+\mathbf{u}n^{-1/3}$, 其中 $\|\mathbf{u}\|=1$. 首先, 给出 $l_E(\boldsymbol{\theta})$ 在球面的一个下界. 由式 (6-23) 及 Taylor 展式, 关于 $\mathbf{u}$,

$$\begin{aligned}
l_E(\boldsymbol{\theta})=&\sum_i\mathbf{t}^{\mathrm{T}}(\boldsymbol{\theta})\mathbf{g}(x_i;\boldsymbol{\theta})-\frac{1}{2}\sum_i\left[\mathbf{t}^{\mathrm{T}}(\boldsymbol{\theta})\mathbf{g}(x_i;\boldsymbol{\theta})\right]^2+o(n^{1/3})\quad\text{(a.s.)}\\
=&\frac{n}{2}\left[\frac{1}{n}\sum_i\mathbf{g}(x_i;\boldsymbol{\theta})\right]^{\mathrm{T}}\mathbf{S}^{-1}\left[\frac{1}{n}\sum_i\mathbf{g}(x_i;\boldsymbol{\theta})\right]+o(n^{1/3})\quad\text{(a.s.)}\\
=&\frac{n}{2}\left[\frac{1}{n}\sum_i\mathbf{g}(x_i;\boldsymbol{\theta}_0)+\frac{1}{n}\sum_i\frac{\partial\mathbf{g}(x_i;\boldsymbol{\theta}_0)}{\partial\boldsymbol{\theta}}\mathbf{u}n^{-1/3}\right]^{\mathrm{T}}\mathbf{S}^{-1}\\
&\times\left[\frac{1}{n}\sum_i\mathbf{g}(x_i;\boldsymbol{\theta}_0)+\frac{1}{n}\sum_i\frac{\partial\mathbf{g}(x_i;\boldsymbol{\theta}_0)}{\partial\boldsymbol{\theta}}\mathbf{u}n^{-1/3}\right]+o(n^{1/3})\quad\text{(a.s.)}\\
=&\frac{n}{2}\left[O(n^{-1/2}(\log\log n)^{1/2})+\mathrm{E}\left[\frac{\partial\mathbf{g}(x_i;\boldsymbol{\theta}_0)}{\partial\boldsymbol{\theta}}\right]\mathbf{u}\,n^{-1/3}\right]^{\mathrm{T}}\mathrm{E}[\mathbf{g}(x;\boldsymbol{\theta}_0)\mathbf{g}^{\mathrm{T}}(x;\boldsymbol{\theta}_0)]^{-1}\\
&\times\left[O(n^{-1/2}(\log\log n)^{1/2})+\mathrm{E}\left[\frac{\partial\mathbf{g}(x_i;\boldsymbol{\theta}_0)}{\partial\boldsymbol{\theta}}\right]\mathbf{u}\,n^{-1/3}\right]+o(n^{1/3})\quad\text{(a.s.)}\\
\geqslant&(c-\varepsilon)n^{1/3}\quad\text{(a.s.)}
\end{aligned}$$

一致成立, 其中 $c-\varepsilon>0$, 而 c 为矩阵

$$\left[\mathrm{E}\left(\frac{\partial\mathbf{g}(x_i;\boldsymbol{\theta}_0)}{\partial\boldsymbol{\theta}}\right)\right]^{\mathrm{T}}\mathrm{E}[\mathbf{g}(x;\boldsymbol{\theta}_0)\mathbf{g}^{\mathrm{T}}(x;\boldsymbol{\theta}_0)]^{-1}\mathrm{E}\left(\frac{\partial\mathbf{g}(x_i;\boldsymbol{\theta}_0)}{\partial\boldsymbol{\theta}}\right)$$

的最小特征值. 类似地

$$l_E(\boldsymbol{\theta}_0)=\frac{n}{2}\left[\frac{1}{n}\sum_i \mathbf{g}(x_i;\boldsymbol{\theta}_0)\right]^{\mathrm{T}}\left[\frac{1}{n}\sum_{i=1}^n \mathbf{g}(x_i;\boldsymbol{\theta}_0)\mathbf{g}^{\mathrm{T}}(x_i;\boldsymbol{\theta}_0)\right]^{-1}\left[\frac{1}{n}\sum_i \mathbf{g}(x_i;\boldsymbol{\theta}_0)\right]$$
$$+o(1)\quad (\text{a.s.})$$
$$=O(\log\log n)+o(1)\quad (\text{a.s.}).$$

既然当 $\boldsymbol{\theta}$ 位于球 $\|\boldsymbol{\theta}-\boldsymbol{\theta}_0\|\leqslant n^{-1/3}$ 内时, $l_E(\boldsymbol{\theta})$ 关于 $\boldsymbol{\theta}$ 是连续的, 因此, $l_E(\boldsymbol{\theta})$ 在球内部存在最小者 $\tilde{\boldsymbol{\theta}}$, 其满足

$$\frac{\partial l_E(\boldsymbol{\theta})}{\partial \boldsymbol{\theta}}\Big|_{\boldsymbol{\theta}=\tilde{\boldsymbol{\theta}}}=\sum_i \frac{(\partial \mathbf{t}^{\mathrm{T}}(\boldsymbol{\theta})/\partial\boldsymbol{\theta})\mathbf{g}(x_i;\boldsymbol{\theta})+(\partial\mathbf{g}(x_i;\boldsymbol{\theta})/\partial\boldsymbol{\theta})^{\mathrm{T}}\mathbf{t}(\boldsymbol{\theta})}{1+\mathbf{t}^{\mathrm{T}}(\boldsymbol{\theta})\mathbf{g}(x_i;\boldsymbol{\theta})}\Big|_{\boldsymbol{\theta}=\tilde{\boldsymbol{\theta}}}=Q_{2n}(\tilde{\boldsymbol{\theta}},\tilde{\mathbf{t}})=\mathbf{0}.$$

定理 6.2 (文献 [73], 定理 1) 除了要求条件 (B1)—(B4) 成立外, 进一步假设:

(B5) $\partial^2\mathbf{g}(x;\boldsymbol{\theta})/\partial\boldsymbol{\theta}\partial\boldsymbol{\theta}^{\mathrm{T}}$ 关于参数 $\boldsymbol{\theta}$ 在真值 $\boldsymbol{\theta}_0$ 的一个邻域内连续;

(B6) $\|\partial^2\mathbf{g}(x;\boldsymbol{\theta})/\partial\boldsymbol{\theta}\partial\boldsymbol{\theta}^{\mathrm{T}}\|$ 在该邻域内由可积函数 $G(x)$ 控制.

则

$$\sqrt{n}(\tilde{\boldsymbol{\theta}}-\boldsymbol{\theta}_0)\to N(\mathbf{0},V),\quad \sqrt{n}\,\tilde{\mathbf{t}}\to N(\mathbf{0},U),\quad \sqrt{n}(\tilde{F}_n(x)-F(x))\to N(0,W(x)),$$

其中

$$\tilde{F}_n(x)=\sum_{i=1}^n \tilde{p}_i\mathbb{I}_{(-\infty,x)}(x_i),\quad \tilde{p}_i=\frac{1}{n}\frac{1}{1+\tilde{\mathbf{t}}^{\mathrm{T}}\mathbf{g}(x_i;\tilde{\boldsymbol{\theta}})},$$
$$V=\left[\mathrm{E}\left(\frac{\partial\mathbf{g}}{\partial\boldsymbol{\theta}}\right)^{\mathrm{T}}\left(\mathrm{E}(\mathbf{g}\mathbf{g}^{\mathrm{T}})\right)^{-1}\mathrm{E}\left(\frac{\partial\mathbf{g}}{\partial\boldsymbol{\theta}}\right)\right]^{-1},$$
$$W(x)=F(x)(1-F(x))-B(x)UB^{\mathrm{T}}(x),\ B(x)=\mathrm{E}\{\mathbf{g}(x_i;\boldsymbol{\theta}_0)\mathbb{I}_{(-\infty,x)}(x_i)\},$$
$$U=(\mathrm{E}(\mathbf{g}\mathbf{g}^{\mathrm{T}}))^{-1}\left\{I-\mathrm{E}\left(\frac{\partial\mathbf{g}}{\partial\boldsymbol{\theta}}\right)V\,\mathrm{E}\left(\frac{\partial\mathbf{g}}{\partial\boldsymbol{\theta}}\right)^{\mathrm{T}}(\mathrm{E}(\mathbf{g}\mathbf{g}^{\mathrm{T}}))^{-1}\right\},$$

并且 $\tilde{\boldsymbol{\theta}}$ 与 $\tilde{\mathbf{t}}$ 为渐近不相关的.

证明 在式 (6-24) 与 (6-25) 中, 关于 $\boldsymbol{\theta}$ 与 $\mathbf{t}^{\mathrm{T}}$ 分别求偏导数, 得

$$\frac{\partial Q_{1n}(\boldsymbol{\theta},\mathbf{0})}{\partial\boldsymbol{\theta}}=\frac{1}{n}\sum_i\frac{\partial\mathbf{g}(x_i;\boldsymbol{\theta})}{\partial\boldsymbol{\theta}},\quad \frac{\partial Q_{1n}(\boldsymbol{\theta},\mathbf{0})}{\partial\mathbf{t}^{\mathrm{T}}}=-\frac{1}{n}\sum_i\mathbf{g}(x_i;\boldsymbol{\theta})\mathbf{g}(x_i;\boldsymbol{\theta})^{\mathrm{T}},$$
$$\frac{\partial Q_{2n}(\boldsymbol{\theta},\mathbf{0})}{\partial\boldsymbol{\theta}}=\mathbf{0},\qquad \frac{\partial Q_{2n}(\boldsymbol{\theta},\mathbf{0})}{\partial\mathbf{t}^{\mathrm{T}}}=\frac{1}{n}\sum_i\left(\frac{\partial\mathbf{g}(x_i;\boldsymbol{\theta})}{\partial\boldsymbol{\theta}}\right)^{\mathrm{T}}.$$

由定理 6.2 的条件, $Q_{1n}(\tilde{\boldsymbol{\theta}},\tilde{\mathbf{t}})$ 与 $Q_{2n}(\tilde{\boldsymbol{\theta}},\tilde{\mathbf{t}})$ 在 $(\boldsymbol{\theta}_0,\mathbf{0})$ 点可以展为

$$\mathbf{0}=Q_{1n}(\tilde{\boldsymbol{\theta}},\tilde{\mathbf{t}})=Q_{1n}(\boldsymbol{\theta}_0,\mathbf{0})+\frac{\partial Q_{1n}(\boldsymbol{\theta}_0,\mathbf{0})}{\partial\boldsymbol{\theta}}(\tilde{\boldsymbol{\theta}}-\boldsymbol{\theta}_0)+\frac{\partial Q_{1n}(\boldsymbol{\theta}_0,\mathbf{0})}{\partial\mathbf{t}^{\mathrm{T}}}(\tilde{\mathbf{t}}-\mathbf{0})+o_P(\delta_n),$$

$$\mathbf{0}=Q_{2n}(\tilde{\boldsymbol{\theta}},\tilde{\mathbf{t}})=Q_{2n}(\boldsymbol{\theta}_0,\mathbf{0})+\frac{\partial Q_{2n}(\boldsymbol{\theta}_0,\mathbf{0})}{\partial\boldsymbol{\theta}}(\tilde{\boldsymbol{\theta}}-\boldsymbol{\theta}_0)+\frac{\partial Q_{2n}(\boldsymbol{\theta}_0,\mathbf{0})}{\partial\mathbf{t}^{\mathrm{T}}}(\tilde{\mathbf{t}}-\mathbf{0})+o_P(\delta_n),$$

其中 $\delta_n=\|\tilde{\boldsymbol{\theta}}-\boldsymbol{\theta}_0\|+\|\tilde{\mathbf{t}}\|$. 因此

$$\begin{pmatrix}\tilde{\mathbf{t}}\\ \tilde{\boldsymbol{\theta}}-\boldsymbol{\theta}_0\end{pmatrix}=S_n^{-1}\begin{pmatrix}-Q_{1n}(\boldsymbol{\theta}_0,\mathbf{0})+o_P(\delta_n)\\ o_P(\delta_n)\end{pmatrix},$$

其中当 $n\to\infty$ 时, 依概率有

$$\begin{aligned}S_n&=\begin{pmatrix}\dfrac{\partial Q_{1n}(\boldsymbol{\theta},\mathbf{0})}{\partial\mathbf{t}^{\mathrm{T}}} & \dfrac{\partial Q_{1n}(\boldsymbol{\theta},\mathbf{0})}{\partial\boldsymbol{\theta}}\\ \dfrac{\partial Q_{2n}(\boldsymbol{\theta},\mathbf{0})}{\partial\mathbf{t}^{\mathrm{T}}} & \dfrac{\partial Q_{2n}(\boldsymbol{\theta},\mathbf{0})}{\partial\boldsymbol{\theta}}\end{pmatrix}_{(\boldsymbol{\theta}_0,\mathbf{0})}\\
&=\begin{pmatrix}-\dfrac{1}{n}\displaystyle\sum_i\mathbf{g}(x_i;\boldsymbol{\theta}_0)\mathbf{g}(x_i;\boldsymbol{\theta}_0)^{\mathrm{T}} & \dfrac{1}{n}\displaystyle\sum_i\dfrac{\partial\mathbf{g}(x_i;\boldsymbol{\theta}_0)}{\partial\boldsymbol{\theta}}\\ \dfrac{1}{n}\displaystyle\sum_i\left(\dfrac{\partial\mathbf{g}(x_i;\boldsymbol{\theta}_0)}{\partial\boldsymbol{\theta}}\right)^{\mathrm{T}} & 0\end{pmatrix}\\
&\to\begin{pmatrix}-\mathrm{E}[\mathbf{g}\mathbf{g}^{\mathrm{T}}] & \mathrm{E}\left[\dfrac{\partial\mathbf{g}}{\partial\boldsymbol{\theta}}\right]\\ \mathrm{E}\left[\left(\dfrac{\partial\mathbf{g}}{\partial\boldsymbol{\theta}}\right)^{\mathrm{T}}\right] & 0\end{pmatrix}=:\begin{pmatrix}S_{11} & S_{12}\\ S_{21} & 0\end{pmatrix}.\end{aligned}$$

由此及 $Q_{1n}(\boldsymbol{\theta}_0,\mathbf{0})=(1/n)\sum_{i=1}^n\mathbf{g}(x_i;\boldsymbol{\theta}_0)=O_P(n^{-1/2})$, 可知 $\delta_n=O_P(n^{-1/2})$. 由文献 [71] 第 46 页, 可得

$$\begin{pmatrix}S_{11} & S_{12}\\ S_{21} & 0\end{pmatrix}^{-1}=\begin{pmatrix}S_{11}^{-1}(I+S_{12}(S_{21}S_{11}^{-1}S_{12})^{-1}S_{21}S_{11}^{-1}) & S_{11}^{-1}S_{12}(S_{21}S_{11}^{-1}S_{12})^{-1}\\ (S_{21}S_{11}^{-1}S_{12})^{-1}S_{21}S_{11}^{-1} & -(S_{21}S_{11}^{-1}S_{12})^{-1}\end{pmatrix}.$$

于是, 容易得知

$$\sqrt{n}\tilde{\mathbf{t}}=-S_{11}^{-1}(I+S_{12}(S_{21}S_{11}^{-1}S_{12})^{-1}S_{21}S_{11}^{-1})\sqrt{n}Q_{1n}(\boldsymbol{\theta}_0,0)+o_P(1)\to N(0,U),\tag{6-26}$$

$$\sqrt{n}(\tilde{\boldsymbol{\theta}}-\boldsymbol{\theta}_0)=-(S_{21}S_{11}^{-1}S_{12})^{-1}S_{21}S_{11}^{-1}\sqrt{n}Q_{1n}(\boldsymbol{\theta}_0,0)+o_P(1)\to N(0,V).\tag{6-27}$$

余下的结论类似可证.

推论 6.1 (文献 [73], 推论 1) 当 $r > p$ 时, 估计方程减少会致使 $\sqrt{n}(\tilde{\boldsymbol{\theta}} - \boldsymbol{\theta})$ 的渐近方差 $V = V_r$ 不减.

推论 6.2 (文献 [73], 推论 2) 基于估计函数 $g_1(x;\boldsymbol{\theta}), \cdots, g_r(x;\boldsymbol{\theta})$ 的最大经验似然估计是在所有利用他们的线性组合所生成的 $p \times 1$ 个估计方程得到的估计中最有效的, 即渐近方差最小的.

例 6.3 (例 6.2 续) 利用由估计函数 (6-4) 得到的矩条件建立经验似然函数

$$R_E(\boldsymbol{\theta}) = \sup\left\{\prod_{j=1}^{n}(np_j) : p_j \geqslant 0, \sum_{j=1}^{n} p_j = 1, \sum_{j=1}^{n} p_j \mathbf{g}(X_j;\boldsymbol{\theta}) = \mathbf{0}\right\}.$$

由定理 6.2, 最大化 $R_E(\boldsymbol{\theta})$ 所得的参数 $\boldsymbol{\theta}$ 的最大经验似然估计的渐近方差与最优广义矩估计的渐近方差相同. 也就是说, 在采用相同矩条件的情况下, 最优广义矩估计与最大经验似然估计渐近等价.

6.2.3 经验似然比检验

定理 6.3 (文献 [73], 定理 2) 用于检验 $H_0 : \boldsymbol{\theta} = \boldsymbol{\theta}_0$ 的经验似然比统计量为

$$W_E(\boldsymbol{\theta}_0) = 2l_E(\boldsymbol{\theta}_0) - 2l_E(\tilde{\boldsymbol{\theta}}),$$

其中 $l_E(\boldsymbol{\theta})$ 由式 (6-16) 给出. 在假设 (B1)—(B6) 成立的条件下, 若假设 H_0 为真, 则当 $n \to \infty$ 时, $W_E(\boldsymbol{\theta}_0) \to \chi^2(p)$.

证明 注意到对数经验似然比统计量具有表达式

$$W_E(\boldsymbol{\theta}_0) = 2\left\{\sum_i \log\left[1 + \mathbf{t}_0^{\mathrm{T}}\mathbf{g}(x_i;\boldsymbol{\theta}_0)\right] - \sum_i \log\left[1 + \tilde{\mathbf{t}}^{\mathrm{T}}\mathbf{g}(x_i;\tilde{\boldsymbol{\theta}})\right]\right\}.$$

由式 (6-26) 与 (6-27), 可得

$$\begin{aligned} l_E(\tilde{\boldsymbol{\theta}}, \tilde{\mathbf{t}}) &= \sum_{i=1}^{n} \log\left[1 + \tilde{\mathbf{t}}^{\mathrm{T}}\mathbf{g}(x_i;\tilde{\boldsymbol{\theta}})\right] \\ &= nQ_{1n}^{\mathrm{T}}(\boldsymbol{\theta}_0, \mathbf{0})\tilde{\mathbf{t}} + nQ_{2n}^{\mathrm{T}}(\boldsymbol{\theta}_0, \mathbf{0})(\tilde{\boldsymbol{\theta}} - \boldsymbol{\theta}_0) - \frac{1}{2}\sum_{i=1}^{n} \tilde{\mathbf{t}}^{\mathrm{T}}\mathbf{g}(x_i;\tilde{\boldsymbol{\theta}})\mathbf{g}^{\mathrm{T}}(x_i;\tilde{\boldsymbol{\theta}})\tilde{\mathbf{t}} + o_P(1) \\ &= -\frac{n}{2}Q_{1n}^{\mathrm{T}}(\boldsymbol{\theta}_0, \mathbf{0})S_{11}^{-1}\left(I + S_{12}(S_{21}S_{11}^{-1}S_{12})^{-1}S_{21}S_{11}^{-1}\right)Q_{1n}(\boldsymbol{\theta}_0, \mathbf{0}) + o_P(1). \end{aligned}$$

并且在假设 H_0 下,

$$\frac{1}{n}\sum_i \frac{1}{1 + \mathbf{t}_0^{\mathrm{T}}\mathbf{g}(x_i;\boldsymbol{\theta}_0)}\mathbf{g}(x_i;\boldsymbol{\theta}_0) = \mathbf{0} \Rightarrow \mathbf{t}_0 = -S_{11}^{-1}Q_{1n}(\boldsymbol{\theta}_0, \mathbf{0}) + o_P(1)$$

与

$$\sum_{i=1}^{n}\log\left[1+\mathbf{t}_0^{\mathrm{T}}\mathbf{g}(x_i;\boldsymbol{\theta}_0)\right]=-\frac{n}{2}Q_{1n}^{\mathrm{T}}(\boldsymbol{\theta}_0,\mathbf{0})S_{11}^{-1}Q_{1n}(\boldsymbol{\theta}_0,\mathbf{0})+o_P(1)$$

成立. 因此

$$\begin{aligned}W_E(\boldsymbol{\theta}_0)&=nQ_{1n}^{\mathrm{T}}(\boldsymbol{\theta}_0,\mathbf{0})S_{11}^{-1}S_{12}(S_{21}S_{11}^{-1}S_{12})^{-1}S_{21}S_{11}^{-1}Q_{1n}(\boldsymbol{\theta}_0,\mathbf{0})+o_P(1)\\&=\left(S_{11}^{-1/2}\sqrt{n}Q_{1n}(\boldsymbol{\theta}_0,\mathbf{0})\right)^{\mathrm{T}}S_{11}^{-1/2}S_{12}(S_{21}S_{11}^{-1}S_{12})^{-1}S_{21}S_{11}^{-1/2}\\&\quad\times\left(S_{11}^{-1/2}\sqrt{n}Q_{1n}(\boldsymbol{\theta}_0,\mathbf{0})\right)+o_P(1).\end{aligned}$$

注意到, $S_{11}^{-1/2}\sqrt{n}Q_{1n}(\boldsymbol{\theta}_0,\mathbf{0})$ 依分布收敛到标准的多变量正态分布, 且 $S_{11}^{-1/2}S_{12}\cdot(S_{21}S_{11}^{-1}S_{12})^{-1}S_{21}S_{11}^{-1/2}$ 为对称、幂等 (idempotent) 且迹为 p 的矩阵, 由引理 2.6 知: 经验似然比统计量满足 $W_E(\boldsymbol{\theta}_0)\rightsquigarrow\chi^2(p)$.

推论 6.3 (文献 [73], 推论 4)　为检验条件 (6-15), 可采用经验似然比统计量

$$W_1=2\sum_{i=1}^{n}\log\left[1+\tilde{\mathbf{t}}^{\mathrm{T}}\mathbf{g}(x_i;\tilde{\boldsymbol{\theta}})\right].$$

在假设 (B1)—(B6) 成立的条件下, 若条件 (6-15) 成立, 则 $W_1\rightsquigarrow\chi^2(r-p)$.

6.3　习　　题

习题 6.1　谈谈矩估计与广义矩估计间的联系.

习题 6.2　广义矩估计与经验似然方法各自可以做哪些统计推断问题? 它们各自的优势是什么?

习题 6.3　设随机变量 Y 服从密度函数为 $f(y)=(y/\lambda^2)\exp(-y/\lambda)\mathbb{I}_{(0,\infty)}(y)$ 的分布, 其中 $\lambda>0$ 为参数. 容易计算得到 $\mathrm{E}(Y)=2\lambda$, $\mathrm{Var}(Y)=2\lambda^2$. 现在假设参数 λ 依赖于其他的回归变量, 即 $\lambda=\exp(\mathbf{x}^{\mathrm{T}}\boldsymbol{\beta})/2$.

(1) 试证 $\mathrm{E}(Y|\mathbf{x})=\exp(\mathbf{x}^{\mathrm{T}}\boldsymbol{\beta})$, $\mathrm{Var}(Y|\mathbf{x})=\exp(2\mathbf{x}^{\mathrm{T}}\boldsymbol{\beta})/2$ 及 $\mathrm{E}[\mathbf{x}\{(y-\mathbf{x}^{\mathrm{T}}\boldsymbol{\beta})^2-\exp(2\mathbf{x}^{\mathrm{T}}\boldsymbol{\beta})/2\}]=\mathbf{0}$.

(2) 利用 (1) 中的最后一个矩条件求参数 $\boldsymbol{\beta}$ 的矩估计量.

(3) 给出参数 $\boldsymbol{\beta}$ 矩估计量的渐近分布.

(4) 利用 (1) 及 $\mathrm{E}[\mathbf{x}(y-\mathbf{x}^{\mathrm{T}}\boldsymbol{\beta})]=\mathbf{0}$ 两个矩条件给出参数 $\boldsymbol{\beta}$ 广义矩估计的目标函数.

习题 6.4　考虑模型 $Y=\mu+\epsilon$, 其中 ϵ 服从位置参数为 0, 尺度参数为 1 的 Laplace 分布, 即 ϵ 的密度函数为 $f(u)=(1/2)\exp(-|u|)$. 易知当 r 为奇数时

$\mathrm{E}(\epsilon^r)=0$, 而当 r 为偶数时 $\mathrm{E}(\epsilon^r)=r!$. 可以基于矩条件 $\mathbf{g}(y;\mu)=\mathbf{0}$ 进行广义矩估计, 其中 $\mathbf{g}(y;\mu)=((y-\mu),(y-\mu)^3)^{\mathrm{T}}$.

(1) 证明 $G_0=\mathrm{E}[\mathrm{d}\mathbf{g}/\mathrm{d}\mu]=(-1,-6)^{\mathrm{T}}$ 及 $S_0=\mathrm{E}[\mathbf{g}\mathbf{g}^{\mathrm{T}}]=\begin{pmatrix}2 & 24\\ 24 & 720\end{pmatrix}$.

(2) 验证 $G_0^{\mathrm{T}}S_0^{-1}G_0=252/432$.

(3) 验证最优广义矩估计量的渐近方差为 $1.7143/n$, 其中 n 为样本容量.

(4) 验证利用权重矩阵 $W=I_2$ 所得的广义矩估计量的渐近方差为 $19.14/n$.

习题 6.5 假设总体 X 的中位数由方程 $\mathrm{E}\big(\mathbb{I}_{(-\infty,m]}(X)-1/2\big)=0$ 的解 m 给出. 设 $(X_1,\cdots,X_n)$ 为取自总体 X 的一简单随机样本. 当 n 为偶数 (设 $n=2k$) 时, 任意 $m\in[X_{(k)},X_{(k+1)}]$ 都可视为样本中位数.

(1) 试说明当 n 为奇数时, 方程 $n^{-1}\sum_{i=1}^n\big(\mathbb{I}_{(-\infty,m]}(X_i)-1/2\big)=0$ 无解.

(2) 试说明当 n 为偶数时, 存在 $\{p_i\}$, 使得约束条件 $p_i\geqslant 0$, $\sum_{i=1}^n p_i=1$, $\sum_{i=1}^n p_i\big(\mathbb{I}_{(-\infty,m]}(X_i)-1/2\big)=0$ 都满足, 且 $-2\log\big(\prod_{i=1}^n(np_i)\big)=0$; 当 n 为奇数时, 在上述约束条件下, 存在 $\{p_i\}$ 满足 $-2\log\big(\prod_{i=1}^n(np_i)\big)=n^{-2}+O(n^{-3})$.

(3) 假设总体 X 服从连续型分布. 构造估计函数 $g(x;m)$, 使得当 m 为中位数时, $\mathrm{E}[g(X;m)]=0$. 由此可以通过矩条件 $n^{-1}\sum_{i=1}^n g(X_i;m)=0$ 对 m 进行经验似然估计.

习题 6.6 设 (X,Y) 服从参数为 $(\mu_x,\mu_y,\sigma_x^2,\sigma_y^2,\rho)$ 的二元正态分布. 试验证采用最大似然估计法得到的参数 ρ 的估计量是否与利用矩条件

$$\mathrm{E}(X-\mu_x)=0,$$

$$\mathrm{E}(Y-\mu_y)=0,$$

$$\mathrm{E}[(X-\mu_x)^2-\sigma_x^2]=0,$$

$$\mathrm{E}[(Y-\mu_y)^2-\sigma_y^2]=0,$$

$$\mathrm{E}[(X-\mu_x)(Y-\mu_y)-\rho\sigma_x\sigma_y]=0$$

得到的参数 ρ 的最大经验似然估计量一致?

习题 6.7 假设 $X\sim N(0,1)$. 令 $m(x;\theta)=(x-\theta)^2-0.5$. 试说明不存在 θ_0, 使得条件 $\mathrm{E}[m(X;\theta)]=0$ 成立. 设 $(X_1,\cdots,X_{100})$ 为取自总体 X 的样本, $R_n(\theta)$ 为参数 θ 的经验似然比函数. 分别取 $n=10k$, $k=1,\cdots,10$, 画出经验似然比 $R_n(\theta)$ 关于 θ 的变化曲线. 当 $n\to\infty$ 时, 参数 θ 的置信域将如何变化?

习题 6.8 假设 $Y\sim b(1,p)$, 其中参数 p 满足 $\mathrm{logit}(p)=\log\dfrac{p}{1-p}=\alpha+$

$\beta x+\epsilon$, 其中 $\epsilon \sim N(0,\sigma^2)$. 借助条件矩条件

$$\mathrm{E}[Y|x] = \big(1+\exp(\alpha+\beta x)\big)^{-1},$$

求参数估计的广义矩估计和最大经验似然估计.

习题 6.9 假设 $(X_1,\cdots,X_n)$ 取自均值为 μ_0, 方差为 $\sigma_0^2>0$ 的总体的简单随机样本. 又假设 $n=2m$. 设 $\hat{\mu}$ 为由估计方程

$$\sum_{i=1}^{m} p_i \begin{pmatrix} X_{2i-1}-\mu \\ X_{2i}-\mu \end{pmatrix} = \mathbf{0}$$

所得的最大经验似然估计量. 求 $\lim_{m\to\infty} m\mathrm{Var}(\hat{\mu})$. 参数 μ 的一个自然估计量为 $\overline{X}=n^{-1}\sum_{i=1}^{n} X_i$. 求 $\lim_{m\to\infty}\mathrm{Var}(\hat{\mu})/\mathrm{Var}(\overline{X})$.

第 7 章　贝叶斯统计推断

统计学分为两个主流学派: 频率 (经典) 学派和贝叶斯学派. 前面几章的内容可归为频率学派的经典内容. 近几十年来, 随着计算机算法的发展和计算机计算能力的提高, 贝叶斯学派越发受到重视, 在处理一些复杂统计问题时优势明显. 本章将介绍贝叶斯统计推断的基础理论和方法, 主要参考文献为 [45,59,95]. 以下先从两个学派的关系讲起.

7.1　统计学两个学派的差别

在进行统计推断时, 通常使用的三类信息有:

(1) 总体信息. 总体分布或者总体所属分布族给我们提供的信息.

(2) 样本信息. 样本提供给我们的信息.

(3) 先验信息. 抽样之前有关统计推断问题与结论的一些信息, 先验信息一般来源于统计推断决策者的经验和历史资料.

基于总体信息和样本信息进行统计推断的统计学就称为经典统计学 (经典学派). 比如矩估计、最大似然估计、最小方差无偏估计等都属于经典统计学范畴. 同时基于总体信息、样本信息和先验信息这三类信息进行统计推断的统计学称为贝叶斯统计学. 贝叶斯统计学与经典统计学的差别就在于是否利用了先验信息. 对先验信息进行加工获得的分布称为先验分布. 经典学派将需要推断的未知量视为一个确定的量, 而贝叶斯学派最基本的观点是任一待推断的未知量都可看作随机变量, 可用一个概率分布去描述, 根据经验和历史资料可以提供这一概率分布的一些先验信息, 即先验分布.

7.2　贝叶斯公式的密度函数形式

在很多教科书中都给出了贝叶斯公式求事件条件概率的形式, 这里给出随机变量密度函数的形式, 并借以给出贝叶斯学派的一些具体想法.

(1) 贝叶斯统计中将未知参数视为随机变量, 因此, 依赖于参数 θ 的密度函数即为条件概率密度函数形式 $p(x|\theta)$, 它表示随机变量 θ 给定某个值时, X 的条件密度函数.

(2) 根据参数 θ 的先验信息确定先验分布 $\pi(\theta)$.

(3) 与经典统计学相同, 假设参数 θ 已知, 样本密度函数在观测值 $\mathbf{x} = (x_1, x_2, \cdots, x_n)$ 处的值为

$$p(\mathbf{x}|\theta) = p(x_1, x_2, \cdots, x_n|\theta) = \prod_{i=1}^{n} p(x_i|\theta).$$

它综合了总体信息和样本信息, 称为似然函数.

(4) 将先验信息综合到似然函数中, 得样本和参数的联合分布为

$$h(\mathbf{x}, \theta) = p(\mathbf{x}|\theta)\pi(\theta).$$

(5) $\mathbf{x}$ 是可以观测的, 在得到样本观测信息的条件下, 未知参数 θ 的条件概率密度为

$$\pi(\theta|\mathbf{x}) = \frac{h(\mathbf{x}, \theta)}{\int_\Theta h(\mathbf{x}, \theta)\,\mathrm{d}\theta} = \frac{p(\mathbf{x}|\theta)\pi(\theta)}{\int_\Theta p(\mathbf{x}|\theta)\pi(\theta)\,\mathrm{d}\theta}, \tag{7-1}$$

这即为贝叶斯公式的密度函数形式, 该条件分布称为参数 θ 的后验分布, 它集中了总体、样本和先验中有关 θ 的一切信息.

7.3 先验分布的选取

确定先验分布是贝叶斯统计推断中的关键一步, 贝叶斯本人对先验分布作了如下假设: 先验分布是无信息先验分布, 在 θ 的取值区域内服从"均匀分布", 即假定

$$\pi(\theta) = c \quad 或 \quad \pi(\theta) \propto 1, \quad \theta \in \Theta.$$

当 Θ 为无界区域时, $\pi(\theta)$ 不是通常意义下的概率分布, 以下引入广义先验分布的概念.

定义 7.1 若 $\pi(\theta)$ 满足 $\int_\Theta \pi(\theta)\,\mathrm{d}\theta = \infty$, 但 $\int_\Theta p(x|\theta)\pi(\theta)\,\mathrm{d}\theta < \infty$, 则称 $\pi(\theta)$ 为广义先验分布.

广义先验分布并非通常意义下的概率分布, 但 $\int_\Theta p(x|\theta)\pi(\theta)\mathrm{d}\theta < \infty$ 保证了参数后验分布 (7-1) 的存在性, 该后验密度仍为贝叶斯统计推断的依据. 当 $\pi(\theta) \propto 1$, 参数空间 Θ 为无界区域时, $\pi(\theta)$ 称为广义均匀分布.

贝叶斯关于参数无信息先验的取法在无参数 θ 相关信息的情况下, 似乎是合理的假设. 但这一取法存在一内在矛盾: 若取 $\pi(\theta) \propto 1$, 则 θ 的函数 $g(\theta)$ 就往往不再服从均匀分布, 参数 $g(\theta)$ 就不满足无信息先验假设.

先验分布的确定一般遵循两个原则: 一是根据先验信息 (经验和历史资料); 二是使用方便, 即参数后验分布数学上易于处理. 以下介绍常用先验分布的选取方法.

7.3.1 共轭先验分布

Minton, Raiffa 和 Schlaifer 建议将先验分布取为共轭分布 [75].

定义 7.2 (共轭先验分布) 设 θ 是某分布中的一个参数, $\pi(\theta)$ 是其先验分布. 假如由抽样信息算得的后验分布 $\pi(\theta|\mathbf{x})$ 与 $\pi(\theta)$ 同属一个分布族, 则称 $\pi(\theta)$ 是参数 θ 的共轭先验分布.

由共轭先验分布的定义可知, 共轭先验分布是对某一分布中的参数而言的, 离开指定参数及其所在的分布谈论共轭先验分布是没有意义的. 常见分布参数的共轭先验分布如表 7-1 所示.

表 7-1 常见分布参数的共轭先验分布

总体分布	参数	先验分布	后验分布
二项分布 $b(n,p)$	p	$\mathrm{Be}(a,b)$	Beta 分布 $\mathrm{Be}(a+x,n+b-x)$
Poisson 分布 $\mathrm{Pois}(\lambda)$	强度 λ	$\mathrm{Ga}(a,\mu)$	$\mathrm{Ga}(a+t,\mu+\lambda)$ $\left(t=\sum_{i=1}^n x_i\right)$
指数分布 $\mathrm{Exp}(\theta)$	均值 θ	$\mathrm{IG}(a,\lambda)$	$\mathrm{IG}(a+n,\lambda+t)$ $\left(t=\sum_{i=1}^n x_i\right)$
正态分布 $N(\theta,\sigma^2)$ (σ^2 已知)	θ	$N(\mu,\tau^2)$	$N\left(\dfrac{\bar{x}\sigma_0^{-2}+\mu\tau^{-2}}{\sigma_0^{-2}+\tau^{-2}},\dfrac{1}{\sigma_0^{-2}+\tau^{-2}}\right)$ $(\sigma_0^2=\sigma^2/n)$
正态分布 $N(\mu,\theta)$ (μ 已知)	θ	$\mathrm{IG}(a,\lambda)$	$\mathrm{IG}(a+n/2,\lambda+t/2)$ $\left(t=\sum_{i=1}^n x_i^2\right)$

现对表 7-1 中前面尚未出现的 Beta 分布与倒 Gamma 分布进行简单介绍. 由定义在 $(0,1)$ 上的概率密度函数

$$p(x|a,b)=\frac{\Gamma(a+b)}{\Gamma(a)\Gamma(b)}x^{a-1}(1-x)^{b-1}$$

确定的概率分布, 称为 Beta 分布, 记为 $\mathrm{Be}(a,b)$, 其中 $a,b>0$ 为两参数. 特别地, 当 $a=b=1$ 时, $\mathrm{Be}(1,1)=U(0,1)$. 若 $X\sim\mathrm{Be}(a,b)$, 则

$$\mathrm{E}(X)=\frac{a}{a+b},\quad \mathrm{Var}(X)=\frac{ab}{(a+b)^2(a+b+1)}.$$

若 $X\sim\mathrm{Ga}(\alpha,\lambda)$, 则 X^{-1} 的分布称为倒 Gamma 分布, 记为 $X^{-1}\sim\mathrm{IG}(\alpha,\lambda)$. 定义在 $(0,\infty)$ 上的倒 Gamma 分布 $\mathrm{IG}(\alpha,\lambda)$ 的概率密度函数为

$$p(x|\alpha,\lambda)=\frac{\lambda^\alpha}{\Gamma(\alpha)}x^{-\alpha-1}\mathrm{e}^{-\lambda/x},$$

其中 $\alpha,\lambda>0$ 为两参数. 若 $X\sim\mathrm{IG}(\alpha,\lambda)$, 则

$$\mathrm{E}(X)=\frac{\lambda}{\alpha-1}\ (\alpha>1),\quad \mathrm{Var}(X)=\frac{\lambda^2}{(\alpha-1)^2(\alpha-2)}\ (\alpha>2).$$

例 7.1　设 $\mathbf{X}=(X_1,\cdots,X_n)$ 为取自均值参数为 θ 的指数分布总体 X 的一个样本, $\mathbf{x}=(x_1,\cdots,x_n)$ 为其观测值. 若取 θ 的先验分布为 $\mathrm{IG}(a,\lambda)$, 即

$$\pi(\theta)\propto\left(\frac{1}{\theta}\right)^{a+1}\mathrm{e}^{-\lambda/\theta},\quad \theta>0,$$

则其后验分布为

$$\begin{aligned}\pi(\theta|\mathbf{x})\propto L(\mathbf{x}|\theta)\pi(\theta)&\propto\left(\frac{1}{\theta}\right)^{a+1}\mathrm{e}^{-\lambda/\theta}\left(\frac{1}{\theta}\right)^{n}\mathrm{e}^{-\sum_{i=1}^n x_i/\theta}\\&=\left(\frac{1}{\theta}\right)^{a+n+1}\mathrm{e}^{-(\lambda+t)/\theta},\quad \theta>0.\end{aligned}$$

实际上, θ 的后验分布为 $\mathrm{IG}(a+n,\lambda+t)$, 其中 $t=\sum_{i=1}^n x_i$.

例 7.2　证明正态均值 (方差已知) 的共轭先验分布是正态分布.

证明　设 $\mathbf{x}=(x_1,x_2,\cdots,x_n)$ 是取自正态分布 $N(\theta,\sigma^2)$ 的一样本观测值, 其中 σ^2 已知. 此样本联合密度函数为

$$p(\mathbf{x}|\theta)=\left(\frac{1}{\sqrt{2\pi}\sigma}\right)^n\exp\left\{-\frac{1}{2\sigma^2}\sum_{i=1}^n(x_i-\theta)^2\right\},\quad -\infty<x_1,x_2,\cdots,x_n<\infty.$$

再取另一正态分布 $N(\mu,\tau^2)$ 作为正态均值 θ 的先验分布, 即

$$\pi(\theta)=\frac{1}{\sqrt{2\pi}\tau}\exp\left\{-\frac{1}{2\tau^2}(\theta-\mu)^2\right\},\quad -\infty<\theta<\infty,$$

其中 μ 与 τ^2 已知.

由此可写出样本 $\mathbf{x}$ 与参数 θ 的联合密度函数

$$h(\mathbf{x},\theta)=k_1\cdot\exp\left\{-\frac{1}{2}\left[\frac{n\theta^2-2n\theta\overline{x}+\sum_{i=1}^n x_i^2}{\sigma^2}+\frac{\theta^2-2\mu\theta+\mu^2}{\tau^2}\right]\right\},$$

其中 $k_1=(2\pi)^{-\frac{n+1}{2}}\tau^{-1}\sigma^{-n}$, $\overline{x}=\dfrac{1}{n}\sum_{i=1}^n x_i$, 若再记

$$\sigma_0^2=\frac{\sigma^2}{n},\quad A=\frac{1}{\sigma_0^2}+\frac{1}{\tau^2},\quad B=\frac{\overline{x}}{\sigma_0^2}+\frac{\mu}{\tau^2},\quad C=\frac{\sum_{i=1}^n x_i^2}{\sigma^2}+\frac{\mu^2}{\tau^2}.$$

则上式可改写为

$$h(\mathbf{x},\theta)=k_1\cdot\exp\left\{-\frac{1}{2}[A\theta^2-2\theta B+C]\right\}=k_1\cdot\exp\left\{-\frac{(\theta-B/A)^2}{2/A}-\frac{1}{2}\left(C-\frac{B^2}{A}\right)\right\}.$$

由此容易算得样本 $\mathbf{x}$ 的边际分布为

$$m(\mathbf{x})=\int_{-\infty}^{\infty}h(\mathbf{x},\theta)\mathrm{d}\theta=k_1\cdot\exp\left\{-\frac{1}{2}\left(C-\frac{B^2}{A}\right)\right\}\cdot\left(\frac{2\pi}{A}\right)^{\frac{1}{2}}.$$

将上述两式相除, 即得 θ 的后验分布

$$\pi(\theta|\mathbf{x})=\frac{h(\mathbf{x},\theta)}{m(\mathbf{x})}=\left(\frac{2\pi}{A}\right)^{1/2}\exp\left\{-\frac{(\theta-B/A)^2}{2/A}\right\}.$$

这是正态分布, 其均值 μ_1 与方差 σ_1^2 分别为

$$\mu_1=\frac{B}{A}=\frac{\overline{x}\sigma_0^2+\mu\tau^{-2}}{\sigma_0^{-2}+\tau^{-2}},\quad \sigma_1^2=\frac{1}{A}=(\sigma_0^{-2}+\tau^{-2})^{-1}.$$

譬如 $X\sim N(\theta,2^2)$, $\theta\sim N(10,3^2)$, 若从总体 X 中抽得容量为 5 的样本, 算得 $\overline{x}=12.1$, 则从上式结论算得 $\mu_1=11.93$, $\sigma_1^2=(7/6)^2$, 此时 θ 的后验分布为 $N(11.93,(7/6)^2)$.

共轭先验分布中常含有未知参数, 先验分布中的未知参数称为超参数. 确定超参数的方法有多种, 一般采用历史经验进行确定, 或者给超参数设定新的先验分布.

共轭先验分布要求先验分布与得到的后验分布属于同一个类型, 就是要求过去的经验知识通过样本信息的影响后仍为同一类型的经验知识. 在不断取得新的样本观测值的过程中, 现时的后验分布可看成进一步试验或观测的先验分布. 这样人们对 θ 的认识就能不断深化. 由此可见, 共轭先验分布方法应作为选取先验分布的重要方法.

7.3.2 不变先验分布

贝叶斯假设是对参数 "无信息" 的条件下, 认为参数在其取值范围内, 取各个值的可能性相同, 无所偏好. 通常称满足贝叶斯假设的先验分布为 "无信息先验分布". 对于无信息先验分布还存在另一种理解方式, 即先验分布的选取与参数在总体分布中的地位有关, 使得先验分布对于参数的某种变换具有不变性, 这种选取先验分布的观点导出的先验分布称为不变先验分布. 以下就位置参数与尺度参数讨论这一问题.

1. 位置参数族

具有形式

$$\{f(x-\theta):\ -\infty<\theta<+\infty\}$$

的密度函数族称为位置参数族, θ 称为位置参数. 对于位置参数族, 先验分布应关于位置的变换不变, 即对任意 $A\in\mathbb{R}$ 与 $c\in\mathbb{R}$, 有

$$\mathrm{P}(\theta\in A)=\mathrm{P}(\theta\in A-c)\Longleftrightarrow\int_A\pi(\theta)\,\mathrm{d}\theta=\int_{A-c}\pi(\theta)\,\mathrm{d}\theta=\int_A\pi(\theta-c)\,\mathrm{d}\theta,\quad(7\text{-}2)$$

其中 $A-c=\{z-c:\ z\in A\}$. 满足 (7-2) 的先验分布 $\pi(\theta)$ 称为位置不变先验分布.

因 A 具有任意性, 因此, $\pi(\theta)=\pi(\theta-c)$ 对所有 c 成立. 满足这一条件的分布只有无信息先验分布, 即位置参数的不变先验分布为

$$\pi(\theta)\propto 1.$$

2. 尺度参数族

具有形式

$$\left\{\frac{1}{\sigma}f\left(\frac{x}{\sigma}\right),\ \sigma>0\right\}$$

的密度函数族称为尺度参数族, σ 称为尺度参数. 对于尺度参数族, 先验分布应关于尺度的变换不变, 即对任意 $A\in(0,\infty)$ 与 $c>0$, 有

$$\mathrm{P}(\sigma\in A)=\mathrm{P}(\sigma\in c^{-1}A)\Longleftrightarrow\int_A\pi(\sigma)\,\mathrm{d}\sigma=\int_{c^{-1}A}\pi(\sigma)\,\mathrm{d}\sigma=\int_A\pi(c^{-1}\sigma)c^{-1}\,\mathrm{d}\sigma,\quad(7\text{-}3)$$

其中 $c^{-1}A=\{z/c:\ z\in A\}$. 满足 (7-3) 的先验分布 $\pi(\sigma)$ 称为尺度不变先验分布.

因 A 具有任意性, 因此, $\pi(\sigma)=\pi(c^{-1}\sigma)c^{-1}$ 对所有 c 成立. 取 $\sigma=c$ 得 $\pi(c)=\pi(1)/c$, 从而得尺度参数的不变先验分布为

$$\pi(\sigma)\propto\frac{1}{\sigma}.$$

3. 位置尺度参数族

具有形式

$$\left\{\frac{1}{\sigma}f\left(\frac{x-\mu}{\sigma}\right),\ -\infty<\mu<\infty,\ \sigma>0\right\}$$

的密度函数族称为位置尺度参数族, μ 称为位置参数, σ 称为尺度参数. 位置尺度参数不变先验分布 (参见文献 [1]) 为

$$\pi(\mu,\sigma)\propto\frac{1}{\sigma}.$$

7.3.3 Jeffreys 原则

贝叶斯假设的一个矛盾是: 若参数 θ 的先验分布为均匀分布, 则 $g(\theta)$ 往往不是均匀分布. Jeffreys 为了克服这一矛盾, 提出了如下原则: 设参数 θ 的先验分布为 $\pi(\theta)$, $\eta=g(\theta)$ 的先验分布是 $\pi_g(\eta)$, 则 $\pi(\theta)$ 与 $\pi_g(\eta)$ 间应满足关系式

$$\pi(\theta)=\pi_g(g(\theta))|g'(\theta)|. \tag{7-4}$$

若选择 θ 满足 (7-4), 则用 θ 或 $g(\theta)$ 导出的先验分布总是一致的.

现在的问题是如何求满足 (7-4) 的先验分布. Jeffreys 利用 Fisher 信息量的一个不变性 (见习题 7.7), 找到了满足 (7-4) 的 $\pi(\theta)$. 对于一维参数的情况, 注意到

$$I(\theta)=I(\eta)(g'(\theta))^2\Rightarrow|I(\theta)|^{1/2}=|I(\eta)|^{1/2}|g'(\theta)|,$$

其中 $\eta=g(\theta)$. 取

$$\pi(\theta)\propto|I(\theta)|^{1/2},$$

则 $\pi(\theta)$ 满足 (7-4).

若 $\boldsymbol{\theta}=(\theta_1,\cdots,\theta_p)^{\mathrm{T}}$, 且 $\boldsymbol{\eta}=\mathbf{g}(\boldsymbol{\theta})$ 与 $\boldsymbol{\theta}$ 维数相同, 则关系式 (参见文献 [48])

$$|\mathbf{I}(\boldsymbol{\theta})|^{1/2}=|\mathbf{I}(\boldsymbol{\eta})|^{1/2}\left|\det\left(\frac{\mathrm{d}\mathbf{g}(\boldsymbol{\theta})}{\mathrm{d}\boldsymbol{\theta}}\right)\right|$$

成立, 其中 $|\mathbf{I}(\boldsymbol{\theta})|^{1/2}$ 与 $|\mathbf{I}(\boldsymbol{\eta})|^{1/2}$ 分别为 $\mathbf{I}(\boldsymbol{\theta})$ 与 $\mathbf{I}(\boldsymbol{\eta})$ 行列式的平方根, $\dfrac{\mathrm{d}\mathbf{g}(\boldsymbol{\theta})}{\mathrm{d}\boldsymbol{\theta}}=\left(\dfrac{\partial g_i(\boldsymbol{\theta})}{\partial\theta_j}\right)_{p\times p}$. 同样, 取

$$\pi(\boldsymbol{\theta})\propto|\mathbf{I}(\boldsymbol{\theta})|^{1/2},$$

则 $\pi(\boldsymbol{\theta})$ 满足 (7-4).

例 7.3 (1) 设 X 是取自 $N(\mu,1)$ 的样本, 求 μ 的符合 Jeffreys 原则的先验分布 $\pi(\mu)$.

(2) 设 X 是取自 $N(0,\sigma^2)$ 的样本, 求 σ 与 σ^2 的符合 Jeffreys 原则的先验分布 $\pi(\sigma)$.

(3) 设 X 是取自 $N(\mu,\sigma^2)$ 的样本, 求参数 $(\mu,\sigma)^{\mathrm{T}}$ 与 $(\mu,\sigma^2)^{\mathrm{T}}$ 的符合 Jeffreys 原则的 $\pi(\mu,\sigma)$.

解　(1) 因参数 μ 的样本 Fisher 信息为 $I(\mu)=n$, 故取 $\pi(\mu)\propto 1$.

(2) 因参数 σ 的样本 Fisher 信息为 $I(\sigma)=\dfrac{2n}{\sigma^2}$, 故 $\pi(\sigma)\propto\dfrac{1}{\sigma}$.

(3) 因参数 $(\mu,\sigma)^{\mathrm{T}}$ 的样本 Fisher 信息为

$$\mathbf{I}(\mu,\sigma)=\begin{pmatrix}\dfrac{n}{\sigma^2} & 0\\ 0 & \dfrac{2n}{\sigma^2}\end{pmatrix},$$

故 $\pi(\mu,\sigma)\propto\dfrac{1}{\sigma^2}$.

例 7.4　设总体为二项分布 $b(n,p)$, 根据 Jeffreys 原则确定参数 p 的先验分布 $\pi(p)$.

解　参数 p 的样本 Fisher 信息矩阵为

$$I(p)=\frac{n}{p(1-p)},$$

因此, 参数 p 的先验分布为

$$\pi(p)\propto p^{-1/2}(1-p)^{-1/2},\quad 0<p<1,$$

即 $\pi(p)=\mathrm{Beta}(1/2,1/2)$.

7.3.4　最大熵原则

熵 (entropy) 是信息论中的一个基本概念, 是随机变量不确定性的度量. 设 X 为一随机变量, $p(x)$ 为其概率密度 (或质量) 函数. 随机变量 X 取得 x 的不确定性用 $-\log(p(x))$ 来刻画. 熵是用来刻画随机变量取值的平均不确定性的指标, 因此用 $\mathrm{E}(-\log(p(X)))$ 来定义. 随机变量的不确定性越大, 熵也就越大, 把它搞清楚所需要的信息量也就越大.

定义 7.3　随机变量 X 的熵定义为 $H(X)=\mathrm{E}(-\log(p(X)))$. 当 X 为离散型随机变量时, 其值为 $H(X)=-\sum_x\log(p(x))p(x)$; 当 X 为连续型随机变量时, 其值为 $H(X)=-\displaystyle\int_{-\infty}^{\infty}\log(p(x))p(x)\,\mathrm{d}x$.

最大熵原则 (principle of maximum entropy) 最早由 E. T. Jaynes 于 1957 年提出 (参见文献 [46,47]), 该原则为: 在给定关于先验的部分约束条件的情况下, 选取先验满足这些已知约束条件并最大化参数分布的熵. 设已知先验满足 m 个约束条件, 具体为

$$\mathrm{E}[g_k(\theta)]=0,\quad k=1,\cdots,m. \tag{7-5}$$

最大熵原则即为找先验分布 $\pi(\theta)$, 使其:

(1) 若先验为离散型分布,

$$\begin{aligned} \max\quad & H(\theta) = -\sum_{\theta\in\Theta} \log(\pi(\theta))\pi(\theta) \\ \text{s.t.}\quad & \sum_{\theta\in\Theta} \pi(\theta) = 1, \\ & \sum_{\theta\in\Theta} g_k(\theta)\pi(\theta) = 0, \quad k = 1, \cdots, m; \end{aligned}$$

(2) 若先验为连续型分布,

$$\begin{aligned} \max\quad & H(\theta) = -\int \log(\pi(\theta))\pi(\theta)\,\mathrm{d}\theta \\ \text{s.t.}\quad & \int_\Theta \pi(\theta)\,\mathrm{d}\theta = 1, \\ & \int_\Theta g_k(\theta)\pi(\theta)\,\mathrm{d}\theta = 0, \quad k = 1, \cdots, m. \end{aligned}$$

求满足线性约束 (7-5) 和最大熵原则的先验分布, 可以通过以下定理 (参见文献 [48, 49]) 进行.

定理 7.1 (1) 若 $\pi(\theta)$ 为离散型分布时, 满足线性约束 (7-5) 和最大熵原则的先验分布具有形式

$$\pi(\theta_i) = \frac{\exp\left[\sum_{k=1}^m \lambda_k g_k(\theta_i)\right]}{\sum_i \exp\left[\sum_{k=1}^m \lambda_k g_k(\theta_i)\right]},$$

其中 λ_k $(k = 1, \cdots, m)$ 通过解方程组 $\sum_{\theta\in\Theta} g_k(\theta)\pi(\theta) = 0$, $k = 1, \cdots, m$ 得到.

(2) 若 $\pi(\theta)$ 为连续型分布时, 满足线性约束 (7-5) 和最大熵原则的先验分布具有形式

$$\pi(\theta) = \frac{\pi_0(\theta)\exp\left[\sum_{k=1}^m \lambda_k g_k(\theta)\right]}{\int_\Theta \pi_0(\theta)\exp\left[\sum_{k=1}^m \lambda_k g_k(\theta)\right]\mathrm{d}\theta},$$

其中$\pi_0(\theta)$为参数θ的不变先验分布, $\lambda_k(k=1,\cdots,m)$ 通过解方程组$\int_{\Theta} g_k(\theta)\pi(\theta)\mathrm{d}\theta = 0,\ k=1,\cdots,m$ 得到.

由定理 7.1 可见, 满足最大熵原则和线性约束条件的先验分布都是指数族分布, 这是最大熵原则的一个缺陷. 因为指数族并不能囊括一些重要的先验分布, 如像以 $1/\theta$ 为核函数的先验就不满足最大熵原则.

例 7.5 已知 $\Theta=\mathbb{R}$, 参数 θ 具有连续型分布, 且满足 $\mathrm{E}(\theta)=\mu, \mathrm{Var}(\theta)=\sigma^2$, 求满足最大熵原则的参数 θ 的先验分布.

解 由定理 7.1, 满足最大熵原则的先验分布具有形式

$$\pi(\theta)=\frac{\exp[\lambda_1(\theta-\mu)+\lambda_2((\theta-\mu)^2-\sigma^2)]}{\int_{\Theta}\exp[\lambda_1(\theta-\mu)+\lambda_2((\theta-\mu)^2-\sigma^2)]\,\mathrm{d}\theta}.$$

通过解由方程 $\mathrm{E}(\theta-\mu)=0$ 和 $\mathrm{E}[(\theta-\mu)^2-\sigma^2]=0$ 所组成的方程组, 得 $\lambda_1=0$, $\lambda_2=-\dfrac{1}{2\sigma^2}$. 即满足最大熵原则的参数 θ 的先验分布为 $N(\mu,\sigma^2)$.

该例表明, 若已知参数 θ 先验分布均值为 μ, 方差为 σ^2, 则满足最大熵原则的 θ 的先验分布为 $N(\mu,\sigma^2)$. 由此可见, 在贝叶斯统计中, 正态分布具有重要地位.

例 7.6 设 $\Theta=\{0,1,2,\cdots\}$. 参数 θ 满足 $\mathrm{E}(\theta)=5$. 求满足最大熵原则的 θ 的先验分布.

解 由定理 7.1, 满足最大熵原则的先验分布具有形式

$$\pi(\theta)=\frac{\exp[\lambda_1(\theta-5)]}{\sum\limits_{\theta=0}^{\infty}\exp[\lambda_1(\theta-5)]}.$$

若参数 θ 为位置参数, 通过解方程 $\mathrm{E}(\theta-5)=0$ 得 $\mathrm{e}^{\lambda_1}=\dfrac{1}{6}$. 因此, θ 的先验分布为参数为 5/6 的几何分布.

注 7.1 在重复独立试验中, 每次试验 A 出现的概率为 p, X 表示 A 第一次出现时的试验次数, 则

$$\mathrm{P}(X=k)=(1-p)^{k-1}p,\quad k=1,2,\cdots.$$

具有该分布律的随机变量的分布称为几何分布.

在一个具体问题中, 究竟取什么先验分布, 应具体问题具体分析. 一般来说, 在没有先验信息的情况下, 应取不变先验分布、Jeffreys 原则等; 如果有关于参数 θ 数字特征的相关信息, 应取最大熵原则; 共轭先验分布具有一定的合理性, 在有关 θ 分布类型的信息较充分时, 一般取共轭先验分布.

7.4 贝叶斯参数估计

后验分布 $\pi(\theta|\mathbf{x})$ 综合了总体分布 $p(x|\theta)$, 样本 $\mathbf{x}$ 和先验 $\pi(\theta)$ 中有关 θ 的信息, 要寻求参数 θ 的估计 $\hat{\theta}$, 只需从后验分布合理提取信息即可.

7.4.1 点估计

贝叶斯参数点估计一般采用最小化后验均方误差准则, 即选择估计值 $\hat{\theta} = \hat{\theta}(x_1,\cdots,x_n)$ 使得后验均方误差达到最小, 即取

$$\hat{\theta} = \arg\min_{\theta'\in\Theta} \mathrm{MSE}(\theta') = \arg\min_{\theta'\in\Theta} \mathrm{E}_{(\theta|\mathbf{x})}[(\theta'-\theta)^2] = \arg\min_{\theta'\in\Theta} \int_{\Theta} (\theta'-\theta)^2\pi(\theta|\mathbf{x})\,\mathrm{d}\theta, \tag{7-6}$$

这样的估计 $\hat{\theta}$ 称为参数 θ 的贝叶斯点估计, 其中 $\mathrm{E}_{(\theta|\mathbf{x})}$ 表示关于后验分布 $\pi(\theta|\mathbf{x})$ 求数学期望.

通过驻点的计算就会发现, 贝叶斯参数点估计 (7-6) 实际上为 θ 的后验数学期望, 即

$$\hat{\theta} = \mathrm{E}_{(\theta|\mathbf{x})}[\theta] = \int_{\Theta} \theta\,\pi(\theta|\mathbf{x})\,\mathrm{d}\theta.$$

类似地, 在已知后验分布为 $\pi(\theta|\mathbf{x})$ 的场合, 参数函数 $g(\theta)$ 的贝叶斯估计为

$$\hat{g}(\theta) = \mathrm{E}_{(\theta|\mathbf{x})}(g(\theta)) = \int_{\Theta} g(\theta)\,\pi(\theta|\mathbf{x})\,\mathrm{d}\theta.$$

例 7.7 设 $(x_1,x_2,\cdots,x_n)$ 为取自正态分布总体 $N(\theta,\sigma^2)$ 的一个样本值, 其中 $\sigma^2>0$ 已知, θ 为未知参数. 假如 θ 的先验分布为 $N(\mu,\tau^2)$, 其中 μ 与 τ^2 已知. 试求 θ 的贝叶斯估计.

解 由于正态分布 $N(\mu,\tau^2)$ 是正态均值 θ 的共轭先验分布, 由表 7-1 知, 在观测值 $\mathbf{x}=(x_1,x_2,\cdots,x_n)$ 给定的条件下, θ 的后验分布仍为正态分布, 因此, θ 的贝叶斯估计即为后验均值参数, 具体为

$$\hat{\theta} = \frac{\bar{x}\sigma_0^2 + \mu\tau^{-2}}{\sigma_0^{-2}+\tau^{-2}}.$$

若记 $\gamma_n = \dfrac{\sigma_0^{-2}}{\sigma_0^{-2}+\tau^{-2}}$, 则上述贝叶斯估计可改为加权平均

$$\hat{\theta} = \gamma_n\bar{x} + (1-\gamma_n)\mu,$$

其中 $\bar{x}$ 是样本均值, μ 是先验均值. 当 $\sigma_0^{-2} = n\sigma^{-2} > \tau^{-2}$ 时, 贝叶斯估计中样本均值占的比重更大一些. 直观上理解为方差小的更应受到重视. 反之, 当 $\sigma_0^{-2} = n\sigma^{-2} < \tau^{-2}$ 时先验均值 μ 占的比重大一些. 特别当 $\gamma_n = 0$ 时, 表示没有样本信息, 故贝叶斯估计只能用先验均值了. 而当 $\gamma_n = 1$ 时, 这表示没有任何先验信息可用, 故贝叶斯估计取经典估计.

7.4.2 区间估计

设 $0 < \alpha < 1$. 若 $\theta_L(\mathbf{x}), \theta_U(\mathbf{x}) \in \Theta$, 且满足

$$\mathrm{P}_{(\theta|\mathbf{x})}\Big(\theta \in [\theta_L(\mathbf{x}), \theta_U(\mathbf{x})]\Big) = \int_{\theta_L(\mathbf{x})}^{\theta_U(\mathbf{x})} \pi(\theta|\mathbf{x})\,\mathrm{d}\theta \geqslant 1-\alpha,$$

则称区间 $[\theta_L(\mathbf{x}), \theta_U(\mathbf{x})]$ 为参数 θ 的可信水平为 $1-\alpha$ 的可信区间 (credible interval). 由参数 θ 的后验分布确定的区间 $[u(\mathbf{x}), v(\mathbf{x})]$ 称为可信区间, 这与置信区间的概念不同.

例 7.8 (例 7.7 续) 求均值参数 θ 可信水平为 $1-\alpha$ 的可信区间.

解 由表 7-1 知, 在观测值 $\mathbf{x} = (x_1, x_2, \cdots, x_n)$ 给定的条件下, θ 的后验分布仍为正态分布, 具体为

$$N\left(\frac{\bar{x}\sigma_0^{-2} + \mu\tau^{-2}}{\sigma_0^{-2} + \tau^{-2}}, \frac{1}{\sigma_0^{-2} + \tau^{-2}}\right),$$

其中 $\sigma_0^2 = \sigma^2/n$. 因此, 可信水平为 $1-\alpha$ 的 θ 的可信区间为

$$\left[\frac{\bar{x}\sigma_0^{-2} + \mu\tau^{-2}}{\sigma_0^{-2} + \tau^{-2}} - \frac{1}{\sqrt{\sigma_0^{-2} + \tau^{-2}}} z_{\alpha/2}, \frac{\bar{x}\sigma_0^{-2} + \mu\tau^{-2}}{\sigma_0^{-2} + \tau^{-2}} + \frac{1}{\sqrt{\sigma_0^{-2} + \tau^{-2}}} z_{\alpha/2}\right].$$

7.5 贝叶斯假设检验

设随机变量 X 具有概率密度 (或概率质量) 函数 $p(x|\theta)$, $\theta \in \Theta$. 考虑参数假设检验问题

$$H_0: \theta \in \Theta_0 \quad \text{v.s.} \quad H_1: \theta \in \Theta_1.$$

贝叶斯假设检验主要是利用参数后验分布分别计算

$$\mathrm{P}_{(\theta|\mathbf{x})}(\theta \in \Theta_0) \quad 与 \quad \mathrm{P}_{(\theta|\mathbf{x})}(\theta \in \Theta_1),$$

并根据以下规则作出判断:

$$结论 = \begin{cases} 接受H_0, & \mathrm{P}_{(\theta|\mathbf{x})}(\theta \in \Theta_0) \geqslant \mathrm{P}_{(\theta|\mathbf{x})}(\theta \in \Theta_1), \\ 接受H_1, & 否则. \end{cases}$$

例 7.9　设 $\mathbf{x} = (x_1, \cdots, x_n)$ 为取自强度参数为 θ 的 Poisson 分布总体的一组观测值. 取参数 θ 的先验分布为 Ga(10, 0.8) 分布 (其均值为 12.5, 方差为 15.625). 现有样本容量为 $n = 20$ 的一组观测值

11, 7, 11, 6, 5, 9, 14, 10, 9, 5, 8, 10, 8, 10, 12, 9, 3, 12, 14, 4.

利用这组观测值, 检验

$$H_0 : \theta \leqslant 10 \quad \text{v.s.} \quad H_1 : \theta > 10.$$

解　参数 θ 的似然函数为

$$L(\mathbf{x}|\theta) = \frac{\theta^{\sum_{i=1}^n x_i} \mathrm{e}^{-n\theta}}{\prod_{i=1}^n x_i!}.$$

参数 θ 的先验密度为

$$\pi(\theta) \propto \theta^{\alpha-1} \mathrm{e}^{-\beta\theta} = \theta^9 \mathrm{e}^{-0.8\theta}, \quad 0 < \theta < \infty.$$

因此, 参数 θ 的后验密度为

$$\pi(\theta|\mathbf{x}) \propto L(\mathbf{x}|\theta)\pi(\theta) \propto \theta^{\sum_{i=1}^n x_i + 9} \mathrm{e}^{-(n+0.8)\theta}.$$

即 θ 的后验分布为 $\mathrm{Ga}(\alpha^*, \beta^*)$, 其中 $\alpha^* = \sum_{i=1}^n x_i + 10$, $\beta^* = n + 0.8 = 20.8$. 经计算, 可得参数 θ 的后验分布为 Ga(187, 20.8). 利用 R 软件的 pgamma 函数, 可得在后验分布下 $\mathrm{P}_{(\theta|\mathbf{x})}(\theta \leqslant 10) = 0.934$, $\mathrm{P}_{(\theta|\mathbf{x})}(\theta > 10) = 0.066$. 因此, 不能拒绝 H_0.

7.6 习　题

习题 7.1　谈谈贝叶斯统计推断与经典统计推断的区别与联系.

习题 7.2　在贝叶斯统计推断中如何选取先验分布? 谈谈您的看法.

习题 7.3　设总体 $Y \sim b(20, \theta)$. 参数 θ 的先验分布为 $\mathrm{P}(\theta = 0.3) = 2/3$, $\mathrm{P}(\theta = 0.5) = 1/3$. 若 Y 的一个观测值为 $y = 9$, 求参数 θ 的后验分布.

习题 7.4　设总体 X 的密度函数为

$$p(x|\theta) = 2x/\theta^2, \quad 0 < x < \theta < 1.$$

若 x 为其容量为 1 的观测值. (1) 假设 θ 的先验分布为 $U(0, 1)$, 求 θ 的后验分布; (2) 假设 θ 的先验分布为 $\pi(\theta) = 3\theta^2\,(0 < \theta < 1)$, 求 θ 的后验分布.

习题 7.5　设总体 $X \sim U(\theta-1/2, \theta+1/2)$, 取参数 θ 的先验分布为 $U(10, 20)$. 现有总体的 6 个观测值: 11.0, 11.5, 11.7, 11.1, 11.4, 10.9, 求参数 θ 的贝叶斯估计值.

习题 7.6　利用例 7.9 中的模型、先验分布和观测值, 求: (1) 参数 θ 的贝叶斯估计值; (2) 参数 θ 的可信水平为 0.95 的可信区间.

习题 7.7　若随机变量 X 的密度函数 $p(x;\eta)$ 关于参数 η 可导, 且 η 为另一参数 η 的函数, $\eta = g(\theta)$. 若函数 $g(\theta)$ 关于参数 θ 也可导, 证明关于参数 θ 与 η 的 Fisher 信息量 $I(\theta)$ 与 $I(\eta)$ 满足: $I(\theta) = I(g(\theta))(g'(\theta))^2$.

习题 7.8　(1) 在例 7.3(2) 中, 试通过参数 σ^2 的 Fisher 信息量 $I(\sigma^2)$ 求满足 Jeffreys 原则的参数 σ 的先验分布. (2) 在例 7.3(3) 中, 试通过参数 (μ, σ^2) 的 Fisher 信息矩阵 $\mathbf{I}(\mu, \sigma^2)$ 求满足 Jeffreys 原则的参数 (μ, σ) 的先验分布.

习题 7.9　某卫星发射中心某年共计发射卫星 8 次, 8 次发射皆成功. 试在无信息先验分布下求该卫星发射中心发射成功率的贝叶斯估计值.

第二部分
现代统计计算方法

第二部分主要介绍以统计抽样为代表的统计计算理论与方法和用于解决非参数统计问题的计算理论和方法. 具体内容有：第 8 章主要介绍逆变换法、舍选抽样法等随机数生成的基本方法; 第 9 章通过积分计算作为例子介绍以减小估计量方差为主要目的的抽样方法; 第 10 章主要介绍刀切法与自助法两类重要的再抽样技术; 第 11 章介绍统计学中两种常用的最优化算法——模拟退火算法与 EM(expectation-maximization) 算法; 第 12 章介绍以产生 Markov 链平稳不变分布为手段的抽样方法——Markov 链 Monte Carlo; 第 13 章介绍非参数密度估计的两种方法——核密度估计与对数样条密度估计; 第 14 章主要介绍非参数回归的常见方法; 第 15 章主要介绍三次样条与薄板样条等光滑与插值方法.

第 8 章　随机数的生成

产生随机数相当于从已知总体中抽取部分个体进行观测，是统计方法小样本性质验证的重要工具，也是借助计算机用现代统计方法解决问题的重要手段. 本章将介绍从已知分布中产生随机数的几种重要方法，包括逆变换法、舍选抽样法与合成法等.

8.1　伪随机数的生成

模拟研究的基础是 $[0,1]$ 区间上均匀随机数的生成方法. 本节主要介绍同余生成法. 一般来讲，在 0 与 M (M 为较大的一个正整数) 之间的一个随机整数生成后，该数除以 M 便可得到一个 $[0,1]$ 区间上的均匀随机数.

在 0 与 M 之间的随机整数 $\{x_n\}$ 通过递归地利用以下表达式生成.

$$x_n = ax_{n-1} \bmod M,$$

其中 x_0 为事先确定的，称为种子. 以上表达式所决定的数是完全非随机的. 但是，可以合理地选择 a 和 M，使得所生成的序列恰像是从 $[0,M]$ 区间上的均匀分布中取出的一样. 我们经常称这一序列为伪随机数序列. 对于 32 位的 CPU(其中第 1 位为符号位)，选择 $M = 2^{31} - 1$，$a = 7^5$，即可让生成的序列满足想要的性质.

几乎所有的计算机语言都提供了生成 $[0,1]$ 区间上均匀随机数的函数. R 软件提供的生成 $[0,1]$ 区间上均匀随机数的函数为 `stats` 程序包中的 `runif` 函数，用于事先确定种子的函数为 `base` 程序包中的 `set.seed` 函数.

例 8.1 (星空模拟)　晴朗的夜晚站在高原上，只要抬头观看繁星，就会发现星星簇拥成一群一群的. 古人能在星空中找出图案，用多种多样的动物和其他物品来为它们命名. 那么，夜空中的星星是不是随机摆放的呢? 我们来作两张图，如图 8-1，每张图用 `runif` 函数随机产生 25 对独立的随机坐标. 观察它们是否像真实的星空. 其实，我们从具有随机性的现象中也会找寻到有规律的布局.

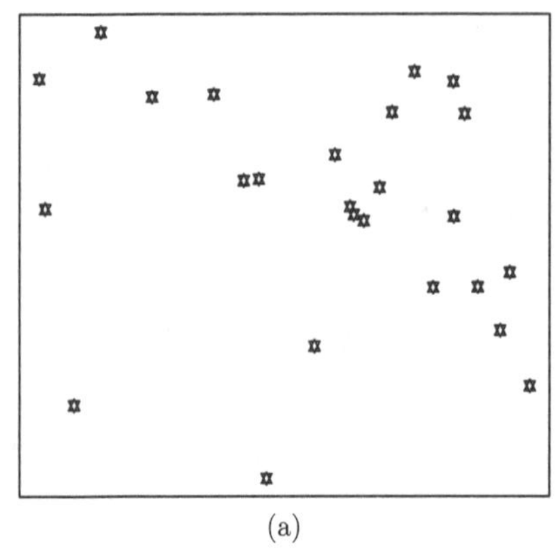
(a)

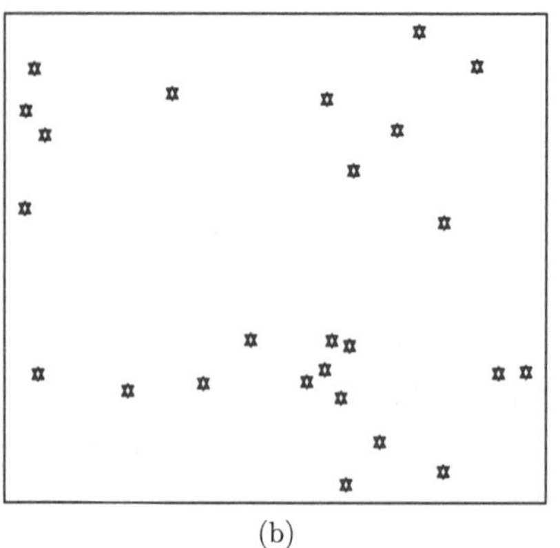
(b)

图 8-1　星空模拟图

8.2　连续型随机数的生成

8.2.1　逆变换法

考虑具有分布函数 $F(x)$ 的连续型随机变量 X. 从 X 中抽样的一般方法是逆变换法, 该法基于以下命题.

命题 8.1　令 $U \sim U[0,1]$, 则随机变量 $X = F^{-1}(U)$ 的分布函数为 $F(x)$.

证明　令 $F_X(x)$ 表示随机变量 $X = F^{-1}(U)$ 的分布函数. 则

$$F_X(x) = \mathrm{P}(X \leqslant x) = \mathrm{P}(F^{-1}(U) \leqslant x) = \mathrm{P}(U \leqslant F(x)) = F(x).$$

证明过程中用到了分布函数的单调不减性.

例 8.2　写出生成随机数 X 的算法. 这里 X 的分布函数为 $F(x) = x^5$, $0 < x < 1$.

解　函数 $F(x) = x^5$, $0 < x < 1$ 的反函数为 $x = u^{1/5}$, $0 < u < 1$. 故生成随机数 X 的算法为:

第 1 步, 生成随机数 $U \sim U[0,1]$;

第 2 步, 令 $X = U^{1/5}$, 则 X 即为所求的随机数.

例 8.3　写出生成均值为 1 的指数分布随机数的算法.

解　设 X 为均值为 1 的指数分布的随机变量, X 的分布函数为

$$F(x) = \begin{cases} 1 - \mathrm{e}^{-x}, & x > 0, \\ 0, & x \leqslant 0. \end{cases}$$

函数 $F(x) = 1 - \mathrm{e}^{-x}$, $x > 0$ 的反函数为 $x = -\ln(1-u)$, $0 < u < 1$. 又 $U \sim U[0,1] \Longleftrightarrow 1 - U \sim U[0,1]$. 故生成 X 的算法为:

第 1 步, 生成随机数 $U \sim U[0,1]$;

第 2 步, 令 $X = -\ln U$, 则 X 即为所求的随机数.

例 8.4 写出生成均值为 $1/\lambda$ 的指数分布随机数的算法.

解 若 $X \sim \mathrm{Exp}(1)$, 则 $(1/\lambda)X \sim \mathrm{Exp}(\lambda)$, 其中 $\mathrm{Exp}(\lambda)$ 代表速率参数为 λ (均值参数为 $1/\lambda$) 的指数分布. 故生成 X 的算法为:

第 1 步, 生成随机数 $U \sim U[0,1]$;

第 2 步, 令 $X = -\ln U$, 则 $(1/\lambda)X$ 即为所求的随机数.

8.2.2 舍选抽样法

假设生成一个具有密度函数为 $g(x)$ 的随机数较易实现. 那么我们可以把生成具有密度函数 $g(x)$ 的随机数作为生成另一个具有密度函数 $f(x)$ 的随机数的基础. 先生成一个具有密度函数 $g(x)$ 的随机数, 再以一定的概率接受这一随机数, 从而达到生成一个具有密度函数 $f(x)$ 的随机数的目的.

舍选抽样的基本原理是由 John von Neumann 在 1951 年完成的. John von Neumann(1903—1957), 美籍匈牙利数学家、计算机科学家、物理学家, 是 20 世纪最重要的数学家之一, 是现代计算机、博弈论、核武器和生化武器等领域内的科学全才之一, 被后人称为“现代计算机之父”“博弈论之父”.

具体地讲, 令 c 是一常数, 并使得对于所有的 x, $f(x) \leqslant c\,g(x)$. 那么便可以采用以下算法生成一个具有密度函数 $f(x)$ 的随机数.

算法 8.1 (舍选抽样法) 第 1 步, 生成具有密度函数 $g(x)$ 的随机数 Y;

第 2 步, 生成一个随机数 $U \sim U[0,1]$;

第 3 步, 若 $U \leqslant \dfrac{f(Y)}{c\,g(Y)}$, 令 $X = Y$. 否则, 回到第 1 步.

X 即为具有密度函数 $f(x)$ 的随机数.

舍选抽样的流程图如图 8-2 所示.

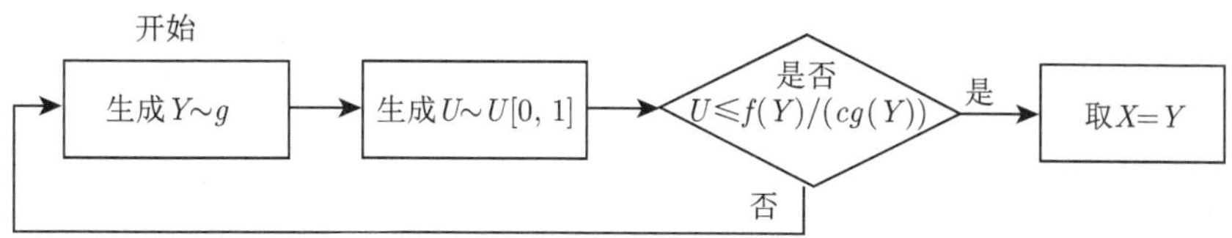

图 8-2 连续型随机数舍选抽样流程图

舍选抽样的算法依据是

$$f_Y\left(x \middle| U \leqslant \frac{f(Y)}{c\,g(Y)}\right) = f(x).$$

下证明之.

证明　据贝叶斯公式, 有

$$f_Y\left(x\middle|U\leqslant\frac{f(Y)}{c\,g(Y)}\right)=\frac{\mathrm{P}\left(U\leqslant\frac{f(Y)}{c\,g(Y)}\middle|Y=x\right)g(x)}{\mathrm{P}\left(U\leqslant\frac{f(Y)}{c\,g(Y)}\right)}$$

$$=\frac{\mathrm{P}\left(U\leqslant\frac{f(x)}{c\,g(x)}\right)g(x)}{\int\mathrm{P}\left(U\leqslant\frac{f(Y)}{c\,g(Y)}\middle|Y=x\right)g(x)\,\mathrm{d}x}$$

$$=\frac{\frac{f(x)}{c\,g(x)}g(x)}{\int\frac{f(x)}{c\,g(x)}g(x)\,\mathrm{d}x}=f(x).$$

例 8.5　用舍选抽样生成具有密度函数 $f(x)=20x(1-x)^3,\ 0<x<1$ 的随机数 X.

解　取 $g(x)=1,\ 0<x<1$. 则 $\frac{f(x)}{g(x)}=20x(1-x)^3$. 解 $\frac{\mathrm{d}}{\mathrm{d}x}\left(\frac{f(x)}{g(x)}\right)=20[(1-x)^3-3x(1-x)^2]=0$ 得 $x=\frac{1}{4}$. 这时, $\frac{f(x)}{g(x)}\leqslant 20\frac{1}{4}\left(1-\frac{1}{4}\right)^3=\frac{135}{64}=c$. 因此, $\frac{f(x)}{cg(x)}=\frac{256}{27}x(1-x)^3$. 故生成随机数 X 的算法为:

第 1 步, 生成相互独立的随机数 $U_1\sim U[0,1]$ 与 $U_2\sim U[0,1]$;

第 2 步, 若 $U_2\leqslant\frac{256}{27}U_1(1-U_1)^3$, 则取 $X=U_1$, 否则回到第 1 步.

例 8.6　用舍选抽样生成具有以下密度函数的随机数 X.

$$f(x)=\frac{\alpha\beta}{\beta-\alpha}(\mathrm{e}^{-\alpha x}-\mathrm{e}^{-\beta x}),\quad x>0,$$

其中 $\beta>\alpha>0$.

解　取 $g(x)=\alpha\mathrm{e}^{-\alpha x},\ x>0$.

$$\frac{f(x)}{g(x)}\leqslant\frac{\beta}{\beta-\alpha}=c.$$

故生成随机数 X 的算法为:

第 1 步, 生成随机数 $Y\sim\mathrm{Exp}(\alpha)$;

第 2 步, 生成一个随机数 $U \sim U[0,1]$;

第 3 步, 若 $U \leqslant \dfrac{f(Y)}{\dfrac{\beta}{\beta-\alpha}g(Y)}$, 令 $X=Y$. 否则, 回到第 1 步.

我们可以对模拟结果用直方图验证. 若取 $\alpha=1$, $\beta=2$, 利用以上模拟算法生成的相互独立的 1000 个随机数形成的直方图与密度函数 (曲线) 的拟合情况见图 8-3.

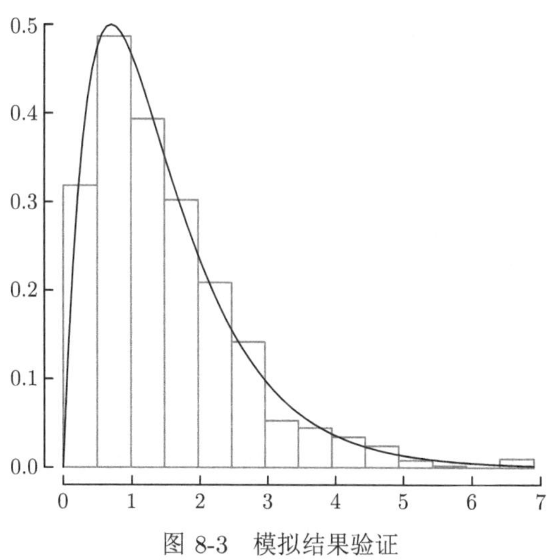

图 8-3 模拟结果验证

8.2.3 R 函数

R 软件提供了模拟常见连续型标准分布的随机数的函数, 见表 8-1. 各函数的具体用法可参见 R 软件的帮助文件.

表 8-1 R 软件中连续型标准分布随机数的生成函数

分布类型	Beta	Cauchy	χ^2	指数	F	Gamma	对数正态
R 函数	`rbeta`	`rcauchy`	`rchisq`	`rexp`	`rf`	`rgamma`	`rlnorm`
分布类型	Logistic	正态	学生 t	均匀	Weibull	Wilcoxon	
R 函数	`rlogis`	`rnorm`	`rt`	`runif`	`rweibull`	`rwilcox`	

8.3 离散型随机数的生成

8.3.1 逆变换法

设欲生成具有以下分布律的随机数 X:

X	x_0	x_1	$\cdots$	x_k	$\cdots$
p_k	p_0	p_1	$\cdots$	p_k	$\cdots$

为实现此目标, 先生成一随机数 $U \sim U[0,1]$, 并令

$$X=\begin{cases} x_0, & U<p_0, \\ x_1, & p_0 \leqslant U<p_0+p_1, \\ & \cdots\cdots \\ x_k, & \sum\limits_{j=0}^{k-1} p_j \leqslant U<\sum\limits_{j=0}^{k} p_j, \\ & \cdots\cdots \end{cases}$$

按以上方法获得的 X 即为所求的随机数, 这是因为

$$\mathrm{P}(X=x_k)=\mathrm{P}\left\{\sum_{j=0}^{k-1} p_j \leqslant U<\sum_{j=0}^{k} p_j\right\}=\sum_{j=0}^{k} p_j-\sum_{j=0}^{k-1} p_j=p_k.$$

例 8.7 写出生成具有以下分布律的随机数 X 的算法.

X	1	2	3	4
p_k	0.20	0.15	0.25	0.40

解 生成随机数 X 的算法为:

第 1 步, 生成一个随机数 $U \sim U[0,1]$;

第 2 步, 若 $U<0.20$, 取 $X=1$, 停止;

第 3 步, 若 $U<0.35$, 取 $X=2$, 停止;

第 4 步, 若 $U<0.60$, 取 $X=3$, 停止;

第 5 步, 若 $U \geqslant 0.60$, 取 $X=4$.

例 8.8 用逆变换法模拟投一枚均匀硬币的试验 20 次. 用○表示正面朝上, ●表示反面朝上, 列出这 20 次的试验结果. 下面是其中一次试验的结果:

●○●○○●●○●●●●●○●●●○○●

8.3.2 舍选抽样法

假设有模拟一个具有分布律 $\{q_j,\ j \geqslant 0\}$ 的随机数的方法. 则可以把生成具有分布律 $\{q_j,\ j \geqslant 0\}$ 的随机数作为生成另一个具有分布律 $\{p_j,\ j \geqslant 0\}$ 的随机数

的基础. 先生成一个具有分布律 $\{q_j,\ j\geqslant 0\}$ 的随机数, 再以一定的概率接受这一随机数, 从而达到生成一个具有分布律 $\{p_j,\ j\geqslant 0\}$ 的随机数的目的.

具体地讲, 令 c 是一常数, 并使得对于所有的 j, $p_j\leqslant c\,q_j$(这里 $p_j>0$). 那么将可以采用以下算法生成一个具有分布律 $\{p_j,\ j\geqslant 0\}$ 的随机数.

算法 8.2 (舍选抽样法)

第 1 步, 生成一个具有分布律 $\{q_j,\ j\geqslant 0\}$ 的随机数 Y;

第 2 步, 生成一个随机数 $U\sim U[0,1]$;

第 3 步, 若 $U\leqslant \dfrac{p_Y}{c\,q_Y}$, 令 $X=Y$. 否则, 回到第 1 步.

X 即为具有分布律 $\{p_j,\ j\geqslant 0\}$ 的随机数.

舍选抽样的流程图如图 8-4所示.

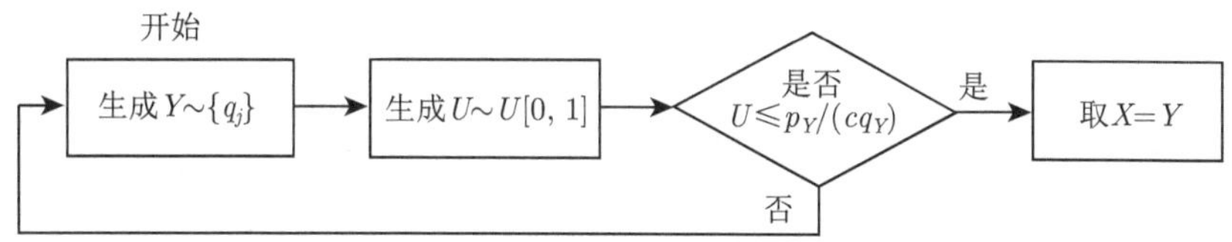

图 8-4 离散型随机数舍选抽样流程图

舍选抽样的算法依据是

$$\mathrm{P}\left(Y=x_k\middle|U\leqslant\frac{p_Y}{c\,q_Y}\right)=\mathrm{P}(X=x_k)=p_k.$$

下证明之.

证明 据贝叶斯公式, 有

$$\begin{aligned}\mathrm{P}\left(Y=x_k\middle|U\leqslant\frac{p_Y}{c\,q_Y}\right)&=\frac{\mathrm{P}\left(U\leqslant\dfrac{p_Y}{c\,q_Y}|Y=x_k\right)q_k}{\displaystyle\sum_j\mathrm{P}\left(U\leqslant\dfrac{p_Y}{c\,q_Y}|Y=x_j\right)q_j}=\frac{\mathrm{P}\left(U\leqslant\dfrac{p_k}{c\,q_k}\right)q_k}{\displaystyle\sum_j\mathrm{P}\left(U\leqslant\dfrac{p_j}{c\,q_j}\right)q_j}\\&=\frac{\dfrac{p_k}{c\,q_k}q_k}{\displaystyle\sum_j\dfrac{p_j}{c\,q_j}q_j}=p_k.\end{aligned}$$

例 8.9 写出生成具有以下分布律的随机数 X 的算法.

X	1	2	3	4	5	6	7	8	9	10
p_k	0.11	0.12	0.09	0.08	0.12	0.10	0.09	0.09	0.10	0.10

解 取 $q_j = \dfrac{1}{10}, j = 1, \cdots, 10$. 取 $c = \max_j \dfrac{p_j}{q_j} = 1,2$. 生成随机数 X 的算法为:

第 1 步, 生成一个随机数 $U_1 \sim U[0,1]$, 令 $Y = [10U_1] + 1$;

第 2 步, 生成另一个随机数 $U_2 \sim U[0,1]$;

第 3 步, 若 $U_2 \leqslant p_Y/0.12$, 取 $X = Y$. 否则, 回到第 1 步.

8.3.3 合成法

假设我们有模拟一个具有分布律 $\{p_j^{(1)},\ j \geqslant 0\}$ 的随机变量 X_1 的有效方法和模拟一个具有分布律 $\{p_j^{(2)},\ j \geqslant 0\}$ 的随机变量 X_2 的有效方法. 要生成具有如下分布律的随机数 X:

$$\mathrm{P}(X = j) = \alpha p_j^{(1)} + (1-\alpha) p_j^{(2)}, \quad j \geqslant 0,$$

其中 $0 < \alpha < 1$. 只要如下定义随机数

$$X = \begin{cases} X_1, & 以概率\alpha, \\ X_2, & 以概率1-\alpha, \end{cases}$$

这时 X 即为所求的随机数. 随机数 X 的这一定义方式实际上运用了全概率公式的意义, 即分 X_1 与 X_2 两种情况产生 X, 这两种情况发生的概率分别为 α 与 $1-\alpha$.

算法 8.3 (合成法) 生成随机数 X 的算法为:

第 1 步, 生成一个随机数 $U \sim U[0,1]$;

第 2 步, 若 $U \leqslant \alpha$, 生成一个具有分布律 $\{p_j^{(1)},\ j \geqslant 0\}$ 的随机数 X_1, 取 $X = X_1$, 停止;

第 3 步, 否则, 生成一个具有分布律 $\{p_j^{(2)},\ j \geqslant 0\}$ 的随机数 X_2, 取 $X = X_2$, 停止.

例 8.10 写出生成具有以下分布律的随机数 X 的算法.

$$p_j = \mathrm{P}(X = j) = \begin{cases} 0.05, & j = 1,2,3,4,5, \\ 0.15, & j = 6,7,8,9,10. \end{cases}$$

解 注意到: $p_j = 0.5p_j^{(1)} + 0.5p_j^{(2)}$, 其中

$$p_j^{(1)} = 0.1, \quad j = 1, \cdots, 10, \quad p_j^{(2)} = \begin{cases} 0, & j = 1,2,3,4,5, \\ 0.2, & j = 6,7,8,9,10. \end{cases}$$

生成随机数 X 的算法为:

第 1 步, 生成一个随机数 $U_1 \sim U[0,1]$;

第 2 步, 生成另一个随机数 $U_2 \sim U[0,1]$;

第 3 步, 若 $U_1 \leqslant 0.5$, 取 $X = [10U_2] + 1$. 否则, 取 $X = [5U_2] + 6$.

8.3.4 R 函数

R 软件提供了模拟常见离散型标准分布的随机数的函数, 见表 8-2. 各函数的具体用法可参见 R 软件的帮助文件.

表 8-2 R 软件中离散型标准分布随机数的生成函数

分布类型	二项	几何	超几何	负二项	Poisson
R 函数	rbinom	rgeom	rhyper	rnbinom	rpois

8.4 习 题

习题 8.1 谈谈产生随机数有些什么应用?

习题 8.2 给出生成具有以下密度函数的随机数的算法:

$$f(x) = \frac{e^x}{e-1}, \quad 0 \leqslant x \leqslant 1.$$

习题 8.3 给出生成具有以下分布函数的随机数的算法:

$$F(x) = \frac{x^2 + x}{2}, \quad 0 \leqslant x \leqslant 1.$$

习题 8.4 给出用舍选抽样生成具有以下密度函数的随机数的算法:

$$f(x) = \frac{3}{2}x^3 + \frac{1}{2}, \quad 0 \leqslant x \leqslant 1.$$

习题 8.5 给出生成具有以下密度函数的随机数的算法:

$$f(x) = \begin{cases} e^{2x}, & -\infty < x < 0, \\ e^{-2x}, & 0 < x < \infty. \end{cases}$$

进一步, 用 R 软件实现这一模拟, 并用直方图说明模拟的合理性.

习题 8.6 给出生成具有以下密度函数的随机数的算法:

$$f(x) = \frac{1}{\Gamma(\gamma)} \frac{\alpha^\gamma \beta^\gamma}{\beta^\gamma - \alpha^\gamma} x^{\gamma-1}(e^{-\alpha x} - e^{-\beta x}), \quad x > 0,$$

其中 $\beta > \alpha > 0$, $\gamma > 0$.

习题 8.7 写出生成具有以下分布律的随机数 X 的算法：

X	1	2	3	4
p_k	0.3	0.2	0.35	0.15

习题 8.8 写出生成具有以下分布律的随机数 X 的算法：

X	1	2	3	4	5
p_k	0.21	0.21	0.19	0.19	0.20

习题 8.9 写出生成具有以下分布律的随机数 X 的算法：

$$p_j = \mathrm{P}(X = j) = \begin{cases} 0.11, & j = 5, 7, 9, 11, 13, \\ 0.09, & j = 6, 8, 10, 12, 14. \end{cases}$$

习题 8.10 写出生成具有如下密度函数的随机数 X 的算法:

$$f(x) = \alpha f_1(x) + (1 - \alpha) f_2(x),$$

其中 $0 < \alpha < 1$, $f_1(x)$ 与 $f_2(x)$ 是两个已知的密度函数, 且具有这两个密度函数的随机数已经有生成方法.

习题 8.11 请利用随机模拟作投硬币试验 100 次, 并写出试验结果.

第 9 章 Monte Carlo 积分与抽样方法

本章将介绍用随机模拟的方法处理积分的计算并借此阐述用以减小所关心的参数估计量的均方误差的抽样方法. 我们需要提供一估计量来估计所关心的参数, 但这与一般的统计问题不同. 一般情况下, 我们手头有一样本数据, 这些数据所遵循的分布是既定的. 而现在的问题是: 要估计一个参数, 样本是可以根据自己的需要进行选择的. 这就有一个如何选择抽样方法使估计量均方误差减小的问题. 本章就是要讨论解决此类问题的抽样方法.

9.1 Monte Carlo 积分

考虑定积分

$$\theta = \int_a^b f(x)\,\mathrm{d}x.$$

设 $g(x)$ 是 (a,b) 上的一个密度函数, 于是

$$\theta = \int_a^b \frac{f(x)}{g(x)} g(x)\,\mathrm{d}x = \mathrm{E}\left[\frac{f(X)}{g(X)}\right].$$

可见, 任一积分均可以表示为某个随机变量 (函数) 的期望. 由矩法, 若有 n 个来自 $g(x)$ 的观测值, 则可给出 θ 的一个矩估计, 这便是用随机模拟算法求 θ 值的基本原理.

计算积分 $\theta = \displaystyle\int_a^b f(x)\,\mathrm{d}x$ 的算法为:

算法 9.1 第 1 步, 独立地生成 n 个具有密度函数 $g(x)$ 的随机数 $x_1, \cdots, x_n$;

第 2 步, 计算 $\dfrac{f(x_i)}{g(x_i)}, i = 1, \cdots, n$;

第 3 步, 计算平均数 $\hat{\theta}_n = \dfrac{1}{n}\sum_{i=1}^n \dfrac{f(x_i)}{g(x_i)}$.

$\hat{\theta}_n$ 即为 θ 的一个近似值.

算法 9.1 虽然给出了借助 Monte Carlo 数值求解积分的方法, 但方法优劣情况如何呢? 需要给出一个衡量标准. 在统计计算中, 若我们给出一个参数 θ 的估计

量 $\hat{\theta}$ 后, 这个统计量的好坏一般用一个刻画误差的量——均方误差 (mean square error) 来衡量.

假设 $(X_1, \cdots, X_n)$ 为取自总体 X 的一个样本, 且 X 具有分布函数 $F(x)$, 进一步假设我们用这一样本来估计分布 F 的某个参数 $\theta(F)$. 例如, $\theta(F)$ 可以是分布 F 的均值、中位数或者是方差等. 假设有参数 $\theta(F)$ 的一个估计量 $\hat{\theta}(X_1, \cdots, X_n)$. 用估计量 $\hat{\theta}(X_1, \cdots, X_n)$ 估计参数 $\theta(F)$ 的均方误差为

$$\mathrm{MSE}(F) \equiv \mathrm{E}_F[(\hat{\theta}(X_1, \cdots, X_n) - \theta(F))^2].$$

当 $\theta(F) = \mathrm{E}[X]$ 时, 取 $\hat{\theta}(X_1, \cdots, X_n) = \overline{X}$, 现在

$$\mathrm{MSE}(F) = \mathrm{E}_F[(\overline{X} - \theta(F))^2] = \mathrm{Var}(\overline{X}) = \frac{1}{n}\mathrm{Var}(X).$$

既然 S^2 为 $\mathrm{Var}(X)$ 的一个无偏估计, 所以, 这时的均方误差有一个直接的估计量 S^2/n.

在算法 9.1 中, 密度函数 $g(x)$ 取法多种多样. 不同的 $g(x)$ 所对应的对积分值估计的均方误差也不尽相同, 并且有可能差别甚大. 与抽样技术相对应, 以下将介绍几种典型的 $g(x)$ 的取法.

9.2 样本平均值法

最简单地, 若 a, b 为有限值, 可取 $g(x) = \dfrac{1}{b-a}$, $x \in [a, b]$. 设 $x_1, x_2, \cdots, x_n$ 是取自 $U[a, b]$ 总体的随机数, 则 θ 的一个估计值为 $\hat{\theta}_n = \dfrac{b-a}{n}\sum_{i=1}^{n} f(x_i)$, 这便是样本平均值法.

例 9.1 用样本平均值法计算下列积分的近似值:

$$(1) \int_0^1 \mathrm{e}^x \,\mathrm{d}x; \quad (2) \int_0^2 \frac{\mathrm{d}x}{\sqrt{2-\cos x}}; \quad (3) \int_0^3 \frac{\mathrm{d}x}{(1+x^{3/2})\sqrt{x}}.$$

解 (1) $\displaystyle\int_0^1 \mathrm{e}^x \,\mathrm{d}x = \mathrm{E}[\mathrm{e}^X]$, 其中 $X \sim U[0, 1]$. 该积分精确值为 $\mathrm{e} - 1 = 1.718282$.

(2) $\displaystyle\int_0^2 \frac{\mathrm{d}x}{\sqrt{2-\cos x}} = \mathrm{E}\left[\frac{2}{\sqrt{2-\cos X}}\right]$, 其中 $X \sim U[0, 2]$.

(3) $\displaystyle\int_0^3 \frac{\mathrm{d}x}{(1+x^{3/2})\sqrt{x}} = \mathrm{E}\left[\frac{3}{(1+X^{3/2})\sqrt{X}}\right]$, 其中 $X \sim U[0, 3]$.

取不同的 n, 本例的积分值模拟结果如表 9-1, 其中括号中的数值为相应均方误差的估计值. 从表 9-1 可见, 积分 $\int_0^3 \frac{\mathrm{d}x}{(1+x^{3/2})\sqrt{x}}$ 估计的均方误差较大, 模拟结果不很稳定. 这是由样本平均值法得到的积分估计量有时方差偏大造成的.

表 9-1 例 9.1 积分近似值 (均值与均方误差) 模拟结论

n	10	100	1000
(1)	1.8515 (0.0271)	1.7134 (0.0023)	1.7109 (0.0002)
(2)	1.5952 (0.0055)	1.6614 (0.0005)	1.6618 (0.0001)
(3)	1.4612 (0.5058)	2.2751 (0.4905)	2.0784 (0.0175)

以下介绍几种降低方差的技术.

9.3 重要抽样法

对任意 (a,b) 上的一个密度函数 $g(x)$, 都有

$$\theta = \int_a^b \frac{f(x)}{g(x)} g(x)\,\mathrm{d}x = \mathrm{E}\left[\frac{f(X)}{g(X)}\right].$$

因此, 若有来自密度函数为 $g(x)$ 的样本 $(X_1,\cdots,X_n)$, 则 θ 的估计可取为

$$\hat{\theta} = \frac{1}{n}\sum_{i=1}^{n} \frac{f(X_i)}{g(X_i)}.$$

任一积分均可以表示为某个随机变量 (函数) 的期望. 由矩法, 显然, $\hat{\theta}$ 是无偏的, 其方差则与 $g(\cdot)$ 有关. 问题变为, 如何选择 $g(\cdot)$ 使得 $\hat{\theta}$ 的方差小.

从理论上讲, 因 $\mathrm{Var}(\hat{\theta}) = \frac{1}{n}\left[\mathrm{E}\left(\frac{f(X)}{g(X)}\right)^2 - \theta^2\right]$, 若 $f(x) \geqslant 0$, 取 $g(x) = f(x)/\theta$, 则有 $\mathrm{Var}(\hat{\theta}) = 0$. 因为 θ 未知, 这个结果是无用的. 然而, 虽然我们不能取 $g(x) = \frac{f(x)}{\theta}$, 但它也给我们一个启示: $g(x)$ 与 $f(x)$ 形状接近应能降低估计的方差. 这便是重要抽样法的基本思想.

例 9.2 用重要抽样法计算下列积分的近似值.

$$(1)\int_0^1 \mathrm{e}^x\,\mathrm{d}x;\quad (2)\int_0^3 \frac{\mathrm{d}x}{(1+x^{3/2})\sqrt{x}};\quad (3)\int_0^\infty \frac{\mathrm{d}x}{(1+x^{3/2})\sqrt{x}}.$$

解 (1) 因 $e^x=\sum_{n=0}^{\infty}\frac{x^n}{n!}$, 故我们可取 $g(x)=\frac{2}{3}(1+x)$, $0<x<1$. 于是, $\int_0^1 e^x\,dx = E\left[\frac{e^X}{\frac{2}{3}(1+X)}\right]$, 其中 X 具有密度 $g(x)$. 对 X 的抽样可采取舍选抽样法, 即从 [0,1] 上的均匀分布随机数中舍选. 该积分精确值为 $e-1=1.718282$.

(2) 取

$$g(x)=\begin{cases}\frac{3}{8}x^{-\frac{1}{2}}, & 0\leqslant x<1,\\ \frac{3}{8}x^{-2}, & 1\leqslant x\leqslant 3.\end{cases}$$

于是, $\int_0^3\frac{dx}{(1+x^{3/2})\sqrt{x}}=E\left[\frac{1}{g(X)(1+X^{3/2})\sqrt{X}}\right]$, 其中 X 具有密度函数 $g(x)$. X 的分布函数为

$$F(x)=\begin{cases}\frac{3}{4}x^{\frac{1}{2}}, & 0\leqslant x<1,\\ \frac{3}{8}\left(3-\frac{1}{x}\right), & 1\leqslant x\leqslant 3.\end{cases}$$

其反函数为

$$x=\begin{cases}\left(\frac{4}{3}u\right)^2, & 0\leqslant u<\frac{3}{4},\\ \frac{1}{3-\frac{8}{3}u}, & \frac{3}{4}\leqslant u\leqslant 1.\end{cases}$$

对 X 的模拟可以采用逆变换法.

(3) 取

$$g(x)=\begin{cases}\frac{1}{3}x^{-\frac{1}{2}}, & 0\leqslant x<1,\\ \frac{1}{3}x^{-2}, & x\geqslant 1.\end{cases}$$

于是, $\int_0^{\infty}\frac{dx}{(1+x^{3/2})\sqrt{x}}=E\left[\frac{1}{g(X)(1+X^{3/2})\sqrt{X}}\right]$, 其中 X 具有密度函数 $g(x)$.

X 的分布函数为

$$F(x)=\begin{cases}\dfrac{2}{3}x^{\frac{1}{2}}, & 0\leqslant x<1,\\[2ex] \dfrac{1}{3}\left(3-\dfrac{1}{x}\right), & x\geqslant 1.\end{cases}$$

其反函数为

$$x=\begin{cases}\left(\dfrac{3}{2}u\right)^2, & 0\leqslant u<\dfrac{2}{3},\\[2ex] \dfrac{1}{3(1-u)}, & \dfrac{2}{3}\leqslant u\leqslant 1.\end{cases}$$

对 X 的模拟可以采用逆变换法.

本例的积分值模拟结果与均方误差近似值如表 9-2. 从表 9-2 可见, 相对于样本平均值法, 各积分估计的均方误差都减小了许多, 积分 $\displaystyle\int_0^3\frac{\mathrm{d}x}{(1+x^{3/2})\sqrt{x}}$ 的模拟结果稳定性比样本平均值所得结论稳定性有了很大的改善.

表 9-2　例 9.2 积分近似值 (均方与误差) 模拟结论

n	10	100	1000
(1)	1.7861 (0.0032)	1.6996 (0.0003)	1.7277 (0.0000)
(2)	2.0517 (0.0137)	2.1119 (0.0020)	2.1063 (0.0002)
(3)	2.4204 (0.0139)	2.4143 (0.0024)	2.4113 (0.0002)

9.4　分层抽样法

另一种利用贡献率大小来降低估计方差的方法是分层抽样法. 它首先把样本空间 D 分成互不相交的小区间 $D_1,\cdots,D_m$, 且 $\bigcup D_i=D$, 然后在各小区间内的抽样数由其贡献率大小决定, 亦即, 定义 $\theta_i=\displaystyle\int_{D_i}f(x)\,\mathrm{d}x$, 则 D_i 内的抽样数应与 θ_i 成正比. 如此, 对 θ 贡献大的 D_i 抽样多, 可提高抽样效率.

考虑积分 $\theta=\displaystyle\int_0^1 f(x)\,\mathrm{d}x$, 将 [0,1] 分成 m 个小区间, 各区间端点记为 a_i, $0=a_0<a_1<\cdots<a_m=1$, 则

$$\theta=\int_0^1 f(x)\,\mathrm{d}x=\sum_{i=1}^{m}\int_{a_{i-1}}^{a_i}f(x)\,\mathrm{d}x\triangleq\sum_{i=1}^{m}\theta_i.$$

记 $l_i = a_i - a_{i-1}$ 为第 i 个小区间的长度, $i = 1, \cdots, m$, 在每个小区间上的积分值 θ_i 可用样本平均值法估计出来, 然后将之相加即可给出 θ 的一个估计. 具体算法如下:

第 1 步, 产生 $X_{ij} \sim U[a_{i-1}, a_i]$, $i = 1, \cdots, m$, $j = 1, \cdots, n_i$;

第 2 步, 计算 $\hat{\theta}_i = \dfrac{l_i}{n_i} \sum_{j=1}^{n_i} f(X_{ij})$, $i = 1, \cdots, m$;

第 3 步, 计算 $\hat{\theta} = \sum_{i=1}^{m} \hat{\theta}_i$.

由样本平均值法, $\mathrm{E}\hat{\theta}_i = \theta_i$, 因而 $\hat{\theta}$ 是 θ 的无偏估计, 其方差为

$$\mathrm{Var}(\hat{\theta}) = \sum_{i=1}^{m} \mathrm{Var}(\hat{\theta}_i) = \sum_{i=1}^{m} \frac{l_i^2}{n_i} \sigma_i^2,$$

其中

$$\sigma_i^2 = \mathrm{Var}(f(X_{i1})) = \int_{a_{i-1}}^{a_i} \frac{f^2(x)}{l_i} \, \mathrm{d}x - \left(\frac{\theta_i}{l_i}\right)^2.$$

如果我们将抽样区间分得足够小, 并较好地分配抽样次数, 则可将抽样方差大大降低. 因此, 分层抽样有两个主要问题, 一个问题是怎样划分抽样区间, 简单而常用的方法是将抽样区间等分; 另一个问题是, 在抽样区间划分好以后, 如何确定抽样次数的分配 (因 σ_i^2 总是未知的, 故 n_i 的最优值也是未知的). 这一点上, 即使我们取简单的分配: $n_i = nl_i / \sum l_i = nl_i/(b-a)$, 也可降低估计的方差.

例 9.3 比较样本平均值法与分层抽样法计算下列积分的近似值的不同.

$$\int_0^3 \frac{\mathrm{d}x}{(1+x^{3/2})\sqrt{x}}.$$

解 (1) 样本平均值法:

$\displaystyle\int_0^3 \frac{\mathrm{d}x}{(1+x^{3/2})\sqrt{x}} = \mathrm{E}\left[\frac{3}{(1+X^{3/2})\sqrt{X}}\right]$, 其中 $X \sim U[0,3]$. 模拟结果如表 9-1 所示.

(2) 分层抽样法:

$$\int_0^3 \frac{\mathrm{d}x}{(1+x^{3/2})\sqrt{x}} = \sum_{i=1}^{4} \int_{3(i-1)/4}^{3i/4} \frac{\mathrm{d}x}{(1+x^{3/2})\sqrt{x}} = \sum_{i=1}^{4} \mathrm{E}\left[\frac{3/4}{(1+X_i^{3/2})\sqrt{X_i}}\right],$$

其中 $X_i \sim U[3(i-1)/4, 3i/4]$, $i = 1, 2, 3, 4$. 如若我们按 1:1:1:1 取样. 模拟结果如表 9-3 所示.

表 9-3 例 9.3(2) 模拟结论

n	10	100	1000
积分近似值 (均方与误差)	—	1.8756 (0.0509)	2.0118 (0.0071)

显然, 用分层抽样法得到的积分近似值比样本平均值法得到的积分近似值更接近于重要抽样法得到的积分近似值.

9.5 关联抽样法

为引出关联抽样法, 我们考虑下面的积分之差

$$\theta = \int f_1(x)\,\mathrm{d}x - \int f_2(x)\,\mathrm{d}x \triangleq \theta_1 - \theta_2.$$

假设我们分别用 $\hat{\theta}_1$ 和 $\hat{\theta}_2$ 来估计 θ_1 和 θ_2, 并用 $\hat{\theta} = \hat{\theta}_1 - \hat{\theta}_2$ 估计 θ, 则 $\hat{\theta}$ 的方差为

$$\mathrm{Var}(\hat{\theta}) = \mathrm{Var}(\hat{\theta}_1) + \mathrm{Var}(\hat{\theta}_2) - 2\mathrm{Cov}(\hat{\theta}_1, \hat{\theta}_2).$$

显然, 在 $\mathrm{Var}(\hat{\theta}_1)$ 和 $\mathrm{Var}(\hat{\theta}_2)$ 确定后, $\hat{\theta}_1$ 与 $\hat{\theta}_2$ 的正相关度越高, $\hat{\theta}$ 的方差就越小. 这便是关联抽样法的基本出发点.

改写 θ 为

$$\theta = \int \frac{f_1(x)}{g_1(x)} g_1(x)\,\mathrm{d}x - \int \frac{f_2(x)}{g_2(x)} g_2(x)\,\mathrm{d}x = \mathrm{E}\left(\frac{f_1(X)}{g_1(X)}\right) - \mathrm{E}\left(\frac{f_2(X)}{g_2(X)}\right),$$

其中 $g_1(x)$ 与 $g_2(x)$ 是两个密度函数. 首先, 分别从具有密度函数 $g_1(x)$ 与 $g_2(x)$ 的分布中产生 n 个随机数 $X_1, \cdots, X_n$ 与 $Y_1, \cdots, Y_n$, 然后计算

$$\hat{\theta} = \frac{1}{n} \sum_{i=1}^{n} \left(\frac{f_1(X_i)}{g_1(X_i)} - \frac{f_2(Y_i)}{g_2(Y_i)}\right).$$

如果我们设计 X_i 与 Y_i 有较高的正相关性, 比如, 采用逆变换法由同一个 $U[0,1]$ 分布的随机数产生 X_i 与 Y_i, 则可有望降低估计的方差.

用类似的想法可以改进 $\theta = \int f(x)\,\mathrm{d}x$ 的估计. 首先讨论 $\theta = \int_0^1 f(x)\,\mathrm{d}x$ 的情况, 因

$$\int_0^1 f(x)\,\mathrm{d}x = \int_0^1 f(1-x)\,\mathrm{d}x,$$

故

$$\theta = \frac{1}{2}\int_0^1 [f(x) + f(1-x)]\,\mathrm{d}x \triangleq \theta_1 + \theta_2.$$

于是, 可先产生 n 个 $U[0,1]$ 分布的随机数 $U_1, \cdots, U_n$, 然后计算

$$\hat{\theta} = \frac{1}{2n}\sum_{i=1}^{n}[f(U_i) + f(1-U_i)]. \tag{9-1}$$

$\hat{\theta}$ 也是 θ 的无偏估计. 理论上可以证明: 若 $f(x)$ 是单调函数且具有一阶连续导数, 则用关联抽样法得到的估计 (9-1) 的方差不超过样本平均值法的 1/2.

更一般地, 考虑

$$\theta = \int_a^b f(x)\,\mathrm{d}x = \int_a^b \frac{f(x)}{g(x)}g(x)\,\mathrm{d}x = \mathrm{E}\left[\frac{f(X)}{g(X)}\right],$$

其中 $g(x)$ 为一密度函数. θ 的估计取为

$$\hat{\theta} = \frac{1}{2n}\sum_{i=1}^{n}\left[\frac{f(X_i)}{g(X_i)} + \frac{f(b-X_i)}{g(b-X_i)}\right],$$

其中 $X_1, \cdots, X_n$ 相互独立, 为取自密度函数为 $g(x)$ 的分布的随机数. 理论上可以证明, 若 $f(x)/g(x)$ 单调, 则 $\hat{\theta}$ 的方差比样本平均值法得到的估计的方差小.

例 9.4 用关联抽样法计算下列积分的近似值.

$$(1)\int_0^1 \mathrm{e}^x\,\mathrm{d}x; \quad (2)\int_0^3 \frac{\mathrm{d}x}{(1+x^{3/2})\sqrt{x}}.$$

解 (1) 因 $\displaystyle\int_0^1 \mathrm{e}^x\,\mathrm{d}x = \frac{1}{2}\left(\mathrm{E}[\mathrm{e}^X] + \mathrm{E}[\mathrm{e}^{(1-X)}]\right)$, 其中 $X \sim U[0,1]$.

(2) $\displaystyle\int_0^3 \frac{\mathrm{d}x}{(1+x^{3/2})\sqrt{x}} = \frac{1}{2}\left(\mathrm{E}\left[\frac{3}{(1+X^{3/2})\sqrt{X}}\right] + \mathrm{E}\left[\frac{3}{(1+(3-X)^{3/2})\sqrt{3-X}}\right]\right)$,

其中 $X \sim U[0,3]$.

本例积分值模拟求解的结论如表 9-4 所示. 从表 9-4 可见, 关联抽样法所得积分的近似值比样本平均值法所得积分的近似值更接近于真值或更接近于重要抽样法所得积分的真值.

表 9-4 例 9.4 积分近似值 (均方与误差) 模拟结论

n	10	100	1000
(1)	1.7192(0.0005)	1.7147(0.0000)	1.7168(0.0000)
(2)	1.8275(0.1348)	2.0986(0.1306)	2.0294(0.0064)

9.6 习　　题

习题 9.1　谈谈样本平均值法、重要抽样法、分层抽样法、关联抽样法这四种抽样法在减小估计量方差方面各自的优劣.

习题 9.2　计算下列积分的近似值.

(1) $\int_0^1 \frac{\log(1+x)}{x}\,\mathrm{d}x$; (2) $\int_0^5 \frac{\mathrm{d}x}{(1+\sqrt{x})\sqrt{x}}$; (3) $\int_0^\infty (1+x)^{\frac{3}{2}}\mathrm{e}^{-x}\,\mathrm{d}x$;

(4) $\int_0^1 \sqrt{x}\mathrm{e}^{-x}\,\mathrm{d}x$; (5) $\int_0^\infty \frac{\mathrm{d}x}{(1+x^{5/2})\sqrt{x}}$.

第 10 章 再抽样理论与方法

在数理统计中，评价一个估计量的重要工具是均方误差，而均方误差可以分解为两部分：一部分用于刻画估计量的偏差，另一部分用于刻画估计量的方差. 估计量的偏差和方差都依赖于参数真值，因而是未知的. 本章所要介绍的刀切法主要用于估计量偏差与方差的估计. 进行统计推断时，一项重要任务是确定统计量的分布. 然而，大多数情况下统计量的理论分布并不易确定. 本章所要介绍的自助法便可用于近似统计量的经验分布.

10.1 偏差的刀切法估计

10.1.1 估计方法

Quenouille [74] 最早提出了非参数偏差估计，后被命名为刀切法 (Jackknife). 设 $(X_1,\cdots,X_n)$ 为取自具有分布函数 $F(x)$ 的总体的简单随机样本，$\hat{\theta}=\hat{\theta}(X_1,\cdots,X_n)$ 为参数 θ 的一估计量. 我们关心用 $\hat{\theta}$ 估计真值 θ 的偏差

$$\mathrm{BIAS}=\mathrm{E}_F(\hat{\theta})-\theta.$$

一般地，设 $\theta(F)$ 为我们关心的实值参数，它可以为数学期望、分位点、相关系数等. 欲通过估计量

$$\hat{\theta}=\theta(\hat{F})$$

来估计参数 $\theta(F)$，其中 $\hat{F}(x)$ 为经验分布函数，也就是

$$\hat{F}(x)=\begin{cases}0, & x<X_{(1)},\\ 1/n, & X_{(1)}\leqslant x<X_{(2)},\\ & \cdots\cdots\\ j/n, & X_{(j)}\leqslant x<X_{(j+1)},\\ & \cdots\cdots\\ 1, & x\geqslant X_{(n)},\end{cases}$$

即在 $X_1,\cdots,X_n$ 上服从离散的均匀分布. 这时，用 $\theta(\hat{F})$ 估计真值 $\theta(F)$ 的偏差为

$$\mathrm{BIAS}=\mathrm{E}_F(\theta(\hat{F}))-\theta(F).$$

Quenouille 偏差估计方法通过序贯方式删除点 X_i 与重新计算 $\hat{\theta}$ 得到. 设 $\hat{F}_{(i)}$ 为基于观测点 $(X_1,\cdots,X_{i-1},X_{i+1},\cdots,X_n)$ 的经验分布函数, 相应重新计算的统计量为

$$\hat{\theta}_{(i)}=\theta(\hat{F}_{(i)})=\hat{\theta}(X_1,\cdots,X_{i-1},X_{i+1},\cdots,X_n).$$

令

$$\hat{\theta}_{(\cdot)}=\frac{1}{n}\sum_{i=1}^{n}\hat{\theta}_{(i)}.$$

Quenouille 将用 $\hat{\theta}$ 估计 θ 的偏差估计为

$$\widehat{\mathrm{BIAS}}=(n-1)(\hat{\theta}_{(\cdot)}-\hat{\theta}).$$

相应地, 用刀切法纠偏之后的估计量为

$$\tilde{\theta}=\hat{\theta}-\widehat{\mathrm{BIAS}}=n\hat{\theta}-(n-1)\hat{\theta}_{(\cdot)}.$$

例 10.1 (均值的估计) 一维随机变量的数学期望 $\theta(F)=\mathrm{E}_F(X)=\int_{\mathbf{R}}x\,\mathrm{d}F(x)$ 一般用样本均值 $\theta(\hat{F})=\int_{\mathbf{R}}x\,\mathrm{d}\hat{F}(x)=\frac{1}{n}\sum_{i=1}^{n}X_i=\bar{X}$ 来估计. 这时, $\widehat{\mathrm{BIAS}}=0$, 当然, $\hat{\theta}=\overline{X}$ 是 $\mathrm{E}_F(X)$ 的无偏估计.

例 10.2 (方差的估计) 一维随机变量的方差 $\theta(F)=\mathrm{Var}_F(X)=\int_{\mathbf{R}}(x-\mathrm{E}_F(X))^2\,\mathrm{d}F(x)$ 可以用样本二阶中心矩 $\theta(\hat{F})=\int_{\mathbf{R}}(x-\overline{X})^2\,\mathrm{d}\hat{F}(x)=\frac{1}{n}\sum_{i=1}^{n}(X_i-\overline{X})^2$ 来估计. 这时简单地计算显示

$$\widehat{\mathrm{BIAS}}=-\frac{1}{n(n-1)}\sum_{i=1}^{n}(X_i-\overline{X})^2,$$

从而得到

$$\tilde{\theta}=\hat{\theta}-\widehat{\mathrm{BIAS}}=\frac{1}{n-1}\sum_{i=1}^{n}(X_i-\overline{X})^2=S^2$$

为 $\mathrm{Var}_F(X)$ 的无偏估计.

注 10.1 统计量 $\hat{\theta}=\frac{1}{n}\sum_{i=1}^{n}(X_i-\bar{X})^2$ 是二次泛函的一个实例. 所谓二次泛函是指 $\hat{\theta}=\theta(\hat{F})$ 可表示为如下形式:

$$\hat{\theta}=\mu^{(n)}+\frac{1}{n}\sum_{i=1}^{n}\alpha^{(n)}(X_i)+\frac{1}{n^2}\sum_{1\leqslant i_1\leqslant i_2\leqslant n}\beta(X_{i_1},X_{i_2}).$$

也就是, $\hat{\theta}$ 可以表示成每项只含一个或两个 X_i 的有限项和的形式.

样本的二次泛函与文献 [44] 中的 U-统计量有密切联系, 对于二次泛函有如下结论.

定理 10.1 对于样本的二次泛函, $\widehat{\mathrm{BIAS}} = (n-1)(\hat{\theta}_{(\cdot)} - \hat{\theta})$ 是真正偏差 $\mathrm{E}_F(\theta(\hat{F})) - \theta(F)$ 的无偏估计.

例 10.3 (Pearson 相关系数的估计) 随机变量 X 与 Y 的 Pearson 相关系数

$$\theta(F) = \rho = \frac{\mathrm{E}_F[(X - \mathrm{E}_F(X))(Y - \mathrm{E}_F(Y))]}{\sqrt{\mathrm{Var}_F(X)}\sqrt{\mathrm{Var}_F(Y)}} \tag{10-1}$$

一般用样本相关系数

$$\theta(\hat{F}) = \hat{\rho}_n = \frac{S_{XY}}{\sqrt{S_{XX}}\sqrt{S_{YY}}}$$

来估计, 其中

$$S_{XX} = \frac{1}{n-1}\sum_{i=1}^{n}\left(X_i - \overline{X}\right)^2, \quad S_{YY} = \frac{1}{n-1}\sum_{i=1}^{n}\left(Y_i - \overline{Y}\right)^2,$$

$$S_{XY} = \frac{1}{n-1}\sum_{i=1}^{n}\left(X_i - X\right)\left(Y_i - \bar{Y}\right).$$

表 10-1 给出了 1973 年 15 家美国法律学校学生参加国家律师资格考试平均成绩 (LSAT) 与平均绩点 (GPA)(参见文献 [14]). 数据点如图 10-1 所示. 考虑 LSAT 与 GPA 的 Pearson 相关系数 ρ. 样本相关系数为 $\hat{\rho}_{15} = 0.776$. 表 10-1 也给出了量 $\hat{\rho}_{(i)} - \hat{\rho}$ 的值, 于是, $\widehat{\mathrm{BIAS}} = 14(\hat{\rho}_{(\cdot)} - \hat{\rho}) = -0.0065$. 纠偏之后 ρ 的估计 $\tilde{\rho} = 0.783$.

表 10-1 LSAT 与 GPA 一览表

学校 i	1	2	3	4	5	6	7	8
LSAT	576	635	558	578	666	580	555	661
GPA	3.39	3.30	2.81	3.03	3.44	3.07	3.00	3.43
$\hat{\rho}_{(i)} - \hat{\rho}$	0.117	−0.013	−0.021	0.000	−0.045	0.004	0.008	−0.040
学校 i	9	10	11	12	13	14	15	
LSAT	651	605	653	575	545	572	594	
GPA	3.36	3.13	3.12	2.74	2.76	2.88	2.96	
$\hat{\rho}_{(i)} - \hat{\rho}$	−0.025	0.000	0.042	0.009	−0.036	−0.009	0.003	

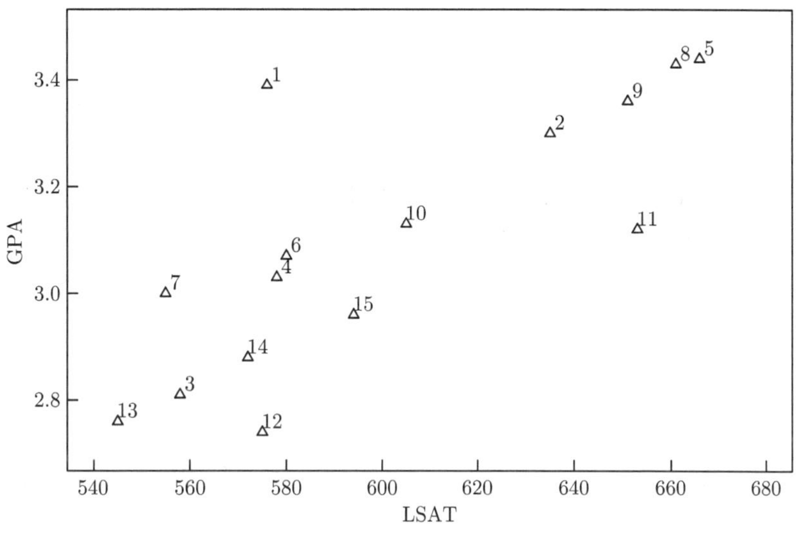

图 10-1 LSAT 与 GPA 的散点图

10.1.2 估计方法合理性

令 $E_n = \mathrm{E}_F(\hat{\theta}) = \mathrm{E}_F(\theta(\hat{F}))$. Schucany 等 [82] 建议将 E_n 展成形式

$$E_n = \theta + \frac{a_1(\theta)}{n} + \frac{a_2(\theta)}{n^2} + \cdots ,$$

其中 $a_1(\theta), a_2(\theta), \cdots$ 不依赖于 n. 注意到

$$\mathrm{E}_F(\hat{\theta}_{(\cdot)}) = E_{n-1} = \theta + \frac{a_1(\theta)}{n-1} + \frac{a_2(\theta)}{(n-1)^2} + \cdots .$$

因此

$$\mathrm{E}_F(\tilde{\theta}) = nE_n - (n-1)E_{n-1} = \theta - \frac{a_2(\theta)}{n(n-1)} + a_3(\theta)\left(\frac{1}{n^2} - \frac{1}{(n-1)^2}\right) + \cdots .$$

由此可见, $\tilde{\theta}$ 的偏差为 $O\left(\frac{1}{n^2}\right)$, 而 $\hat{\theta}$ 的偏差为 $O\left(\frac{1}{n}\right)$.

10.2 方差的刀切法估计

10.2.1 估计方法

设 $(X_1, \cdots, X_n)$ 为取自具有分布函数 $F(x)$ 的总体的简单随机样本, $\hat{\theta} =$

$\hat{\theta}(X_1, \cdots, X_n)$ 为参数 θ 的一估计量. 我们关心估计量 $\hat{\theta}$ 的方差

$$\operatorname{Var}(\hat{\theta}) = \mathrm{E}\left[\left(\hat{\theta} - \mathrm{E}(\hat{\theta})\right)^2\right].$$

因总体 X 的具体分布未知, 所以 $\operatorname{Var}(\hat{\theta})$ 亦未知. 但是, $\operatorname{Var}(\hat{\theta})$ 用于刻画估计量 $\hat{\theta}$ 的稳定性, 估计它的值很有必要性.

Tukey [92] 建议用刀切法估计 $\operatorname{Var}(\hat{\theta})$, 其非参数化估计量为

$$\widehat{\operatorname{Var}}(\hat{\theta}) = \frac{n-1}{n} \sum_{i=1}^{n} \left(\hat{\theta}_{(i)} - \hat{\theta}_{(\cdot)}\right)^2, \tag{10-2}$$

其中 $\hat{\theta}_{(\cdot)} = \dfrac{1}{n} \sum_{i=1}^{n} \hat{\theta}_{(i)}$. 实际应用中, 经常用到标准差 $\operatorname{sd}(\hat{\theta}) = \sqrt{\operatorname{Var}(\hat{\theta})}$. 相应地, 标准偏差的估计量用 $\widehat{\operatorname{sd}}(\hat{\theta}) = \sqrt{\widehat{\operatorname{Var}}(\hat{\theta})}$ 来估计.

例 10.4 (样本均值的方差) 考虑样本均值 $\hat{\theta} = \overline{X} = \dfrac{1}{n} \sum_{i=1}^{n} X_i$. 则

$$\hat{\theta}_{(i)} = \frac{n\hat{\theta} - X_i}{n-1}, \quad \hat{\theta}_{(\cdot)} = \hat{\theta}, \quad \hat{\theta}_{(i)} - \hat{\theta}_{(\cdot)} = \frac{\overline{X} - X_i}{n-1}.$$

因此, 样本均值方差的刀切法估计为

$$\widehat{\operatorname{Var}}(\hat{\theta}) = \frac{n-1}{n} \sum_{i=1}^{n} \left(\hat{\theta}_{(i)} - \hat{\theta}_{(\cdot)}\right)^2 = \frac{\displaystyle\sum_{i=1}^{n} (X_i - \overline{X})^2}{n(n-1)}.$$

另外, 经过直接运算也可得到

$$\operatorname{Var}(\overline{X}) = \frac{1}{n} \operatorname{Var}(X),$$

其中 X 为总体. $\operatorname{Var}(X)$ 的无偏估计为 $\dfrac{1}{n-1} \sum_{i=1}^{n} (X_i - \overline{X})^2$. 对于样本均值而言, 自然地用

$$\frac{\displaystyle\sum_{i=1}^{n} (X_i - \overline{X})^2}{n(n-1)} = \frac{n-1}{n} \sum_{i=1}^{n} \left(\hat{\theta}_{(i)} - \hat{\theta}_{(\cdot)}\right)^2$$

来进行估计 $\operatorname{Var}(\hat{\theta})$, 而这正是 Tukey 估计 (10-2) 的思想来源.

例 10.5 (样本方差的方差) 考虑样本方差 $\hat{\theta} = S^2 = \dfrac{1}{n-1}\sum_{i=1}^n (X_i - \overline{X})^2$. 设分布 F 与 $\hat{F}$ 的 k 阶中心矩分别为

$$c_k = \mathrm{E}_F[(X - \mathrm{E}_F(X))^k] \quad 与 \quad \hat{c}_k = \frac{1}{n}\sum_{i=1}^n (X_i - \overline{X})^k.$$

对于这一 $\hat{\theta}$, 其方差的刀切法估计为

$$\widehat{\mathrm{Var}}(\hat{\theta}) = \frac{n^2}{(n-1)(n-2)^2}(\hat{c}_4 - \hat{c}_2^2).$$

这一估计与 $\hat{\theta}$ 的真实方差

$$\mathrm{Var}(\hat{\theta}) = \frac{n^2}{n(n-1)^2}(c_4 - c_2^2)$$

相吻合. 但后者是未知的.

若观测数据为

$$5,\ 4,\ 9,\ 6,\ 21,\ 17,\ 11,\ 20,\ 7,\ 10,\ 21,\ 15,\ 13,\ 16,\ 8,$$

经计算可得 S^2 方差的刀切法估计为 69.547.

例 10.6 (样本均值泛函的方差) 设 $\hat{\theta} = g(\overline{X})$, 其中 $g(x)$ 为一阶连续可微的函数. 由一阶 Taylor 展式, 可得

$$\hat{\theta}_{(i)} = g(\overline{X}_{-i}) = g\left(\frac{n\overline{X} - X_i}{n-1}\right) \approx g(\overline{X}) + g'(\bar{X})\frac{\overline{X} - X_i}{n-1}.$$

因此

$$\widehat{\mathrm{Var}}(\hat{\theta}) \approx \frac{n-1}{n}[g'(\overline{X})]^2 \frac{\sum_{i=1}^n (X_i - \overline{X})^2}{(n-1)^2} = [g'(\overline{X})]^2 \frac{1}{n} S^2.$$

例 10.7 (样本中位数的方差) 设

$$\hat{\theta} = \begin{cases} X_{(m)}, & n = 2m-1, \\ (X_{(m)} + X_{(m+1)})/2, & n = 2m. \end{cases}$$

当 $n = 2m$ 时, $\hat{\theta}$ 方差的刀切法估计为

$$\widehat{\mathrm{Var}}(\hat{\theta}) = \frac{n-1}{4}[X_{(m+1)} - X_{(m)}]^2.$$

若分布函数 $F(x)$ 的密度函数为 $f(x)$, Pyke [72] 具有如下结论: 当 $n \to \infty$ 时,

$$n\widehat{\mathrm{Var}}(\hat{\theta}) \rightsquigarrow \frac{1}{4f^2(\theta)}\left[\frac{\chi_2^2}{2}\right]^2,$$

其中 θ 为总体中位数, $f(\theta) > 0$, $[\chi_2^2/2]^2$ 为一期望值为 2 和方差为 20 的随机变量. 而 Kendall 和 Stuart [51] 的结论显示: 当 $n \to \infty$ 时,

$$n\mathrm{Var}(\hat{\theta}) \to \frac{1}{4f^2(\theta)}.$$

由此可见, $\widehat{\mathrm{Var}}(\hat{\theta})$ 甚至都不是 $\mathrm{Var}(\hat{\theta})$ 的相合估计.

例 10.8 (样本相关系数的方差)　样本相关系数 ρ 的方差的刀切法估计为

$$\widehat{\mathrm{Var}}(\hat{\rho}) = \frac{n-1}{n}\sum_{i=1}^{n}\left(\hat{\rho}_{(i)} - \hat{\rho}_{(\cdot)}\right)^2.$$

在例 10.3 中的实例中, $\widehat{\mathrm{sd}}(\hat{\rho})$ 的值为 0.1425.

10.2.2 估计的偏差

该部分主要说明: 刀切法方差估计是保守的, 即其均值不小于真正的方差.

设 Var_n 为 $\hat{\theta}(X_1, \cdots, X_n)$ 的方差, 则 Var_{n-1} 为 $\hat{\theta}(X_1, \cdots, X_{n-1})$ 的方差. 定义

$$\widetilde{\mathrm{Var}}_{n-1} = \sum_{i=1}^{n}\left(\hat{\theta}_{(i)} - \hat{\theta}_{(\cdot)}\right)^2.$$

在 Efron [16] 第 IV 章中证明了如下的结论:

定理　10.2　对于关于个体具有对称性的统计量而言, 有 $\mathrm{E}_F(\widetilde{\mathrm{Var}}_{n-1}) \geqslant \mathrm{Var}_{n-1}$.

对于许多重要的统计量, 如下关系成立:

$$\mathrm{Var}_n = \frac{n-1}{n}\mathrm{Var}_{n-1} + o\left(\frac{1}{n^3}\right).$$

注意到 $\widehat{\mathrm{Var}}(\hat{\theta}) = \dfrac{n-1}{n}\widetilde{\mathrm{Var}}_{n-1}$, 因此

$$\mathrm{E}_F(\widehat{\mathrm{Var}}(\hat{\theta})) \geqslant \mathrm{Var}_n. \tag{10-3}$$

常见的刀切法方差估计满足式 (10-3) 的统计量有:

(1) U 统计量. U 统计量具有如下形式

$$\hat{\theta}(X_1,\cdots,X_n)=\binom{n}{k}^{-1}\sum_{i_1<i_2<\cdots<i_k}g(X_{i_1},\cdots,X_{i_k}),$$

其中 k 为固定整数, g 为 k 元对称函数.

(2) von Mises 序列. 该类统计量具有形式

$$\hat{\theta}(X_1,\cdots,X_n)=\mu+\frac{1}{n}\sum_{i=1}^{n}\alpha(X_i)$$
$$+\frac{1}{n^2}\sum_{i<j}\beta(X_i,X_j)+\cdots+\frac{1}{n^k}\sum_{i_1<i_2<\cdots<i_k}\phi(X_{i_1},\cdots,X_{i_k}),$$

其中 k $(k\leqslant n)$ 为固定整数, $\mu,\alpha,\beta,\cdots,\phi$ 都为不依赖于 n 的函数.

(3) 样本的二次泛函. 参见注 10.1.

10.3 自助法抽样

假设 $(X_1,\cdots,X_n)$ 为取自总体 X 的一个样本, 且 X 具有分布函数 $F(x)$, 进一步假设我们关心某个统计量 $T(X_1,\cdots,X_n)$. 例如, $T(X_1,\cdots,X_n)$ 可以是样本均值, 样本中位数或者是样本方差等.

若分布函数 F 是已知的, 理论上可以算出统计量 $T_F(X_1,\cdots,X_n)$ 的分布. 但分布函数 F 并不总是已知的, 且即使已知, $T_F(X_1,\cdots,X_n)$ 的分布也不见得容易计算. 然而, 在观测到 n 个数据之后, 我们已对总体的分布有了一个较好的直观了解. 假设我们有样本 $(X_1,\cdots,X_n)$ 的一个观测值 $(x_1,\cdots,x_n)$, 便可以用总体分布函数的最大似然估计量——经验分布函数 $\hat{F}(x)$ 来替代分布函数 $F(x)$.

当 n 较大时, 分布 $\hat{F}$ 与 F 的差别较小, $T_{\hat{F}}(X_1,\cdots,X_n)$ 与 $T_F(X_1,\cdots,X_n)$ 的分布也将非常接近. 这里, $T_{\hat{F}}(X_1,\cdots,X_n)$ 中 $(X_1,\cdots,X_n)$ 为取自分布 $\hat{F}$ 中的样本. 从经验分布 $\hat{F}$ 中抽样称为自助法 (bootstrap) 抽样. 自助法策略就是研究将统计量 T 作用于自助法抽样所得样本时的分布, 即 $T_{\hat{F}}(X_1,\cdots,X_n)$ 的分布. 自助法的这一思想最早由 Bradley Efron 于 1979 年提出 (参见文献 [15]).

在一些特殊情况下, $T_{\hat{F}}(X_1,\cdots,X_n)$ 的分布可通过解析的方法获得.

例 10.9 假设 $\{x_1,x_2,x_3\}=\{1,2,6\}$ 为从均值为 θ 的总体随机抽取的一组样本观测值. 假设我们想要了解样本均值 $\hat{\theta}=\overline{X}$ 的分布. 自助法抽样就是从 $\{1,2,6\}$ 中每个值以 1/3 的概率抽样, 进而确定 $\hat{\theta}$ 的分布. 对于这一简单的情况, 自助法抽样各观测值、$\hat{\theta}$ 的取值以及取得该值的概率之间的对应关系可以很容易得到, 具体参见表 10-2.

表 10-2 例 10.9 中的自助法抽样值与自助法策略

样本值	1,1,1	1,1,2	1,2,2	2,2,2	1,1,6	1,2,6	2,2,6	1,6,6	2,6,6	6,6,6
$\hat{\theta}$	3/3	4/3	5/3	6/3	8/3	9/3	10/3	13/3	14/3	18/3
$P_{\hat{F}}(\hat{\theta})$	1/27	3/27	3/27	1/27	3/27	6/27	3/27	3/27	3/27	1/27
$\hat{P}_{\hat{F}}(\hat{\theta})$	0.038	0.100	0.112	0.038	0.116	0.245	0.104	0.105	0.108	0.034

但在大多数情况下, $T_{\hat{F}}(X_1,\cdots,X_n)$ 的分布只能通过模拟的方法进行近似. 设 $(x_1,\cdots,x_n)$ 为样本 $(X_1,\cdots,X_n)$ 的一观测值. 要得到 $T_{\hat{F}}(X_1,\cdots,X_n)$ 的分布需要抽取它的样本, 这需要从分布函数为 $\hat{F}(x)$ 的总体中取一个变量 X. 从分布函数为 $\hat{F}(x)$ 的总体中抽样是容易的, 因为这时 X 取观测值 $x_1,\cdots,x_n$ 的权重是相同的. 所以, 模拟 X 的算法为:

第 1 步, 生成 $U\sim U[0,1]$;

第 2 步, 取 $I=[nU]+1$;

第 3 步, 令 $X=x_I$, 则 X 即为所求.

由上可见, 用自助法策略来抽样实际上是对所关心的统计量 $T_F(X_1,\cdots,X_n)$ 的分布进行了两重近似. 即

$$\underbrace{T_F(X_1,\cdots,X_n)\text{的分布}}_{\text{目标}}\xleftarrow{\text{第 1 重近似}} T_{\hat{F}}(X_1,\cdots,X_n)\text{的分布}$$

$$\xleftarrow{\text{第 2 重近似}} T_{\hat{F}}(X_1,\cdots,X_n)\text{的经验分布}$$

例 10.10 (例 10.9 续) 若采用模拟的方法, 从 $\hat{F}$ 中重复抽取容量为 3 的样本 1000 次, 我们可以得到 $\hat{\theta}$ 的自助法近似分布, 具体见表 10-2. 从中可以看出, $\hat{\theta}$ 的自助法精确分布与通过模拟得到的近似分布相差甚微.

10.4 自助法非参数化方法

10.4.1 非参数自助法

假设 $(X_1,\cdots,X_n)$ 为取自总体 X 的一个样本, 且 X 具有分布函数 $F(x)$, 进一步假设我们关心某个统计量 $T(X_1,\cdots,X_n)$ 的一个统计特征. 例如, 要计算 $\mathrm{E}_F[T(X_1,\cdots,X_n)]$.

若分布函数 F 是已知的, 理论上可以算出 $\mathrm{E}_F[T(X_1,\cdots,X_n)]$. 但分布函数 F 并不总是已知的, 且即使已知, $\mathrm{E}_F[T(X_1,\cdots,X_n)]$ 也不见得容易计算. 自助法策略就是用经验分布 $\hat{F}$ 取代 F 来计算 $\mathrm{E}_F[T(X_1,\cdots,X_n)]$ 的近似值, 即用

$$\mathrm{E}_{\hat{F}}[T(X_1,\cdots,X_n)]$$

来近似, 其中 $(X_1,\cdots,X_n)$ 为取自具有分布函数为 $\hat{F}(x)$ 的总体的样本. 若样本 $(X_1,\cdots,X_n)$ 的观测值为 $(x_1,\cdots,x_n)$, 则经验分布 $\hat{F}$ 落在 $x_1,\cdots,x_n$ 中每个点的权重是相同的, 都为 $1/n$. 在经验分布 $\hat{F}$ 下, $(X_1,\cdots,X_n)$ 取任意组 (共 n^n 组) 值 $(x_{i_1},\cdots,x_{i_n})$(其中 $\{i_j, j=1,\cdots,n\}\subset\{1,\cdots,n\}$) 的可能性是相同的. 故

$$\mathrm{E}_{\hat{F}}[T(X_1,\cdots,X_n)]=\sum_{i_1=1}^{n}\cdots\sum_{i_n=1}^{n}\frac{T(x_{i_1},\cdots,x_{i_n})}{n^n}.$$

显而易见, 当 n 较大时, 计算任务是相当大的. 在实际应用中, 将经验分布样本的所有可能结果全部列举出来是不现实的. 在具体实施时, 自助法策略在经验分布 $\hat{F}$ 下, 利用统计量 $T(X_1,\cdots,X_n)$ 产生的自助法伪数据集得到它的经验分布以用作推断.

具体地, 我们可以先生成 n 个独立的随机变量 $X_1^{(1)},\cdots,X_n^{(1)}$, 它们都具有分布函数 $\hat{F}(x)$, 并令

$$Y_1=T(X_1^{(1)},\cdots,X_n^{(1)}).$$

接着生成第二组随机变量 $X_1^{(2)},\cdots,X_n^{(2)}$ 并计算

$$Y_2=T(X_1^{(2)},\cdots,X_n^{(2)}).$$

依次类推, 直到得到一组变量 $Y_1,Y_2,\cdots,Y_B$. 因为 $Y_1,Y_2,\cdots,Y_B$ 为独立的随机变量, 且具有均值 $\mathrm{E}_{\hat{F}}[T(X_1,\cdots,X_n)]$, 故可以采用 $\dfrac{1}{B}\sum_{i=1}^{B}Y_i$ 作为 $\mathrm{E}_{\hat{F}}[T(X_1,\cdots,X_n)]$ 的估计值. 到此为止, 我们可以根据 $Y_1,Y_2,\cdots,Y_B$ 得到统计量 $T(X_1,\cdots,X_n)$ 的近似分布. 有了 $T(X_1,\cdots,X_n)$ 的近似分布, 便可利用该统计量进行统计推断.

这样就避免了完全列举所有可能的自助法伪数据集, 但是模拟误差相应地产生, 然而我们可以通过增大 B 使这个误差达到任意小. 应用自助法使得我们的分析和推断不需要进行参数假设, 它为那些不太可能得到解析方案的问题提供了解决办法, 并且可以给出比应用传统参数理论得到的结果更加精确的答案.

例 10.11 设 $(X_1,\cdots,X_{15})$ 为取自一个方差为 σ^2(但未知) 的分布的样本. 我们欲通过样本方差 S^2 估计 σ^2, 想用自助法估计 $\mathrm{Var}_F(S^2)$. 若观测数据为

$$5,\ 4,\ 9,\ 6,\ 21,\ 17,\ 11,\ 20,\ 7,\ 10,\ 21,\ 15,\ 13,\ 16,\ 8,$$

通过模拟计算 $\mathrm{Var}_F(S^2)$ 的自助法估计的近似值.

解 因为 $\mathrm{Var}_F(S^2)=\mathrm{E}_F[(S^2-\sigma^2)^2]$, 且 $\sigma^2(\hat{F})=\mathrm{Var}_{\hat{F}}(X)=\dfrac{1}{15}\sum_{i=1}^{15}(x_i-\bar{x})^2$, 所以, $\mathrm{Var}_{\hat{F}}(S^2)=\mathrm{E}_{\hat{F}}\left[\left(S^2-\sigma^2(\hat{F})\right)^2\right]$. 经计算得 S^2 的观测值为 $s^2=$

34.314. 取 $B=100$, 模拟一次, 得结果为 $\mathrm{Var}_{\hat{F}}(S^2)\approx 57.319$. 这一结果显然小于例 10.5 中刀切法的估计值, 这与刀切法是保守的也是吻合的.

例 10.12 (中位数估计量的分布)　设 $\theta(F)=F^{-1}(1/2)$ 为具有分布函数为 $F(x)$ 的总体的中位数. 设 $(X_1,\cdots,X_n)$ 为取自分布函数为 $F(x)$ 的样本, $(X_{(1)},\cdots,X_{(n)})$ 为其各次序统计量. 一般用样本中位数 $\theta(\hat{F})=X_{[(n+1)/2]}$ 作为 $\theta(F)$ 的估计量. 在总体分布满足一定条件时, $\theta(\hat{F})$ 具有渐近正态性, 并且渐近方差可以表示成总体中位数的泛函. 但在很多情况下, 总体分布甚至其分布类型都是未知的. 因此有必要采用自助法策略研究 $\theta(\hat{F})$ 的分布性质. $\theta(\hat{F})$ 的自助法估计为 $\theta(\hat{F^*})=X^*_{[(n+1)/2]}$, 其中 $(X_1^*,\cdots,X_n^*)$ 为取自分布函数为 $\hat{F}(x)$ 的总体的样本. 实际上, 通过严格的推导可以得到 $\theta(\hat{F^*})=X^*_{[(n+1)/2]}$ 的分布为

$$
\begin{aligned}
&\mathrm{P}(\theta(\hat{F^*})=X_{(k)})\\
&\quad=\sum_{j=0}^{m-1}\left\{\binom{n}{j}\left(\frac{k-1}{n}\right)^j\left(1-\frac{k-1}{n}\right)^{n-j}-\binom{n}{j}\left(\frac{k}{n}\right)^j\left(1-\frac{k}{n}\right)^{n-j}\right\},
\end{aligned}
$$

其中 $k=1,\cdots,n$, $m=[(n+1)/2]$. 但是, 这一分布在实际应用中并不方便, 我们完全可以利用模拟的方式方便地对这一分布进行近似.

例 1.2 中垂向加速度数据样本中位数的自助法估计量的经验分布可以通过直方图的形式呈现, 具体参见图 10-2. 图 10-2 是由 10000 次自助法抽样所得样本中位数绘制的直方图.

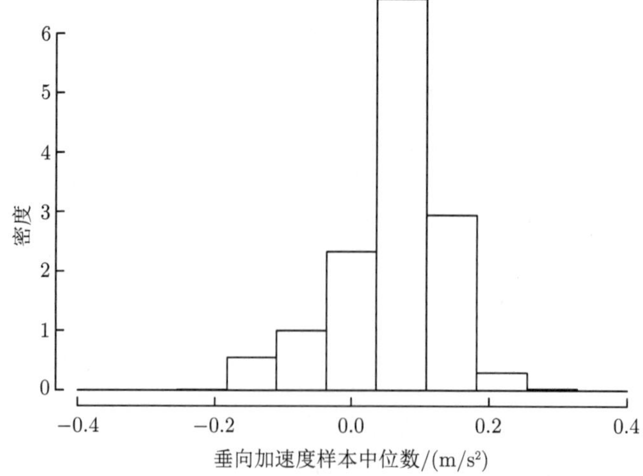

图 10-2　垂向加速度数据样本中位数的自助法估计量的经验分布

例 10.13 (例 10.8 续)　如果假设 (X,Y) 服从二变量正态分布, 可以证明,

$$\sqrt{n}(\hat{\rho}_n - \rho) \rightsquigarrow N(0, V^2), \quad 其中 \quad V^2 = (1-\rho^2)^2.$$

根据这一极限理论, $\mathrm{sd}(\hat{\rho}_n)$ 的估计量应为

$$\frac{1}{\sqrt{n}}(1-\hat{\rho}_n^2).$$

在例 10.3 中, 这一估计值应为 0.1026.

而 $\mathrm{sd}(\hat{\rho}_n)$ 的自助法估计的 Monte Carlo 近似可以通过

$$\sqrt{\frac{1}{B}\sum_{j=1}^{B}(\hat{\rho}_j^* - \bar{\rho^*})^2}$$

来计算, 其中 $\bar{\rho^*} = \frac{1}{B}\sum_{j=1}^{B}\hat{\rho}_j^*$. 在例 10.3 中, 若取 $B = 10000$, 则这一估计值为 0.0820. 这一值较刀切法的估计值 0.1425 明显更接近于通过极限理论所得到的估计值. 但是, 通过极限理论得到的估计值需要总体的正态性假设, 属于参数化方法.

与刀切法一样, 自助法估计也有失灵的时候. 均匀分布参数的最大似然估计量就是一个例子.

例 10.14 (均匀分布参数的自助法估计) 设 $(X_1, \cdots, X_n)$ 为取自 $U(0,\theta)$ 总体的一个样本, $\hat{\theta} = X_{(n)} = \max\{X_1, \cdots, X_n\}$ 为参数 θ 的最大似然估计量. 由例 3.26 知

$$-n(X_{(n)} - \theta) \rightsquigarrow Y,$$

其中 Y 服从均值参数为 θ 的指数分布.

设定种子为 123, 取 $n = 1000$, 从 $U(0,1)(\theta = 1)$ 总体中抽取样本. 依此样本为基础对 $X_{(n)}$ 进行自助法抽样得自助法统计量 $-n(X_{(n)}^* - 1)$ 的 $B = 1000$ 次实现的直方图与均值参数为 1 的指数分布密度的拟合图如图 10-3 所示. 从图 10-3 可见, $-n(X_{(n)}^* - 1)$ 的分布与均值参数为 1 的指数分布差距较大. 其主要原因在于统计量 $X_{(n)}$ 密度函数的光滑性差造成的.

10.4.2 极限理论结论

本小节主要说明非参数自助法估计量的渐近行为与原来估计量的渐近行为相似. 具体地讲, 如果 $\hat{\theta}(X_1, \cdots, X_n)$ 可用于估计参数 $\theta(F)$, 并且有

$$\sqrt{n}(\hat{\theta}(X_1, \cdots, X_n) - \theta(F)) \rightsquigarrow N(0, V^2).$$

则对于自助法估计量, 我们的目标是说明

$$\sqrt{n}(\hat{\theta}(X_1^*, \cdots, X_n^*) - \theta(\hat{F})) \rightsquigarrow N(0, V^2).$$

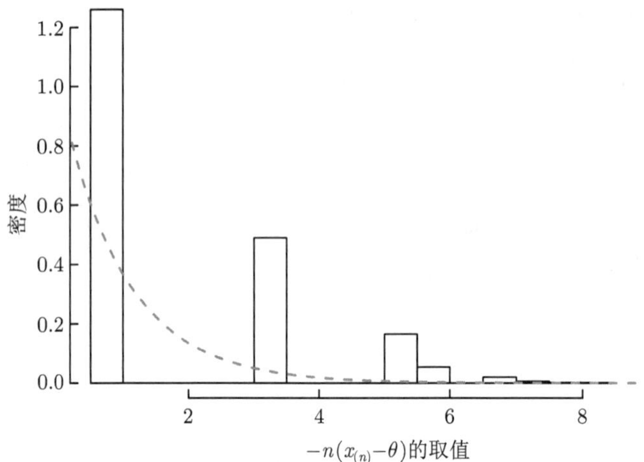

图 10-3　均匀分布参数最大似然估计分布与其自助法抽样分布拟合图

首先考虑样本均值的情况，若 X 是一具有分布函数为 $F(x)$ 的总体，且 $\mathrm{E}_F(X^2)<\infty$. 设 $\mathrm{E}_F(X)=\mu(F)$, 则有

$$\sqrt{n}(\overline{X}-\mu(F)) \rightsquigarrow N(0,\mathrm{Var}_F(X)).$$

对于自助法样本均值的情况, Bickel 和 Freedman [2] 证明有如下结论:

定理 10.3　若 $\mathrm{E}_F(X^2)<\infty$, 则当 $n\to\infty$ 时, 有

$$\sqrt{n}(\overline{X}^*-\mu(\hat{F})) \rightsquigarrow N(0,\mathrm{Var}_F(X)),$$

其中 $\mu(\hat{F})=\overline{X}$.

对于经验分布函数的情况, 有如下结论: 当 $n\to\infty$ 时,

$$\sqrt{n}(\hat{F}-F)\Rightarrow B^0(F),$$

其中 $B^0(t)\,(t\in[0,1])$ 为 [0,1] 区间上的 Brown 桥过程, “$\Rightarrow$” 代表 $C[0,1]$ 空间中的泛函收敛.

相应地, Shorack [87] 证明了对于自助法经验分布函数的情况, 有

定理 10.4　当 $n\to\infty$ 时,

$$\sqrt{n}(\hat{F^*}-\hat{F})\Rightarrow B^0(F).$$

10.5　自助法参数化方法

10.5.1　参数自助法

上述的非参数自助法是从经验分布 $\hat{F}$ 中产生伪随机数. 当已知数据来源于一个参数分布模型时, 即 $(X_1,\cdots,X_n)$ 为取自分布函数为 $F_\theta(x)$ 的总体, 我们可以

借助已知的参数分布模型结构产生自助法样本. 假设 $\hat{\theta}=\hat{\theta}(X_1,\cdots,X_n)$ 为参数 θ 的一估计量, 则每个参数自助法伪数据集便可从具有分布函数为 $F_{\hat{\theta}}(x)$ 的总体中抽取. 当模型参数化结构已知时, 参数自助法方法是个非常有力的工具. 当统计问题难于处理时, 相对于通过渐近理论得到的推断结论, 参数自助法方法一般可以得到更精确的检验结论或置信区间.

用参数自助法策略抽样也是对所关心的统计量 $T_{F_\theta}(X_1,\cdots,X_n)$ 的分布进行两重近似. 即

$$\underbrace{T_{F_\theta}(X_1,\cdots,X_n)\text{的分布}}_{\text{目标}} \xleftarrow{\text{第 1 重近似}} T_{F_{\hat{\theta}}}(X_1,\cdots,X_n)\text{的分布}$$

$$\xleftarrow{\text{第 2 重近似}} T_{F_{\hat{\theta}}}(X_1,\cdots,X_n)\text{的经验分布}$$

非参数自助法与参数自助法的根本区别在于: 非参数自助法是从经验分布 $\hat{F}$ 抽取伪随机数, 而参数自助法则是从分布 $F_{\hat{\theta}}$ 中产生伪随机数.

注 10.2 参数自助法依赖于参数化模型的假定. 如果模型不能够很好地拟合数据的生成机制, 通过参数化自助法就会得到错误的推断结论.

例 10.15 设 $(X_1,\cdots,X_n)$ 为取自总体 $N(\mu,\sigma^2)$ 中的样本. 一般地, μ 与 σ^2 的参数无偏估计量为 $\hat{\mu}_n=\overline{X}$ 与 $\hat{\sigma}_n^2=S^2$, 并且

$$\frac{\sqrt{n}(\hat{\mu}_n-\mu)}{\hat{\sigma}_n}\sim t(n-1),\quad \frac{(n-1)\hat{\sigma}_n^2}{\sigma^2}\sim\chi^2(n-1).$$

参数化自助法抽样即为从总体 $N(\hat{\mu}_n,\hat{\sigma}_n^2)$ 中抽取样本 $(X_1^*,\cdots,X_n^*)$, 在给定经验分布 $\hat{F}$ 的情况下, μ 与 σ^2 的自助法估计量 $\hat{\mu}_n^*$ 与 $\hat{\sigma}_n^{*2}$ 满足

$$\frac{\sqrt{n}(\hat{\mu}_n^*-\hat{\mu}_n)}{\hat{\sigma}_n^*}\sim t(n-1),\quad \frac{(n-1)\hat{\sigma}_n^{*2}}{\hat{\sigma}_n^2}\sim\chi^2(n-1).$$

这时, 自助法估计量的分布与原估计量的分布完全相同.

例如, 取 $\mu=0$, $\sigma^2=1$, $n=10$, 种子设定为 123, 利用 R 软件产生样本数据. 然后进行 $B=1000$ 次参数自助法抽样, 得到 $\dfrac{\sqrt{n}(\hat{\mu}_n^*-\hat{\mu}_n)}{\hat{\sigma}_n^*}$ 与 $\dfrac{(n-1)\hat{\sigma}_n^{*2}}{\hat{\sigma}_n^2}$ 实现值的直方图与理论分布的拟合图如图 10-4 所示.

10.5.2 极限理论结论

若当 $n\to\infty$ 时, 有

$$\sqrt{n}(\hat{\theta}_n-\theta)\rightsquigarrow Y,$$

其中 Y 为一分布已知的随机变量. 则由 Giné 和 Zinn [30],

$$\sqrt{n}(\hat{\theta}_n^* - \hat{\theta}_n) \rightsquigarrow Y.$$

这种类似的收敛性结论还可以推广到参数泛函的情况.

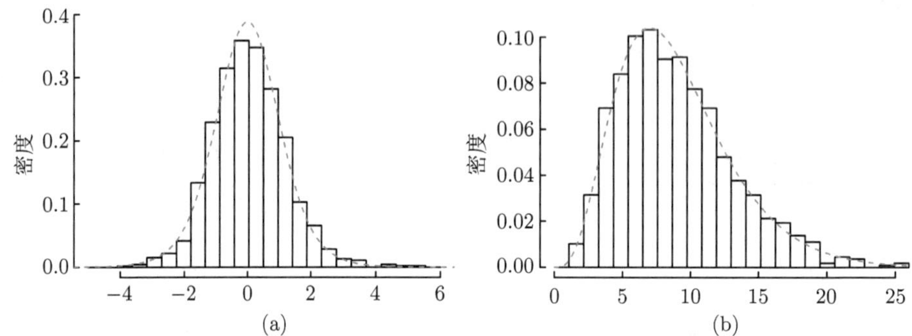

图 10-4　正态分布参数化自助法抽样的均值、方差估计直方图及其与理论分布的拟合

10.5.3　残差自助法

考虑多元线性回归模型

$$Y_i = \mathbf{x}_i^{\mathrm{T}}\boldsymbol{\beta} + \epsilon_i, \qquad i = 1, 2, \cdots, n,$$

其中, ϵ_i 是均值为零、方差为常数的独立同分布的随机变量, $\mathbf{x}_i$ 和 $\boldsymbol{\beta}$ 分别是 p 维回归变量和回归系数. 一种简单但是错误的自助法方法是从响应值集合中重新抽样来构成一个新的伪响应变量. 也就是对于每个观测值 x_i 从响应变量集中抽取 Y_i^*, 从而可以得到一个新的回归数据集, 然后可以利用这些伪数据集来计算自助法参数向量估计 $\hat{\beta}^*$, 重复抽样和估计数次后, 便得到 $\hat{\beta}^*$ 的经验分布. 这种做法错误的原因是 $Y_i|\mathbf{x}_i$ 并不是独立同分布的, 它们具有不同的边际分布.

为了确定一个正确的自助法方法, 必须找到合适的独立同分布的随机变量. 注意到: 在模型中的 ϵ_i 是独立同分布的. 因此, 更恰当的策略是对残差进行自助法抽样 (参见文献 [31]).

先利用回归模型拟合观测数据, 然后获得拟合后的响应变量 $\hat{y}_i$ 和残差 $\hat{\epsilon}_i$, 从拟合的残差集合中放回地随机抽样得到自助法残差集合 $(\hat{\epsilon}_1^*, \cdots, \hat{\epsilon}_n^*)$(实际上 $\hat{\epsilon}_i^*$ 间并不是独立的, 尽管通常来说它们近似独立), 通过 $Y_i^* = \hat{y}_i + \hat{\epsilon}_i^*, i = 1, 2, \cdots, n$ 得到一个伪响应自助法集合. 建立 Y^* 与 $\mathbf{x}$ 之间的回归关系, 从而获得自助法参数估计 $\hat{\boldsymbol{\beta}}^*$, 重复多次可得到 $\hat{\boldsymbol{\beta}}^*$ 的经验分布函数, 便可用于推断.

残差自助法依赖于选定的模型能够给予观测数据较好的拟合及残差具有常数方差的假设, 如果对于这些条件的成立没有足够的信心的话, 则可能需要其他的自助法方法.

例 10.16 (铜镍合金) 表 10-3 给出了铜镍合金中腐蚀损失 (y_i) 与铁含量 (x_i) 的 13 对测量值 (参见文献 [12]). 我们感兴趣的是相对于不含铁时的腐蚀损失, 铁含量每增加一个单位腐蚀损失变化的量. 若考虑简单线性模型的情况, 则我们关心的是 $\theta = \beta_1/\beta_0$ 的估计. 取 $B = 10000$, 经过 10000 次观测, 残差自助法抽样所得到的自助法估计量 $\hat{\theta}^* = \hat{\beta}_1^*/\hat{\beta}_0^*$ 的观测值所生成的直方图如图 10-5.

表 10-3 例 10.16 表格

x_i	0.01	0.48	0.71	0.95	1.19	0.01	0.48
y_i	127.6	124.0	110.8	103.9	101.5	130.1	122.0
x_i	1.44	0.71	1.96	0.01	1.44	1.96	
y_i	92.3	113.1	83.7	128.0	91.4	86.2	

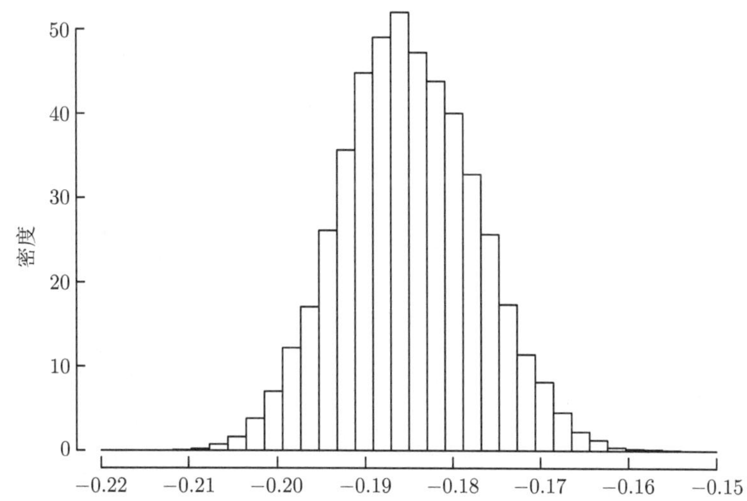

图 10-5 残差自助法估计量 $\hat{\theta}^* = \hat{\beta}_1^*/\hat{\beta}_0^*$ 经过 10000 次观测所生成的直方图

10.5.4 总体中含未知参数的自助法拟合优度检验

设 $(X_1, \cdots, X_n)$ 为取自某总体的一个样本. X_i $(i = 1, \cdots, n)$ 的取值为连续的, 且它们的取值是可以观测到的. 考虑检验原假设

$$H_0:\ Y\text{的分布函数为}F.$$

在假设 H_0 为真时, 经验分布函数 $\hat{F}(x)$ 是总体分布函数 $F(x)$ 的一个自然的估计量, 应当 $\hat{F}(x)$ 与 $F(x)$ 的差别较小时. 既然如此, 在 H_0 为真时, 一个自然的检验统计量为

$$D \equiv \max_{-\infty<x<\infty} |\hat{F}(x) - F(x)|.$$

统计量 D 称为 Kolmogorov-Smirnov 检验统计量.

先考虑检验统计量观测值的计算. 设 $(x_1, \cdots, x_n)$ 为样本 $(X_1, \cdots, X_n)$ 的观测值, $x_{(1)}, \cdots, x_{(n)}$ 为次序统计量的观测值. $\hat{F}(x)$ 在区间 $(x_{(j-1)}, x_{(j)})$ 上取常数, 且跳跃点为 $x_{(1)}, \cdots, x_{(n)}$, 每个跳的高度都是 $1/n$. 既然 $F(x)$ 为 x 的不减函数, 且具有上界 1, 于是 $\hat{F}(x) - F(x)$ 的最大值也是非负的, 见图 10-6, 且最大值发生在点 $x_{(j)}$ 处, $j = 1, \cdots, n$, 即

$$\max_x\{\hat{F}(x) - F(x)\} = \max_{j=1,\cdots,n} \left\{\frac{j}{n} - F(x_{(j)})\right\}. \tag{10-4}$$

类似地, $F(x) - \hat{F}(x)$ 的最大值也是非负的, 见图 10-6, 且最大值发生在点 $x_{(j)}$ 处, $j = 1, \cdots, n$, 即

$$\max_x\{F(x) - \hat{F}(x)\} = \max_{j=1,\cdots,n} \left\{F(x_{(j)}) - \frac{j-1}{n}\right\}. \tag{10-5}$$

由 (10-4) 及 (10-5) 式, 可得

$$\begin{aligned} D &= \max_x |\hat{F}(x) - F(x)| = \max\left\{\max_x\{\hat{F}(x) - F(x)\}, \max_x\{F(x) - \hat{F}(x)\}\right\} \\ &= \max\left\{\frac{j}{n} - F(x_{(j)}), F(x_{(j)}) - \frac{j-1}{n}, j = 1, \cdots, n\right\}. \end{aligned} \tag{10-6}$$

式 (10-6) 可用于计算 D.

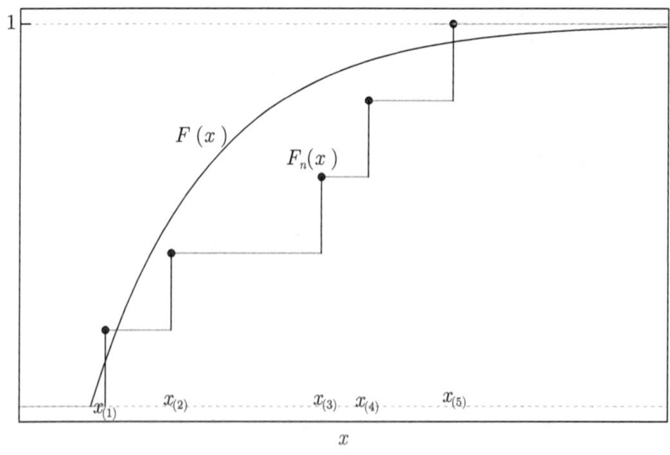

图 10-6 经验分布函数与理论分布函数

检验统计量 D 观测值取较小的值时, 显示假设 H_0 为真, 而当 D 的观测值取较大的值时, 显示假设 H_0 为假. 现假设检验统计量 D 的观测值为 d. 当 H_0 为真时, 定义 p-值 $= \mathrm{P}_F(D \geqslant d)$, 其中 $\mathrm{P}_F(D \geqslant d)$ 表示 H_0 为真时的概率 $\mathrm{P}(D \geqslant d)$.

若样本 $(X_1, \cdots, X_n)$ 为取自一含有未知参数的连续型总体, 取原假设为

$$H_0: \ Y\text{的分布函数为}F_{\boldsymbol{\theta}},$$

其中 $\boldsymbol{\theta} = (\theta_1, \cdots, \theta_m)^{\mathrm{T}}$ 为一未知参数向量. 为了利用 Kolmogorov-Smirnov 检验统计量, 首先利用样本观测值对参数向量 $\boldsymbol{\theta}$ 进行估计, 设其估计量为 $\hat{\boldsymbol{\theta}}$. 检验统计量 D 的值可以通过

$$D = \max_x |\hat{F}(x) - F_{\hat{\boldsymbol{\theta}}}(x)| \tag{10-7}$$

来计算, 其中, $F_{\hat{\boldsymbol{\theta}}}$ 为分布函数 $F_{\boldsymbol{\theta}}$ 中的参数 $\boldsymbol{\theta}$ 用其估计值 $\hat{\boldsymbol{\theta}}$ 取代后所得的估计值.

p-值可以通过如下的自助法抽样算法进行计算:

第 1 步, 在 H_0 为真时, 用样本观测值计算总体分布参数 $\boldsymbol{\theta}$ 的估计值 $\hat{\boldsymbol{\theta}}$;

第 2 步, 用 (10-7) 及 (10-6) 式计算检验统计量 D 的观测值 d, 其中分布函数 $F_{\boldsymbol{\theta}}$ 用其估计值 $F_{\hat{\boldsymbol{\theta}}}$ 代替;

第 3 步, 在 H_0 为真时, 生成 n 个独立同分布的随机数 $X_1^{(1)}, \cdots, X_n^{(1)}$, 它们具有共同的分布函数 $F_{\hat{\boldsymbol{\theta}}}$. 在生成随机数时, 分布函数 $F_{\boldsymbol{\theta}}$ 用其估计值 $F_{\hat{\boldsymbol{\theta}}}$ 代替;

第 4 步, 用模拟获得的样本值估计参数 $\boldsymbol{\theta}$, 得其估计值 $\hat{\boldsymbol{\theta}}^*$;

第 5 步, 计算 $D_1^* = \max_x |\hat{F}^*(x) - F_{\hat{\boldsymbol{\theta}}^*}(x)|$, 其中, $\hat{F}^*(x)$ 为由模拟数据所形成的经验分布函数;

第 6 步, 重复第 3 步到第 5 步, 直到生成检验统计量 D 的 B 个独立同分布 (在 H_0 为真时) 的自助法观测数据为止, 记它们为 $D_1^*, D_2^*, \cdots, D_B^*$;

第 7 步, 取 p-值 $\approx \dfrac{\{D_1^*, D_2^*, \cdots, D_B^*\text{中不小于}d\text{的个数}\}}{B}$.

例 10.17　计算检验以下数据取自指数分布总体的 p-值近似值.

$$122, 133, 106, 128, 135, 126.$$

解　经计算, 可得在假设样本取自指数分布总体的情况下, 指数分布速率参数 λ 的最大似然估计值为 $\hat{\lambda} = 0.008$, 检验统计量 D 的观测值 $d = 0.572$. 经过 $B = 10000$ 次模拟可得 p-值的近似值为 4.0×10^{-4}. 因其较小, 故应拒绝原假设 H_0, 即不能认为样本取自指数分布总体.

10.6 习　题

习题 10.1　谈谈刀切法抽样有哪些应用?

习题 10.2　谈谈自助法抽样有哪些应用? 非参数自助法和参数自助法的差别在哪里?

习题 10.3　谈谈刀切法与自助法抽样方法的差别.

习题 10.4　设 (X_1, X_2) 为取自一个方差为 σ^2(但未知) 的分布的样本. 我们欲通过样本方差 S^2 估计 σ^2, 想用自助法估计 $\mathrm{Var}(S^2)$. 若观测数据为 $x_1 = 1$, $x_2 = 3$, 分别计算 $\mathrm{Var}(S^2)$ 的刀切法与自助法估计值.

习题 10.5　设 $(X_1, \cdots, X_{20})$ 为取自一个方差为 σ^2(但未知) 的分布的样本. 我们欲通过样本方差 S^2 估计 σ^2, 想用自助法估计 $\mathrm{Var}(S^2)$. 若观测数据为

$$0, 55, 2, 0, 2, 2, 0, 8, -1, 4, 6, 1, 7, 8, 10, 2, 25, 11, 5, 17,$$

通过模拟计算 $\mathrm{Var}(S^2)$ 的刀切法与自助法估计值.

习题 10.6　据孟德尔的遗传学理论, 某种豌豆种植后可能开三种颜色的花, 分别为白花、粉红花和红花. 三种颜色出现的概率分别为 $\frac{1}{4}, \frac{1}{2}, \frac{1}{4}$. 为检验这一理论, 抽取了 564 株豌豆作为样本进行研究, 结果发现 141 株开白花, 291 株开粉红花, 132 株开红花. 试用自助法抽样方法计算检验的 p-值.

习题 10.7　为了检验某粒骰子是否公平, 将其抛掷了 1000 次, 结果出现 1, 2, 3, 4, 5, 6 点的次数分别为 158, 172, 164, 181, 160, 165. 用以下两种方法估计检验骰子公平的 p-值. (1) 用 χ^2 分布近似; (2) 用自助法抽样方法计算.

习题 10.8　计算检验以下 14 个数据取自均匀分布 $U(50, 200)$ 的 p-值:

$$164, 142, 110, 153, 103, 52, 174, 88, 178, 184, 58, 62, 132, 128.$$

习题 10.9　计算检验以下 13 个数据取自指数分布的 p-值:

$$86, 133, 75, 22, 11, 144, 78, 122, 8, 146, 33, 41, 99.$$

习题 10.10　计算检验以下数据取自 $b(8, p)$(其中 p 未知) 分布的 p-值:

$$6, 7, 3, 4, 7, 3, 7, 2, 6, 3, 7, 8, 2, 1, 3, 5, 8, 7.$$

习题 10.11　生成 10 个独立同分布且均值为 1 的指数分布随机数, 并利用 Kolmogorov-Smirnov 检验统计量, 计算检验这些数据是取自指数分布总体的 p-值近似值.

第 11 章　模拟退火算法与 EM 算法

解决统计问题离不开最优化算法. 例如, 求解最大似然估计就是一个优化问题. 本章将介绍两种重要的优化算法: 一种是模拟退火算法, 它可以在很大程度上避免经典数值迭代优化算法易于在局部最值点处停止迭代的缺陷; 另一种是 EM 算法, 它专门设计用于解决诸如混合分布等特殊背景下的最大似然估计问题.

11.1　模拟退火算法

经典的数值迭代最优化算法的一个缺陷是算法有可能在局部最值点停止, 如图 11-1(a), 而基于随机模拟的最优化算法可以克服这一缺陷, 如图 11-1(b). 模拟退火算法是一类著名的随机优化算法.

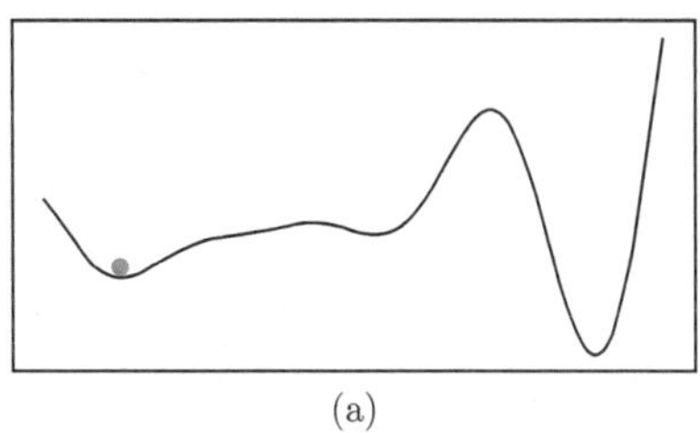
(a)

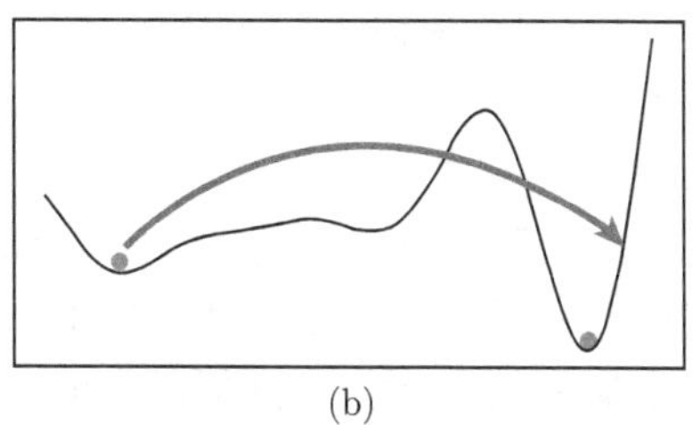
(b)

图 11-1　经典数值迭代最优化算法的缺陷

模拟退火 (simulated annealing) 算法首先由 Metropolis 等 [63] 在含有大量元素的有限集中最小化准则函数时提出, 后来被应用于连续型集合上的最优化问题 (如 [52] 等).

模拟退火算法的基本思想是通过尺度 (也叫温度) 的改变在函数 $h(x)$ 的表面较快地移动以使函数最大化. 模拟退火算法是一种迭代算法, 它在每一步都要对温度进行修改. 如果要求函数 $h(x)$ 的最大值点, 已知第 i 步所在位置为 θ_i, 温度为 T_i, 第 $i+1$ 步的具体算法为:

算法 11.1 (模拟退火)　(1) 从具有密度为 $g(|\eta-\theta_i|)$ 的总体中产生随机数 η.

(2) θ_{i+1} 的生成原则为

$$\theta_{i+1}=\begin{cases}\eta, & \text{依概率}\rho_i,\\ \theta_i, & \text{依概率}1-\rho_i,\end{cases}\qquad \text{其中}\rho_i=\min\left\{\exp\left(\frac{h(\eta)-h(\theta_i)}{T_i}\right),1\right\}.$$

(3) 将 T_i 更新至 T_{i+1}.

在算法 11.1的第 (1) 步中, $g(\cdot)$ 经常取为以原位置为中心的一个邻域上的均匀分布, 如 $g(\cdot)$ 取为 θ_i 的一个邻域 $\mathcal{V}(\theta_i)$ 上的均匀分布. 在第 (2) 步中, 若 $h(\eta) \geqslant h(\theta_i)$ 时, 依概率 1 进行更新, 即 $\theta_{i+1} = \eta$; 即使 $h(\eta) < h(\theta_i)$ 时, η 仍然可以以概率 $\rho_i(\rho_i > 0)$ 被接受. 但是随着温度 T_i 的降低, ρ_i 也将逐渐减小, 即新的 η 被接受的概率减小.

例 11.1 (模拟退火最优化的简单例子) 考虑利用模拟退火算法求函数

$$h(x) = [\cos(50x) + \sin(20x)]^2$$

在区间 [0,1] 上的最大值点. 假设第 t 步算法所处位置为 $(x^{(t)}, h(x^{(t)}))$, 则第 $t+1$ 步的更新算法为:

(1) 生成 $u \sim U[a_t, b_t]$, 其中 $a_t = \max\{x^{(t)} - r, 0\}$, $b_t = \min\{x^{(t)} + r, 1\}$.

(2) $x^{(t+1)}$ 的生成原则为

$$x^{(t+1)} = \begin{cases} u, & \text{依概率}\rho^{(t)}, \\ x^{(t)}, & \text{依概率}1 - \rho^{(t)}, \end{cases} \qquad \text{其中}\rho^{(t)} = \min\left\{\exp\left(\frac{h(u) - h(x^{(t)})}{T_t}\right), 1\right\}.$$

(3) 将 T_t 更新至 T_{t+1}.

取 $r = 0.5$, $T_t = 1/\log(t)$, 算法的迭代过程如图 11-2 所示, 其中给出了算法四次实现的迭代过程. 迭代过程中 $(x^{(t)}, h(x^{(t)}))$ 都很快地收敛到了最大值点, 并且在两个最大值点之间来回振荡. 值 r 控制以当前值为中心的 [0,1] 区间上下一步取值所在小区间的尺度大小.

Hájek [34] 建立了如下的结论: 只要对温度降低的速度施加一定的条件, 模拟退火算法将收敛到函数的全局最大值点.

例 11.2 我们可以应用模拟退火算法寻找函数

$$\begin{aligned} h(x,y) = &(x\sin(20y) + y\sin(20x))^2\cosh(x\sin(10x)) \\ &+ (x\cos(10y) - y\sin(10x))^2\cosh(y\cos(20y)) \end{aligned} \tag{11-1}$$

的最小值点, 等价地, 也就是寻找函数 $-h(x,y)$ 的最大值点. 事实上, 该函数在 (0,0) 点达到全局最小值 0. 由图 11-3 可见, 该函数不满足传统最优化方法中可以得到全局最小值点的条件. 该函数的稳定点过多, 利用数值迭代方面的最优化算法极易在局部最小值处停止迭代.

现将模拟退火算法 11.1 应用于求解函数 (11-1) 的局部最小值点, 也就是求函数 $-h(x,y)$ 的最大值点. 我们将 $g(\cdot)$ 选为 $[-0.1, 0.1]^2$ 上的均匀分布的密度, 取温度的递减方式分别为 $T_i = 1/\log(1+i)$, $1/\log(1+10i)$ 与 $1/\log(1+100i)$. 以 (0.5,0.4) 为起点, 三个不同的温度递减方式所决定的寻找 $h(x,y)$ 的最小值点模拟退火算法的轨迹 (共计模拟了 $T=10000$ 个点) 如图 11-4 所示. 相应地, 三种情况下所得到的最小值点一览表如表 11-1 所示.

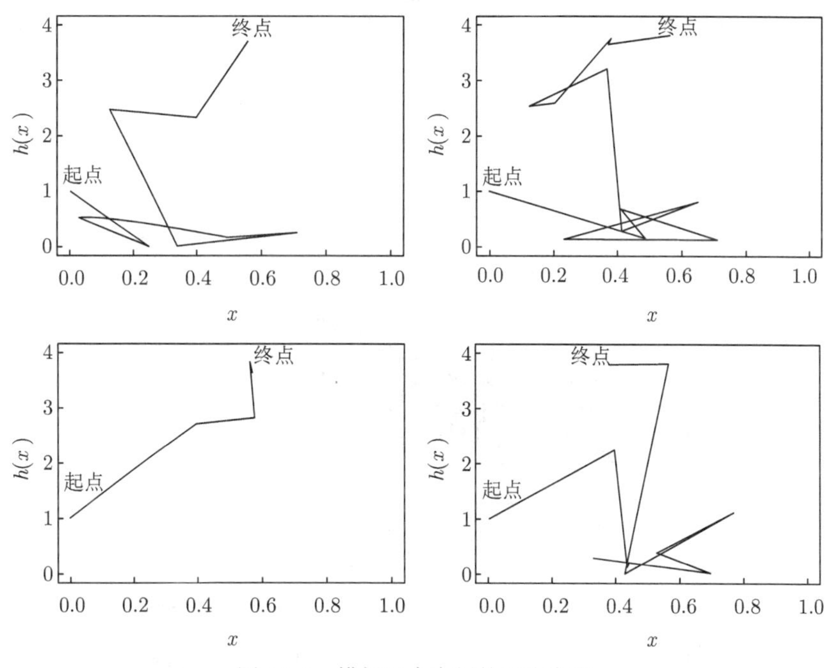

图 11-2 模拟退火实例的四次实现

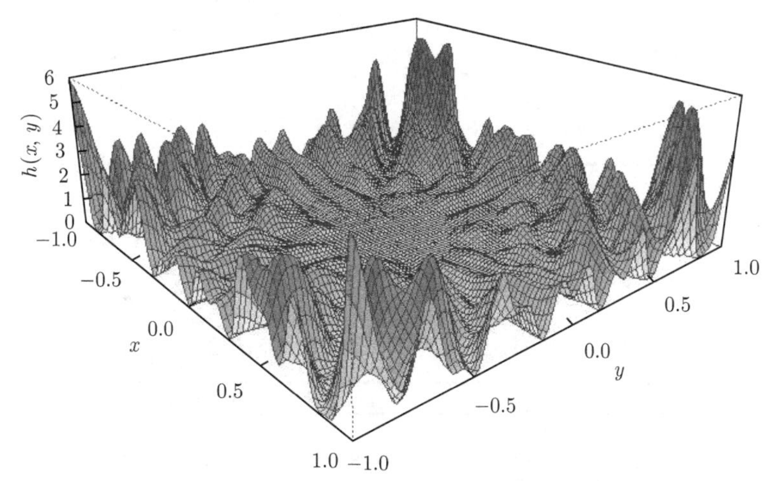

图 11-3 局部极小值众多的函数图像

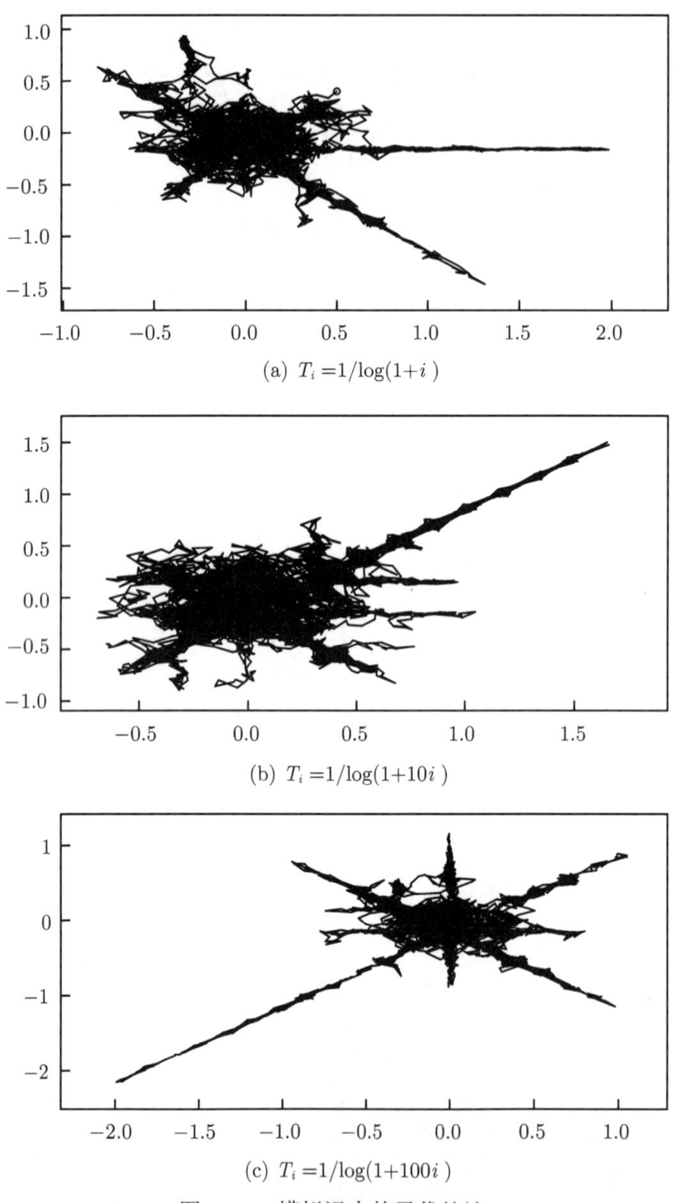

(a) $T_i = 1/\log(1+i)$

(b) $T_i = 1/\log(1+10i)$

(c) $T_i = 1/\log(1+100i)$

图 11-4　模拟退火的寻优轨迹

表 11-1　模拟退火算法三种退火方式下的结论一览表

T_i	(x_T, y_T)	$h(x_T, y_T)$	$\min_t h(x_t, y_t)$	接受率
$1/\log(1+i)$	(1.0749, 0.9118)	0.0817	4.7092×10^{-9}	0.5180
$1/\log(1+10i)$	(1.9042,−0.1566)	0.0079	4.6638×10^{-10}	0.3616
$1/\log(1+100i)$	(−1.8795, −2.0384)	0.0142	1.0554×10^{-8}	0.3376

11.2 EM 算法与 Monte Carlo EM 算法

11.2.1 EM 算法

EM (expectation-maximization) 算法最早由 Dempster 等 [11] 提出, 主要用于利用表达式

$$g(x|\theta) = \int_{\mathcal{Z}} f(x, z|\theta)\,\mathrm{d}z$$

和求解一系列简单的最大化问题来克服最大似然的困难.

假设 $(X_1, \cdots, X_n)$ 是一取自具有密度函数为 $g(x|\theta)$ 的总体的样本, 欲计算

$$\hat{\theta} = \arg\max L(\theta|\mathbf{x}) = \arg\max \prod_{i=1}^{n} g(x_i|\theta).$$

如果这一最大似然问题不易求解, 但已知 $(\mathbf{X}, \mathbf{Z}) \sim f(\mathbf{x}, \mathbf{z}|\theta)$, 其中 $\mathbf{z}$ 可以理解为缺失数据. 容易发现, 给定观测 $\mathbf{x}$ 的条件下, $\mathbf{z}$ 的分布为

$$k(\mathbf{z}|\theta, \mathbf{x}) = \frac{f(\mathbf{x}, \mathbf{z}|\theta)}{g(\mathbf{x}|\theta)},$$

其中 $f(\mathbf{x}, \mathbf{z}|\theta) = L^c(\theta|\mathbf{x}, \mathbf{z})$ 为完全观测 $(\mathbf{x}, \mathbf{z})$ 下的似然函数, $g(\mathbf{x}|\theta) = L(\theta|\mathbf{x})$ 为真正的似然函数.

EM 算法的一般思想为最大化期望对数似然. 记

$$Q(\theta|\theta_0, \mathbf{x}) = \mathrm{E}_{\theta_0}[\log L^c(\theta|\mathbf{x}, \mathbf{z})],$$

其中数学期望是指关于缺失数据 $\mathbf{z}$ 的测度 $k(\mathbf{z}|\theta, \mathbf{x})$ 下的期望. 在得到 $Q(\theta|\theta_0, \mathbf{x})$ 后, 计算 $\hat{\theta}_{(1)} = \arg\max_\theta Q(\theta|\theta_0, \mathbf{x})$. 接着用 $\hat{\theta}_{(1)}$ 替代 θ_0, 重复上述求数学期望和最大化的过程, 进而可迭代地得到一串 $\hat{\theta}_{(j)}$, $j = 1, 2, \cdots$. 假设已求得 $\hat{\theta}_{(j)}$, 进一步求 $\hat{\theta}_{(j+1)}$ 的单步具体算法为

算法 11.2 (EM 算法) (1) E 步. 计算

$$Q(\theta|\hat{\theta}_{(j)}, \mathbf{x}) = \mathrm{E}_{\hat{\theta}_{(j)}}[\log L^c(\theta|\mathbf{x}, \mathbf{z})],$$

其中数学期望是关于缺失数据 $\mathbf{z}$ 的测度 $k(\mathbf{z}|\theta, \mathbf{x})$ 下的期望.

(2) M 步. 计算

$$\hat{\theta}_{(j+1)} = \arg\max_{\theta} Q(\theta|\hat{\theta}_{(j)}, \mathbf{x}).$$

EM 算法的理论核心基于如下的定理 (参见文献 [11]).

定理 11.1　由算法 11.2 得到的序列 $\{\hat{\theta}_{(j)}\}$ 满足

$$L(\hat{\theta}_{(j+1)}|\mathbf{x}) \geqslant L(\hat{\theta}_{(j)}|\mathbf{x}),$$

其中 "=" 当且仅当 $Q(\hat{\theta}_{(j+1)}|\hat{\theta}_{(j)},\mathbf{x}) = Q(\hat{\theta}_{(j)}|\hat{\theta}_{(j)},\mathbf{x})$ 时成立.

证明　根据对任意的 $a,b>0$ 且 $a>b$ 时, 不等式 $a-b \geqslant (\log a - \log b)b$ 成立, 我们有

$$\begin{aligned}
L(\hat{\theta}_{(j+1)}|\mathbf{x}) - L(\hat{\theta}_{(j)}|\mathbf{x}) &= \int \left(L^c(\hat{\theta}_{(j+1)}|\mathbf{x},\mathbf{z}) - L^c(\hat{\theta}_{(j)}|\mathbf{x},\mathbf{z})\right) \mathrm{d}\mathbf{z} \\
&\geqslant \int \left(\log L^c(\hat{\theta}_{(j+1)}|\mathbf{x},\mathbf{z}) - \log L^c(\hat{\theta}_{(j)}|\mathbf{x},\mathbf{z})\right) L^c(\hat{\theta}_{(j)}|\mathbf{x},\mathbf{z})\,\mathrm{d}\mathbf{z} \\
&= C\left(Q(\hat{\theta}_{(j+1)}|\hat{\theta}_{(j)},\mathbf{x}) - Q(\hat{\theta}_{(j)}|\hat{\theta}_{(j)},\mathbf{x})\right),
\end{aligned} \tag{11-2}$$

其中 $L^c(\hat{\theta}_{(j)}|\mathbf{x},\mathbf{z}) = k(\mathbf{z}|\theta,\mathbf{x})L(\hat{\theta}_{(j)}|\mathbf{x})$, 而 $L(\hat{\theta}_{(j)}|\mathbf{x})$ 为常数. 证毕.

注 11.1　因 $\log(1+x) \leqslant x$ 对所有的 $x>0$ 都成立, 故 $(\log a - \log b)b = \log[1+(a/b-1)] \leqslant (a/b-1)b = a-b$.

定理 11.1 确保在每次迭代后似然函数的值增大, 但这并不能确保序列 $\{\hat{\theta}_{(j)}\}$ 收敛到最大似然估计. 事实上, 任何优化算法都不能保证收敛到全局最优点, 但 EM 算法能够保证每次迭代目标函数值都增大. 而且, 从式 (11-2) 可见, 在 M 步中, 不见得一定需要求 $Q(\theta|\hat{\theta}_{(j)},\mathbf{x})$ 关于 θ 的最大值点, 只要取 $\hat{\theta}_{(j+1)}$ 使得 $Q(\hat{\theta}_{(j+1)}|\hat{\theta}_{(j)},\mathbf{x}) > Q(\hat{\theta}_{(j)}|\hat{\theta}_{(j)},\mathbf{x})$, 即可保证算法的收敛性. 这使得 EM 算法易于被使用.

EM 算法得到的估计序列 $\{\hat{\theta}_{(j)}\}$ 能够收敛到似然函数的稳定点的一个充分条件是由 Boyles [4] 与 Wu [98] 给出的, 一个最经常用的条件如下.

定理 11.2　如果基于完全观测的似然函数的期望 $Q(\theta|\theta_0,\mathbf{x})$ 关于 θ 与 θ_0 都连续, 则 EM 序列 $\{\theta_{(j)}\}$ 的每一极限点都是似然函数 $L(\theta|\mathbf{x})$ 的稳定点, 并且对于其中的一个稳定点 $\hat{\theta}$, 存在一个 EM 序列 $\{\theta_{(j)}\}$ 单调收敛于 $\hat{\theta}$.

值得注意的是: 定理 11.2 仅能保证 EM 序列收敛到似然函数的一个稳定点. 要想 EM 算法得到的序列收敛到最大似然估计, 需要随机选择多个迭代初值运行 EM 算法, 从得到的多个 EM 估计序列中选出使似然函数达最大的估计序列及估计值.

例 11.3 (删失数据的 EM)　设 $Y_i \sim N(\theta,1)$, 但 Y_i 为删失数据, 删失点为 a. 设 $(y_1,\cdots,y_m)$ 为完整观测的数据, $(z_1,\cdots,z_{n-m})$ 为不完整观测的数据 (即其值

都为 a), 则基于完全数据的似然函数为

$$L^c(\theta|\mathbf{y},\mathbf{z}) \propto \prod_{i=1}^{m} \exp\left\{-\frac{(y_i-\theta)^2}{2}\right\} \prod_{i=1}^{n-m} \exp\left\{-\frac{(z_i-\theta)^2}{2}\right\} \mathbb{I}_{[a,\infty)}(z_i).$$

缺失数据 $\mathbf{z}=(z_1,\cdots,z_{n-m})$ 的密度函数为

$$\mathbf{Z} \sim k(\mathbf{z}|\theta,\mathbf{y}) \propto \prod_{i=1}^{n-m} \exp\left\{-\frac{(z_i-\theta)^2}{2}\right\} \mathbb{I}_{[a,\infty)}(z_i).$$

该密度函数对应的分布为区间 $[a,\infty)$ 上参数为 θ 与 1 的截断正态分布. 因此, 完全数据对数似然的期望为

$$-\frac{1}{2}\sum_{i=1}^{m}(y_i-\theta)^2 - \frac{1}{2}\sum_{i=m+1}^{n} \mathrm{E}_{\theta'}[(Z_i-\theta)^2].$$

求上述函数的驻点得

$$\hat{\theta} = \frac{m\bar{y}+(n-m)\mathrm{E}_{\theta'}(Z_1)}{n}, \quad 这里, \quad \mathrm{E}_{\theta'}(Z_1) = \theta' + \frac{\phi(a-\theta')}{1-\Phi(a-\theta')},$$

其中, ϕ 与 Φ 分别为标准正态分布的密度函数和分布函数. 于是, EM 序列为

$$\hat{\theta}_{(j+1)} = \frac{m}{n}\bar{y} + \frac{n-m}{n}\left(\hat{\theta}_{(j)} + \frac{\phi(a-\hat{\theta}_{(j)})}{1-\Phi(a-\hat{\theta}_{(j)})}\right).$$

现有一个取自总体为 $N(\mu,1)$ 的样本容量为 25 的观测值 (这组数据是从 $N(4,1)$ 分布中随机产生的数据), 其中有 18 个个体为完整观测数据, 7 个数据为截断观测数据, 截断点为 4.5. 18 个完整观测数据具体如下

2.809, 3.938, 4.265, 3.765, 3.003, 2.602, 3.774, 4.290, 4.454,
3.616, 4.197, 3.039, 2.477, 4.167, 2.687, 4.052, 3.501, 3.457.

以下求参数 μ 的 EM 估计值. 以 $\mu_0=3.8237$ 为迭代初值 (这里, 3.8237 为基于 25 个观测数据的 μ 的最大似然估计, 其中删失数据用 4.5 代替), EM 序列 $\{\mu_{(j)}\}$ 的整个迭代过程如图 11-5 所示. 由图 11-5 可见, EM 算法的收敛速度很快. 最终算法收敛到 EM 估计值 4.0035.

注 11.2 假设 $X \sim N(\mu,\sigma^2)$, 限制 X 的取值在区间 (a,b) 内之后, X 的概率密度函数将变为

$$p(x;a,b,\mu,\sigma^2) = \frac{f(x)}{F(b)-F(a)}\mathbb{I}_{(a,b)}(x),$$

具有该密度函数的分布称为区间 (a,b) 上的截断正态分布, 其中 $f(x)$ 与 $F(x)$ 分别为正态分布 $N(\mu,\sigma^2)$ 的概率密度函数与分布函数.

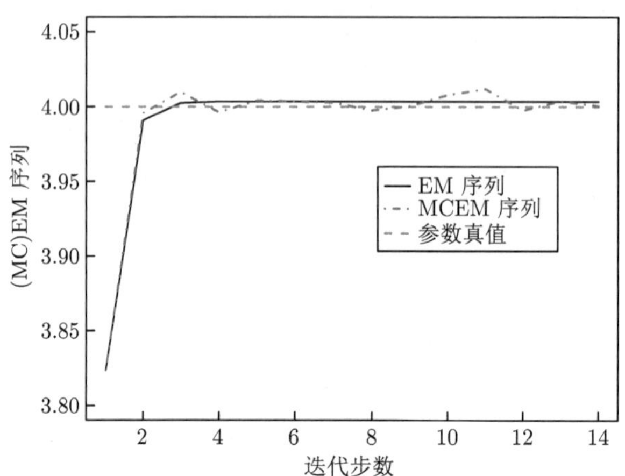

图 11-5　删失数据模型 EM 算法的迭代过程

例 11.4 (正态分布均值混合的 EM 算法)　考虑两个正态分布的混合模型

$$\alpha N(\mu_1,\sigma^2)+(1-\alpha)N(\mu_2,\sigma^2), \tag{11-3}$$

其中除 (μ_1,μ_2) 外, 其他的参数都已知. 在对参数 (μ_1,μ_2) 进行估计时, 对数似然函数为

$$\log L(\mu_1,\mu_2|\mathbf{x})=\sum_{i=1}^{n}\log\left(\alpha p(x_i|\mu_1)+(1-\alpha)p(x_i|\mu_2)\right),$$

其中 $p(x|\mu)$ 为 $N(\mu,\sigma^2)$ 分布的密度函数. 这一似然函数中含有和式的对数, 对其进行最大化较为困难. 如果我们将 $\mathbf{x}=(x_1,\cdots,x_n)^{\mathrm{T}}$ 看作不完全数据, 其中还隐含着未观测到的数据 $\mathbf{y}=(y_1,\cdots,y_n)^{\mathrm{T}}$. $\mathbf{y}$ 的定义如下: 如果第 i 个个体的值取自第一个混合的元素, 则 $y_i=1$; 否则, $y_i=2$. 如果我们知道 $\mathbf{y}$ 的取值, 则基于完全观测的对数似然函数为

$$\log L^c(\mu_1,\mu_2|\mathbf{x},\mathbf{y})=\sum_{i=1}^{n}\log(p(x_i|y_i,\mu_{y_i})p(y_i)),$$

其中 $p(1)=\alpha$, $p(2)=1-\alpha$. 因此, 隐含随机变量

$$Y\sim k(y_i|x_i,\mu_1,\mu_2)=\frac{p(x_i|y_i,\mu_{y_i})p(y_i)}{\alpha p(x_i|\mu_1)+(1-\alpha)p(x_i|\mu_2)}.$$

注意到

$$
\begin{aligned}
&\mathrm{E}_{\mu_1',\mu_2'}[\log(p(x_i|Y,\mu_Y)p(Y))]\\
&\quad=\frac{[\log(p(x_i|\mu_1))+\log(\alpha)]p(x_i|\mu_1')\alpha+[\log(p(x_i|\mu_2))+\log(1-\alpha)]p(x_i|\mu_2')(1-\alpha)}{\alpha p(x_i|\mu_1')+(1-\alpha)p(x_i|\mu_2')}.
\end{aligned}
$$

因此, 求函数

$$
\begin{aligned}
Q(\mu_1,\mu_2|\mu_1',\mu_2',\mathbf{x})&=\mathrm{E}_{\mu_1',\mu_2'}[\log L^c(\mu_1,\mu_2|\mathbf{x},\mathbf{y})]\\
&=C-\sum_{i=1}^{n}\frac{\frac{1}{2\sigma^2}[(x_i-\mu_1)^2\alpha p(x_i|\mu_1')+(x_i-\mu_2)^2(1-\alpha)p(x_i|\mu_2')]}{\alpha p(x_i|\mu_1')+(1-\alpha)p(x_i|\mu_2')}
\end{aligned}
$$

的稳定点, 得 EM 算法的迭代序列 $\{(\mu_1^{(i)},\mu_2^{(i)})\}$ 的迭代公式为

$$
\mu_1^{(i+1)}=\sum_{i=1}^{n}\frac{x_ip(x_i|\mu_1^{(i)})}{\alpha p(x_i|\mu_1^{(i)})+(1-\alpha)p(x_i|\mu_2^{(i)})}\Bigg/\sum_{i=1}^{n}\frac{p(x_i|\mu_1^{(i)})}{\alpha p(x_i|\mu_1^{(i)})+(1-\alpha)p(x_i|\mu_2^{(i)})},
$$

$$
\mu_2^{(i+1)}=\sum_{i=1}^{n}\frac{x_ip(x_i|\mu_2^{(i)})}{\alpha p(x_i|\mu_1^{(i)})+(1-\alpha)p(x_i|\mu_2^{(i)})}\Bigg/\sum_{i=1}^{n}\frac{p(x_i|\mu_2^{(i)})}{\alpha p(x_i|\mu_1^{(i)})+(1-\alpha)p(x_i|\mu_2^{(i)})}.
$$

现取 $n=500$, $\alpha=0.7$, $\sigma=1$, $(\mu_1,\mu_2)=(0,3.1)$, 从混合正态模型 (11-3) 中产生样本观测值. 然后基于这些样本观测值对 (μ_1,μ_2) 进行 EM 估计, EM 迭代序列 $\{(\mu_1^{(i)},\mu_2^{(i)})\}$ 的迭代过程如图 11-6 所示. 由图 11-6 可见, EM 算法的收敛速度很快, 从 (0.1, 0.2) 点出发, 经过 42 次迭代之后, 最终收敛到点 $(0.0035,3.0315)$.

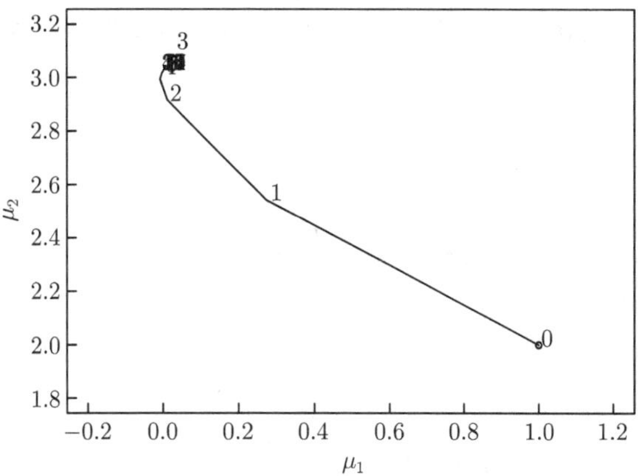

图 11-6 混合正态模型 EM 算法的迭代过程

11.2.2 Monte Carlo EM

实施 EM 算法的一个困难是在 E 步中需要计算数学期望. Wei 和 Tanner [96,97] 建议用 Monte Carlo EM (MCEM) 方法克服这一困难. 也就是, 通过从条件分布 $k(\mathbf{z}|\mathbf{x},\theta_0)$ 中产生随机数 $\mathbf{z}_1,\cdots,\mathbf{z}_q$ 并最大化基于完整观测数据的近似对数似然

$$\hat{Q}(\theta|\theta_0,\mathbf{x})=\frac{1}{q}\sum_{i=1}^{q}\log L^c(\theta|\mathbf{x},\mathbf{z}_i). \tag{11-4}$$

由大数定律, 当 $q\to\infty$ 时, $\hat{Q}(\theta|\theta_0,\mathbf{x})\xrightarrow{\mathrm{P}}Q(\theta|\theta_0,\mathbf{x})$. 因此, 当 $q\to\infty$ 时, MCEM 估计正是 EM 估计. Wei 和 Tanner 同时建议 q 的值应随迭代次数的增加而增加. 一般最大化式 (11-4) 相当困难, 但对于大多数指数族, 最大值点都具有闭形式 (closed-form).

例 11.5 (删失数据的 MCEM, 例 11.3 续) EM 算法中, 参数估计的迭代序列为

$$\hat{\theta}^{(j+1)}=\frac{m\bar{y}+(n-m)\mathrm{E}_{\hat{\theta}^{(j)}}(Z_1)}{n}.$$

若将 $\mathrm{E}_{\hat{\theta}^{(j)}}(Z_1)$ 用

$$\frac{1}{q}\sum_{i=1}^{q}Z_i,\quad Z_i\sim k(z|\hat{\theta}^{(j)},\mathbf{y})$$

来代替, 便可以得到 MCEM 算法的迭代序列, 其中截断正态分布随机数的生成可借助 R 程序包 `msm` 中的函数 `rtnorm` 来实现.

在例 11.3 的数值例子中, 若取 $q=1000$, MCEM 算法的迭代初值与 EM 算法的迭代初值取一致, MCEM 序列的整个迭代过程仍可见图 11-5. 由图 11-5 可见, EM 算法与 MCEM 算法的估计值十分接近.

值得注意的是, MCEM 序列不再像 EM 序列那样具有单调性.

11.2.3 EM 标准误差

根据注 3.2, 最大似然估计的方差可以由

$$\mathrm{Var}(\hat{\theta})\approx-\left[\frac{\partial^2}{\partial\theta^2}\log L(\theta|\mathbf{x})\right]^{-1}$$

进行估计. Oakes [65] 论证了其中的二阶导数可以用基于完整观测的似然函数来表示, 具体为

$$\frac{\partial^2}{\partial\theta^2}\log L(\theta|\mathbf{x})=\mathrm{E}\left(\frac{\partial^2}{\partial\theta^2}\log L(\theta|\mathbf{x},\mathbf{z})\right)+\mathrm{Var}\left(\frac{\partial}{\partial\theta}\log L(\theta|\mathbf{x},\mathbf{z})\right).$$

如果利用 Monte Carlo 方法进行评估这一量, 其形式为

$$\frac{\partial^2}{\partial\theta^2}\log L(\theta|\mathbf{x}) \approx \frac{1}{q}\sum_{i=1}^{q}\frac{\partial^2}{\partial\theta^2}\log L(\theta|\mathbf{x},\mathbf{z}^{(i)}) + \frac{1}{q}\sum_{i=1}^{q}\left(\frac{\partial}{\partial\theta}\log L(\theta|\mathbf{x},\mathbf{z}^{(i)}) - \frac{1}{q}\sum_{i=1}^{q}\frac{\partial}{\partial\theta}\log L(\theta|\mathbf{x},\mathbf{z}^{(i)})\right)^2,$$

其中 $\{\mathbf{z}^{(i)}, i=1,\cdots,q\}$ 为从缺失数据分布中产生的随机数.

11.3 习 题

习题 11.1 谈谈模拟退火算法的优势有哪些?

习题 11.2 简述 EM 算法的步骤.

习题 11.3 谈谈 EM 算法与 MCEM 算法的不同点在哪里?

习题 11.4 用模拟退火算法找出函数

$$f(x) = [\cos(50x) + \sin(20x)]^2$$

的最大值点.

习题 11.5 设 X_i 是独立同分布的, 且

$$X_i \sim \theta g(x) + (1-\theta)h(x), \quad i=1,\cdots,n,$$

其中 $g(\cdot)$ 与 $h(\cdot)$ 为已知的密度函数. EM 算法可以用于找到参数 θ 的最大似然估计. 引入隐含变量 Z_i 用于标识 X_i 取自哪个总体, 即

$$X_i|Z_i=1 \sim g(x), \quad X_i|Z_i=0 \sim h(x).$$

(1) 证明具有完整观测的似然函数可以写作:

$$L^c(\theta|\mathbf{x},\mathbf{z}) = \prod_{i=1}^{n}[z_i g(x_i) + (1-z_i)h(x_i)]\theta^{z_i}(1-\theta)^{1-z_i}.$$

(2) 证明 $\mathrm{E}[Z_i|\theta, x_i] = \theta g(x_i)/[\theta g(x_i) + (1-\theta)h(x_i)]$, 并且 EM 序列由迭代公式

$$\hat{\theta}_{(j+1)} = \frac{1}{n}\sum_{i=1}^{n}\frac{\hat{\theta}_{(j)}g(x_i)}{\hat{\theta}_{(j)}g(x_i) + (1-\hat{\theta}_{(j)})h(x_i)}$$

给出.

(3) 证明 $\hat{\theta}_{(j)}$ 收敛到 $\hat{\theta}$, 其中 $\hat{\theta}$ 为参数 θ 的最大似然估计量.

习题 11.6 考虑 AR(p) 模型

$$X_t = \sum_{j=1}^{p} \theta_j X_{t-j} + \epsilon_t,$$

其中 $\epsilon_t \sim N(0, \sigma^2)$, $t = p+1, \cdots, m$. 视未来的值 $X_{m+1}, \cdots, X_n$ 为缺失数据.

(1) 给出基于观测数据的似然函数和基于完整观测的似然函数.

(2) 给出 θ, σ, $\mathbf{z} = (X_{m+1}, \cdots, X_n)$ 的条件最大似然估计量, 即当其他两个参数作为条件时, 第三个参数的最大似然估计量.

(3) 给定参数 σ, 确定估计未来值 $\mathbf{z}$ 的 EM 算法.

习题 11.7 Weibull 分布 We(α, c) 在工程和可靠性分析中广泛应用, 其密度函数为

$$f(x|\alpha, c) = c\alpha^{-1}(x/\alpha)^{c-1}\mathrm{e}^{-(x/\alpha)^c}\mathbb{I}_{(0,\infty)}(x),$$

其中 $\alpha > 0$ 为尺度参数, $c > 0$ 为性质参数. 给出具有删失数据的 Weibull 分布的 EM 算法.

第 12 章 Markov 链 Monte Carlo

贝叶斯统计综合利用未知参数的总体信息、样本信息与先验信息得到后验信息, 即参数的后验分布. 然后, 利用对参数后验分布的特征提取进行统计推断. 然而, 除了少数简单的统计模型外, 参数的后验分布并不容易得到, 这也是长期以来制约贝叶斯统计发展和应用的瓶颈问题. 但伴随着 Markov 链 Monte Carlo 方法的出现和发展, 这一面貌大为改观. Markov 链 Monte Carlo 的一个非常重要的应用是产生以贝叶斯后验分布为平稳不变分布的 Markov 链, 以获得贝叶斯后验分布的经验分布. 进而, 用参数的经验后验分布实现贝叶斯统计推断.

本章首先介绍 Markov 链的相关概念与理论, 其目的是更好地理解 Markov 链 Monte Carlo 的算法及所生成链的遍历性质; 接着, 给出三类重要的 Markov 链 Monte Carlo 抽样方法, 它们是 Metropolis-Hastings 算法、Gibbs 抽样法与切片抽样法; 最后, 讨论 Markov 链收敛性的诊断.

12.1 Markov 链简介

Markov 链是数学中具有 Markov 性质的离散时间随机过程. 对于该过程, 在给定当前知识或信息的情况下, 只需当前的状态即可用来预测将来.

12.1.1 Markov 链及其转移核

一个随机过程涉及两个要素: 时间集和状态集. 对于 Markov 链, 时间集是离散的, 如 $T=\{0,1,2,\cdots\}$. 状态集是离散或连续的, 设 $\{X_n\}$ 的状态空间为 S.

定义 12.1 (1) 若 S 为离散的. 如果对任何正整数 n 和 $x_0,\cdots,x_{n-1},x,y\in S$, 随机序列 $\{X_n\}$ 满足

$$\mathrm{P}(X_{n+1}=y|X_n=x,X_{n-1}=x_{n-1},\cdots,X_0=x_0)=\mathrm{P}(X_{n+1}=y|X_n=x),$$

则称 $\{X_n\}$ 为 (非时齐) Markov 链.

(2) 若 S 为连续的. 如果对任何正整数 n 和 $x_0,\cdots,x_{n-1},x,y\in S$, 随机序列 $\{X_n\}$ 的条件密度满足

$$p_{X_{n+1}|X_n,\cdots,X_0}(y|x,x_{n-1},\cdots,x_0)=p_{X_{n+1}|X_n}(y|x),$$

则称 $\{X_n\}$ 为 (非时齐) Markov 链.

定义 12.2 在定义 12.1 中, 若对于任意 n,

$$\begin{aligned}\mathrm{P}(X_{n+1}=y|X_n=x)&=\mathrm{P}(X_1=y|X_0=x)\\&=:p(y|x)\text{ 或 }K(x,y),\quad x,y\in S(\text{离散状态})\end{aligned}$$

或

$$p_{X_{n+1}|X_n}(y|x)=p_{X_1|X_0}(y|x)=:p(y|x)\text{ 或 }K(x,y),\quad x,y\in S(\text{连续状态}),$$

则称 $\{X_n\}$ 为时齐的 Markov 链. 这时, 称

$$p(y|x)\quad\text{或}\quad K(x,y)$$

为 Markov 链 $\{X_n\}$ 的转移核 (transition kernel).

注 12.1 (1) 对于 Markov 链的转移核而言, 它满足对任意的 $x\in S$, $\sum_{y\in S}K(x,y)=1$ 或 $\displaystyle\int_S K(x,y)\,\mathrm{d}y=1$. (2) 对 Markov 链直观解释是: 已知现在、将来与过去条件独立. 人们习惯上称这种性质为 Markov 性.

下面借几个例子进一步理解 Markov 链的含义.

例 12.1 (简单随机游动) 设想一个质点在直线的整数点上作简单随机游动: 质点一旦达到某种状态后, 下次向右移动一步的概率是 p, 向左移动一步的概率是 $q=1-p$, $pq>0$. 现在用 X_0 表示质点的初始状态, 用 X_n 表示质点在时刻 n 的状态, 则 X_n 是时齐 Markov 链, 并且对于 $x,y\in\mathbb{Z}$,

$$K(x,y)=\begin{cases}q, & y=x-1,\\ p, & y=x+1,\\ 0, & \text{其他}.\end{cases}$$

例 12.2 考虑链

$$X_t=0.5X_{t-1}+\epsilon_t,\quad \epsilon_t\sim N(0,1)\text{且独立同分布}.$$

该链是一连续状态的时齐 Markov 链, 其转移核为正态分布 $N(0.5x,1)$ 的密度函数.

为了叙述问题方便与简单起见, 本节剩余部分仅以离散状态的 Markov 链为例讲解概念与结论. 这些概念与结论在连续状态情况下都有类似版本.

12.1.2 状态的命名与周期

为了讨论一般情况下 Markov 链的极限分布, 首先要对状态进行分类.

定义 12.3 质点从状态 x 出发一定回到 x 无穷次, 这种状态称为常返状态. 若质点从 x 出发只能回到 x 有限次, 则称这种状态为非常返状态.

记 $T_x = \inf\{n|X_n = x; n \geqslant 1\}$, 则 T_x 表示 Markov 链首次到达状态 x 的时间. 记

$$\tau_x = \sum_{n=1}^{\infty} n\,\mathrm{P}(T_x = n|X_0 = x),$$

则 τ_x 为质点返回状态 x 所需要的平均转移次数, 称为状态 x 的平均回转时间.

定义 12.4 设 x 是常返状态, 如果 x 的平均回转时间 $\tau_x < \infty$, 则称 x 是正常返状态. 如果 x 的平均回转时间 $\tau_x = \infty$, 则称 x 是零常返状态.

对于一般的 Markov 链 $\{X_n\}$, 定义状态 x 的周期如下:

(1) 如果 $\sum_{n=1}^{\infty} \mathrm{P}(X_n = x|X_0 = x) = 0$, 则质点从 x 出发不可能再回到 x, 这时称 x 的周期是 ∞;

(2) 设 d 是正整数, 质点从 x 出发, 如果只可能在 d 的整倍数上回到 x, 而且 d 是有此性质的最大整数, 则称 x 的周期是 d, 即

$$d = \gcd\{n : \mathrm{P}(X_n = x|X_0 = x)\},$$

其中 gcd 表示最大公约数.

(3) 如果 x 的周期是 1, 则称 x 是非周期的 (aperiodic).

定义 12.5 若状态 x 是正常返和非周期的, 则称 x 是遍历状态.

注 12.2 如果一个 Markov 链的所有状态都是互通的 ($K(x,y) > 0$ 对一切 $x, y \in S$ 都成立), 则只要有一个状态是非周期的, 所有的状态就是非周期的. 所以从状态空间中任一点出发, 时间充分长之后, 就可以到达任意的其他状态.

定义 12.6 如果 Markov 链状态集 S 中所有状态互通, 则称 Markov 链 $\{X_n\}$ 是不可约的 (irreducible). 如果 S 是不可约的, 则若 S 中有一个常返状态, 一切状态都是常返的, 这时称 Markov 链 $\{X_n\}$ 是常返的 (recurrent).

注 12.3 若 Markov 链 $\{X_n\}$ 是不可约的, 则 S 中的状态有相同的类型. 只要有一个状态非周期, 所有状态就非周期; 只要有一个状态 (正) 常返, 所有状态就 (正) 常返.

12.1.3 不变分布

在物理学中常常有这样一种情形, 不管一个系统的初始状态如何, 当影响系统的条件变化不大时, 经历一段时间后, 系统将处于某种平衡状态. 此后, 系统的

宏观状态不再变化, 或者说系统处于某种状态的概率与很远的“过去”处于什么状态无关. 描述这种系统的概率特征分布即为不变分布. 严格地, Markov 链不变分布的概念为

定义 12.7 设 $K(x,y)$ 是 Markov 链 $\{X_n\}$ 的转移核. 如果概率测度 $\pi(\cdot)$ 满足

$$\pi(B)=\int_S K(x,B)\,\pi(\mathrm{d}x),$$

则称 $\pi(\cdot)$ 为 Markov 链 $\{X_n\}$ 的不变分布.

在正常返不可约条件下, Markov 链不变分布一定是存在的. 具体由如下定理给出.

定理 12.1 设 $\{X_n\}$ 是正常返不可约的 Markov 链, 则 $\{X_n\}$ 存在唯一的不变分布. 进一步, 如果 $\{X_n\}$ 还是非周期的, 其不变分布可由

$$\pi(x)=\lim_{n\to\infty}K^n(y,x)=\frac{1}{\tau_x},\quad x\in S$$

进行计算, 其中 $y\in S$ 为任意状态, $K^n(y,x)$ 表示从状态 y 出发经 n 步转移到状态 x 的转移核.

对于正常返不可约的 Markov 链而言, 其泛函关于时间的平均与关于状态空间的平均是一致的.

定理 12.2 (遍历定理) 设 $\{X_n\}$ 为正常返不可约的 Markov 链, 且具有状态空间 S. 如果

$$\sum_{x\in S}|g(x)|\pi(x)<\infty,$$

则无论质点从哪里出发, 都有当 $n\to\infty$ 时,

$$\frac{1}{n}\sum_{t=1}^{n}g(X_t)\longrightarrow \mathrm{E}(g(X.))=\sum_{x\in S}g(x)\pi(x),\quad \text{a.s.}.$$

12.1.4 平稳可逆分布

定义 12.8 设 $\{X_n\}$ 是随机序列, 如果对于任何 $m,n\geqslant 1$, 随机向量

$$(X_n,X_{n+1},\cdots,X_{m+n})\overset{d}{=}(X_0,X_1,\cdots,X_m),$$

则称 $\{X_n\}$ 是严平稳序列, 简称为平稳序列.

如果时齐 Markov 链 $\{X_n\}$ 以不变分布 $\pi(\cdot)$ 为初始分布, 则 $\{X_n\}$ 是严平稳序列. 因此, 人们又常称不变分布为平稳分布或平稳不变分布.

对于 Markov 链来讲, 严平稳序列的初始分布就是不变分布, 因为这时 X_0 和 X_1 同分布.

定义 12.9 设平稳 Markov 链 $\{X_n\}$ 的转移核为 $K(x,y)$, 若存在概率分布 $\pi(\cdot)$, 使得

$$\pi(x)K(x,y)=\pi(y)K(y,x), \quad x,y\in S$$

成立, 称 $\pi(\cdot)$ 为 $\{X_n\}$ 的平稳可逆分布.

下面的定理给出了平稳可逆分布是平稳不变分布的一个充分条件.

定理 12.3 设 Markov 链 $\{X_n\}$ 有转移核 $K(x,y)$ 和平稳可逆分布 $\pi(\cdot)$, 则 $\pi(\cdot)$ 是 $\{X_n\}$ 的平稳不变分布.

12.2 MCMC 简介

如欲从分布 $\pi(\mathbf{x})$ 中抽样, 将所有能够产生一个以 $\pi(\mathbf{x})$ 为平稳分布的遍历 Markov 链 (状态为正常返非周期) 的方法, 统称为 Markov 链 Monte Carlo(MCMC) 方法.

在统计分析 (尤其是贝叶斯统计分析) 中, 经常关心一个分布泛函的数学期望, 例如

$$\mathrm{E}(f(\mathbf{X})), \quad 其中 \quad \mathbf{X}\sim\pi(\mathbf{x}). \tag{12-1}$$

如果这个数学期望很难用传统方法进行求解, 我们便可用 MCMC 方法来解决. 用 MCMC 方法解决此类问题可概括为三步:

第 1 步, 在定义域中选一个合适的 Markov 链, 使其转移核为 $K(\cdot,\cdot)$, "合适"的含义主要指 $\pi(\mathbf{x})$ 应是 Markov 链的平稳可逆分布;

第 2 步, 由定义域中某点 $\mathbf{x}^{(0)}$(初始值) 出发, 用第 1 步中的 Markov 链转移机制产生点序列 $\mathbf{x}^{(1)},\cdots,\mathbf{x}^{(n)}$;

第 3 步, 对某个 m(m 步之前的 Markov 链部分称为欲烧期 (burn-in period)) 和大的 n, 任一随机变量的泛函 $f(\mathbf{X})$ 的期望用

$$\widehat{E}_\pi f=\frac{1}{n-m}\sum_{t=m+1}^{n}f(\mathbf{x}^{(t)}) \tag{12-2}$$

进行估计.

MCMC 方法可以产生一分布的近似经验分布. 例如, 在贝叶斯统计中, 可以利用 MCMC 方法产生参数后验分布的近似经验分布, 有了后验分布的近似经验分布, 贝叶斯统计的各种计算问题便迎刃而解.

由 MCMC 方法的步骤可以看出: 采用 MCMC 方法时, 构造转移核是至关重要的. 不同的 MCMC 方法往往是因为转移核的构造方法不同. 根据构造转移核方法的不同, MCMC 方法产生 Markov 链的抽样方法可以分为 Metropolis-Hastings 算法和 Gibbs 抽样法两大类.

12.3 Metropolis-Hastings 算法

12.3.1 Metropolis-Hastings 算法的一般理论

Metropolis-Hastings 算法的目标是从具有密度函数为 $\pi(\mathbf{x})$ 的总体中抽样的问题转化为产生一个以 $\pi(\mathbf{x})$ 为平稳分布的 Markov 链的过程. 其手段是: 为要建立一个以 $\pi(\mathbf{x})$ 为平稳分布的 Markov 链, 先选一个转移核 $q(\cdot|\cdot)$ 以及一个函数 $\alpha(\cdot,\cdot)$(满足 $0<\alpha(\cdot,\cdot)\leqslant 1$), 通过从转移核 $q(\cdot|\cdot)$ 中抽样并按比例 $\alpha(\cdot,\cdot)$ 更新以实现从具有平稳分布 $\pi(\mathbf{x})$ 的 Markov 链中抽样. 这里, $q(\cdot|\cdot)$ 要取得使具有该转移核的 Markov 链容易抽样, 它常取为满足对称性的条件概率密度 (或条件概率), 即 $q(\cdot|\cdot)$ 满足 $q(\mathbf{x}|\mathbf{y})=q(\mathbf{y}|\mathbf{x})$ 对所有 $\mathbf{x}$ 和 $\mathbf{y}$ 成立.

Metropolis-Hastings 算法是一种迭代算法, 其从第 t 步到第 $t+1$ 步的迭代算法为

算法 12.1 (Metropolis-Hastings 算法) 给定 $\mathbf{x}^{(t)}$, (1) 产生 $\mathbf{y}_t\sim q(\mathbf{y}|\mathbf{x}^{(t)})$.

(2) 取

$$\mathbf{x}^{(t+1)}=\begin{cases}\mathbf{y}_t, & \text{依概率}\alpha(\mathbf{x}^{(t)},\mathbf{y}_t),\\ \mathbf{x}^{(t)}, & \text{依概率}1-\alpha(\mathbf{x}^{(t)},\mathbf{y}_t),\end{cases}$$

其中

$$\alpha(\mathbf{x},\mathbf{y})=\min\left\{\frac{\pi(\mathbf{y})q(\mathbf{x}|\mathbf{y})}{\pi(\mathbf{x})q(\mathbf{y}|\mathbf{x})},1\right\}.$$

转移核 $q(\mathbf{y}|\mathbf{x})$ 对应的转移分布称为建议 (proposal) 分布, 概率 $\alpha(\mathbf{x},\mathbf{y})$ 称为 Metropolis-Hastings 接受概率.

注 12.4 Metropolis-Hastings 算法仅依赖于两个比率

$$\frac{\pi(\mathbf{y}_t)}{\pi(\mathbf{x})} \quad \text{与} \quad \frac{q(\mathbf{x}^{(t)}|\mathbf{y}_t)}{q(\mathbf{y}_t|\mathbf{x}^{(t)})}.$$

也就是, 这一算法在实施时与所涉及的分布的规范化常数没有关系.

用算法 12.1 所生成的 Markov 链的平稳分布正是事先设定的分布 $\pi(\mathbf{x})$. 具体地, 我们有

定理 12.4 设 $\{\mathbf{x}^{(t)}\}$ 为由算法 12.1 所产生的 Markov 链, 对于每个支撑集包含 $\pi(\mathbf{x})$ 支撑集的条件分布 q, 满足:

(1) Markov 链的核 $K(\mathbf{x},y)$ 满足条件

$$K(\mathbf{y},\mathbf{x})\pi(\mathbf{y})=K(\mathbf{x},\mathbf{y})\pi(\mathbf{x}); \tag{12-3}$$

(2) $\pi(\mathbf{x})$ 是 Markov 链的平稳分布.

证明 (1) 算法 12.1 所产生的 Markov 链的转移核为

$$K(\mathbf{x},\mathbf{y})=\alpha(\mathbf{x},\mathbf{y})q(\mathbf{y}|\mathbf{x})+(1-r(\mathbf{x}))\delta_{\mathbf{x}}(\mathbf{y}),$$

其中 $r(\mathbf{x})=\displaystyle\int\alpha(\mathbf{x},\mathbf{y})q(\mathbf{y}|\mathbf{x})\,\mathrm{d}\mathbf{y}$ 表示转移至离开 $\mathbf{x}$ 的概率, $\delta_{\mathbf{x}}(\cdot)$ 是关于 $\mathbf{x}$ 的 Dirac 质量函数. 要验证 (12-3), 只需验证

$$\alpha(\mathbf{x},\mathbf{y})q(\mathbf{y}|\mathbf{x})\pi(\mathbf{x})=\alpha(\mathbf{y},\mathbf{x})q(\mathbf{x}|\mathbf{y})\pi(\mathbf{y})$$

与

$$(1-r(\mathbf{x}))\delta_{\mathbf{x}}(\mathbf{y})\pi(\mathbf{x})=(1-r(\mathbf{y}))\delta_{\mathbf{y}}(\mathbf{x})\pi(\mathbf{y}).$$

而这显然都是满足的.

(2) 由定理 12.3 可得结论.

注 12.5 Metropolis-Hastings 算法在构造具有平稳分布 $\pi(\mathbf{x})$ 的 Markov 链时, 几乎可以利用任意条件分布 q, 这正是 Metropolis-Hastings 算法魅力之所在.

但是, 要想使 Metropolis-Hastings 算法产生的 Markov 链可以用于通过式 (12-2) 近似 (12-1), 我们还需要如下定理.

定理 12.5 如果 Metropolis-Hastings 算法的建议概率 $q(\mathbf{y}|\mathbf{x})$ 满足

$$q(\mathbf{y}|\mathbf{x})>0 \quad (\text{保证所产生的 Markov 链为不可约的条件})$$

对所有 $q(\cdot|\cdot)$ 支撑集上的 $\mathbf{x}$ 与 $\mathbf{y}$ 都成立, 则有若 $h\in L^1(\pi)$,

$$\lim_{T\to\infty}\frac{1}{T}\sum_{t=1}^{T}h(\mathbf{x}^{(t)})=\int h(\mathbf{x})\pi(\mathbf{x})\,\mathrm{d}\mathbf{x}, \quad \text{a.s.}.$$

更进一步, 如果 Metropolis-Hastings 算法所产生的 Markov 链 $\{\mathbf{x}^{(t)}\}$ 与建议概率 $q(\mathbf{y}|\mathbf{x})$ 满足 (保证所产生的 Markov 链非周期的条件)

$$\mathrm{P}\left(\pi(\mathbf{x}^{(t)})q(\mathbf{y}_t|\mathbf{x}^{(t)})\leqslant\pi(\mathbf{y}_t)q(\mathbf{x}^{(t)}|\mathbf{y}_t)\right)<1,$$

其中

$$\mathbf{y}_t \sim q(\mathbf{y}_t|\mathbf{x}^{(t)}),$$

则有

$$\lim_{n\to\infty} \left\|K^n(\mathbf{x},\cdot) - \pi(\cdot)\right\|_{TV} = 0$$

对任意的起始分布 μ 都成立. 这里

$$K^n(\mathbf{x},\cdot) = \int_{\mathcal{E}} K^{n-1}(\mathbf{y},\cdot)K(\mathbf{x},\mathrm{d}\mathbf{y})$$

为 Markov 链的 n 步转移核, 其中 $K^1(\cdot|\cdot) = K(\cdot|\cdot)$, $\varepsilon = \operatorname{supp}\pi$ 为 π 的支撑集.

注 12.6 当选择转移核具有对称性时, $\alpha(\mathbf{x},\mathbf{y}) = \min\left\{1, \dfrac{\pi(\mathbf{y})}{\pi(\mathbf{x})}\right\}$.

12.3.2 独立 Metropolis-Hastings 算法

如果建议分布 $q(\mathbf{y}|\mathbf{x})$ 与当前状态无关, 即 $q(\mathbf{y}|\mathbf{x}) = g(\mathbf{y})$, 这时的 Metropolis-Hastings 抽样法称为独立 Metropolis-Hastings 算法, 其具体算法如下.

独立 Metropolis-Hastings 算法从第 t 步到第 $t+1$ 步的迭代算法为

算法 12.2 (独立 Metropolis-Hastings 算法) 给定 $\mathbf{x}^{(t)}$, (1) 产生 $\mathbf{y}_t \sim g(\mathbf{y})$.

(2) 取

$$\mathbf{x}^{(t+1)} = \begin{cases} \mathbf{y}_t, & \text{依概率}\alpha(\mathbf{x}^{(t)},\mathbf{y}_t), \\ \mathbf{x}^{(t)}, & \text{依概率}1-\alpha(\mathbf{x}^{(t)},\mathbf{y}_t), \end{cases}$$

其中

$$\alpha(\mathbf{x},\mathbf{y}) = \min\left\{\frac{\pi(\mathbf{y})g(\mathbf{x})}{\pi(\mathbf{x})g(\mathbf{y})}, 1\right\}.$$

在算法 12.2 中, 虽然 $\mathbf{y}_t$ 的产生是独立的, 但最后所得到的链 $\{\mathbf{x}^{(t)}\}$ 却不是独立的, 因为算法中 $\mathbf{y}_t$ 的接受概率依赖于 $\mathbf{x}^{(t)}$.

独立 Metropolis-Hastings 算法可保证所产生的 Markov 链具有几何遍历性. 具体地, 我们有

定理 12.6 如果存在一个常数 M, 使得

$$\pi(\mathbf{x}) \leqslant Mg(\mathbf{x})$$

对所有 $\mathbf{x} \in \operatorname{supp}\pi$ 都成立, 则独立 Metropolis-Hastings 算法产生了一个一致遍历的 Markov 链, 即转移核满足

$$\|K^n(\mathbf{x},\cdot) - \pi(\cdot)\|_{TV} \leqslant 2\left(1 - \frac{1}{M}\right)^n. \qquad \text{(这即为几何遍历性)}$$

例 12.3 (Logistic 回归) 1986 年, 美国挑战者号航天飞机在起飞阶段解体, 七名航天员遇难. 事故原因为 "O-型" 密封圈的故障, 也就是密封航天飞机部件的橡胶环的破裂. 事故被认为由发射时的低温 (31°F, 1°F ≈ −17.22℃) 所致. 文献 [8] 中认为: "O-型" 密封圈故障概率随温度的降低而增加.

在以往的航天飞机发射中, "O-型" 密封圈故障情况与当时温度情况如表 12-1 所示, 其中 "1" 代表故障, "0" 代表正常, 温度以华氏度计.

表 12-1 航天飞机发射时 "O-型" 密封圈故障情况与温度一览表

航班 (i)	1	2	3	4	5	6	7	8	9	10	11	12
故障 (y_i)	0	1	0	0	0	0	0	0	1	1	1	0
温度 (x_i)	66	70	69	68	67	72	73	70	57	63	70	78
航班 (i)	13	14	15	16	17	18	19	20	21	22	23	
故障 (y_i)	0	1	0	0	0	0	0	0	1	0	1	
温度 (x_i)	67	53	67	75	70	81	76	79	75	76	58	

在这一问题中, 我们的观测值为 $(x_i, y_i), i = 1, \cdots, n$, 它们服从的模型为

$$Y_i \sim b(1, p(x_i)), \quad p(x) = \frac{\exp(\alpha + \beta x)}{1 + \exp(\alpha + \beta x)},$$

其中 $p(x)$ 为当发射时温度为 x 时 "O-型" 密封圈的故障概率. 似然函数为

$$L((x_i, y_i), i=1, \cdots, n|\alpha, \beta) \propto \prod_{i=1}^{n} \left(\frac{\exp(\alpha + \beta x_i)}{1 + \exp(\alpha + \beta x_i)}\right)^{y_i} \left(\frac{1}{1+\exp(\alpha+\beta x_i)}\right)^{1-y_i}.$$

取先验分布为

$$\pi_\alpha(\alpha|b)\pi_\beta(\beta) = \frac{1}{b}\mathrm{e}^{\alpha}\mathrm{e}^{-\mathrm{e}^{\alpha}/b},$$

即 $\mathrm{Exp}(\alpha)$ 取为指数分布先验, 而 β 取为无信息先验分布. 在先验分布中, 存在超参数 b, 我们借助 α 的最大似然估计确定 b. 设 α 的最大似然估计为 $\hat{\alpha}$, 令

$$\mathrm{E}[\alpha] = \int_0^{\infty} \alpha \frac{1}{b}\mathrm{e}^{\alpha}\mathrm{e}^{-\mathrm{e}^{\alpha}/b}\,\mathrm{d}\alpha = \log b - \gamma = \hat{\alpha},$$

得 $\hat{b} = \mathrm{e}^{\hat{\alpha}+\gamma}$, 其中 γ 为 Euler 常数, 等于 0.577216. 事实上, 参数 (α, β) 的先验分布为 $\pi_\alpha(\alpha|\hat{b})$.

参数 (α, β) 的后验分布为

$$\pi(\alpha, \beta|(x_i, y_i), i = 1, \cdots, n) \propto L((x_i, y_i), i = 1, \cdots, n|\alpha, \beta)\pi_\alpha(\alpha|\hat{b}).$$

取建议分布为

$$g(\alpha,\beta)=\pi_\alpha(\alpha|\hat{b})\phi(\beta),$$

其中 $\phi(\beta)$ 为 $N(\hat{\beta},\hat{\sigma}_\beta^2)$ 的密度函数, $\hat{\beta}$ 为 β 的最大似然估计, $\hat{\sigma}_\beta^2$ 为其方差的估计. 显然从建议分布中抽样为独立抽样, 接受概率为

$$\begin{aligned}\alpha((\alpha,\beta),(\alpha',\beta'))&=\min\left\{\frac{L((x_i,y_i),i=1,\cdots,n|\alpha',\beta')\pi_\alpha(\alpha'|\hat{b})\pi_\alpha(\alpha|\hat{b})\phi(\beta)}{L((x_i,y_i),i=1,\cdots,n|\alpha,\beta)\pi_\alpha(\alpha|\hat{b})\pi_\alpha(\alpha'|\hat{b})\phi(\beta')},1\right\}\\&=\min\left\{\frac{L((x_i,y_i),i=1,\cdots,n|\alpha',\beta')\phi(\beta)}{L((x_i,y_i),i=1,\cdots,n|\alpha,\beta)\phi(\beta')},1\right\}.\end{aligned}$$

在式 (12-2) 中, 取 $n=10000$, 迭代初值从参数的最大似然估计出发, 图 12-1 中给出了 α,β 独立 Metropolis-Hastings 抽样的迭代轨道及当 m 取 3000 时, 从第 $m+1$ 步到第 n 步所得到的参数 α 与 β 后验抽样数据所生成的直方图. 参数 α 与 β 的后验均值分别为 15.009 与 -0.233, 而它们的最大似然估计为 15.043 与 -0.232.

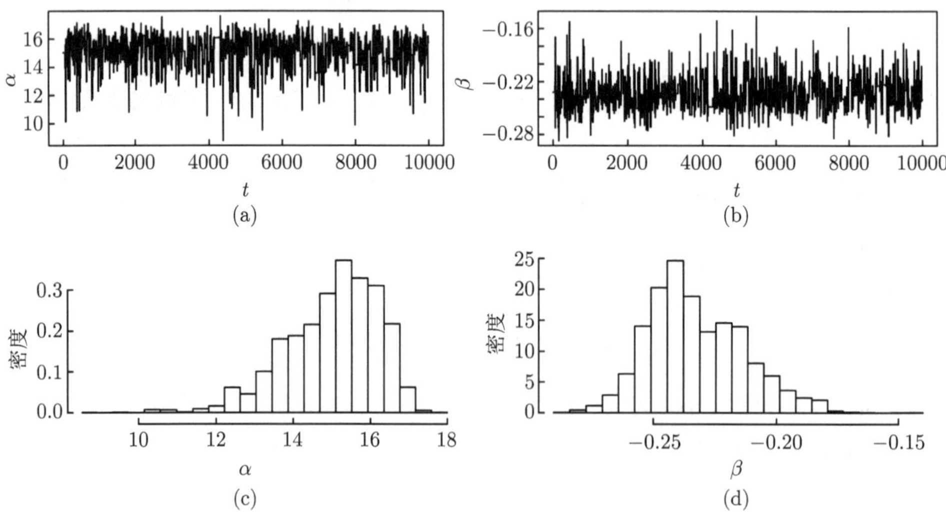

图 12-1　Logistic 回归参数后验分布独立 Metropolis-Hastings 抽样

12.3.3　随机游动 Metropolis-Hastings 算法

在 Metropolis-Hastings 算法中, 建议分布 $q(\cdot|\cdot)$ 允许依赖于当前状态 $\mathbf{x}^{(t)}$. 首先可以考虑依据

$$\mathbf{y}_t=\mathbf{x}^{(t)}+\boldsymbol{\epsilon}_t$$

来模拟 $\mathbf{y}_t$, 其中 $\boldsymbol{\epsilon}_t$ 为具有分布 g 的随机扰动, 且独立于 $\mathbf{x}^{(t)}$. 现在, $q(\mathbf{y}|\mathbf{x})$ 具有形式 $g(|\mathbf{x}-\mathbf{y}|)$, 相应于 $q(\mathbf{y}|\mathbf{x})=g(\mathbf{y})$ 的 Markov 链是随机游动, 因此, 相应的抽样法称为随机游动 Metropolis-Hastings 抽样法.

随机游动 Metropolis-Hastings 算法从第 t 步到第 $t+1$ 步的迭代算法为

算法 12.3 (随机游动 Metropolis-Hastings 算法) 给定 $\mathbf{x}^{(t)}$, (1) 产生 $\mathbf{y}_t \sim g(|\mathbf{y}-\mathbf{x}^{(t)}|)$.

(2) 取

$$\mathbf{x}^{(t+1)}=\begin{cases}\mathbf{y}_t, & \text{依概率}\alpha(\mathbf{x}^{(t)},\mathbf{y}_t),\\ \mathbf{x}^{(t)}, & \text{依概率}1-\alpha(\mathbf{x}^{(t)},\mathbf{y}_t),\end{cases}$$

其中

$$\alpha(\mathbf{x},\mathbf{y})=\min\left\{\frac{\pi(\mathbf{y})}{\pi(\mathbf{x})},1\right\}.$$

在一定条件下, 随机游动 Metropolis-Hastings 算法所产生的 Markov 链也具有几何遍历性. 以一维分布情况为例, 我们有

定理 12.7 考虑一密度函数 $\pi(x)$. 假设 $\pi(x)$ 为偶函数, 并且当 $|x|$ 充分大时为对数凹函数, 即存在 $\alpha>0$ 及 x_1, 使得

$$\log\pi(x)-\log\pi(y)\geqslant\alpha|y-x|$$

对一切 $y<x<-x_1$ 或 $x_1<x<y$ 成立. 如果密度 $g(\cdot)$ 是正的偶函数, 则算法所产生的 Markov 链 $\{X^{(t)}\}$ 是几何遍历的. 如果密度 $g(\cdot)$ 不是偶函数, 则当存在常数 $b>0$ 使得 $g(t)\leqslant b\exp(-\alpha|t|)$ 时, Metropolis-Hastings 算法所产生的 Markov 链是几何遍历的.

例 12.4 为了评估定理 12.7 的实际效果, Mengersen 和 Tweedie [61] 基于 $N(0,1)$ 建议分布考虑了两个随机游动 Metropolis-Hastings 算法. 一个是生成 $N(0,1)$ 分布随机数, 另一个是生成密度函数为 $\psi(x)\propto(1+|x|)^{-3}$ 的随机数. 容易验证: 前者满足定理 12.7 的条件, 而后者不满足. 图 12-2 给出了从 $x^{(0)}=1$ 出发的 500 条生成链的时间平均

$$\frac{1}{T}\sum_{t=1}^{T}x^{(t)}$$

随 T 的变化. 图中给出了 500 条链所生成的时间平均的样本均值及 5%分位点和 95%分位点. 由图 12-2 可见, 相应于分布 $\psi(x)$ 的 90%置信区间的宽度变化更慢, 遍历性相对较差.

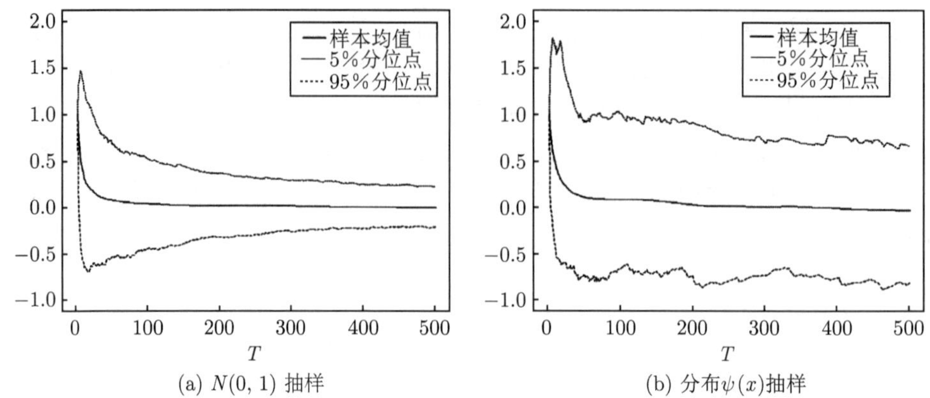

(a) $N(0, 1)$ 抽样　　(b) 分布$\psi(x)$抽样

图 12-2　随机游动 Metropolis-Hastings 算法的遍历性比较

12.4　Gibbs 抽样方法

Gibbs 抽样方法是最简单、应用最广泛的 MCMC 抽样方法之一. 应用该抽样方法的前提是要分布 $\pi(\mathbf{x})$ 的满条件分布已知, 即对于任意 i, 在已知 $\mathbf{x}$ 第 i 个分量以外其他分量值的条件下, 第 i 个分量的条件分布已知.

在给定初值点 $\mathbf{x}^{(0)} = (x_1^{(0)}, \cdots, x_p^{(0)})$ 后, 假定第 t 次迭代值为 $\mathbf{x}^{(t)}$, 则从第 t 次到第 $t+1$ 次迭代分为如下 p 步 (这里 p 表示 $\mathbf{x}$ 共有 p 个分量):

算法 12.4 (Gibbs 抽样算法)　给定 $\mathbf{x}^{(t)} = (x_1^{(t)}, \cdots, x_p^{(t)})$,

(1) 生成 $x_1^{(t+1)} \sim \pi_1(x_1|x_2^{(t)}, \cdots, x_p^{(t)})$,

$\cdots$

(i) 生成 $x_i^{(t+1)} \sim \pi_i(x_i|x_1^{(t+1)}, \cdots, x_{i-1}^{(t+1)}, x_{i+1}^{(t)}, \cdots, x_p^{(t)})$,

$\cdots$

(p) 生成 $x_p^{(t+1)} \sim \pi_p(x_p|x_1^{(t+1)}, \cdots, x_{p-1}^{(t+1)})$.

注 12.7　在算法 12.4 中, 产生的每个分量不局限于数值, 也可以是向量.

例 12.5　假设

$$\begin{pmatrix} X \\ Y \end{pmatrix} = N\left(\begin{pmatrix} \mu_X \\ \mu_Y \end{pmatrix}, \begin{pmatrix} \sigma_X^2 & \rho\sigma_X\sigma_Y \\ \rho\sigma_X\sigma_Y & \sigma_Y^2 \end{pmatrix}\right).$$

可以得到满条件分布

$$Y|X = x \sim N\left(\mu_Y + \rho\frac{\sigma_Y}{\sigma_X}(x - \mu_X), (1-\rho^2)\sigma_Y^2\right),$$

$$X|Y = y \sim N\left(\mu_X + \rho\frac{\sigma_X}{\sigma_Y}(y - \mu_Y), (1-\rho^2)\sigma_X^2\right).$$

现在, 便可以按 Gibbs 抽样方法从联合正态分布产生随机数. 先给定初值 $x^{(0)}$ 和 $y^{(0)}$, 然后由迭代 $x^{(k)} \sim p(x|y^{(k-1)})$ 和 $y^{(k)} \sim p(y|x^{(k)})$ 产生 X 与 Y 的样本值.

Gibbs 抽样与 Metropolis-Hastings 算法间存在密切联系, 具体由如下定理给出.

定理 12.8 Gibbs 抽样方法 (算法 12.4) 等价于 p 步 Metropolis-Hastings 算法的组合, 其中每次 Metropolis-Hastings 算法的接受概率都恒为 1.

证明 仅需证明算法 12.4 的每一步都是接受概率为 1 的 Metropolis-Hastings 算法即可. 考虑第 i 步, 事实上建议分布取为

$$q_i(\mathbf{y}'|\mathbf{y}) = \delta_{\mathbf{y}_{-i}}(\mathbf{y}'_{-i}) \times \pi_i(y'_i|\mathbf{y}_{-i}),$$

其中 $\mathbf{y}_{-i} = (y_1, \cdots, y_{i-1}, y_{i+1}, \cdots, y_p)^{\mathrm{T}}$. 相应地, 接受概率为

$$\begin{aligned}\alpha(\mathbf{y}, \mathbf{y}') &= \min\left\{\frac{\pi(\mathbf{y}')q_i(\mathbf{y}|\mathbf{y}')}{\pi(\mathbf{y})q_i(\mathbf{y}'|\mathbf{y})}, 1\right\} \\ &= \min\left\{\frac{\pi_i(y'_i|\mathbf{y}'_{-i})\pi(\mathbf{y}'_{-i})\delta_{\mathbf{y}'_{-i}}(\mathbf{y}_{-i})\pi_i(y_i|\mathbf{y}'_{-i})}{\pi_i(y_i|\mathbf{y}_{-i})\pi(\mathbf{y}_{-i})\delta_{\mathbf{y}_{-i}}(\mathbf{y}'_{-i})\pi_i(y'_i|\mathbf{y}_{-i})}, 1\right\} \\ &= 1.\end{aligned}$$

例 12.6 (动物流行病) 动物流行病学的研究有时利用成群动物的数据. Schukken 等 [83] 获得了一年中奶牛群中临床乳腺炎的病例数, 数据来自 127 个奶牛群, 其中牛群含个体的多少已经事先调整. 这些数据具体如下.

0, 0, 0, 0, 0, 0, 0, 1, 1, 1, 1, 1, 1, 1, 1, 1, 1, 1, 1, 2, 2, 2, 2, 2, 2, 2, 2, 3, 3, 3, 3, 3, 3, 3, 3, 3, 4, 4, 4, 4, 4, 4, 4, 4, 5, 5, 5, 5, 5, 5, 5, 5, 6, 6, 6, 6, 6, 6, 6, 6, 7, 7, 7, 7, 7, 7, 8, 8, 8, 8, 8, 9, 9, 9, 10, 10, 10, 10, 11, 11, 11, 11, 11, 11, 11, 12, 12, 12, 12, 13, 13, 13, 13, 13, 14, 14, 15, 16, 16, 16, 16, 17, 17, 17, 18, 18, 18, 19, 19, 19, 19, 20, 20, 21, 21, 22, 22, 22, 22, 23, 25, 25, 25, 25, 25, 25.

假设在每群奶牛中, 乳腺炎的发生次数是一 Poisson 随机变量. 设 X_i 表示第 i 群奶牛中患乳腺炎的病例数, 则 $X_i \sim \text{Pois}(\lambda_i)$, 其中 λ_i 为第 i 群奶牛乳腺炎的平均传染速度, $i = 1, \cdots, m$. 在一个牛群中, 乳腺炎的传染并不是独立的, 也就是不同牛群中 λ_i 的值有可能不同. 考虑到这一点, Schukken 等 [83] 将 Gamma 先验分布施加于 Poisson 分布参数, 得到具体的分层模型

$$X_i \sim \text{Pois}(\lambda_i), \qquad \lambda_i \sim \text{Ga}(\alpha, \beta), \qquad \beta \sim \text{Ga}(a, b),$$

其中, α, a, b 为确定的常数. λ_i 的后验分布 $\pi(\lambda_i|\mathbf{x}, \alpha)$ 可以通过如下的 Gibbs 抽样法进行模拟:

$$\lambda_i \sim \pi(\lambda_i|\mathbf{x},\alpha,\beta) = \mathrm{Ga}(x_i+\alpha, 1+\beta),$$

$$\beta \sim \pi(\beta|\alpha,a,b,\lambda_1,\cdots,\lambda_n) = \mathrm{Ga}\left(n\alpha+a, \sum_{i=1}^{n}\lambda_i+b\right).$$

取 $\alpha=0.1$, $a=b=1$. 图 12-3 给出了 λ_i 与 β 的估计, 其中参数后验的直方图由运行轨道中从 $t=5001$ 到 $t=10000$ 的状态值所绘制而成. 随轨道估计值的滚动平均也给了出来, 其中 t 从 1 到 10000.

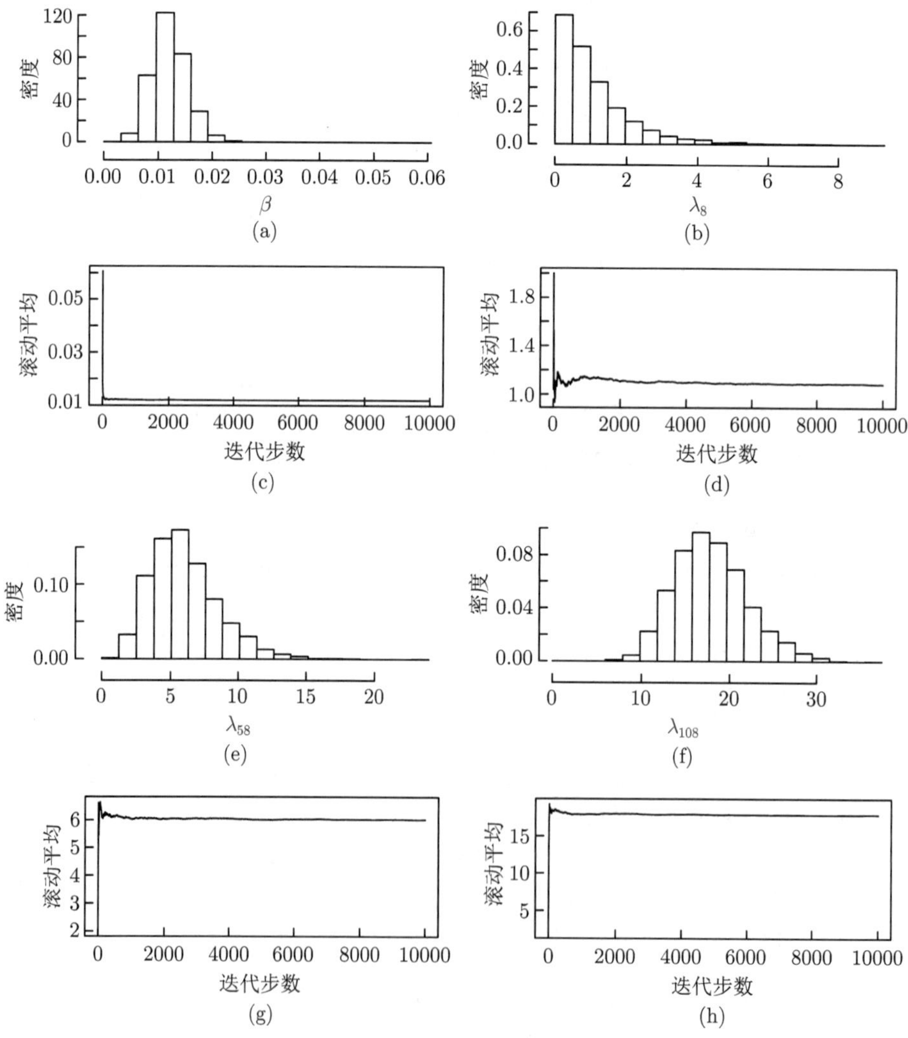

图 12-3　在给定先验下, 部分估计值的后验直方图与随轨道的后验滚动平均

12.5 切片抽样方法

切片 (slice) 抽样由 Neal [64] 和 Damlen 等 [9] 提出, 是一种特殊的 MCMC 算法, 它利用概率分布的局部条件特征进行模拟. 切片抽样是一种通过一个预先定义好的不变分布来构造可逆 Markov 转移核的方法, 实际上是一种辅助变量法, 将辅助变量引入独立 Metropolis-Hastings 算法, 以保证其转移接受概率恒等于 1. 所有切片抽样可看作数据增广 (data augment) 的 Gibbs 抽样.

12.5.1 2D 切片抽样

假设希望从定义在 $\mathbb{R}^n$ 上的一个分布抽取变量 $\mathbf{x}$, 其密度函数的核为 $\pi(\mathbf{x})$. 我们可以从 $\pi(\mathbf{x})$ 的自变量和因变量所构成的 $n+1$ 维空间抽样得到. 其思想是通过引入辅助变量 u 以及借助 $(\mathbf{x},u)$ 的联合分布来实现的, 其中 u 在曲线 $\pi(\mathbf{x})$ 下的区域为 $\mathcal{U}=\{(\mathbf{x},u);\, 0\leqslant u\leqslant \pi(\mathbf{x})\}$, $(\mathbf{x},u)$ 的联合密度函数是

$$p(\mathbf{x},u)=\begin{cases}1/Z, & 0\leqslant u\leqslant \pi(\mathbf{x}),\\ 0, & \text{其他}.\end{cases}$$

其中, $Z=\displaystyle\int \pi(\mathbf{x})\,\mathrm{d}\mathbf{x}$. 显然, $\mathbf{x}$ 的边际密度函数为

$$p(\mathbf{x})=\int_0^{\pi(\mathbf{x})}(1/Z)\,\mathrm{d}u=\pi(\mathbf{x})/Z.$$

可见, 要抽取 $\mathbf{x}$, 我们可以先联合抽取 $(\mathbf{x},u)$, 再去掉 u 即可.

从 $\mathcal{U}$ 中产生独立样本点可能很难实现. 一般需要定义一个 Markov 链来收敛到这个均匀分布. 常用的方法是借助区域 $\mathcal{U}$ 上的随机游动. 实现随机游动的方式有许多, 这里通过交替的 Gibbs 抽样来实现, 即先从给定 $\mathbf{x}$ 的条件下 u 的条件分布 $u|\mathbf{x}$ 中抽取 u', 然后再从给定 u 的条件下 $\mathbf{x}$ 的条件分布 $\mathbf{x}|u'$ 中抽取 $\mathbf{x}'$. 其中

$$u|\mathbf{x}=\mathbf{x}\sim U\left(\{u:\, 0\leqslant u\leqslant \pi(\mathbf{x})\}\right),\qquad \mathbf{x}|u=u'\sim U\left(\{\mathbf{x}:\, u'\leqslant \pi(\mathbf{x})\}\right).$$

因为上述切片抽样是通过两步均匀随机游动来实现的, 所以称之为 2D 切片抽样. 2D 切片抽样从第 t 步到第 $t+1$ 步的具体迭代步骤如下.

算法 12.5 (2D 切片抽样) 给定 $\mathbf{x}^{(t)}$, (1) 产生 $u^{(t+1)}\sim U[0,\pi(\mathbf{x}^{(t)})]$;
(2) 产生 $\mathbf{x}^{(t+1)}\sim U(A^{(t+1)})$, 其中 $A^{(t+1)}=\{\mathbf{x}:\, \pi(\mathbf{x})\geqslant u^{(t+1)}\}$.

例 12.7 (简单切片抽样) 对密度函数 $f(x)=\dfrac{1}{2}\mathrm{e}^{-\sqrt{x}}$, $x>0$ 的分布进行切片抽样. 则有

$$u|x \sim U\left[0, \frac{1}{2}\mathrm{e}^{-\sqrt{x}}\right], \quad x|u \sim U[0, (\log(2u))^2].$$

现模拟轨道长度 50000, 并在图 12-4 中作出密度直方图和密度函数的曲线. 从图 12-4 可见, 密度直方图和密度函数曲线极其吻合.

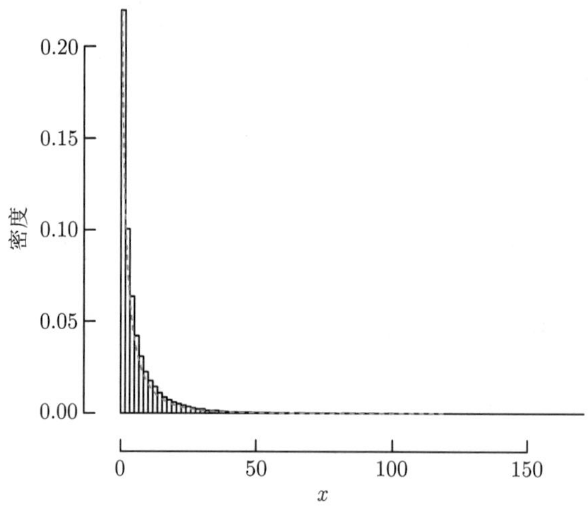

图 12-4 切片抽样密度直方图和密度函数曲线拟合图

例 12.8 (截断正态分布) 考虑定义在区间 $[0,1]$ 上的截断正态分布 $N(-3,1)$, 其密度为

$$f(x) \propto f_1(x) = \exp\{-(x+3)^2/2\}\mathbb{I}_{[0,1]}(x).$$

应用切片抽样, 有

$$A^{(t+1)} = \{x \in [0,1] : \exp\{-(x+3)^2/2\} \geqslant u f_1(x^{(t)})\}.$$

令 $w^{(t)} = u f_1(x^{(t)})$, 上式可表示为

$$A^{(t+1)} = \{x \in [0,1] : (x+3)^2 \leqslant -2\log(w^{(t)})\}.$$

因此, x 取自区间 $[0, \gamma^{(t)}]$, 其中 $\gamma^{(t)} = \min\{1, \sqrt{-2\log(w^{(t)})} - 3\}$. 取初值 $x^{(0)} = 0.25$, 切片抽样算法的前 10 步模拟轨道见图 12-5.

为了检验初值的选取对模拟效果的影响, 下面分别从图 12-5 的左上角、右下角和中间选取 $x^{(0)}$ 和 $w^{(1)}$ 的值并用切片抽样进行模拟. 分别取初值点为 $(0.01, 0.01)$, $(0.99, 0.001)$ 和 $(0.25, 0.025)$, 模拟轨道长度为 100, 具体结果见图 12-6. 由

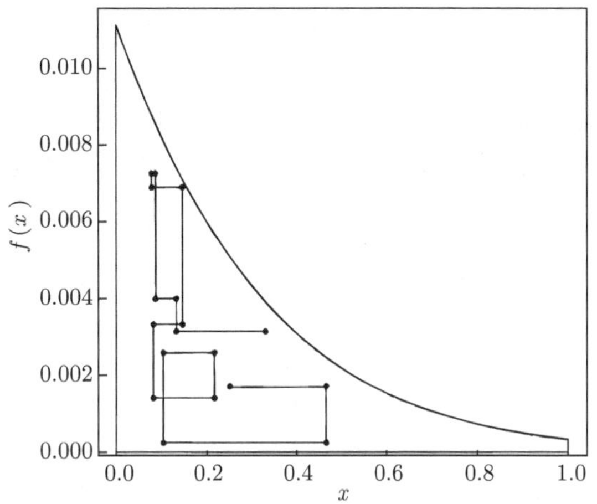

图 12-5　切片抽样对截断正态分布抽样的前 10 步迭代

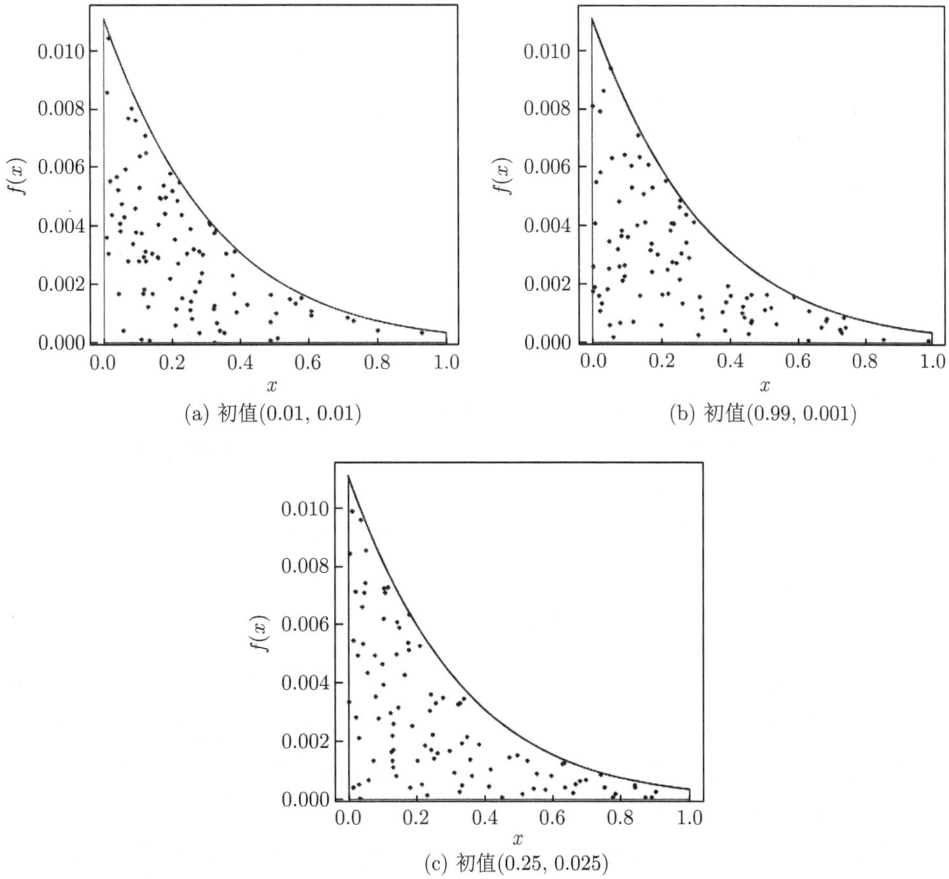

(a) 初值(0.01, 0.01)

(b) 初值(0.99, 0.001)

(c) 初值(0.25, 0.025)

图 12-6　三种情况下切片抽样样本点

图 12-6 可知, 三种初值选取方法得到的样本点均能充满截断正态分布密度函数所构成的区域, 且三种情况所得样本点基本一致. 可见, 切片抽样虽然是一种依赖于模型的算法, 但初值的选取对其没有影响, 能很好地模拟密度函数较为复杂的分布, 有效补充了 Gibbs 抽样和 Metropolis-Hastings 算法的不足.

12.5.2 一般的切片抽样

如果密度函数 $\pi(\mathbf{x})$ 可以表示为形式

$$\pi(\mathbf{x}) \propto \prod_{i=1}^{k} f_i(\mathbf{x}),$$

其中 $f_i(\mathbf{x})$ 为正值函数. 将 π 视为联合分布

$$(\mathbf{x}, \omega_1, \cdots, \omega_k) \sim p(\mathbf{x}, \omega_1, \cdots, \omega_k) \propto \prod_{i=1}^{k} \mathbb{I}_{[0, f_i(\mathbf{x})]}(\omega_i)$$

的边际分布. 一般切片抽样从第 t 步到第 $t+1$ 步的迭代算法为

算法 12.6 (切片抽样) 给定 $\mathbf{x}^{(t)}$, (1) 产生 $\omega_1^{(t+1)} \sim U[0, f_1(\mathbf{x}^{(t)})], \cdots, \omega_k^{(t+1)} \sim U[0, f_k(\mathbf{x}^{(t)})]$;

(2) 产生 $\mathbf{x}^{(t+1)} \sim U(A^{(t+1)})$, 其中 $A^{(t+1)} = \{\mathbf{x} : f_i(\mathbf{x}) \geqslant \omega_i^{(t+1)}, i = 1, \cdots, k\}$.

例 12.9 (3D 切片抽样) 考虑密度函数

$$f(x) \propto (1 + \sin^2(3x))\,(1 + \cos^4(5x)) \exp\{-x^2/2\}.$$

设 $f_1(x) = 1 + \sin^2(3x)$, $f_2(x) = 1 + \cos^4(5x)$, $f_3(x) = \exp\{-x^2/2\}$. 从具有密度函数 $f(x)$ 的总体中进行切片抽样时, 在第 $t+1$ 次迭代的抽样方法为

(1) 产生 $\omega_1^{(t+1)} \sim U[0, f_1(x^{(t)})], \omega_2^{(t+1)} \sim U[0, f_2(x^{(t)})], \omega_3^{(t+1)} \sim U[0, f_3(x^{(t)})]$;

(2) 产生 $x^{(t+1)} \sim U(A^{(t+1)})$, 其中 $A^{(t+1)} = \{x : f_i(x) \geqslant \omega_i^{(t+1)}, i = 1, 2, 3\}$.

12.6 MCMC 收敛性诊断

算法收敛性是指所得到的 Markov 链是否达到了平稳状态. 如果达到了平稳状态, 则得到的样本可视为是从目标分布中抽取的样本. 一般情况下, 我们并不清楚运行迭代算法多长时间才能使产生的 Markov 链达到稳定状态. 因此, 诊断 Markov 链收敛性是 MCMC 方法中的重要问题.

确定 Markov 链的收敛性即为确定 Markov 链达到稳定状态时算法迭代的次数 (达到稳定状态前的那一段链称为 “预烧期”(burn-in period)). 通常没有一种全

能方法确定 Markov 链达到了稳定状态. 监视链的收敛性有许多方法, 但每种方法都是针对收敛性问题的不同方面提出的. 以下介绍几种常用诊断方法.

(1) **样本路径图**.

画样本路径图 (trace plot), 如果所有的值都在一个区域内且没有明显的周期性和趋势性, 可以认为 Markov 链已进入平稳状态.

(2) **自相关函数图**.

链的迭代次数对 ACF(auto-correlation function) 作图, 较低的自相关性表明 Markov 链较快的收敛性.

(3) **Gelman-Rubin 方法**.

Gelman-Rubin 方法就是通过不同链充分混合 (mixing) 的程度考察链的收敛性——达到平稳后的链表现应该是充分混合的. Gelman-Rubin 方法利用了方差分析的思想, 即达到平稳后链内方差与链间方差应该是 (近似) 相等的.

假定感兴趣的参数为 θ, 再假定通过 MCMC 方法迭代产生了 k 条链, 每条链的长度为 n, 记 $\theta_j^{(t)}$ 为 θ 的第 j 条链的第 t 次迭代值.

定义链间均方和和链内均方和分别为

$$B_T = \frac{1}{k}\sum_{j=1}^{k}(\bar{\theta}_j - \bar{\theta})^2, \qquad W_T = \frac{1}{k}\sum_{j=1}^{k}\frac{1}{T}\sum_{t=1}^{T}(\theta_j^{(t)} - \bar{\theta}_j)^2,$$

其中

$$\bar{\theta}_j = \frac{1}{T}\sum_{t=1}^{T}\theta_j^{(t)}, \qquad \bar{\theta} = \frac{1}{k}\sum_{j=1}^{k}\bar{\theta}_j.$$

再记

$$\hat{\sigma}_T^2 = \frac{T-1}{T}W_T + B_T.$$

Gelman [27] 注意到: 作为参数 θ 方差的两个估计, 只要不同链仍然逗留在其初值附近, $\hat{\sigma}_T^2$ 就会高估 $\mathrm{Var}(\theta)$, 而 W_T 则会低估 $\mathrm{Var}(\theta)$.

例 12.10 (例 12-2 续) 仍然基于 $N(0,1)$ 建议分布考虑了两个随机游动 Metropolis-Hastings 算法. 一个是生成 $N(0,1)$ 分布随机数, 另一个是生成密度函数为 $\psi(x) \propto (1+|x|)^{-3}$ 的随机数. 现在的问题是: ① 从 $x^{(0)} = 1$ 出发各产生一条链, 通过样本路径图检验所生成链的收敛性; ② 利用从 $x^{(0)} = 1$ 出发的 10 条生成链, 借助 Gelman-Rubin 方法检验所生成链的收敛性.

解 通过样本路径图检验所生成链的收敛性的视觉效果不是很可靠. 但借助于 Gelman-Rubin 方法, 可以清晰地看出两个随机游动 Metropolis-Hastings 算法收敛性的差异 (图 12-7).

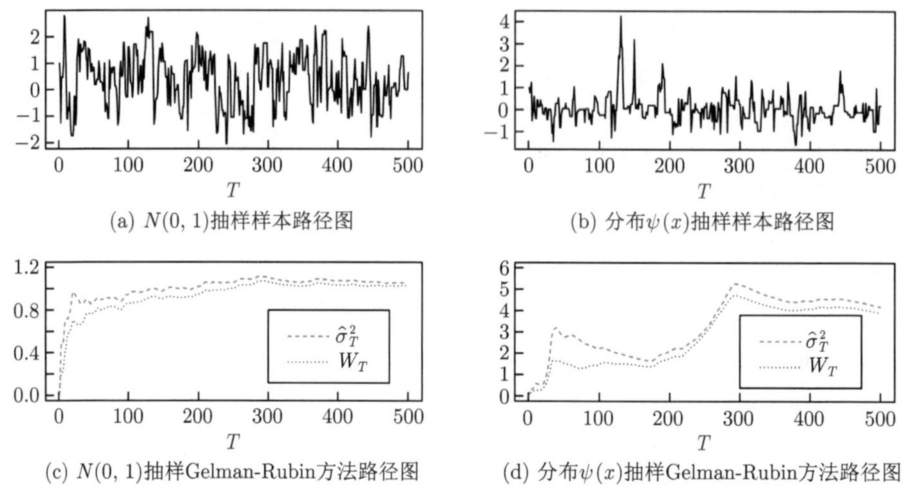

图 12-7　随机游动 Metropolis-Hastings 算法的收敛性比较

12.7　习　　题

习题 12.1　谈谈 Markov 链 Monte Carlo 的基本思想是什么? 具体可以应用在哪些方面?

习题 12.2　谈谈 Metropolis-Hastings 算法的优越性有哪些?

习题 12.3　谈谈 Metropolis-Hastings 算法与 Gibbs 抽样法的联系.

习题 12.4　取建议分布为 $\mathrm{Ga}([\alpha],b)$, 从 $\mathrm{Ga}(\alpha,\beta)$ 分布中利用独立 Metropolis-Hastings 算法进行抽样, 其中 $b=[\alpha]/\alpha$. 任意设定参数 α 与 β 的具体数值: (1) 写出抽样的具体算法; (2) 利用 R 软件执行你的算法, 并借助 Markov 链的滚动均值分析所生成 Markov 链的收敛性; (3) 计算 $\mathrm{Ga}(\alpha,\beta)$ 的后验均值.

习题 12.5　基于 $[-\delta,\delta]$ 上的均匀分布写出生成 $N(0,1)$ 分布随机数的随机游动 Metropolis-Hastings 算法. 分别取 $\delta=0.1,0.5,1$ 与 2, 利用 R 软件执行你的算法及借助 Markov 链的滚动均值分析所生成 Markov 链的收敛性.

习题 12.6　用 Gibbs 抽样从二元正态分布中抽样, 并分析所生成 Markov 链的收敛性质.

习题 12.7　设数据 $\{z_1,\cdots,z_n\}$ 取自混合正态分布 $pN(\mu_1,\sigma_1^2)+(1-p)N(\mu_2,\sigma_2^2)$, 设 $\mu_1=0$, $\mu_2=5$, $\sigma_1=\sigma_2=1$ 均已知. 取 p 的先验分布为无信息均匀分布 $U(0,1)$.

(1) 取 $p=0.2$, 产生容量为 $n=50$ 的一个混合正态样本;

(2) 取建议分布为 $U(0,1)$, 使用独立 Metropolis-Hastings 算法, 从 p 的后验分布中产生一条长度为 5000 的 Markov 链, 画出此链的样本路径图, 并舍去 1000 个点后画自相关函数图;

(3) 对参数 p 进行后验均值估计, 并求出 p 的可信水平为 95%的可信区间.

习题 12.8 设有数据

$$-0.1,\ 0.5,\ 4.1,\ 1.1,\ 1.3,\ 4.4,\ 1.9,\ -1.5,\ -0.4,\ 0.1,$$

$$3.4,\ 1.7,\ 1.8,\ 1.2,\ -0.1,\ 4.6,\ 2.0,\ -2.9,\ 2.4,\ 0.1.$$

假设数据来自正态分布 $N(\mu,\sigma^2)$, 均值 μ、方差 σ^2 均未知. 取先验 $(\mu,\sigma^2)\propto\dfrac{1}{\sigma^2}$. 用 Gibbs 抽样得到平稳分布为参数 μ 与 σ^2 后验分布的 Markov 链. 并利用 10 条生成链, 据此使用 Gelman-Rubin 方法评价变异系数 $\gamma=\dfrac{\sigma}{|\mu|}$ 的收敛性.

习题 12.9 采用切片抽样法从具有密度核

$$(1+\sin^2(3x))(1+\cos^4(5x))\exp\{-x^2/2\}$$

的分布中抽样.

习题 12.10 验证例 12.6 中 λ_i 与 β_i 的条件分布.

习题 12.11 用 Gibbs 抽样从二元正态分布中抽样, 并分析所生成 Markov 链的收敛性质.

第 13 章 非参数密度估计

统计学归根到底关心的问题是总体的分布规律. 当样本量较大且没有总体分布类型的相关信息时, 便可直接对总体的概率密度函数进行估计, 这便是非参数密度估计要解决的问题.

首先看一个具体的例子.

例 13.1 船舶在海浪中行驶时, 某一位置所受应力变化无常. 主应力随时间的峰谷值对研究船体疲劳载荷有重要意义, 尤其是船中部位的这些数据. 图 13-1 是某集装箱船船中部位所受主应力的峰谷值 Y (单位: MPa, 共 1125 个点, 观测时间为 2009 年 12 月 7 日 18:00—19:00, 数据表格参见附表 B-1) 随时间 t 变化的散点图. 人们想知道 Y 的概率密度.

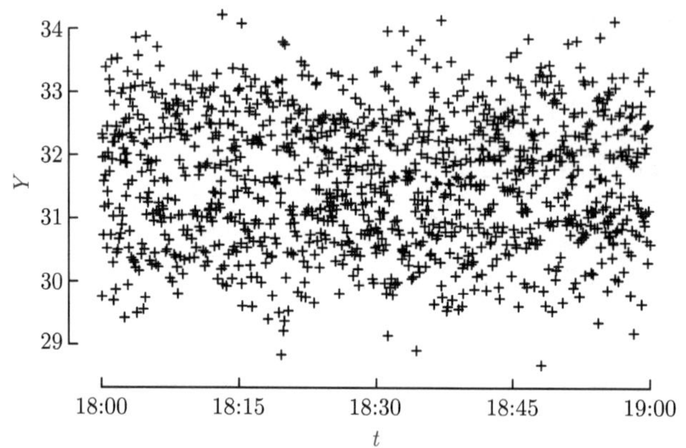

图 13-1 船中部位所受主应力的峰谷值 Y 随时间 t 的散点图

本章将介绍三种非参数密度估计的方法: 直方图密度估计、核密度估计和基于样条基的非参数密度估计. 在实例分析中, 我们利用这些方法, 以例 13.1 中的数据作为示例对所对应的总体密度函数进行估计.

13.1 直方图密度估计

13.1.1 直方图密度估计的概念

直方图密度估计用于直观描述数据所取自的总体概率密度函数的大致形态.

设 $(x_1, \cdots, x_n)$ 为一组数据. 在 1.2.2 节直方图概念的基础上, 直方图密度估计定义为

$$\hat{p}(x) = \begin{cases} \dfrac{n_j}{n\,(a_j - a_{j-1})}, & x \in (a_{j-1}, a_j],\ j = 1, \cdots, m, \\ 0, & x \notin (a, b], \end{cases}$$

其中 $a = a_0 < a_1 < \cdots < a_m = b$ 为对观测数据可能的取值区间 $[a, b]$ 的一个划分. 在某些情况下可取 $a = -\infty$, $b = \infty$. 特别地, 若取 $a_j - a_{j-1} \equiv h$ $(j = 1, \cdots, m)$, 则

$$\hat{p}(x) = \begin{cases} \dfrac{n_j}{nh}, & x \in (a_{j-1}, a_j],\ j = 1, \cdots, m, \\ 0, & x \notin (a, b]. \end{cases}$$

R 软件提供的作直方图密度估计的函数为 `graphics` 程序包中的 `hist` 函数.

图 13-2 是用不同数目的分割区间所绘制的例 13.1 船中部位所受主应力峰谷值 Y 的直方图, 其中区间的数目分别为 10, 20, 40 和 90. 容易看出, 当区间变细时, 这些直方图看起来的确像个密度. 然而, 如果数据不够多, 分割区间太多会使得个别点太突出而看不出总体形状. 因此, 选择区间的数目和大小是画好直方图的关键. 一般的软件对此都有缺省值. 但是, 计算机软件所提供的缺省值不一定就是最优的.

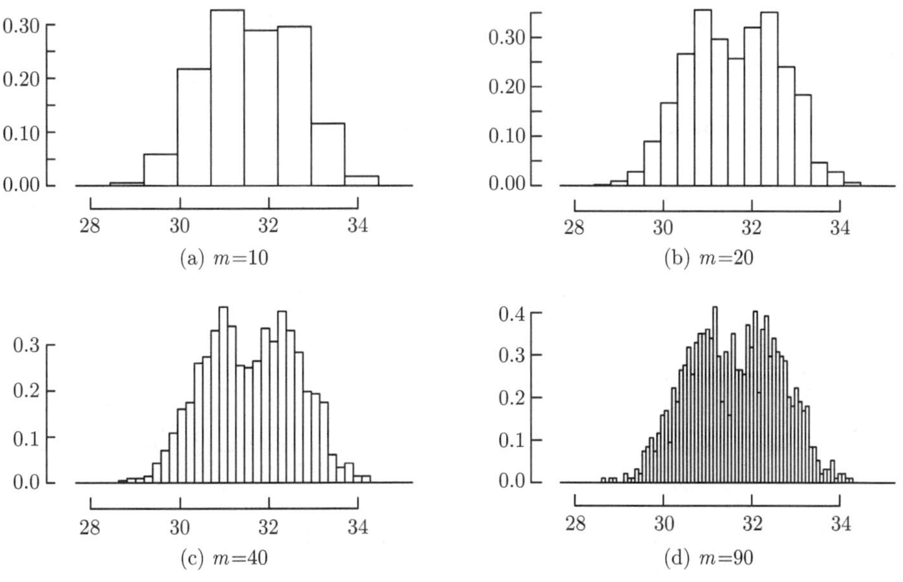

图 13-2 船中部位所受主应力的峰谷值 Y 的直方图

13.1.2 直方图密度函数的重要性质

为简单起见, 以下仅仅考虑 $a_j - a_{j-1} \equiv h\ (j = 1, \cdots, m)$ 的情况. 只要合理地选取 h, 当样本容量 n 趋于无穷大时, 直方图密度估计既具有渐近无偏性, 也具有相合性.

设 $p(x)$ 为真实的概率密度函数. 既然样本落入区间 $(a_{j-1}, a_j]$ 的频数 n_j 可视为服从二项分布 $b(n, p_j)$ 的随机变量, 其中 $p_j = \int_{a_{j-1}}^{a_j} p(u)\,\mathrm{d}u$ 为每个个体落入区间 $(a_{j-1}, a_j]$ 中的概率, 我们有如下的定理.

定理 13.1 当 $x \in (a_{j-1}, a_j]$ 时, 有

$$\mathrm{E}\left(\hat{p}(x)\right) = \frac{\displaystyle\int_{a_{j-1}}^{a_j} p(u)\,\mathrm{d}u}{h}, \quad \mathrm{Var}\left(\hat{p}(x)\right) = \frac{\displaystyle\int_{a_{j-1}}^{a_j} p(u)\,\mathrm{d}u \left(1 - \int_{a_{j-1}}^{a_j} p(u)\,\mathrm{d}u\right)}{nh^2}.$$

由定理 13.1 不难看出, 对于任意的 x, 当 $n \to \infty$, $h \to 0$ 且 $nh \to \infty$ 时, $\mathrm{E}(\hat{p}(x)) \to p(x)$, $\mathrm{Var}(\hat{p}(x)) \to 0$. 再由定理 3.13, 可得

定理 13.2 对任意的 x, 直方图密度估计 $\hat{p}(x)$ 是真实密度 $p(x)$ 的相合估计.

13.1.3 带宽选择

对于参数点估计量, 我们经常采用均方误差大小来评估估计量的好坏. 而对于密度函数的估计, 我们就需要从全局上评估估计量的均方误差, 这就是积分均方误差 (mean integrated squared error, MISE) 的概念. 概率密度函数估计量 $\hat{p}(x)$ 积分均方误差定义为

$$\begin{aligned}
\mathrm{MISE}(\hat{p}(x)) &= \int \mathrm{MSE}(\hat{p}(x))\,\mathrm{d}x \\
&= \int \mathrm{E}(\hat{p}(x) - p(x))^2\,\mathrm{d}x \\
&= \int \mathrm{Var}[\hat{p}(x)]\,\mathrm{d}x + \int [\mathrm{Bias}(\hat{p}(x))]^2\,\mathrm{d}x.
\end{aligned}$$

对于直方图密度估计, 我们有如下结论.

定理 13.3 若概率密度函数 $p(x)$ 为可导函数, 且满足 $\int p'(x)\,\mathrm{d}x < \infty$, 则

$$\mathrm{MISE}(\hat{p}(x)) \approx \frac{h^2}{12}\int (p'(x))^2\,\mathrm{d}x + \frac{1}{nh}.$$

证明 对于任意的 j 及任意的 $x \in (a_{j-1}, a_j]$, 经计算可得 $\hat{p}(x)$ 的偏差与方差分别为

$$\begin{aligned}
\mathrm{Bias}(\hat{p}(x)) &= \frac{\displaystyle\int_{a_{j-1}}^{a_j} p(u)\,\mathrm{d}u}{h} - p(x) \\
&= \frac{\displaystyle\int_{a_{j-1}}^{a_j} \left(p(x) + p'(x)(u-x) + \frac{1}{2}p''(\xi)(u-x)^2\right)\mathrm{d}u}{h} - p(x) \\
&= \frac{1}{h}\int_{a_{j-1}}^{a_j} p'(x)(u-x)\,\mathrm{d}u + O(h^2) = p'(x)\left(a_{j-1} + \frac{h}{2} - x\right) + O(h^2)
\end{aligned}$$

与

$$\mathrm{Var}[\hat{p}(x)] = \frac{\displaystyle\int_{a_{j-1}}^{a_j} p(u)\,\mathrm{d}u}{nh^2} - \frac{\left(\displaystyle\int_{a_{j-1}}^{a_j} p(u)\,\mathrm{d}u\right)^2}{nh^2} \approx \frac{\displaystyle\int_{a_{j-1}}^{a_j} p(u)\,\mathrm{d}u}{nh^2} - \frac{p(x)^2}{n}.$$

注意到

$$\begin{aligned}
\int [\mathrm{Bias}(\hat{p}(x))]^2\,\mathrm{d}x &\approx \sum_{j=1}^{m}\int_{a_{j-1}}^{a_j} (p'(x))^2\left(a_{j-1} + \frac{h}{2} - x\right)^2\mathrm{d}x \\
&\approx \sum_{j=1}^{m}(p'(\xi_j))^2\int_{a_{j-1}}^{a_j}\left(a_{j-1} + \frac{h}{2} - x\right)^2\mathrm{d}x \\
&= \sum_{j=1}^{m}(p'(\xi_j))^2\int_{0}^{h}\left(\frac{h}{2} - x\right)^2\mathrm{d}x \approx \frac{h^2}{12}\int (p'(u))^2\,\mathrm{d}u,
\end{aligned}$$

$$\int \mathrm{Var}[\hat{p}(x)]\,\mathrm{d}x \approx \frac{1}{nh},$$

定理得证.

在实际的直方图密度估计中, 我们还需要选择最优带宽 h. 而最优带宽 h 的选择一般以最小化积分均方误差为原则. 由定理 13.3, 不难计算得到: 可以近似最小化均方误差的最优带宽具有形式

$$h^* = \frac{1}{n^{1/3}}\left(\frac{6}{\displaystyle\int (p'(x))^2\,\mathrm{d}x}\right).$$

密度函数 $p(x)$ 是未知的, 因此, 无法得到最优带宽 h^* 的具体数值. 实际操作中, 经常假设 $p(x)$ 为 $N(0,1)$ 的密度函数, 取 $h = 3.5n^{-1/3}$.

在例 13.1 中, 因 $n = 1125$, 故可取 $h = 3.5n^{-1/3} = 0.3365$, 这时船中部位所受主应力的峰谷值 Y 的直方图密度估计如图 13-3 所示.

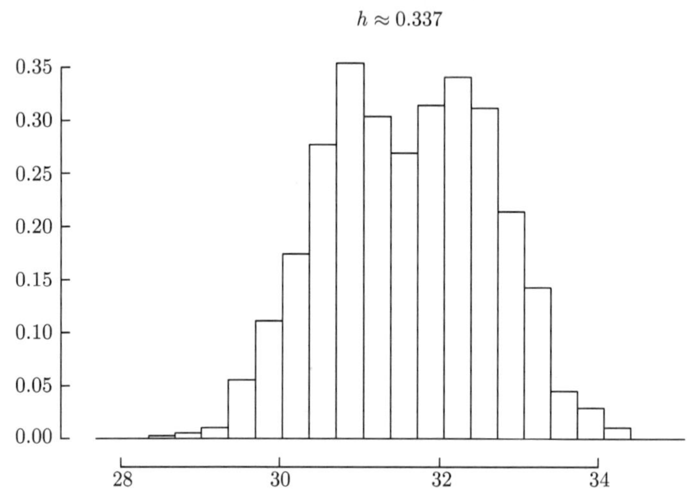

图 13-3　船中部位所受主应力的峰谷值 Y 最优带宽下的直方图

13.2　核密度估计

13.2.1　核密度估计的概念

直方图记录了在每个区间中点的频率, 使得图中的矩形条的高度随着数值个数的多少而变化. 但是直方图很难给出较为精确的密度估计. 下面介绍一种精度较高的非参数密度估计——核密度估计.

核密度估计 (kernel density estimation) 的原理和直方图类似, 它也计算某一点周围点的个数, 只不过是对于近处的点考虑多一些, 对于远处的点考虑少一些 (或者甚至不考虑).

定义 13.1　如果样本为 $(X_1, \cdots, X_n)$, 在任意点 x 处的核密度估计定义为

$$\hat{p}(x) = \frac{1}{nh} \sum_{i=1}^{n} K\left(\frac{x - X_i}{h}\right),$$

其中, $K(\cdot)$ 称为核函数 (kernel function), 它通常满足 $K(x) \geqslant 0$、对称性及 $\displaystyle\int K(x)\,\mathrm{d}x = 1$. h 称为带宽 (bandwidth).

核函数是一种权函数; 核估计利用数值点 X_i 到 x 的距离 $|x-X_i|$ 来决定 X_i 在估计点 x 的密度时所起的作用. 条件 $\int K(x)\,\mathrm{d}x=1$ 是使得 $\hat{p}(\cdot)$ 是一个积分为 1 的密度.

核密度估计可视为 n 个形如 $\frac{1}{h}K\left(\frac{x-X_i}{h}\right)$ 的密度函数的加权平均, 每个被加权的密度都施加了相同的权重 $1/n$. 图 13-4 解释了四个单变量样本观测对核密度估计的构造贡献. 以每个观测点为中心的曲线 (虚线) 都是一个被尺度修正过的核, 四条虚线的和即为核密度估计 (实线) $\hat{p}(x)$.

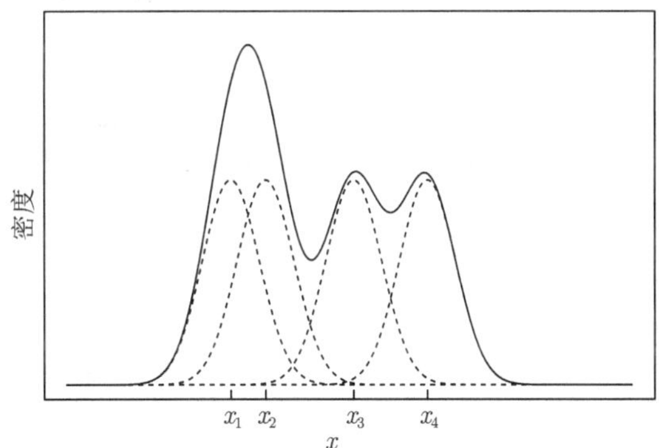

图 13-4 正态核函数下样本点 x_1,x_2,x_3,x_4 对核密度估计的核贡献

在核密度估计中, 核函数可取为关于原点对称的密度函数. 常用的核函数如表 13-1 所示, 其中高斯核函数是实践中最经常使用的核函数, 而 Epanechikov 核

表 13-1 常用核函数

核函数名称	核函数 $K(u)$
均匀 (uniform)	$\frac{1}{2}I_{[-1,1]}(u)$
三角 (triangle)	$(1-\lvert u\rvert)I_{[-1,1]}(u)$
Epanechikov	$\frac{3}{4}(1-u^2)I_{[-1,1]}(u)$
四次 (quartic)	$\frac{15}{16}(1-u^2)^2I_{[-1,1]}(u)$
三权 (triweight)	$\frac{35}{32}(1-u^2)^3I_{[-1,1]}(u)$
高斯 (Gauss)	$\frac{1}{\sqrt{2\pi}}\exp\left(-\frac{1}{2}u^2\right)$
余弦 (cosinus)	$\frac{\pi}{4}\cos\left(\frac{\pi}{2}u\right)I_{[-1,1]}(u)$

函数则是文献 [26] 中推导的 (0, 2) 阶最优核函数. 在给定带宽参数的情况下, Epanechikov 核函数在同时最小化渐近方差与渐近积分均方误差意义下是最优的.

13.2.2 核密度计算

R 软件提供的作直方图的函数为 `stats` 软件包中的 `density` 函数.

核密度估计需要事先确定两个要素: 一个是带宽, 另一个是核函数.

选择同一带宽 $h = 0.2$, 选择高斯核函数、均匀核函数、Epanechikov 核函数与余弦核函数四个不同的核函数, 对例 13.1 中船中部位所受主应力的峰谷值 Y 的核密度估计见图 13-5. 由图 13-5 可见, 利用不同核函数所作的密度估计的差别较小.

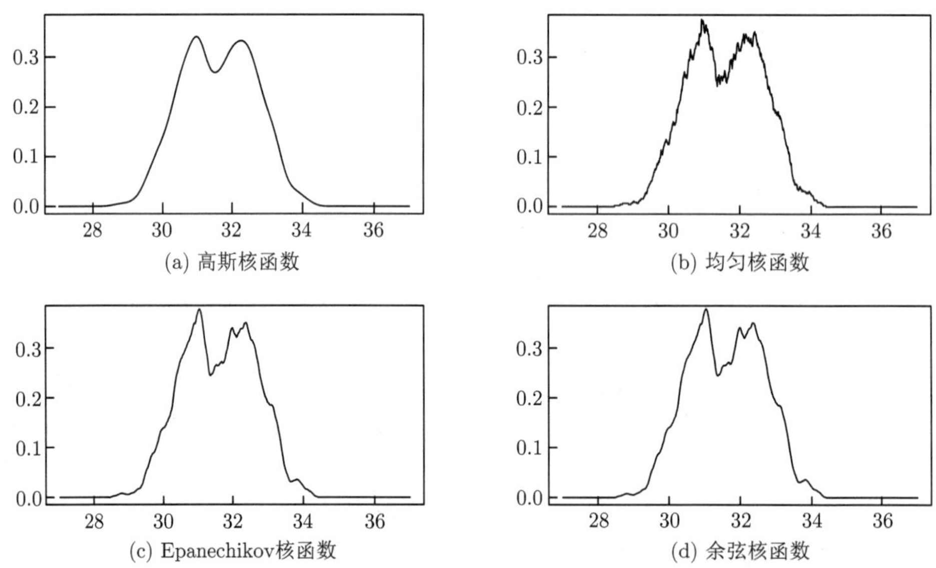

图 13-5 不同核函数下船中部位所受主应力的峰谷值 Y 的核密度估计

带宽参数控制着密度估计的光滑性. 一般来说, 选的带宽越大, 估计的密度函数就越平滑, 但偏差可能会较大. 如果选的 h 太小, 估计的密度曲线和样本拟合得较好, 但可能很不平滑. 图 13-6 为对例 13.1 中船中部位所受主应力的峰谷值所作的核密度估计, 其中核函数固定为高斯核函数, h 取了四个不同的值: $h = 0.02$, 0.05, 0.2 和 0.5. 从图 13-6 上可以清楚地看出带宽对图形的影响. 相比于带宽, 核函数选择的不同对于密度估计的影响微乎其微.

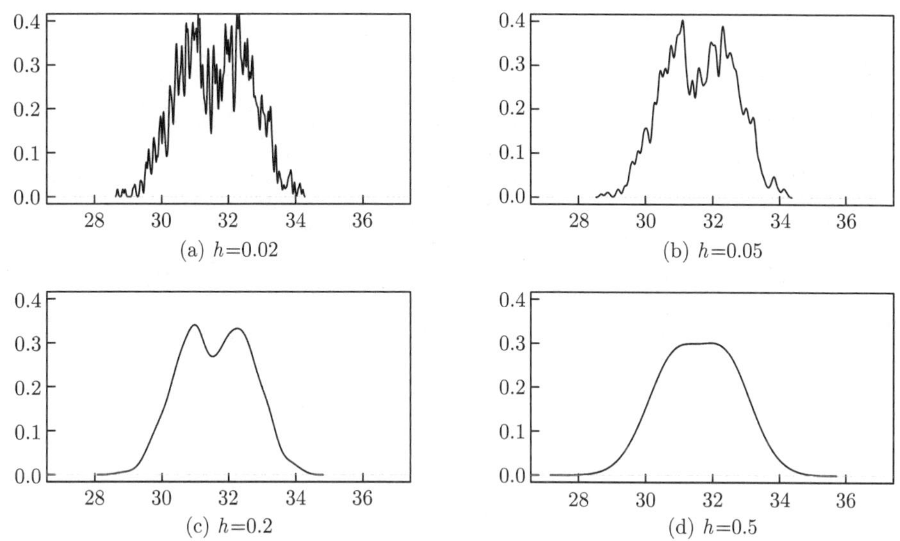

(a) h=0.02 (b) h=0.05 (c) h=0.2 (d) h=0.5

图 13-6 不同带宽下船中部位所受主应力的峰谷值 Y 的核密度估计

13.2.3 核密度重要性质

在一定条件下可以得到核密度估计数学期望与方差的具体表达形式, 下面的定理给出了其中的条件与具体结论.

定理 13.4 设 $\{X_i\}$ 是一列独立同分布的随机变量, 并且其密度函数 $p(x)$ 二次连续可微. 如果核函数 $K(\cdot)$ 满足 $K(-u)=K(u)$, $\int K(u)\,\mathrm{d}u=1$, $\int uK(u)\,\mathrm{d}u=0$, 且 $\int K(u)^2\,\mathrm{d}u<\infty$, $\int u^2K(u)\,\mathrm{d}u<\infty$, 则对于任意的 $p(x)$ 的支撑集的内点 x, 有

$$\mathrm{E}(\hat{p}(x))=p(x)+\frac{1}{2}h^2\int u^2K(u)\,\mathrm{d}u\,p''(x)+O(h^3), \tag{13-1}$$

$$\mathrm{Var}(\hat{p}(x))=\frac{1}{nh}p(x)\int K(u)^2\,\mathrm{d}u+O((nh)^{-1})+O(n^{-1}). \tag{13-2}$$

证明 由样本的独立性与代表性, 可得

$$\mathrm{E}(\hat{p}(x))=\frac{1}{h}\int K\left(\frac{x-u}{h}\right)p(u)\,\mathrm{d}u=\int K(v)p(x+vh)\,\mathrm{d}v, \tag{13-3}$$

其中, 最后一个等式用到了变换 $v=(u-x)/h$. 使用 Taylor 定理, 将 $p(x+vh)=p(x)+p'(x)vh+\frac{1}{2}p''(x)v^2h^2+O(h^3)$ 代入式 (13-3), 整理可得式 (13-1). 同理, 计

算可得式 (13-2).

由定理 13.4 可以发现, 对于任意的 x, 当 $n\to\infty$, $h\to 0$ 且 $nh\to\infty$ 时, $\mathrm{E}(\hat{p}(x))\to p(x)$, $\mathrm{Var}(\hat{p}(x))\to 0$. 再由定理 3.13, 可得核密度估计 $\hat{p}(x)$ 是真实密度函数 $p(x)$ 的相合估计. 再对序列 $\left\{\frac{1}{\sqrt{h}}K\left(\frac{x-X_i}{h}\right), i=1,\cdots,n\right\}$ 使用中心极限定理, 不难得到核密度估计是一个具有渐近正态性的估计. 具体地, 我们有

定理 13.5　设 $\{X_i\}$ 是一列独立同分布的随机变量, 并且其密度函数 $p(x)$ 二次连续可微. 如果核函数 $K(\cdot)$ 满足 $K(-u)=K(u)$, $\int K(u)\,\mathrm{d}u=1$, $\int uK(u)\,\mathrm{d}u=0$, 且 $\int K(u)^2\,\mathrm{d}u<\infty$, $\int u^2K(u)\,\mathrm{d}u<\infty$, 若当 $n\to\infty$ 时, $h\to 0$, $nh\to\infty$, 则对于任意的 $p(x)$ 的支撑集的内点 x, 都有

$$\hat{p}(x)\xrightarrow{\mathrm{P}}p(x).$$

若进一步假设 $nh^5\to 0$, 则对于任意的 $p(x)$ 的支撑集内的点 x, 都有

$$\sqrt{nh}[\hat{p}(x)-p(x)]\rightsquigarrow N\left(0,p(x)\int K(u)^2\,\mathrm{d}u\right).$$

13.2.4　带宽的选择

我们仍然期望采用使积分均方误差达到最小的原则来确定核密度估计的带宽. 既然积分均方误差具有分解

$$\mathrm{MISE}(\hat{p}(x))=\int \mathrm{Var}[\hat{p}(x)]\,\mathrm{d}x+\int[\mathrm{Bias}(\hat{p}(x))]^2\,\mathrm{d}x,$$

并且根据定理 13.4, 我们有

$$\mathrm{Bias}(\hat{p}(x))\approx\frac{1}{2}h^2\int u^2K(u)\,\mathrm{d}u\,p''(x)\ \text{与}\ \mathrm{Var}[\hat{p}(x)]\approx\frac{1}{nh}p(x)\int K(u)^2\,\mathrm{d}u.$$

约等式两端关于变量 x 积分, 得

$$\int[\mathrm{Bias}(\hat{p}(x))]^2\,\mathrm{d}x\approx\frac{1}{4}h^4\left(\int u^2K(u)\,\mathrm{d}u\right)^2\int p''(x)^2\,\mathrm{d}x,$$

$$\int\mathrm{Var}[\hat{p}(x)]\,\mathrm{d}x\approx\frac{1}{nh}\int p(x)\,\mathrm{d}x\int K(u)^2\,\mathrm{d}u=\frac{1}{nh}\int K(u)^2\,\mathrm{d}u.$$

因此, 积分均方误差有下面的结论.

定理 13.6 在定理 13.4 的条件下, 若进一步有 $\int p''(x)\,\mathrm{d}x<\infty$, 则

$$\mathrm{MISE}(\hat{p}(x))\approx\frac{1}{4}h^4\left(\int u^2K(u)\,\mathrm{d}u\right)^2\int p''(x)^2\,\mathrm{d}x+\frac{1}{nh}\int K(u)^2\,\mathrm{d}u.$$

最小化积分均方误差, 可得最优带宽的表达形式为

$$h^*=\left(\frac{1}{n}\int K(u)^2\,\mathrm{d}u\right)^{1/5}\left(\int u^2K(u)\,\mathrm{d}u\right)^{-2/5}\left(\int p''(x)^2\,\mathrm{d}x\right)^{-1/5}.$$

实际操作中, 经常假设 $p(x)$ 为正态密度, 在取高斯核函数的情况下, 可得 $h^*=1.06\sigma n^{-1/5}$. 这一方法计算最优带宽的 R 函数为 `bw.nrd`.

因最优带宽的表达形式依赖于真实的密度函数, 而密度函数是事先未知的. 在实际数据所对应总体的密度函数与正态密度函数差别较大时, 取 $h^*=1.06\sigma n^{-1/5}$ 所得的核密度估计的效果往往较差. 很多带宽选择策略都是从一个评价 $\hat{p}(x)$ 估计 $p(x)$ 质量的函数出发来进行选择的. 例如, 评估 $\hat{p}(x)$ 估计 $p(x)$ 质量的函数用 $Q(h)$ 表示, 其估计用 $\hat{Q}(h)$ 表示, 通过最优化 $\hat{Q}(h)$ 来选取 h. 本节主要介绍交叉验证 (cross-validation, CV) 法.

为了评估 $\hat{p}(\cdot)$ 在第 i 个观测数据点估计 $p(\cdot)$ 的质量, 引入利用除 X_i 之外的其他点的核密度估计

$$\hat{p}_{-i}(X_i)=\frac{1}{(n-1)h}\sum_{j\neq i}K\left(\frac{X_i-X_j}{h}\right).$$

一种较为简单的交叉验证是取 $\hat{Q}(h)$ 为伪似然函数 (pseudo-likelihood function)

$$\hat{Q}(h)=\prod_{i=1}^{n}\hat{p}_{-i}(X_i).$$

这一取法由 Duin [13] 与 Habbema 等 [33] 给出. 带宽的选择以最大化伪似然函数为原则, 即

$$h^*=\arg\max_h\prod_{i=1}^{n}\hat{p}_{-i}(X_i).$$

这一方法虽然简单, 但所得估计曲线经常会有小蠕动并且对离群值较为敏感 (见文献 [85]). 在很多情况下, 估计量也不具有相合性 (见文献 [84]).

另一种交叉验证的思想来源于对积分平方误差 (integrated squared error) 的如下表示形式

$$\mathrm{ISE}(h)=\int_{-\infty}^{\infty}(\hat{p}(x)-p(x))^2\,\mathrm{d}x=\int\hat{p}^2(x)\,\mathrm{d}x-2\mathrm{E}[\hat{p}(x)]+\int p^2(x)\,\mathrm{d}x.$$

在这一表达式中, 第三项是常数, 将第二项用 $\dfrac{2}{n}\sum_{i=1}^{n}\hat{f}_{-i}(X_i)$ 估计, 于是带宽选为

$$h^* = \arg\min \hat{Q}(h), \quad \text{其中} \quad \hat{Q}(h) = \int \hat{p}^2(x)\,\mathrm{d}x - \frac{2}{n}\sum_{i=1}^{n}\hat{p}_{-i}(X_i).$$

这种方法选取的带宽性质较好 (见文献 [3, 79]). 这时, $\mathrm{E}\left[\hat{Q}(h) + \int p^2(x)\,\mathrm{d}x\right] = \mathrm{MISE}(h)$, 因此称 $\hat{Q}(h)$ 为无偏交叉验证准则函数. 因这种方法需要最小化 $\hat{p}(\cdot)$ 与 $p(\cdot)$ 之间的积分平方误差, 因此也称为最小二乘交叉验证 (least squares cross-validation). 当取高斯核函数 (即 $K(x) = \phi(x)$ 为标准正态分布的密度函数) 时, $\hat{Q}(h)$ 具有闭形式, 具体为

$$\begin{aligned}\hat{Q}(h) = &\frac{1}{nh}\int_{-\infty}^{\infty}\phi^2(x)\,\mathrm{d}x \\ &+ \frac{1}{n(n-1)h}\sum_{i=1}^{n}\sum_{j\neq i}\left[\frac{1}{(8\pi)^{1/4}}\phi^{1/2}\left(\frac{X_i - X_j}{h}\right) - 2\phi\left(\frac{X_i - X_j}{h}\right)\right],\end{aligned}$$

其中 $\int_{-\infty}^{\infty}\phi^2(x)\,\mathrm{d}x = 1/(2\sqrt{\pi})$. 这一形式在计算时无需数值化近似. 虽然通过最小二乘交叉验证所得到的带宽渐近趋向于最佳带宽 (见文献 [36, 86]), 但收敛速度较慢 (见文献 [37, 86]).

取高斯核函数, 用本节介绍的两种带宽选择的交叉验证方法选择带宽, 对例 13.1 中船中部位所受主应力的峰谷值 Y 的核密度估计见图 13-7. 由图 13-7 可见, 两种交叉验证方法所得的核密度估计差别较小. 实际上, 用伪似然交叉验证和最小二乘交叉验证所得到的带宽分别为 0.1912 与 0.2155.

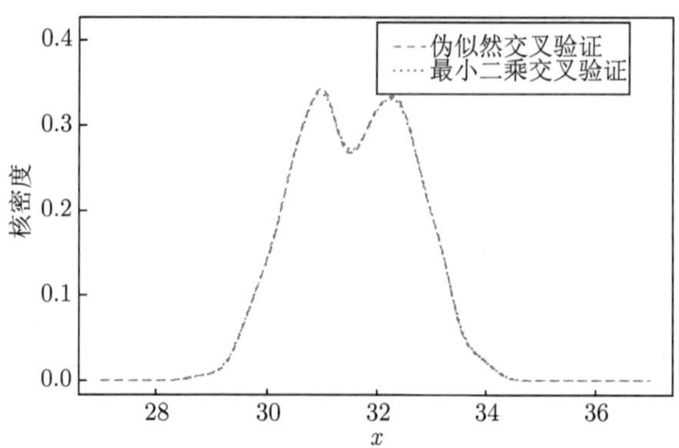

图 13-7　CV 准则下船中部位所受主应力的峰谷值 Y 的核密度估计

13.3 基于样条基的非参数密度估计

13.3.1 对数样条密度估计

考虑区间 (L,U) 上的单变量密度估计, 这里 L 与 U 可以为无穷. 假设有 $M \geqslant 4$ 个节点 $L < t_1 < t_2 < \cdots < t_K < U$. 设函数 $\{1, B_1(x), \cdots, B_p(x)\}$ 为 $p+1$ 维空间上的一组基 (节点体现在基函数中).

现在考虑用参数化模型 $f_{X|\boldsymbol{\theta}}(x)$ 对密度函数 $f(x)$ 进行建模, 即令

$$\log f_{X|\boldsymbol{\theta}}(x|\boldsymbol{\theta}) = \theta_1 B_1(x) + \cdots + \theta_p B_p(x) - c(\boldsymbol{\theta}), \tag{13-4}$$

其中

$$\exp\{c(\boldsymbol{\theta})\} = \int_L^U \exp\{\theta_1 B_1(x) + \cdots + \theta_p B_p(x)\}\,\mathrm{d}x, \tag{13-5}$$

$\boldsymbol{\theta} = (\theta_1, \cdots, \theta_p)^{\mathrm{T}}$. 参数化模型 $f_{X|\boldsymbol{\theta}}(x)$ 的形式 (13-4) 是由密度函数的性质所决定的. 这里要求 $c(\boldsymbol{\theta})$ 是有限的. 在这一参数化结构下, 参数 $\boldsymbol{\theta}$ 的对数似然函数为

$$l(\boldsymbol{\theta}|x_1, \cdots, x_n) = \sum_{i=1}^{n} \log f_{X|\boldsymbol{\theta}}(x_i|\boldsymbol{\theta}), \tag{13-6}$$

其中 $(x_1, \cdots, x_n)$ 为样本观测值. 只要确定节点的位置, 使得每两个节点所构成的区间内包含用于估计的充分多的观测点, 那么在 $c(\boldsymbol{\theta})$ 有限的约束下最大化式 (13-6) 即可得参数 $\boldsymbol{\theta}$ 的最大似然估计值. 因为 $l(\boldsymbol{\theta}|x_1, \cdots, x_n)$ 为凹函数, 因此, 估计值是唯一的. 在估计得到模型参数后, 取

$$\hat{f}(x) = f_{X|\boldsymbol{\theta}}(x|\hat{\boldsymbol{\theta}}), \tag{13-7}$$

则 $\hat{f}(x)$ 即为密度函数 $f(x)$ 的最大似然对数样条 (logspline) 密度估计.

接下来讨论参数估计值的计算, 更详尽的内容可参见文献 [54]. 最大似然估计的计算借助于 Newton-Raphson 方法, 即从一个起始的猜测值 $\hat{\boldsymbol{\theta}}^{(0)}$ 出发, 通过迭代公式

$$\hat{\boldsymbol{\theta}}^{(m+1)} = \hat{\boldsymbol{\theta}}^{(m)} + \mathbf{I}^{-1}(\hat{\boldsymbol{\theta}}^{(m)}) S(\hat{\boldsymbol{\theta}}^{(m)})$$

进行迭代计算, 直到序列 $\{\hat{\boldsymbol{\theta}}^{(m)}\}$ 的值稳定为止. 这里, $\mathbf{I}(\boldsymbol{\theta}) = -n\mathbf{H}(\boldsymbol{\theta})$, 其中 $\mathbf{H}(\boldsymbol{\theta})$ 为 $c(\boldsymbol{\theta})$ 的 Hessian 矩阵, 其为 $p \times p$ 矩阵, 第 (j,k) 元素为

$$\frac{\partial^2 c(\boldsymbol{\theta})}{\partial\theta_j \partial\theta_k} = -\int_{\mathbb{R}} B_j(x) B_k(x) f_{X|\boldsymbol{\theta}}(x|\boldsymbol{\theta})\,\mathrm{d}x$$

$$+\int_{\mathbb{R}} B_j(x) f_{X|\boldsymbol{\theta}}(x|\boldsymbol{\theta})\,\mathrm{d}x \int_{\mathbb{R}} B_k(x) f_{X|\boldsymbol{\theta}}(x|\boldsymbol{\theta})\,\mathrm{d}x.$$

$S(\boldsymbol{\theta})$ 为得分函数, 是一 p 维的向量, 其第 j 个元素为

$$\frac{\partial l}{\partial \theta_j}(\boldsymbol{\theta}) = \sum_{i=1}^{n} B_j(x_i) - n\frac{\partial c}{\partial \theta_j}(\boldsymbol{\theta}).$$

13.3.2 节点的选取

要计算参数 $\boldsymbol{\theta}$ 的最大似然估计值, 需要事先确定节点的数量和位置.

Kooperberg 和 Stone [55] 给出了一种自动化摆放给定数量的节点位置的方法. 当 $(L, U) = (-\infty, \infty)$ 时, 取 t_1, t_K 分别为样本的最小和最大次序统计量观测值, 即 $t_1 = x_{(1)}$, $t_K = x_{(n)}$. 当 $1 < i < K/2$ 时, 取 $t_i = q(r_i)$, 即为样本观测值的 r_i 分位点 (这里, $0 < r_2 < r_3 < \cdots < r_K < 1$), 其中 r_i 满足

$$n(r_{i+1} - r_i) = 4\max\{4-\epsilon, 1\}\max\{4-2\epsilon, 1\}\cdots\max\{4-(i-1)\epsilon, 1\}.$$

这里, ϵ 满足: 若 K 为奇数, $r_{(K+1)/2} = 1/2$; 若 K 为偶数, $r_{K/2} + r_{K/2+1} = 1$. 剩余节点要取得保持与之前节点对应的分位点对称, 即

$$r_{K+1-i} - r_{K-i} = r_{i+1} - r_i, \quad K/2 \leqslant i < K-1.$$

当 (L, U) 只有单边为无穷时, 节点确定方法类似. 特别地, 若 (L, U) 为有限区间, 则 $r_1, \cdots, r_K$ 可以按等距方式进行分割.

如果还要确定节点的个数, 可以通过 BIC 准则 (Bayesian information criterion) 来实现. 假设节点选择方案共有 S 个, 第 s 种方案的节点数为 m_s, $s = 1, \cdots, S$. 我们取使

$$\mathrm{BIC}(s) = -2l(\hat{\boldsymbol{\theta}}_s|x_1, \cdots, x_n) + (m_s - 1)\log n$$

达到最小的节点选择方案作为最终的节点方案.

关于更具体的节点选择方法可参见文献 [56, 89]. 借助 MCMC 方法确定节点的个数与位置也是一个不错的选择, 关于这方面的论述可参见文献 [41, 89].

13.3.3 三次样条密度估计

三次样条 (cubic spline) 函数是一连续函数, 并且在任意两个节点之间是三次多项式函数, 在节点处其一阶和二阶导数连续. 三次样条实际上是一分段的三阶多项式并且在节点处二阶连续可导. Kooperberg 和 Stone [54,89] 对密度函数的对数样条估计正是利用了三次样条.

对于 K 个节点的情况, 基于节点 $L < t_1 < t_2 < \cdots < t_K < U$ 的三次样条的基函数 (参见文献 [94], 定理 5.74) 为

$$B_1(x) = 1, \quad B_2(x) = x, \quad B_3(x) = x^2, \quad B_4(x) = x^3,$$

$$B_j(x) = (x - t_{j-3})_+^3, \quad j = 5, \cdots, K+4.$$

这时 $\boldsymbol{\theta}$ 为 $p = K + 4$ 维的向量.

例 13.2 取 $K = 6$, $L = 28$, $U = 35$, 取节点为样本的 0, 1/5, 2/5, 3/5, 4/5, 1 分位点. 在使用 Newton-Raphson 方法进行计算时, 取迭代初值为 $\boldsymbol{\theta}^{(0)} = (0,0,0,0,0,0,0,0,0,0)$, 经过 25 次迭代后, 估计值趋于稳定. 这时的参数估计值为

$$\boldsymbol{\theta}^{(25)} = (2.795, 0.715, -1.045, 0.025, -0.526,$$
$$1.827, -1.336, -1.186, 1.603, -101.477),$$

为了对例 13.1 中船中部位所受主应力的峰谷值 Y 的密度进行估计, 将该参数估计值代入 (13-7) 式, 得密度估计的图像如图 13-8. 除密度估计外, 图 13-8 中还画出了数据的直方图, 由图可见, 三次对数样条估计除了光滑性好外, 对数据的拟合效果也相当不错.

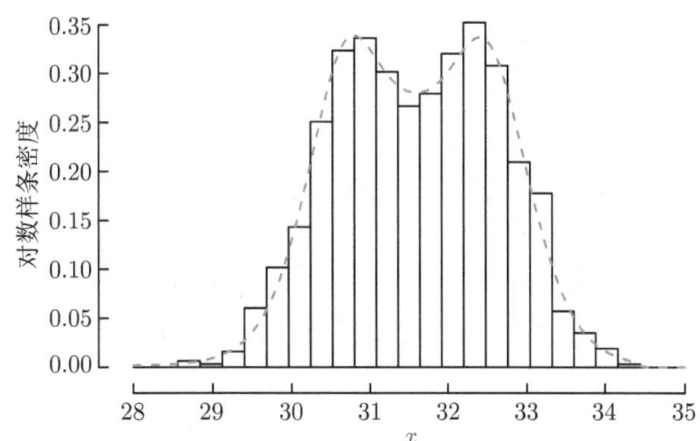

图 13-8　船中部位所受主应力的峰谷值 Y 的三次对数样条估计

13.4 习　题

习题 13.1 谈谈直方图与核密度估计的差别是什么?

习题 13.2 下面为美国怀俄明州 (Wyoming) 黄石国家公园 (Yellowstone National Park) 老忠实 (Old Faithful) 温泉间歇时间的一批数据, 试用 R 软件给出这批数据 (共 272 个数据) 的核密度估计 (取正态核函数, 采用交叉验证法选择带宽).

79, 54, 74, 62, 85, 55, 88, 85, 51, 85, 54, 84, 78, 47, 83, 52, 62, 84, 52, 79, 51, 47, 78, 69, 74, 83, 55, 76, 78, 79, 73, 77, 66, 80, 74, 52, 48, 80, 59, 90, 80, 58, 84, 58, 73, 83, 64, 53, 82, 59, 75, 90, 54, 80, 54, 83, 71, 64, 77, 81, 59, 84, 48, 82, 60, 92, 78, 78, 65, 73, 82, 56, 79, 71, 62, 76, 60, 78, 76, 83, 75, 82, 70, 65, 73, 88, 76, 80, 48, 86, 60, 90, 50, 78, 63, 72, 84, 75, 51, 82, 62, 88, 49, 83, 81, 47, 84, 52, 86, 81, 75, 59, 89, 79, 59, 81, 50, 85, 59, 87, 53, 69, 77, 56, 88, 81, 45, 82, 55, 90, 45, 83, 56, 89, 46, 82, 51, 86, 53, 79, 81, 60, 82, 77, 76, 59, 80, 49, 96, 53, 77, 77, 65, 81, 71, 70, 81, 93, 53, 89, 45, 86, 58, 78, 66, 76, 63, 88, 52, 93, 49, 57, 77, 68, 81, 81, 73, 50, 85, 74, 55, 77, 83, 83, 51, 78, 84, 46, 83, 55, 81, 57, 76, 84, 77, 81, 87, 77, 51, 78, 60, 82, 91, 53, 78, 46, 77, 84, 49, 83, 71, 80, 49, 75, 64, 76, 53, 94, 55, 76, 50, 82, 54, 75, 78, 79, 78, 78, 70, 79, 70, 54, 86, 50, 90, 54, 54, 77, 79, 64, 75, 47, 86, 63, 85, 82, 57, 82, 67, 74, 54, 83, 73, 73, 88, 80, 71, 83, 56, 79, 78, 84, 58, 83, 43, 60, 75, 81, 46, 90, 46, 74.

习题 13.3 证明核密度估计是一个密度函数.

习题 13.4 从混合模型

$$0.5N(4,1^2)+0.5N(9,2^2)$$

中随机产生 100 个点. 利用这批样本点进行核密度估计. 利用交叉验证法寻找最优带宽并讨论不同核函数下估计的差别.

习题 13.5 对习题 13.2 中的数据进行三次样条估计.

习题 13.6 对习题 13.4 中的数据进行三次样条估计.

第 14 章　非参数回归

回归分析是研究两组具有因果关系的数据相互作用机理的一类重要方法. 如果事先对因果关系的作用机理类型 (模型结构) 有所了解, 毫无疑问, 采用参数化回归分析是非常方便的. 例如, 如果因变量与自变量之间近似呈现线性规律, 我们便可在线性回归模型的假定下进行回归分析以将因果之间的关系具体化. 在很多情况下, 我们是难于确定因变量与自变量之间的模型参数化结构的. 这时就需要进行非参数回归.

首先看一个著名的关于摩托车碰撞模拟的例子 (参见文献 [88]).

例 14.1　为了检验头盔, 图 14-1 是依据在研究摩托车碰撞模拟时的 133 对数据所画的散点图 (数据参见附表 B-2). 图中 X 为在模拟时的和摩托车相撞之后的时间 (单位: 百万分之一秒). Y 是相撞之后头部的加速度 (单位: 重力加速度 g).

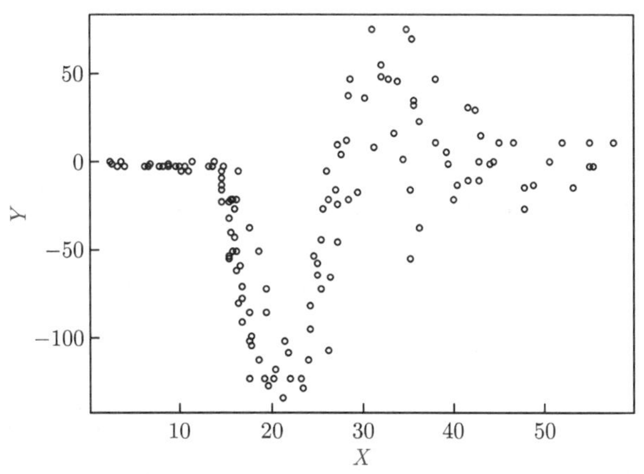

图 14-1　摩托车碰撞模拟数据散点图

X 和 Y 之间看来是有某种函数关系, 但是很难用参数方法进行回归.

例 14.1 中所涉及的问题实际上是: 给定一组二元样本 $(X_1, Y_1), \cdots, (X_n, Y_n)$ 之后, 希望找到一个 X 变量和 Y 变量之间的关系

$$Y_i = m(X_i) + \varepsilon_i, \quad i = 1, \cdots, n. \tag{14-1}$$

这里, $\{\varepsilon_i\}$ 为独立同分布的随机观测误差, 假设 $\mathrm{E}(\varepsilon_i) = 0$, $\mathrm{Cov}(\varepsilon_i) = \sigma^2$. 现在的主要目的是对 $m(x)$ 进行估计. 估计函数 $m(x)$ 的相关方法统称为一元非参数回

归. 在本章中, 将主要介绍一元非参数回归的四种方法: 核回归、局部多项式回归、正交序列回归与样条回归. 本章最后还将介绍具有多维或高维自变量的非参数回归方法——多元自适应样条方法.

14.1 核回归光滑

14.1.1 核回归光滑的概念

核回归可估计任意点 x 处的 $m(x)$ 的取值. 与核密度估计类似, 它按照距离 x 的远近对样本观测值 Y_i 进行加权. 先看 Nadaraya 与 Watson 于 1964 年提出的 Nadaraya-Watson 核回归的概念.

定义 14.1 给定一组二元样本 $(X_1, Y_1), \cdots, (X_n, Y_n)$, 在任意点 x 处的 Nadaraya-Watson 形式的核回归估计定义为

$$\hat{m}(x) = \frac{\sum\limits_{i=1}^{n} K\left(\frac{x - X_i}{h}\right) Y_i}{\sum\limits_{i=1}^{n} K\left(\frac{x - X_i}{h}\right)},$$

其中, $K(\cdot)$ 称为核函数 (kernel function), 它通常满足 $K(x) \geqslant 0$, 对称性及 $\int K(x)\,\mathrm{d}x = 1$. h 称为带宽 (bandwidth).

如果对 Nadaraya-Watson 核回归估计的分子与分母同乘以 $1/(nh)$ 表示为

$$\hat{m}(x) = \frac{\frac{1}{nh}\sum\limits_{i=1}^{n} K\left(\frac{x - X_i}{h}\right) Y_i}{\frac{1}{nh}\sum\limits_{i=1}^{n} K\left(\frac{x - X_i}{h}\right)},$$

不难看出, 其分母正是自变量 X 的核密度估计.

Nadaraya-Watson 核回归也可视为局部加权最小二乘估计, 也就是说

$$\hat{m}(x) = \arg\min_{\theta} \sum_{i=1}^{n} w_i(x)(Y_i - \theta)^2 = \sum_{i=1}^{n} \frac{w_i(x) Y_i}{\sum\limits_{i=1}^{n} w_i(x)},$$

其中局部加权的权重为

$$\omega_i(x) = K\left(\frac{x - X_i}{h}\right).$$

若记

$$l_i(x) = \frac{w_i(x)}{\sum_{i=1}^{n} w_i(x)}, \quad i = 1, \cdots, n,$$

则

$$\mathrm{E}(\hat{m}(x)) = \sum_{i=1}^{n} l_i(x) m(x_i), \quad \mathrm{Var}(\hat{m}(x)) = \sigma^2 \sum_{i=1}^{n} (l_i(x))^2,$$

其中 σ^2 为误差项的方差.

R 软件提供的进行核回归的函数为 `stats` 程序包中的 `ksmooth` 函数. 与核密度估计一样, 核回归估计也需要事先确定两个要素: 一个是带宽, 另一个是核函数. 同样地, 核回归估计的结论对核函数选择并不敏感, 常用核函数仍然可参照表 13-1.

选用正态核函数, 图 14-2 为对例 14.1 中摩托车模拟碰撞一例的 Nadaraya-Watson 核回归估计的结论. 为了说明 h 的作用, 这里的 h 取 0.5, 1, 1.5 和 2 四种情况. 由图 14-2 可见, 带宽选择对核回归估计的影响较大.

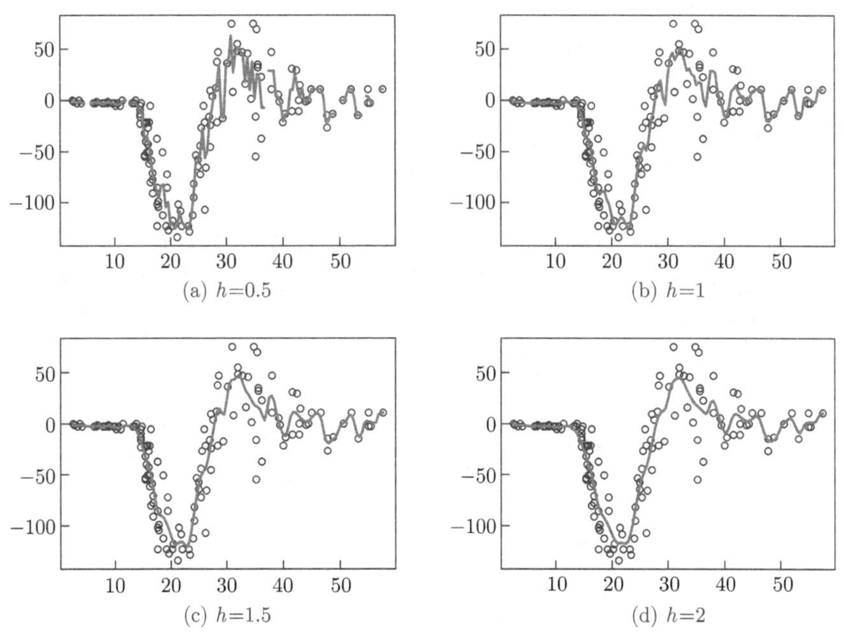

图 14-2 核回归光滑摩托车碰撞模拟数据

○ 表示真实数据, —— 表示核回归估计

14.1.2 带宽的选择

核回归的最优带宽也可以像核密度估计那样通过最小化积分均方误差得到, 但最优带宽依赖 $\{X_i\}$ 的密度函数、误差项的方差以及 $m(x)$ 的真值. 实践中, 这些都不易确定.

实践中常用的确定带宽的方法是交叉验证法. 为了评估 $\hat{m}(x)$ 在第 i 个观测数据点估计 $m(x)$ 的质量, 引入利用除 X_i 之外的其他点的核回归估计

$$\hat{m}_{-i}(x)=\frac{\displaystyle\sum_{j\neq i}K\left(\frac{x-X_j}{h}\right)Y_j}{\displaystyle\sum_{j\neq i}K\left(\frac{x-X_j}{h}\right)}.$$

估计的均方误差定义为

$$R(h)=\mathrm{E}\left(\frac{1}{n}\sum_{i=1}^{n}\left(\hat{m}(X_i)-m(X_i)\right)^2\right).$$

我们用描述残差平方平均的留一法 (leave-one-out) 交叉验证来估计 $R(h)$, 即取 $R(h)$ 的估计为

$$\hat{R}(h)=\frac{1}{n}\sum_{i=1}^{n}\left(Y_i-\hat{m}_{-i}(X_i)\right)^2. \tag{14-2}$$

交叉验证的带宽定义为

$$h_{\mathrm{CV}}=\arg\min_h \hat{R}(h).$$

直接最小化式 (14-2) 求最优带宽是十分耗时的, 因为每评估一个 h 处的 $\hat{R}(h)$ 值就需要进行 n 次非参数估计. 这使得最小化式 (14-2) 实际上是不可行的. 幸运的是, 我们有 $\hat{R}(h)$ 的另一等价的表达形式.

定理 14.1　设 $\hat{m}$ 为线性光滑估计. 则

$$\hat{R}(h)=\frac{1}{n}\sum_{i=1}^{n}\left(\frac{Y_i-\hat{m}(X_i)}{1-l_i(X_i)}\right)^2,$$

其中

$$l_j(x)=\frac{w_j(x)}{\displaystyle\sum_{i=1}^{n}w_i(x)},\quad j=1,\cdots,n.$$

像 Nadaraya-Watson 核回归估计那样, 若非参数估计可以表示成 $\hat{m}(x) = \sum_{i=1}^{n} l_i(x)Y_i$ 这样的形式, 则称该非参数估计为线性光滑估计. 记

$$L = \Big(L_{ij}\Big) = \Big(l_j(X_i)\Big), \quad \hat{\mathbf{m}} = \begin{pmatrix} \hat{m}(X_1) \\ \hat{m}(X_2) \\ \vdots \\ \hat{m}(X_n) \end{pmatrix}, \quad \mathbf{Y} = \begin{pmatrix} Y_1 \\ Y_2 \\ \vdots \\ Y_n \end{pmatrix}.$$

则显然有 $\hat{\mathbf{m}} = L\,\mathbf{Y}$. 设 $\nu = \mathrm{tr}(L)$. 如果将带宽定义为

$$h_{\mathrm{GCV}} = \arg\min_h \mathrm{GCV}(h),$$

其中

$$\mathrm{GCV}(h) = \frac{1}{n}\sum_{i=1}^{n}\left(\frac{Y_i - \hat{m}(X_i)}{1-\nu/n}\right)^2,$$

则称这种确定带宽的方法为广义交叉验证 (generalized cross-validation) 方法.

选用正态核函数, 图 14-3 为对例 14.1 中摩托车模拟碰撞数据进行 Nadaraya-Watson 核回归估计的结论, 其中带宽由交叉验证确定, 其值为 0.9138.

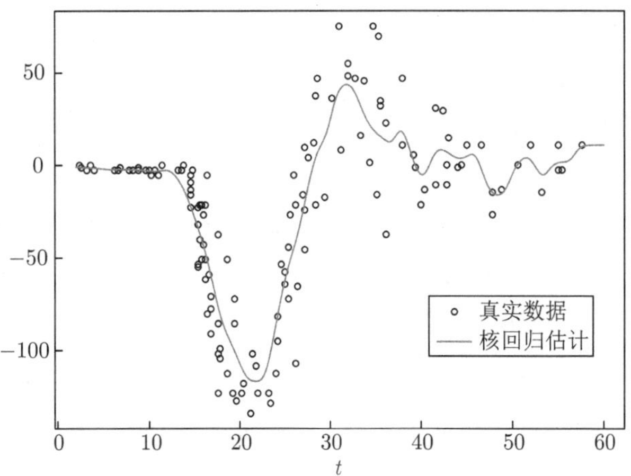

图 14-3　采用交叉验证确定带宽的摩托车碰撞模拟数据的核回归光滑估计

14.1.3　Gasser-Müller 核回归

除了 Nadaraya-Watson 形式的核回归估计之外, 还有其他形式的核回归估计, 比如 Gasser-Müller 核回归估计

$$\hat{m}(x)=\sum_{i=1}^{n}\int_{s_{i-1}}^{s_i}K\left(\frac{u-x}{h}\right)\mathrm{d}u\,Y_i,$$

这里, $s_i=\dfrac{x_i+x_{i+1}}{2}$, $x_0=-\infty$, $x_{n+1}=\infty$.

14.2 局部多项式回归

因为核函数是对称的, 在边界点处, 起决定作用的是内点. 比如, 影响左边界点走势的是其右边的点. 核回归的加权基于整个样本, 在边界往往估计不理想.

14.2.1 局部线性回归

局部线性回归估计也是利用了局部加权估计的思想. 在做局部加权最小二乘估计时, 在待估点 x 附近用一个线性函数近似因变量的值, 即认为 $m(u)=P_x(u)=a+b(u-x)$. 这样看来, Nadaraya-Watson 核回归估计可视为局部线性回归估计中取 $b\equiv 0$ 的情形. 具体地, 局部线性回归估计的定义如下.

定义 14.2 给定一组二元样本 $(X_1,Y_1),\cdots,(X_n,Y_n)$, 在任意点 x 处 $m(x)$ 的局部线性回归估计定义为

$$\hat{m}(x)=\hat{P}_x(x),$$

其中, $\hat{P}_x(u)=\hat{a}(x)+\hat{b}(x)(u-x)$, 且

$$\begin{aligned}(\hat{a}(x),\hat{b}(x))&=\arg\min_{(a,b)}\sum_{i=1}^{n}w_i(x)\left(Y_i-P_x(X_i)\right)^2\\&=\arg\min_{(a,b)}\sum_{i=1}^{n}w_i(x)\left(Y_i-a-b(X_i-x)\right)^2,\end{aligned}$$

$$w_i(x)=K\left(\frac{x-X_i}{h}\right).$$

这里, $K(\cdot)$ 仍为核函数 (kernel function), 它通常满足 $K(x)\geqslant 0$、对称性及 $\displaystyle\int K(x)\,\mathrm{d}x=1$. h 称为带宽 (bandwidth).

通过求解加权最小二乘估计, 可得

$$\hat{m}(x)=\hat{a}(x)=\mathbf{e}_1^{\mathrm{T}}(X_x^{\mathrm{T}}W_xX_x)^{-1}X_x^{\mathrm{T}}W_x\mathbf{Y},$$

其中

$$\mathbf{e}_1 = \begin{pmatrix} 1 \\ 0 \end{pmatrix}, \quad X_x = \begin{pmatrix} 1 & X_1 - x \\ 1 & X_2 - x \\ \vdots & \\ 1 & X_n - x \end{pmatrix}, \quad W_x = \begin{pmatrix} w_1(x) & 0 & \cdots & 0 \\ 0 & w_2(x) & \cdots & 0 \\ \vdots & \vdots & & \vdots \\ 0 & 0 & \cdots & w_n(x) \end{pmatrix},$$

$$\mathbf{Y} = \begin{pmatrix} Y_1 \\ Y_2 \\ \vdots \\ Y_n \end{pmatrix}.$$

若记 $l_i(x)$ 为 $\mathbf{e}_1^{\mathrm{T}}(X_x^{\mathrm{T}}W_xX_x)^{-1}X_x^{\mathrm{T}}W_x$ 的第 i 列元素, 即局部线性回归表达式中 $\mathbf{Y}$ 的权重向量的第 i 个分量. 则

$$\mathrm{E}(\hat{m}(x)) = \sum_{i=1}^{n} l_i(x)\, m(x_i), \quad \mathrm{Var}(\hat{m}(x)) = \sigma^2 \sum_{i=1}^{n} (l_i(x))^2,$$

其中 σ^2 为误差项的方差.

下面的定理给出了局部线性回归估计风险的大样本行为, 同时也说明了局部线性回归估计相对于核回归估计的优越性, 定理的具体证明可参见文献 [18] 与 [19].

定理 14.2 令 $Y_i = m(X_i) + \sigma(X_i)\varepsilon_i$, $i = 1, \cdots, n$, 其中 $X_i \in [a, b]$ 对所有 i 都成立. 假定 $X_1, \cdots, X_n$ 为取自密度函数为 $p(x)$ 的分布的样本, 且 (1) $p(x) > 0$, (2) $p(x)$, $m''(x)$ 与 $\sigma^2(x)$ 在 x 的一个邻域内连续, (3) 当 $n \to \infty$ 时, $h \to 0$ 且 $nh \to \infty$. 设 $x \in (a, b)$. 给定 $X_1, \cdots, X_n$, 我们有下面的结论: $m(x)$ 的局部线性回归估计与核回归估计具有相同的方差

$$\frac{\sigma^2(x)}{p(x)nh} \int K^2(u)\,\mathrm{d}u + o_p\left(\frac{1}{nh}\right).$$

Nadaraya-Watson 核回归估计具有渐近偏差

$$h^2 \left(\frac{1}{2}m''(x) + \frac{m'(x)p'(x)}{p(x)}\right) \int u^2 K(u)\,\mathrm{d}u + o_p(h^2),$$

而局部线性回归估计具有渐近偏差

$$h^2 \frac{1}{2} m''(x) \int u^2 K(u)\,\mathrm{d}u + o_p(h^2).$$

这样看来, 在区间 (a, b) 内部, 局部线性回归估计独立于抽样设计 (自变量取值的位置). 在边界点 a 与 b 处, Nadaraya-Watson 核回归估计具有与 h 同阶的渐近偏差, 而局部线性回归估计具有与 h^2 同阶的渐近偏差.

14.2.2　带宽的选择

局部线性回归的最优带宽也可以通过最小化积分均方误差得到, 其值为 $h = cn^{-1/5}$, 但最优带宽中 c 依赖于 $\{X_i\}$ 的密度函数、误差项的方差以及 $m(x)$ 的真值. 实践中, 这些都不易确定, 带宽的确定方法仍然依赖于交叉验证方法.

像核回归估计一样, 局部线性回归估计交叉验证的带宽仍定义为

$$h_{\mathrm{CV}} = \arg\min_h \hat{R}(h),$$

其中局部线性回归估计均方误差的估计仍取为

$$\hat{R}(h) = \frac{1}{n}\sum_{i=1}^{n}\left(Y_i - \hat{m}_{-i}(X_i)\right)^2.$$

它的计算仍然可以利用定理 14.1 来进行, 只不过 $l_i(X_i)$ 取为

$$\mathbf{e}_1^{\mathrm{T}}(X_{X_i}^{\mathrm{T}}W_{X_i}X_{X_i})^{-1}X_{X_i}^{\mathrm{T}}W_{X_i}$$

的第 i 列元素, 即局部线性回归表达式中当 $x = X_i$ 时 $\mathbf{Y}$ 的权重向量的第 i 个分量.

R 软件提供的进行局部线性回归或局部多项式回归的软件包为 `locpol`. 选用正态核函数, 图 14-4 为利用例 14.1 中摩托车模拟碰撞数据对 X 和 Y 之间的关系进行的局部线性回归, 其中带宽由交叉验证确定, 其值为 1.4758.

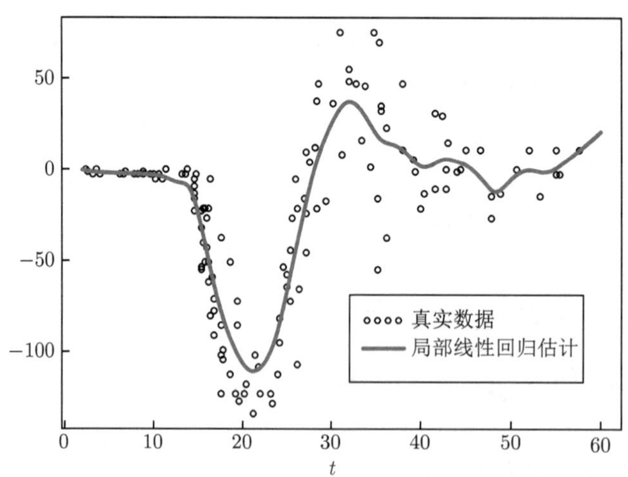

图 14-4　采用交叉验证确定带宽的摩托车碰撞模拟数据的局部线性回归

14.2.3　局部 p 阶多项式回归

局部多项式回归在做局部加权最小二乘估计时, 在待估点 x 附近用一个多项式函数近似因变量的值, 即认为 $m(u) = P_x(u) = \beta_0 + \beta_1(u-x) + \cdots + \beta_p(u-x)^p$. 局部多项式回归的具体定义如下.

定义 14.3 给定一组二元样本 $(X_1,Y_1),\cdots,(X_n,Y_n)$, 在任意点 x 处 $m(x)$ 的局部多项式回归估计定义为

$$\hat{m}(x)=\hat{P}_x(x),$$

其中, $\hat{P}_x(u)=\hat{\beta}_0+\hat{\beta}_1(u-x)+\cdots+\hat{\beta}_p(u-x)^p$, 且

$$\hat{\boldsymbol{\beta}}(x)=\arg\min_{\boldsymbol{\beta}}\sum_{i=1}^{n}w_i(x)(Y_i-P_x(X_i))^2,$$

$$w_i(x)=K\left(\frac{x-X_i}{h}\right).$$

这里, $K(\cdot)$ 仍称为核函数.

通过求解加权最小二乘估计, 可得

$$\hat{m}(x)=\hat{\beta}_0(x)=\mathbf{e}_1^{\mathrm{T}}(X_x^{\mathrm{T}}W_xX_x)^{-1}X_x^{\mathrm{T}}W_x\mathbf{Y},$$

其中

$$\mathbf{e}_1=\begin{pmatrix}1\\0\\\vdots\\0\end{pmatrix}_{(p+1)\times 1},\quad X_x=\begin{pmatrix}1 & X_1-x & \cdots & (X_1-x)^p\\1 & X_2-x & \cdots & (X_2-x)^p\\\vdots & & & \\1 & X_n-x & \cdots & (X_n-x)^p\end{pmatrix},$$

$$W_x=\begin{pmatrix}w_1(x) & 0 & \cdots & 0\\0 & w_2(x) & \cdots & 0\\\vdots & \vdots & & \vdots\\0 & 0 & \cdots & w_n(x)\end{pmatrix},\quad \mathbf{Y}=\begin{pmatrix}Y_1\\Y_2\\\vdots\\Y_n\end{pmatrix}.$$

定理 14.2 的结论对于 p 阶局部多项式估计的情况仍然成立. 一般情况下, 将局部多项式的阶数 p 取为奇数, 可以在不增加估计方差的前提下减小抽样设计部分的偏差与边界处估计的偏差.

注 14.1 局部多项式回归的思想同样可用于密度函数的估计. 给定一组样本 $(X_1,\cdots,X_n)$, 在任意点 x 处对数密度函数 $p(x)$ 的局部多项式回归估计定义为

$$\log\hat{p}(x)=\hat{P}_x(x),$$

其中, $\hat{P}_x(u)=\hat{\beta}_0+\hat{\beta}_1(u-x)+\cdots+\hat{\beta}_p(u-x)^p$, 且

$$\hat{\boldsymbol{\beta}}(x)=\arg\max_{\boldsymbol{\beta}}\sum_{i=1}^{n}w_i(x)\log P_x(X_i)-n\int K\left(\frac{u-x}{h}\right)\exp\left(P_x(u)\right)\mathrm{d}u,$$

$$w_i(x)=K\left(\frac{x-X_i}{h}\right).$$

这里, 用于最大化的目标函数由对数似然函数的表达式

$$l(f)=\sum_{i=1}^{n}\log p(X_i)=\sum_{i=1}^{n}\log p(X_i)-n\left(\int p(u)\,\mathrm{d}u-1\right)$$

引申而来, 其中惩罚项 $-n\left(\int p(u)\,\mathrm{d}u-1\right)$ 是为了保证对数似然函数最大时 $p(x)$ 满足密度函数的要求 $\int p(u)\,\mathrm{d}u=1$.

14.3 正交序列回归

本节将利用正交函数方法来处理非参数回归问题. 具体地, 我们将利用正交基将非参数推断问题转化为经典的回归问题.

14.3.1 正交序列回归的一般理论

先给出闭区间上正交基函数的概念.

定义 14.4 若定义在区间 $[a,b]$ 上的连续函数序列 $\{\varphi_i(x)\}_{i=0}^{\infty}$ 满足

$$\int_a^b\varphi_i(x)\varphi_j(x)\,\mathrm{d}x=\delta_{ij}=\begin{cases}1, & i=j,\\ 0, & i\neq j,\end{cases}$$

则称函数序列 $\{\varphi_i(x)\}_{i=0}^{\infty}$ 为区间 $[a,b]$ 上的一组正交基.

在式 (14-1) 中, 假设 $m(x)$ 为区间 $[a,b]$ 上的连续函数, 则有

$$m(x)=\sum_{i=0}^{\infty}\beta_i\varphi_i(x),$$

其中

$$\beta_i=\int_a^b m(x)\varphi_i(x)\,\mathrm{d}x.$$

进一步, 有

$$\int m(x)^2 \, \mathrm{d}x = \sum_{i=0}^{\infty} \beta_i^2,$$

该式称为 Parseval 等式 (参见文献 [94] 定理 7.4).

现将 $m(x)$ 近似为

$$m_J(x) = \sum_{j=0}^{J} \beta_j \varphi_j(x),$$

则积分均方误差为

$$E_J(\beta_j, j=0,1,\cdots) = \int_a^b (m(x) - m_J(x))^2 \, \mathrm{d}x = \sum_{j=J+1}^{\infty} \beta_j^2.$$

用 $m_J(x)$ 近似 $m(x)$ 实际上是将函数 $m(x)$ 向 $\{\varphi_0(x), \cdots, \varphi_J(x)\}$ 张成的空间的投影.

令 $B(q,c) = \left\{(\beta_0, \beta_1, \cdots) : \sum_{j=1}^{\infty} j^{2q}\beta_j^2 \leqslant c^2\right\}$. 则由文献 [94] 引理 8.4, 可知当 $m(x)$ 为光滑函数时,

$$\sup_{(\beta_0,\beta_1,\cdots)\in B(q,c)} E_J(\beta_j, j=0,1,\cdots) = O\left(\frac{1}{J^{2q}}\right).$$

特别地, 若 $q > 1/2$,

$$\sup_{(\beta_0,\beta_1,\cdots)\in B(q,c)} E_J(\beta_j, j=0,1,\cdots) = o\left(\frac{1}{J}\right).$$

现在, 当 J 取较大值时, 我们将式 (14-1) 决定的非参数回归模型近似为

$$Y_i = \sum_{j=0}^{J} \beta_j \varphi_j(X_i) + \varepsilon_i, \quad i = 1, 2, \cdots, n.$$

这样非参数回归问题也便转化为线性回归模型的参数估计问题. 在实际应用中, 当 $J \geqslant 15$ 时, 非参数回归的结论往往对 J 的取值不敏感.

通过最小二乘法, 可得回归模型中回归系数的估计为

$$\hat{\boldsymbol{\beta}} = (Z^{\mathrm{T}} Z)^{-1} Z^{\mathrm{T}} \mathbf{Y},$$

其中

$$\boldsymbol{\beta}=\begin{pmatrix}\beta_0\\ \beta_1\\ \vdots\\ \beta_J\end{pmatrix},\quad Z=\begin{pmatrix}\varphi_0(X_1) & \varphi_1(X_1) & \cdots & \varphi_J(X_1)\\ \varphi_0(X_2) & \varphi_1(X_2) & \cdots & \varphi_J(X_2)\\ \vdots & \vdots & & \vdots\\ \varphi_0(X_n) & \varphi_1(X_n) & \cdots & \varphi_J(X_n)\end{pmatrix},\quad \mathbf{Y}=\begin{pmatrix}Y_1\\ Y_2\\ \vdots\\ Y_n\end{pmatrix}.$$

相应地, 回归方程的估计为

$$\hat{m}_n(x)=\boldsymbol{\varphi}_J(x)^{\mathrm{T}}\hat{\boldsymbol{\beta}},\quad 其中\boldsymbol{\varphi}_J(x)=\begin{pmatrix}\varphi_0(x)\\ \varphi_1(x)\\ \vdots\\ \varphi_J(x)\end{pmatrix}.$$

注意到

$$\hat{m}_n(x)=\boldsymbol{\varphi}_J(x)^{\mathrm{T}}\hat{\boldsymbol{\beta}}=\boldsymbol{\varphi}_J(x)^{\mathrm{T}}(Z^{\mathrm{T}}Z)^{-1}Z^{\mathrm{T}}\mathbf{Y},$$

所以

$$\mathrm{Var}(\hat{m}_n(x))=\sigma^2\boldsymbol{\varphi}_J(x)^{\mathrm{T}}(Z^{\mathrm{T}}Z)^{-1}\boldsymbol{\varphi}_J(x)=:\nu(x).$$

则在某些正则化条件下, 当 $n\to\infty$ 时, 有

$$\nu(x)^{-1/2}(\hat{m}_n(x)-m_J(x))\rightsquigarrow N(0,1) \tag{14-3}$$

及

$$\frac{1}{n}\sum_{i=1}^{n}(Y_i-\hat{m}_n(X_i))^2\xrightarrow{\mathrm{P}}\sigma^2. \tag{14-4}$$

也就是说, $\hat{m}_n(x)$ 为 $m_J(x)$ 的具有渐近正态性的估计量, 而估计量 $\hat{\sigma}^2=\frac{1}{n}\sum_{i=1}^{n}(Y_i-\hat{m}_n(X_i))^2$ 为参数 σ^2 的相合估计量. 这样便可根据式 (14-3) 与 (14-4) 构造函数 $m(x)$ 的置信水平为 $1-\alpha$ 的点置信区间.

14.3.2 Legendre 多项式正交基下的回归

区间 $[-1,1]$ 上 Legendre 多项式正交基可通过递推公式

$$(k+1)P_{k+1}(x)=(2k+1)xP_k(x)-kP_{k-1}(x)$$

定义, 其中

$$P_0(x)=\frac{1}{\sqrt{2}},\quad P_1(x)=\sqrt{\frac{3}{2}}x.$$

若考虑定义在一般的闭区间 $[a,b]$ 上的函数的非参数估计, 计算前, 需先对 x 作如下变换

$$x' = \frac{2x-a-b}{b-a}.$$

利用 Legendre 多项式正交基回归, 图 14-5 给出了例 14.1 中摩托车模拟碰撞时相撞之后的时间 X 和加速度 Y 之间关系的非参数回归曲线, 其中取 $J=15$ 与 $J=18$ 两种情况. 由图可见, 在观测点较多的位置估计结论对 J 的选取敏感度并不高.

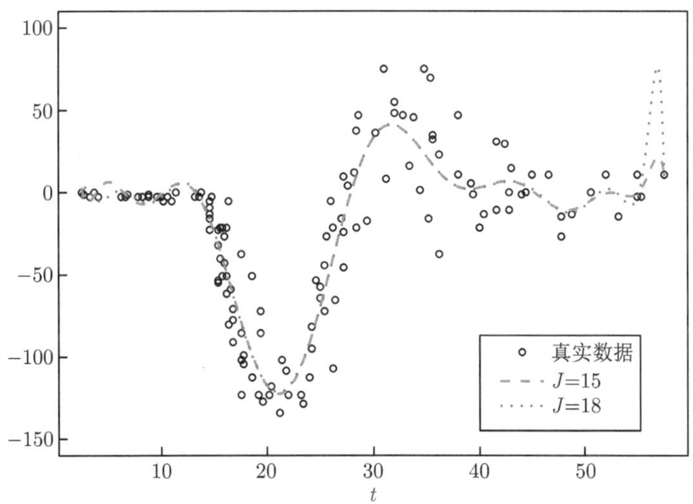

图 14-5 摩托车碰撞模拟数据的 Legendre 多项式正交序列回归

14.4 三次样条回归

先给出三次样条的概念.

定义 14.5 设 $\kappa_1 < \kappa_2 < \cdots < \kappa_K$ 为区间 (a,b) 内的有序集 (称为节点). 三次样条 (cubic spline) 是满足如下两个条件的连续函数 $m(x)$:

(1) $m(x)$ 在区间 (κ_k, κ_{k+1}) 上是三次多项式, $k=1,\cdots,K-1$;

(2) $m(x)$ 在节点处具有连续的二阶导数.

对于三次样条函数, 我们有具体的基函数表达形式, 具体见如下定理 (参见文献 [94] 定理 5.74).

定理 14.3 设 $\kappa_1 < \kappa_2 < \cdots < \kappa_K$ 为区间 (a,b) 内的节点. 定义

$$h_1(x)=1, \quad h_2(x)=x, \quad h_3(x)=x^2, \quad h_4(x)=x^3,$$

$$h_j(x)=(x-\kappa_{j-4})_+^3, \quad j=5,\cdots,K+4.$$

这些函数构成了在这些节点处的三次样条基. 任何具有这些节点的三次样条都可表示为

$$m(x)=\sum_{j=1}^{K+4}\beta_j h_j(x).$$

假设在非参数回归模型中

$$m(x)=\sum_{j=1}^{K+4}\beta_j h_j(x).$$

即将非参数回归模型 (14-1) 变为三次样条回归模型

$$Y_i=\sum_{j=1}^{K+4}\beta_j h_j(X_j)+\varepsilon_i,\quad i=1,2,\cdots,n.$$

通过最小二乘方法, 可得回归系数 $\boldsymbol{\beta}$ 的估计为

$$\hat{\boldsymbol{\beta}}=(X^{\mathrm{T}}X)^{-1}X^{\mathrm{T}}\mathbf{Y},$$

其中

$$\boldsymbol{\beta}=\begin{pmatrix}\beta_1\\ \beta_2\\ \vdots\\ \beta_{K+4}\end{pmatrix},\quad X=\begin{pmatrix}1 & X_1 & X_1^2 & X_1^3 & (X_1-\kappa_1)_+^3 & \cdots & (X_1-\kappa_K)_+^3\\ 1 & X_2 & X_2^2 & X_2^3 & (X_2-\kappa_1)_+^3 & \cdots & (X_2-\kappa_K)_+^3\\ \vdots & \vdots & \vdots & \vdots & \vdots & & \vdots\\ 1 & X_n & X_n^2 & X_n^3 & (X_n-\kappa_1)_+^3 & \cdots & (X_n-\kappa_K)_+^3\end{pmatrix},$$

$$\mathbf{Y}=\begin{pmatrix}Y_1\\ Y_2\\ \vdots\\ Y_n\end{pmatrix}.$$

相应地, 函数 $m(x)$ 的估计值为

$$\hat{m}(x)=\sum_{j=1}^{K+4}\hat{\beta}_j h_j(x).$$

三次样条回归也存在节点位置与数量的选取问题. 我们介绍两种节点选取方法.

第一种方法根据点的疏密程度人为地选择. 基本原则是如果 $\{x_i, i=1,\cdots,n\}$ 比较均匀地分布在区间 $[a,b]$ 上, 可以取等距的节点. 如果 $\{x_i, i=1,\cdots,n\}$ 在有些区域比较密, 可以在该区域上多取一些节点.

第二种方法把样条基函数看成多元线性模型的自变量, 通过模型选择准则 AIC 或 BIC 进行选择. 例如, 可以通过等距方式确定节点选择方案, 然后通过 AIC 确定个数.

回归分析中变量选择的 AIC 统计量定义为

$$\mathrm{AIC} = n\ln\left(S_E^{(K)}\right) + 2p.$$

用 AIC 准则进行变量选择是保守的, 即易于选择较多个数的变量. BIC 统计量则是将变量个数的权重从 2 改为了 $\ln(n)$, 即回归分析中变量选择的 BIC 统计量为

$$\mathrm{BIC} = n\ln\left(S_E^{(K)}\right) + p\ln(n).$$

AIC 与 BIC 变量选择准则都是按 "AIC 或 BIC 越小越好" 选取自变量的.

取节点为 $(5, 10, 15, 20, 25, 30, 35, 40, 50)$, 利用三次样条回归得到例 14.1 中摩托车模拟碰撞时相撞之后的时间 X 和加速度 Y 之间的关系, 如图 14-6 所示.

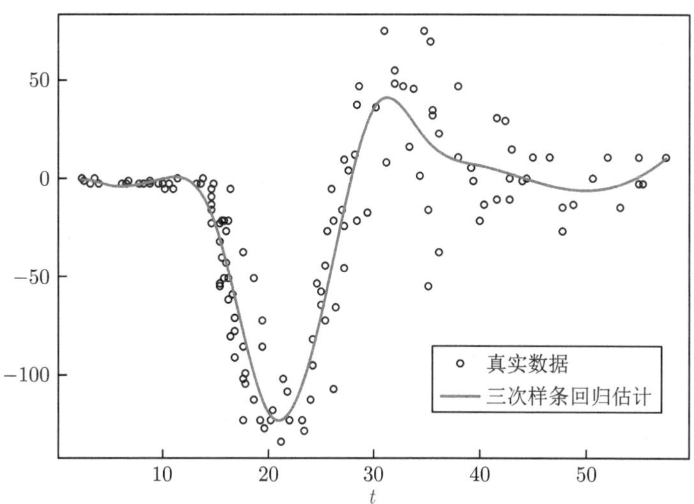

图 14-6 摩托车碰撞模拟数据的三次样条回归

14.5 多元自适应回归样条

本节考虑多维自变量的非参数回归问题. 给定一组多元样本观测 $(x_{i1}, \cdots, x_{ip}, Y_i)$, $i = 1, \cdots, n$, 假定变量 $(X_1, \cdots, X_p)$ 和变量 Y 之间的关系由

$$Y_i = m(x_{i1}, \cdots, x_{ip}) + \varepsilon_i, \quad i = 1, \cdots, n \tag{14-5}$$

给出, 其中 $\varepsilon_1, \cdots, \varepsilon_n$ 为独立同分布的随机误差项, 均值为 0, 方差为 σ^2. 现在的主要问题是对 $m(x_1, \cdots, x_p)$ 进行估计.

14.5.1　多元自适应回归样条预测模型

多元自适应样条 (multivariate adaptive spline, MARS) 是 J. Friedman 于 1991 年提出的专门用于解决多维或高维自变量回归问题的非参数方法 (参见文献 [22]). 该回归方法以样条函数的张量积作为基函数, 而基函数的确定 (张量积变量的个数以及变量的分割点) 和基函数的个数都由数据自动完成, 不需要人工选定.

假设 $X_1, \cdots, X_p$ 为训练集的 p 个特征, 训练数据点在第 j 维特征上的坐标为 $(x_{1j}, \cdots, x_{nj})$, $j = 1, \cdots, p$, MARS 基函数集定义为

$$\mathcal{C} = \{(x_j - t)_+, (t - x_j)_+, t \in \{x_{1j}, \cdots, x_{nj}\}, j = 1, \cdots, p\}.$$

如果所有特征值都不一样, 则基函数集 $\mathcal{C}$ 共含有 $2np$ 个函数. 基函数对中反演对的形态如图 14-7 所示. 在模型 (14-5) 中, 取

$$m(x_1, \cdots, x_p) = \beta_0 + \sum_{m=1}^{M} \beta_m h_m(x_1, \cdots, x_p),$$

其中 $h_m(x_1, \cdots, x_p)$ 是 $\mathcal{C}$ 中某个基函数或多个基函数的乘积.

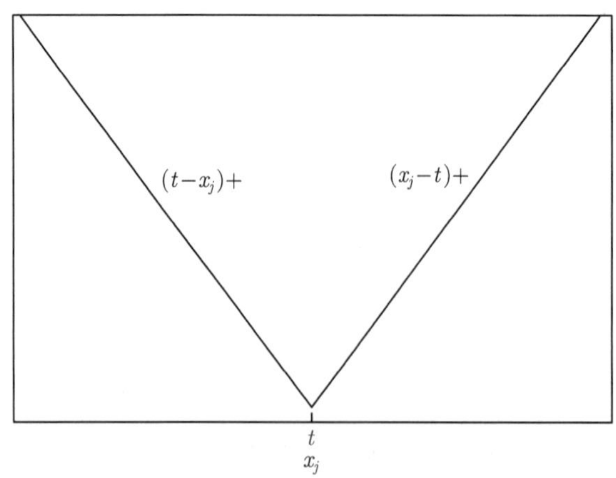

图 14-7　MARS 基函数反演对

14.5.2　MARS 建模思想与过程

MARS 预测模型的建立过程分为向前逐步建模和向后逐步建模两个步骤.

向前逐步建模主要任务是构造 $h_m(x_1,\cdots,x_p)$ 函数, 并且将其添加到模型中, 直到添加的项数达到预先设定的最大项数 $M_{\max}$(在 R 函数 `mars` 中预先设定的最大项数用参数 `nk` 进行设置), 这一点类似于向前逐步线性回归. 但是, 在构造 $h_m(x_1,\cdots,x_p)$ 时, 不仅用到集合 $\mathcal{C}$ 中的函数而且还使用它们的乘积. 选择基函数 $h_m(x_1,\cdots,x_p)$ 之后, 系数 β_m 通过最小化残差平方和估计 (即最小二乘方法). 这样做显然会过度拟合, 因此需要向后逐步建模简化模型.

向后逐步建模 (删除) 考虑模型子项, 将那些对预测影响最小的项删除, 直到选到最好的项.

MARS 预测建模关键在于选择 $h_m(x_1,\cdots,x_p)$.

向前逐步建模过程具体如下:

(1) 令 $h_0(x_1,\cdots,x_p)=1$, 用最小二乘法估计出唯一的参数 β_0, 得到估计的残差 R_1. 将 $h_0(\cdot)$ 加入模型基函数集 $\mathcal{M}$ 中, 得 $\mathcal{M}_1=\{h_0(\cdot)\}$.

(2) 考虑 $\mathcal{M}_1$ 中的一个函数与 $\mathcal{C}$ 中一个反演对所对应函数的乘积, 将所有这样的积看作一个新的函数对. 即以 Y 为因变量, 以任一

$$h_0(x_1,\cdots,x_p),\ h_0(x_1,\cdots,x_p)(x_j-t)_+,\ h_0(x_1,\cdots,x_p)(t-x_j)_+$$

为自变量, 使用最小二乘法估计参数, 并求出残差 R_2. 从 np 对 (由 t 决定) 基函数中选出残差降低最快的一对放入 $\mathcal{M}$ 中, 即现在的

$$\mathcal{M}_2=\{h_0(\cdot),h_1(\cdot),h_2(\cdot)\},\quad 其中\quad h_1(\cdot)=h_0(\cdot)(x_j-t)_+,\ h_2(\cdot)=h_0(\cdot)(t-x_j)_+.$$

$h_1(\cdot)$ 与 $h_2(\cdot)$ 为新选入的函数对.

(3) 考虑 $\mathcal{M}_2$ 中的每个函数与 $\mathcal{C}$ 中一个反演对所对应函数的积, 将所有这样的积看作一个新的函数对. 即以 Y 为因变量, 以任一

$$h_0(\cdot),\ h_1(\cdot),\ h_2(\cdot),\ h_l(\cdot)(x_j-t)_+,\ h_l(\cdot)(t-x_j)_+$$

为自变量, 使用最小二乘法估计参数, 并求出残差 R_3, 其中 $l=0,1,2$. 从 np 对 (由 t 决定) 基函数与 $h_l(\cdot)(h_l(\cdot)\in\mathcal{M}_2)$ 的组合中选出残差降低最快的一对放入 $\mathcal{M}$ 中, 即现在的

$$\mathcal{M}_3=\{h_0(\cdot),h_1(\cdot),h_2(\cdot),h_3(\cdot),h_4(\cdot)\},$$

其中

$$h_3(\cdot)=h_l(\cdot)(x_j-t)_+,\ h_4(\cdot)=h_l(\cdot)(t-x_j)_+,$$

其中, $h_l(\cdot)\in\mathcal{M}_2$, $h_3(\cdot)$ 与 $h_4(\cdot)$ 为新选入的函数对.

(4) 重复 (3) 直到 $\mathcal{M}$ 中达到预先设定的最大项数 $M_{\max}$ 后, 停止循环.

上述向前搜索建模过程结束后, 便得到一个 M 较大的回归方程的估计

$$\hat{m}(x_1, \cdots, x_p) = \hat{\beta}_0 + \sum_{m=1}^{M} \hat{\beta}_m h_m(x_1, \cdots, x_p).$$

该模型过度拟合数据, 因此进入后向删除过程.

向后逐步建模的每一步从模型基函数集 $\mathcal{M}$ 中删除引起残差平方和增长最小的项, 产生基函数项数目为 M^* 的最佳估计模型 $\hat{m}_{M^*}(\cdot)$. MARS 使用最小化广义交叉验证指标函数来确定 M^*, 即

$$M^* = \arg\min_M \mathrm{GCV}(M) = \arg\min_M \frac{\sum_{i=1}^{n}(Y_i - \hat{m}_M(x_{i1}, \cdots, x_{ip}))^2}{(1-M/n)^2},$$

其中 M 是模型中有效的参数个数.

为了方便模型解释, MARS 过程中可以对交叉积的阶设置上界. 如把阶数上界设为 2. 当阶数的上界设为 1 时, 将得到加法模型.

因为 MARS 的非线性和基函数选择, 使得它不仅适用于高维自变量的回归问题, 而且适用于变量间存在交互作用和混合变量的情形. 所以, 相比于其他的经典回归模型, 在高维、变量有交互作用、混合变量问题下, MARS 有较大优势, 且解释性较好.

R 软件提供的进行 MARS 的回归函数为 `mda` 程序包中的 `mars` 函数.

例 14.2　数据集 trees 取自 31 棵被砍伐的黑樱桃树 (参见文献 [80]), 共包含三个特征: Girth(黑樱桃树的根部周长), Height(高度) 与 Volume(体积). 这些数据如表 14-1 所示.

表 14-1　数据集 trees

序号	1	2	3	4	5	6	7	8	9	10	11
Girth	8.3	8.6	8.8	10.5	10.7	10.8	11.0	11.0	11.1	11.2	11.3
Height	70.0	65.0	63.0	72.0	81.0	83.0	66.0	75.0	80.0	75.0	79.0
Volume	10.3	10.3	10.2	16.4	18.8	19.7	15.6	18.2	22.6	19.9	24.2
序号	12	13	14	15	16	17	18	19	20	21	22
Girth	11.4	11.4	11.7	12.0	12.9	12.9	13.3	13.7	13.8	14.0	14.2
Height	76.0	76.0	69.0	75.0	74.0	85.0	86.0	71.0	64.0	78.0	80.0
Volume	21.0	21.4	21.3	19.1	22.2	33.8	27.4	25.7	24.9	34.5	31.7
序号	23	24	25	26	27	28	29	30	31		
Girth	14.5	16.0	16.3	17.3	17.5	17.9	18.0	18.0	20.6		
Height	74.0	72.0	77.0	81.0	82.0	80.0	80.0	80.0	87.0		
Volume	36.3	38.3	42.6	55.4	55.7	58.3	51.5	51.0	77.0		

通过 MARS 方法拟合 trees 数据, 建立预测树体积的模型.

解　求解的 R 代码为:

```
library(mda); library(class)
data(trees)
fitmodel<-mars(trees[,-3],trees[,3])
fitmodel$factor; fitmodel$cuts; fitmodel$coefficients;
fitmodel$selected.terms
```

求得的 MARS 预测模型为

$$\hat{m}(x_1, x_2) = 26.261 + 6.113(x_1 - 13.8)_+ - 3.167(13.8 - x_1)_+ + 0.498(x_2 - 72)_+.$$

MARS 预测曲面如图 14-8所示.

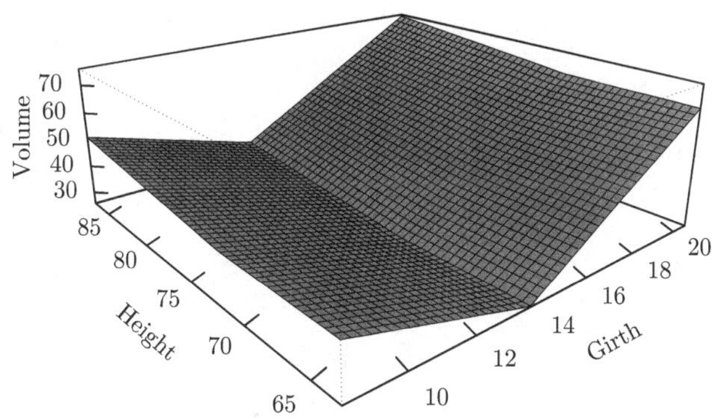

图 14-8　黑樱桃树体积 MARS 预测曲面

14.6　习　题

习题 14.1　给定一组二元样本 $(X_1, Y_1), \cdots, (X_n, Y_n)$, 假定 $Y_i = m(X_i) + \varepsilon_i$, 其中 $\mathrm{E}(\varepsilon_i) = 0$, $i = 1, \cdots, n$.

(1) 通过局部加权最小二乘法求出在任意点 x 处函数 $m(x)$ 的 Nadaraya-Watson 核回归估计.

(2) 通过局部加权最小二乘法求出在任意点 x 处函数 $m(x)$ 的局部线性回归估计.

习题 14.2　下面为 20 世纪 20 年代汽车速度与对其制动后的前进距离的试验数据 (表 14-2), 试对汽车速度与对其制动后的前进距离之间的关系分别用 Nadaraya-Watson 核回归与局部线性回归进行光滑 (要求利用交叉验证方法确定带宽).

表 14-2

序号	1	2	3	4	5	6	7	8	9	10	11	12	13	14	15	16	17
速度	4	4	7	7	8	9	10	10	10	11	11	12	12	12	12	13	13
距离	2	10	4	22	16	10	18	26	34	17	28	14	20	24	28	26	34
序号	18	19	20	21	22	23	24	25	26	27	28	29	30	31	32	33	34
速度	13	13	14	14	14	14	15	15	15	16	16	17	17	17	18	18	18
距离	34	46	26	36	60	80	20	26	54	32	40	32	40	50	42	56	76
序号	35	36	37	38	39	40	41	42	43	44	45	46	47	48	49	50	
速度	18	19	19	19	20	20	20	20	20	22	23	24	24	24	24	25	
距离	84	36	46	68	32	48	52	56	64	66	54	70	92	93	120	85	

习题 14.3 什么是三次样条? 什么是三次样条的基函数?

习题 14.4 试对习题 14.2 中汽车速度与对其制动后的前进距离之间的关系用 Legendre 多项式正交基进行回归拟合 (Legendre 多项式的最大阶数取为 10).

第 15 章　三次样条与薄板样条

假定在二维平面内 (或一维直线上) 点 $\mathbf{s}_1, \cdots, \mathbf{s}_n$ 处可以观察到某一指标值 (如大气压等) $Y_1, \cdots, Y_n$, 我们希望找到一个 $\mathbf{s}$ 变量和 Y 变量之间的回归关系

$$Y_i = g(\mathbf{s}_i) + \varepsilon_i, \quad i = 1, \cdots, n,$$

其中 ε_i $(i = 1, \cdots, n)$ 为观测误差.

建立回归模型的关键是估计回归函数 $g(\mathbf{s})$. 估计回归函数 $g(\mathbf{s})$ 有两条思路.

一条思路是找一个定义在 $\mathbb{R}^2$(或 $\mathbb{R}$) 上的光滑函数 $g(\mathbf{s})$, 使得

$$g(\mathbf{s}_i) = Y_i, \quad i = 1, 2, \cdots, n.$$

这条思路一般称为插值. 另一条思路是找一个定义在 $\mathbb{R}^2$ (或 $\mathbb{R}$) 上的光滑函数 $g(\mathbf{s})$, 满足罚最小二乘条件 (我们将在接下来的章节中介绍这一条件). 这条思路称为三次光滑样条或光滑薄板样条.

本章首先介绍三次光滑样条与三次样条插值, 然后再介绍光滑薄板样条与薄板样条插值.

15.1　罚最小二乘与自然三次样条

给定一组二元样本 $(t_1, Y_1), \cdots, (t_n, Y_n)$, 希望找到一个变量 t 和变量 Y 之间的关系

$$Y_i = g(t_i) + \varepsilon_i, \quad i = 1, \cdots, n.$$

这里, $t_1 < t_2 < \cdots < t_n$. 本节的主要目的是对 $g(t)$ 进行估计.

15.1.1　罚最小二乘

如果考虑在普通最小二乘思想下求函数 $g(t)$ $(t \in (a, b))$, 也就是寻找函数 $g(t)$ 使得

$$\sum_{i=1}^{n} [Y_i - g(t_i)]^2$$

达到最小, 那么满足最小二乘思想的函数 $g(t)$ 有无穷多个. 例如, 通过所有观测点的折线和通过所有观测点的任意阶多项式光滑曲线都是这一问题的最小二乘解.

虽然这些最小二乘解的残差全为 0, 拟合优度极好, 但这些解毫无意义. 主要问题是这些解的模型泛化能力 (模型对新的样本的适应能力) 和预测效果都很差, 随机误差项产生的噪声没有在模型中体现.

曲线拟合的目标是使所求得的解既可排除随机误差项产生的噪声, 又具有一定的光滑性. 罚方法便是达到这一目标的一种很好的选择.

罚最小二乘估计就是求函数 $g(x)$, 使得

$$\sum_{i=1}^{n}[Y_i - g(t_i)]^2 + \lambda \int_a^b [g''(t)]^2\,\mathrm{d}t \tag{15-1}$$

达到最小的解, 其中 $\lambda > 0$ 称为光滑参数.

对于通过所有观测点的折线, 虽然使得式 (15-1) 第一项平方和为零, 但它不满足光滑性, 第二项会偏大; 对于直线, 式 (15-1) 第二项为零, 但会使第一项平方和偏大. 因此, 罚最小二乘法实际上是在最小二乘法和解的光滑性之间平衡. 式 (15-1) 第二项实际上就是对第一项平方和过小的一种惩罚. 罚最小二乘的光滑参数 λ 可以人为确定, 并不是对每个 λ, 罚最小二乘法的解都能够充分排除随机误差项产生的噪声. 当 $\lambda = 0$ 时, 通过所有观察点的任意光滑曲线的解没有意义; 当 $\lambda = \infty$ 时, 直线解也没有意义. 最优的光滑参数应该介于 0 和 ∞ 之间. 非参数回归模型的罚最小二乘估计的效果完全取决于 λ 的选择. 最佳的光滑参数选择一般通过交叉验证或广义交叉验证方法来确定, 我们将在后文给出最佳光滑参数的选择方法.

15.1.2　罚最小二乘估计与自然三次样条

先给出自然三次样条的概念. 在定义 14.5 的三次样条基础上, 若样条函数在边界节点之外是线性的, 则称其为自然三次样条. 具体地, 自然三次样条的完整定义为

定义 15.1　设 $\kappa_1 < \kappa_2 < \cdots < \kappa_K$ 为区间 (a, b) 内的有序集 (称为节点). 自然三次样条 (natural cubic spline) 是满足如下三个条件的连续函数 $g(x)$:

(1) $g(x)$ 在区间 (κ_k, κ_{k+1}) 上是三次多项式, $k = 1, \cdots, K-1$;

(2) $g(x)$ 在节点处具有连续的二阶导数;

(3) $g(x)$ 在边界节点之外是线性的.

罚最小二乘估计与自然三次样条间有着密切的联系 (参见文献 [94], 定理 5.73).

定理 15.1　最小化 $\sum_{i=1}^{n}[Y_i - g(t_i)]^2 + \lambda \displaystyle\int_a^b [g''(t)]^2\,\mathrm{d}t$ 所得的罚最小二乘估计 $\hat{g}_{n,\lambda}(t)$ 是具有节点 $\{t_1, \cdots, t_n\}$ 的自然三次样条. 称 $\hat{g}_{n,\lambda}(t)$ 为三次光滑样条 (smoothing spline).

三次光滑样条将所有观测值的自变量都纳入节点集中. 这一点与第 14 章中的三次样条回归不同, 那里的节点是需要我们根据一定的信息准则进行选择的.

15.1.3 三次光滑样条的一个实例

考虑由常数 $a_1, a_2, \delta_1, \cdots, \delta_n$ 及 $t_1 < t_2 < \cdots < t_n$ 决定的函数

$$g(t) = a_1 + a_2 t + \frac{1}{12}\sum_{i=1}^{n} \delta_i |t - t_i|^3,$$

其中常数满足

$$\sum_{i=1}^{n} \delta_i = \sum_{i=1}^{n} \delta_i t_i = 0.$$

这样的 $g(t)$ 就是一个自然三次样条.

$g(t)$ 之所以是自然三次样条, 是因为: ① $g(t)$ 是三次样条; ② 经计算, 知

$$g''(t) = \frac{1}{2}\sum_{i=1}^{n} \delta_i |t - t_i| = \frac{1}{2}\sum_{i=1}^{n} \delta_i (t - t_i)\mathrm{sgn}(t - t_i) \quad (\text{节点处值为 } 0),$$

$$g'''(t) = \frac{1}{2}\sum_{i=1}^{n} \delta_i \mathrm{sgn}(t - t_i).$$

这样, $g''(t)$ 与 $g'''(t)$ 在 $[t_1, t_n]$ 之外都为零. 也就是说 $g(t)$ 在边界节点之外是线性函数.

令

$$T = \begin{pmatrix} 1 & \cdots & 1 \\ t_1 & \cdots & t_n \end{pmatrix}, \quad \mathbf{a} = \begin{pmatrix} a_1 \\ a_2 \end{pmatrix}, \quad \boldsymbol{\delta} = \begin{pmatrix} \delta_1 \\ \vdots \\ \delta_n \end{pmatrix}, \quad E = \left(\frac{1}{12}|t_i - t_j|^3\right)_{n\times n},$$

$$\mathbf{Y} = \begin{pmatrix} Y_1 \\ \vdots \\ Y_n \end{pmatrix}.$$

则罚最小二乘的目标函数可表示为

$$\begin{aligned} S(\mathbf{a}, \boldsymbol{\delta}) &:= \sum_{i=1}^{n} [Y_i - g(t_i)]^2 + \lambda \int_a^b [g''(t)]^2 \,\mathrm{d}t \\ &= \sum_{i=1}^{n} \left[Y_i - \left(a_1 + a_2 t_i + \frac{1}{12}\sum_{j=1}^{n} \delta_i |t_i - t_j|^3\right)\right]^2 + \frac{1}{4}\lambda \int_a^b \left[\sum_{i=1}^{n} \delta_i |t - t_i|\right]^2 \mathrm{d}t \end{aligned}$$

$$= (\mathbf{Y} - E\boldsymbol{\delta} - T^{\mathrm{T}}\mathbf{a})^{\mathrm{T}}(\mathbf{Y} - E\boldsymbol{\delta} - T^{\mathrm{T}}\mathbf{a}) + \lambda\boldsymbol{\delta}^{\mathrm{T}}E\boldsymbol{\delta}, \tag{15-2}$$

其中 $\boldsymbol{\delta}$ 满足

$$T\boldsymbol{\delta} = \mathbf{0}.$$

这样, 罚最小二乘的解可以通过以下两步来实现.

(1) 取 $g(t) = a_1 + a_2 t + \dfrac{1}{12}\sum_{i=1}^{n} \delta_i |t - t_i|^3$.

(2) 在约束条件 $T\boldsymbol{\delta} = \mathbf{0}$ 下求解二次规划问题 $\min_{\mathbf{a},\boldsymbol{\delta}} S(\mathbf{a},\boldsymbol{\delta})$ 确定 $g(t)$ 中基函数的系数.

三次光滑样条估计 $\hat{g}_{n,\lambda}(t)$ 是可以表示成观测值 $\mathbf{Y}$ 的线性函数的形式的, 即三次光滑样条估计是线性估计. 这样, 光滑参数 λ 便可以借助 14.1.2 节中给出的交叉验证或广义交叉验证的方式来确定.

15.1.4 三次样条插值

三次样条插值的计算可以通过如下定理 (参见文献 [32] 定理 2.2) 给定.

定理 15.2 给定任意值 $Y_1, \cdots, Y_n$, 存在具有节点 $t_1, \cdots, t_n$ 的唯一的自然三次样条 $g(\cdot)$, 使得

$$g(t_i) = Y_i, \quad i = 1, \cdots, n.$$

定理 15.2 给出了自然三次样条插值的求解方法. 即通过求解由 $T\boldsymbol{\delta} = \mathbf{0}$ (保证所求为自然三次样本) 与 $\mathbf{Y} - E\boldsymbol{\delta} - T^{\mathrm{T}}\mathbf{a} = \mathbf{0}$ (保证 $g(t_i) = Y_i$, $i = 1, \cdots, n$) 组成的方程组求解三次光滑样条的系数以获得自然三次样条的插值估计.

自然三次样条插值在最小化 $J(g) = \displaystyle\int_a^b [g''(t)]^2\,\mathrm{d}t$ 的意义下具有最优性 (参见文献 [32] 定理 2.3).

定理 15.3 自然三次样条是满足约束条件 $g(t_i) = Y_i$, $i = 1, \cdots, n$, 且最小化 $J(g) = \displaystyle\int_a^b [g''(t)]^2\,\mathrm{d}t$ 的唯一解.

15.1.5 三次光滑样条与三次样条插值的计算

R 软件提供的进行三次光滑样条与三次样条插值计算的函数分别为 `fields` 程序包中的 `sreg` 与 `splint` 函数.

例 15.1 表 15-1 中的数据为来自对幼鼠食欲抑制剂研究的数据, 包含 3 行和 39 列. 每组幼鼠大约有 10 只, 在约 60 天时从治疗组中除去抑制剂, 响应变量是食物摄入量的中位数, 其中 t 代表时间 (天), con 代表对照组的中位数食物摄入量, trt 为治疗组的中位数食物摄入量.

表 15-1 幼鼠食欲抑制剂研究的数据

t	0.0	1.000	3.00	7.000	8.000	10.000	14.000	15.0	17.00	21.000
con	20.5	19.399	22.25	17.949	19.899	21.449	16.899	21.5	22.80	24.699
trt	21.3	16.350	19.25	16.600	14.750	18.149	14.649	16.7	15.05	15.500
t	22.000	24.000	28.00	29.000	31.00	35.000	36.000	38.00	42.00	43.0
con	26.200	28.500	24.35	24.399	26.60	26.200	26.649	29.25	27.55	29.6
trt	13.949	16.949	15.60	14.699	14.15	14.899	12.449	14.85	16.75	14.3
t	45.000	49.00	50.00	52.000	56.000	57.000	59.00	63.000	64.000	70.000
con	24.899	27.60	28.10	27.850	26.899	27.800	30.25	27.600	27.449	27.199
trt	16.000	16.85	15.65	17.149	18.050	15.699	18.25	18.149	16.149	16.899
t	73.00	77.000	80.0	84.00	87.000	91.000	94.00	98.0	105.000	
con	27.80	28.199	28.0	27.30	27.899	28.699	27.60	28.6	27.500	
trt	18.95	22.000	23.6	23.75	27.149	28.449	25.85	29.7	29.449	

对治疗组的中位数食物摄入量随时间的变化情况进行三次样条插值与三次光滑样条估计的结论如图 15-1, 其中三次光滑样条估计中的 λ 由交叉验证方法确定.

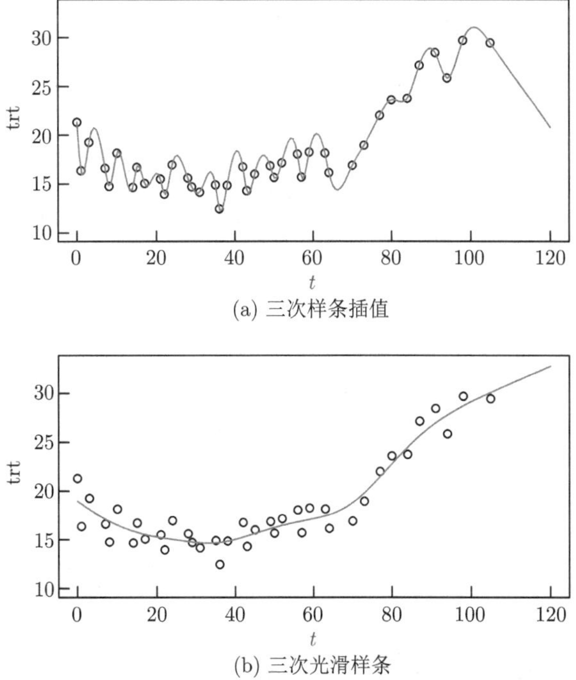

(a) 三次样条插值

(b) 三次光滑样条

图 15-1 治疗组中位数食物摄入量随时间的变化情况

15.2 薄板样条

15.2.1 薄板样条的概念与性质

定义 15.2 (薄板样条) 函数 $g(\mathbf{s})$ 称为点集 $\{\mathbf{s}_1, \cdots, \mathbf{s}_n\}$ 上的薄板样条 (thin plate spline) 当且仅当 $g(\cdot)$ 具有形式

$$g(\mathbf{s}) = a_0 + a_1 s_1 + a_2 s_2 + \sum_{i=1}^{n} \delta_i \eta(\|\mathbf{s} - \mathbf{s}_i\|),$$

其中 $\mathbf{s} = (s_1, s_2)^{\mathrm{T}}$, $\{a_j\}$, $\{\delta_i\}$ 为常数,

$$\eta(r) = \begin{cases} \dfrac{1}{16\pi} r^2 \log r^2, & r > 0, \\ 0, & r = 0. \end{cases}$$

如果系数 $\{\delta_i\}$ 进一步满足

$$\sum_{i=1}^{n} \delta_i = \sum_{i=1}^{n} \delta_i s_{i1} = \sum_{i=1}^{n} \delta_i s_{i2} = 0,$$

则称 $g(\mathbf{s})$ 为自然的薄板样条. 这里, $\mathbf{s}_i = (s_{i1}, s_{i2})^{\mathrm{T}}$.

若引入记号

$$T = \begin{pmatrix} 1 & 1 & \cdots & 1 \\ s_{11} & s_{21} & \cdots & s_{n1} \\ s_{12} & s_{22} & \cdots & s_{n2} \end{pmatrix}, \qquad \boldsymbol{\delta} = \begin{pmatrix} \delta_1 \\ \vdots \\ \delta_n \end{pmatrix},$$

则条件

$$\sum_{i=1}^{n} \delta_i = \sum_{i=1}^{n} \delta_i s_{i1} = \sum_{i=1}^{n} \delta_i s_{i2} = 0$$

可用矩阵记号表示为

$$T\boldsymbol{\delta} = \mathbf{0}.$$

与三次光滑样条类似, 薄板样条光滑性的刻画工具定义为

$$J(g) = \iint\limits_{\mathbb{R}^2} \left\{ \left(\frac{\partial^2 g}{\partial s_1^2} \right)^2 + 2 \left(\frac{\partial^2 g}{\partial s_1 \partial s_2} \right)^2 + \left(\frac{\partial^2 g}{\partial s_2^2} \right)^2 \right\} \mathrm{d}s_1 \mathrm{d}s_2 = \int_{\mathbb{R}^2} \left\| \frac{\mathrm{d}^2 g}{\mathrm{d}\mathbf{s}^2} \right\|^2 \mathrm{d}\mathbf{s}.$$

自然薄板样条具有如下两条性质 (参见文献 [32] 定理 7.1).

定理 15.4 (1) 如果 $g(\cdot)$ 是一薄板样条, 那么 $J(g)$ 是有限的当且仅当 $g(\cdot)$ 是一自然薄板样条.

(2) 若 $g(\cdot)$ 是一自然的薄板样条, 那么

$$J(g) = \boldsymbol{\delta}^{\mathrm{T}} E \boldsymbol{\delta}, \quad 其中, \quad E = \Big(\eta(\|\mathbf{s}_i - \mathbf{s}_j\|)\Big)_{n\times n}. \tag{15-3}$$

定理 15.4 中的两条结论是三次样条相应性质的一种平行版本. 对于三次样条, 除非 $g(t)$ 是自然样条, 否则 $\int_{\mathbb{R}} g''(t)^2\,\mathrm{d}t$ 将是无限大的. 式 (15-3) 中的 $J(g)$ 与式 (15-2) 中的 $\int_a^b [g''(t)]^2\,\mathrm{d}t$ 的表达式也是一致的.

当 $g(\mathbf{s})$ 为薄板样条时, 罚最小二乘的目标函数用矩阵记号可表示为

$$\begin{aligned} S(\mathbf{a}, \boldsymbol{\delta}) &:= \sum_{i=1}^{n} [Y_i - g(\mathbf{s}_i)]^2 + \lambda J(g) \\ &= (\mathbf{Y} - E\boldsymbol{\delta} - T^{\mathrm{T}}\mathbf{a})^{\mathrm{T}}(\mathbf{Y} - E\boldsymbol{\delta} - T^{\mathrm{T}}\mathbf{a}) + \lambda \boldsymbol{\delta}^{\mathrm{T}} E \boldsymbol{\delta}, \end{aligned}$$

其中 $\boldsymbol{\delta}$ 满足

$$T\boldsymbol{\delta} = \mathbf{0}.$$

罚最小二乘估计的解可以通过以下两个步骤来实现:

(1) 取 $g(\mathbf{s}) = a_0 + a_1 s_1 + a_2 s_2 + \sum_{i=1}^{n} \delta_i \eta(\|\mathbf{s} - \mathbf{s}_i\|)$,

(2) 在约束条件 $T\boldsymbol{\delta} = \mathbf{0}$ 下求解二次规划问题 $\min_{\mathbf{a},\boldsymbol{\delta}} S(\mathbf{a}, \boldsymbol{\delta})$ 确定 $g(\mathbf{s})$ 的系数.

同三次光滑样条的确定方法一样, λ 也可以通过交叉验证或广义交叉验证的方式来确定. 即通过求解由 $T\boldsymbol{\delta} = \mathbf{0}$ 与 $\mathbf{Y} - E\boldsymbol{\delta} - T^{\mathrm{T}}\mathbf{a} = \mathbf{0}$ 组成的方程组求解薄板样条的系数以获得自然薄板样条的插值估计.

薄板样条插值的计算可以通过如下定理 (参见文献 [32] 定理 7.2) 给定.

定理 15.5 假定 $\mathbf{s}_1, \cdots, \mathbf{s}_n$ 是 $\mathbb{R}^2$ 内不同的不具有共线性的点 (任三点不共线). 给定任意值 $Y_1, \cdots, Y_n$, 存在 $\mathbf{s}_1, \cdots, \mathbf{s}_n$ 上唯一的自然薄板样条 $g(\cdot)$, 使得

$$g(\mathbf{s}_i) = Y_i, \quad i = 1, \cdots, n.$$

该定理给出了自然薄板样条插值的求解方法.

类似于三次样条插值的情况, 自然薄板样条插值在最小化 $J(g)$ 的意义下也具有最优性 (参见文献 [32] 定理 7.3).

定理 15.6 自然薄板样条是满足约束条件 $g(\mathbf{s}_i) = Y_i$, $i = 1, \cdots, n$ 且最小化 $J(g)$ 的唯一解.

15.2.2 光滑薄板样条与薄板样条插值的计算

R 软件提供的进行光滑薄板样条与薄板样条插值计算的函数为 `fields` 程序包中的 `Tps` 函数.

O'Connor 和 Leach 于 1979 年给出了从澳大利亚新南威尔士州科巴市 (Cobar, NSW) 一个矿山收集的数据. 这里主要关注其中含矿岩石层的 “真实宽度” 这一数据, 如表 15-2. 表 15-2 中, (s_1, s_2) 代表测点位置, **Y** 代表含矿岩石层的 “真实宽度”.

表 15-2　38 个数据站点的位置和在每个位置测量的含矿层的 “真实宽度”

s_1	s_2	**Y**	s_1	s_2	**Y**
−16	−15	17.0	40	4	13.5
−14	−4	18.0	40	−61	18.0
−13	4	17.5	44	−29	19.4
−7	5	19.0	48	−65	13.0
−6	−43	22.0	48	−7	14.0
−6	−36	24.0	49	−32	19.5
1	−50	17.4	55	−71	16.0
2	−39	23.0	56	−14	16.0
2	−8	23.5	59	−38	19.0
2	−51	15.0	62	7	19.0
9	−16	23.5	62	−3	21.5
9	−42	25.0	64	−29	22.0
17	−37	16.5	69	−28	20.5
18	−12	19.5	70	−72	11.0
24	−57	12.0	77	−19	26.0
25	−29	18.5	78	−53	22.0
26	−40	18.0	79	−37	26.0
32	−7	14.0	84	−52	16.0
33	−35	19.0	84	−16	16.0

对含矿岩石层的 “真实宽度” 随位置变化情况进行薄板样条插值与光滑薄板样条估计的结论如图 15-2, 其中光滑薄板样条估计中的 λ 由交叉验证方法确定.

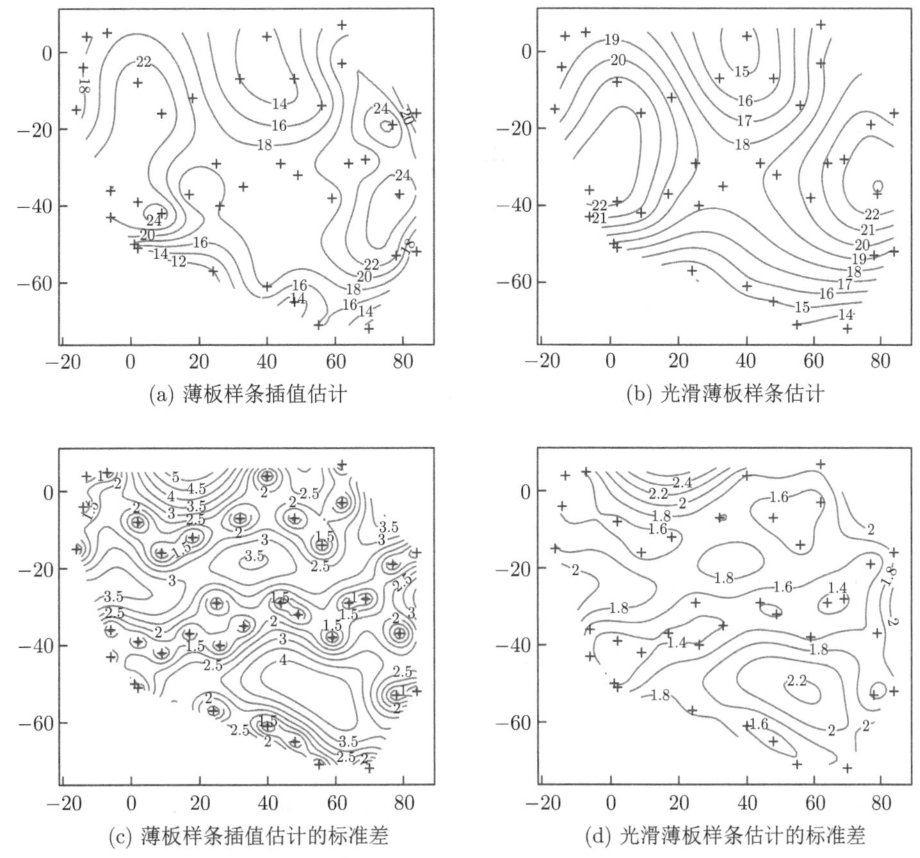

(a) 薄板样条插值估计　　(b) 光滑薄板样条估计

(c) 薄板样条插值估计的标准差　　(d) 光滑薄板样条估计的标准差

图 15-2　含矿岩石层的“真实宽度”随位置变化情况

15.3 习　　题

习题 15.1　什么是罚最小二乘方法? 为什么最小二乘方法在进行非参数回归分析时会失效?

习题 15.2　简述 14.4 节中的三次样条回归与本章三次光滑样条回归两种方法的区别.

习题 15.3　基于附表 B-2 中摩托车碰撞模拟数据, 求摩托车碰撞后头部加速度随时间变化的三次光滑样条估计.

习题 15.4　基于表 15-1 中的幼鼠食欲抑制剂研究数据, 对控制组的中位数食物摄入量随时间的变化情况进行三次样条插值与三次光滑样条估计.

习题 15.5　基于例 14.2 中黑樱桃树的相关数据, 求黑樱桃树体积随其根部周长与高度变化的光滑薄板样条估计.

参考文献

[1] Bickel P J, Doksum K A. Mathematical Statistics: Basic Ideas and Selected Topics. 2nd ed. San Francisco: Prentice-Hall, Inc., 1977.

[2] Bickel P J, Freedman D A. Some asymptotic theory for the bootstrap. Annals of Statistics, 1981, 9: 1196-1217.

[3] Bowman A W. An alternative method of cross-validation for the smoothing of density estimates. Biometrika, 1984, 71: 353-360.

[4] Boyles R A. On the convergence of the EM algorithm. J. Royal Statist. Soc. Series B, 1983, 45: 47-50.

[5] Cameron A C, Trivedi P K. Microeconometrics: Methods and Applications. Cambridge: Cambridge University Press, 2005.

[6] Davidson R, Mackinnon J G. Estimation and Inference in Econometrics. Oxford: Oxford University Press, 1993.

[7] Chan N H, Chen S X, Peng L, et al. Empirical likelihood methods based on characteristic functions with applications to Lévy processes. Journal of the American Statistical Association, 2009, 104(488): 1621-1630.

[8] Dalal S R, Fowlkes E B, Hoadley B. Risk analysis of the space shuttle: Pre-Challenger prediction of failure. J. American Statist. Assoc., 1989, 84: 945-957.

[9] Damlen P, Wakefield J, Walker S. Gibbs sampling for Bayesian non-conjugate and hierarchical models by using auxiliary variables. J. Royal Statist. Soc. Series B, 1999, 61(2): 331-344.

[10] Davison A C, Hinkley D V. Bootstrap Methods and Their Application. Cambridge: Cambridge University Press, 1997.

[11] Dempster A P, Laird N M, Rubin D B. Maximum likelihood from incomplete data via the EM algorithm (with discussion). J. Royal Statist. Soc. Series B, 1977, 39: 1-38.

[12] Draper N R, Smith H. Applied Regression Analysis. New York: Wiley, 1966.

[13] Duin K P W. On the choice of smoothing parameters for Parzen estimators of probability density functions. IEEE Transactions on Computers, 1976, C-25: 1175-1179.

[14] Efron B. Computers and the theory of statistics: Thinking the unthinkable. SIAM Review, 1979, 21: 460-480.

[15] Efron B. Bootstrap methods: Another look at the Jackknife. Annals of Statistics, 1979, 7: 1-26.

[16] Efron B. The Jackknife, the Bootstrap, and Other Resampling Plans. Philadephia: SIAM, 1982.

[17] Efron B, Hastie T, Johnstone I, et al. Least angle regression. Ann. Statist., 2004, 32: 407-499.

[18] Fan J Q. Design-adaptive nonparametric regression. Journal of the American Statistical Association, 1992, 87: 998-1004.

[19] Fan J Q, Gijbels I. Data-driven bandwidth selection in local polynomial fitting: Variable bandwidth and spatial adaptation. Journal of the Royal Statistical Society: Series B(Methodological), 1995, 57: 371-394.

[20] Feuerverger A, McDunnough P. On the efficiency of empirical characteristic function procedures. Journal of the Royal Statistical Society: Series B (Methodological), 1981, 43(1): 20-27.

[21] Feuerverger A, McDunnough P. On some Fourier methods for inference. Journal of the American Statistical Association, 1981, 76(374): 379-387.

[22] Friedman J. Multivariate adaptive regression splines. Annals of Statistics, 1991, 19: 1-67.

[23] Friedman J, Hastie T, Hoefling H, et al. Pathwise coordinate optimization. Annals of Applied Statistics, 2007, 2: 302-332.

[24] Friedman J, Hastie T, Tibshirani R. Regularization paths for generalized linear models via coordinate descent. Journal of Statistical Software, 2010, 33(1): 1-22.

[25] Fu W. Penalized regressions: The bridge versus the Lasso. Journal of Computational and Graphical Statistics, 1998, 7: 397-416.

[26] Gasser T, Müller H G, Mammitzsch V. Kernels for nonparametric curve estimation. Journal of the Royal Statistical Society: Series B (Methodology), 1985, 47: 238-252.

[27] Gelman A. Inference and monitoring convergence// Gilks W, Richardson S, Spiegelhalter D. Markov Chain Monte Carlo in Practice, 131-143. New York: Chapman and Hall, 1996.

[28] Genkin A, Lewis D D, Madigan D. Large-scale Bayesian logistic regression for text categorization. Technometrics, 2007, 49: 291-304.

[29] Gentle J E. Elements of Computational Statistics. New York: Springer-Verlag, 2002.

[30] Giné E, Zinn J. Gaussian characterization of uniform Donsker classes of functions. Annals of Probability, 1991, 19: 758-782.

[31] Givens G H, Hoeting J A. Computational Statistics. Hoboken: John Wiley & Sons, Inc., 2005.

[32] Green P J, Silverman B W. Nonparametric Regression and Generalized Linear Models: A Roughness Penalty Approach. London: Chapman and Hall/CRC, 1993.

[33] Habbema J D F, Hermans J, van den Broek K. A stepwise discriminant analysis program using density estimation// Bruckman G. Compstat 1974, Proceedings in Computational Statististics. Vienna: Physica-Verlag, 1974.

[34] Hájek B. Cooling schedules for optimal annealing. Math Operation Research, 1988, 13: 311-329.

[35] Hall P. A comedy of errors: The canonical form for a stable characteristic function. Bull. London Math. Soc., 1981, 13: 23-27.

[36] Hall P. Large sample optimality of least squares cross-validation in density estimation. Annals of Statistics, 1983, 11: 1156-1174.

[37] Hall P, Marron J S. Extent to which least squares cross-validation minimises integrated square error in nonparametric density estimation. Probability Theory and Related Fields, 1987, 74: 567-581.

[38] Hamilton J. Time Series Analysis. Princeton: Princeton University Press, 1994.

[39] Hann W J, Levin A T. A practitioner's guide to robust covariance matrix estimation// Maddala G S, Rao C R. Handbook of Statistics, 1997, 15: 299-342.

[40] Hansen L P. Large sample properties of generalized method of moments estimatiors. Econometrica, 1982, 50(4): 1029-1054.

[41] Hansen M H, Kooperberg C. Spline adapation in extended linear models (with comments and a rejoinder by the authors). Statistical Science, 2002, 17: 2-51.

[42] 何书元. 随机过程. 北京: 北京大学出版社, 2008.

[43] 何书元. 数理统计. 北京: 高等教育出版社. 2012.

[44] Hoeffding W. A class of statistics with asymptotically normal distributions. Annals of Mathematical Statistics, 1992, 19: 239-325.

[45] Hogg R V, McKean J W, Craig A T. Introduction to Mathematical Statistics. 7th ed. New York: Pearson Education Inc., 2012.

[46] Jaynes E T. Information theory and statistical mechanics. Physical Review, 1957, 106(4): 620-630.

[47] Jaynes E T. Information theory and statistical mechanics II. Physical Review, 1957, 108(2): 171-190.

[48] Jaynes E T. Prior Probabilities. IEEE Trans. on Systems Science and Cybernetics, 1968, 4: 227-241.

[49] Jaynes E T. Probability Theory: The Logic of Science. Cambridge: Cambridge University Press, 2003.

[50] Kallenberg O. Foundations of Modern Probability. 2nd ed. New York: Springer, 2002.

[51] Kendall M, Stuart A. The Advanced Theory of Statistics. London: Griffin, 1958.

[52] Kirkpatrick S, Gelatt C, Vecchi M. Optimization by simulated annealing. Science, 1983, 220: 671-680.

[53] Konecker R. Quantile Regression. Cambridge: Cambridge University Press, 2005.

[54] Kooperberg C, Stone C J. A study of logspline density estimation. Computational Statistics and Data Analysis, 1991, 12: 327-347.

[55] Kooperberg C, Stone C J. Logspline density estimation for censored data. Journal of Computational and Graphical Statistics, 1992, 1: 301-328.

[56] Kooperberg C, Stone C J, Truong Y K. Hazard regression. Journal of the American Statistical Association, 1995, 90: 78-94.

[57] Lehmann E L. Testing Statistical Hypotheses. 2nd edition. London: Chapman & Hall, 1986.

[58] Lévy P. Sur les intégrales dont les éléments sont des variables aléatoires indépendantes. Ann. Scuola Norm. Pisa, 1934, 3: 337-366.

[59] 茆诗松, 吕晓玲. 数理统计学. 北京: 中国人民大学出版社, 2011.

[60] 茆诗松, 王静龙, 濮晓龙. 高等数理统计. 2 版. 北京: 高等教育出版社, 2006.

[61] Mengersen K, Tweedie R. Rates of convergence of the Hastings and Metropolis algorithms. The Annals of Statistics, 1996, 24: 101-121.

[62] Merkouris T. Transform martingale estimating functions. The Annals of Statistics, 2007, 35(5): 1975-2000.

[63] Metropolis N, Rosenbluth A, Rosenbluth M, et al. Equations of state calculations by fast computing machines. J. Chem. Phys. 1953, 21: 1087-1092.

[64] Neal R. Markov chain Monte Carlo methods based on "slicing" the density function. Univ. of Toronto, 1997.

[65] Oakes D. Direct calculation of the information matrix via the EM. J. Royal Statist. Soc.: Series B, 1999, 61: 479-482.

[66] Olofsson P. Probabilities: The Little Numbers that Rule Our Lives. 2nd ed. Hoboken: John Wiley & Sons, 2015.

[67] Owen A B. Empirical likelihood ratio confidence intervals for a single functional. Biometrika, 1988, 75: 237-249.

[68] Owen A B. Empirical likelihood ratio confidence regions. The Annals of Statistics, 1990, 18: 90-120.

[69] Owen A B. Empirical Likelihood. New York: Chapman & Hall/CRC, 2001.

[70] Peracchi F. Nonparametric Methods. University of Rome "Tor Vergata" and EIEF, 2011.

[71] Petersen K B, Pedersen M S. The Matrix Cookbook. version Nov. 15, 2012. Available at http://matrixcookbook.com.

[72] Pyke R. Spacings. Journal of the Royal Statistical Society: Series B (Methodology), 1965, 27: 395-436.

[73] Qin J, Lawless J. Empirical likelihood and general estimating equations. The Annals of Statistics, 1994, 22(1): 300-325.

[74] Quenouille M H. Approximate tests of correlation in time-series. Journal of the Royal Statistical Society: Series B (Methodology), 1949, 11: 68-84.

[75] Minton P D, Raiffa H, Schlaifer R. Applied Statistical Decision Theory. Amer. Math. Mon., 1962, 69(1): 72.

[76] Rencher A C. Methods of Multivariate Analysis. 2nd ed. New York: John Wiley & Sons, Inc. 2002.

[77] Robert C P, Casella G. Monte Carlo Statistical Methods. 2nd ed. New York: Springer, 2010.

[78] Ross S M. Simulation. 4th ed. Singapore: Elsevier, 2006.

[79] Rudemo M. Empirical choice of histograms and kernel density estimators. Scandinavian Journal of Statistics, 1982, 9: 65-78.

[80] Ryan T A, Joiner B L, Ryan B F. The Minitab Student Handbook. Boston: Duxbury Press, 1976.

[81] Shao J. Mathematical Statistics. 2nd edition. Madison: Springer, 2003.

[82] Schucany W, Gray H, Owen O. On bias reduction in estimation. Journal of the American Statistical Association, 1971, 66: 524-533.

[83] Schukken Y, Casella G, van den Broek J. Overdispersion in clinical mastitis ata from dairy herds: A negative binomial approach. Preventive Veterinary Medicine, 1991, 10: 239-245.

[84] Schuster E F, Gregory G G. On the nonconsistency of maximum likelihood nonparametric density estimators//Eddy W F. Computer Science and Statistics: Proceedings of the 13th Symposium on the Interface, New York: Springer-Verlag. 1981, 295-298.

[85] Scott D W, Factor L E. Monte Carlo study of three data-based nonparametric Probability density estimators. Journal of the American Statistical Association, 1981, 76: 9-15.

[86] Scott D W, Terrell G R. Biased and unbiased cross-validation in density estimation. Journal of the American Statistical Association, 1987, 82: 1131-1146.

[87] Shorack G R, Wellner J A. Limit theorems and inequalities for the uniform empirical process indexed by intervals. Annals of Probability, 1982, 10: 639-652.

[88] Silverman B W. Some aspects of the spline smoothing approach to non-parametric regression curve fitting. Journal of the Royal Statistical Society: Series B, 1985, 47: 1-21.

[89] Stone C J, Hansen M, Kooperberg C, et al. Polynomial splines and their tensor products in extended linear modeling (with discussion). Annals of Statistics, 1997, 25: 1371-1425.

[90] Tibshirani R. Regression shrinkage and selection via the Lasso. Journal of the Royal Statistical Society: Series B (Methodology), 1996, 58(1): 267-288.

[91] Tibshirani R. Regression shrinkage and selection via the Lasso: A retrospective. Journal of the Royal Statistical Society: Series B (Methodology), 2011, 73(3): 273-282.

[92] Tukey J. Bias and confidence in not quite large samples (abstract). Annals of Mathematical Statistics, 1958, 29: 614.

[93] van der Vaart A W. Asymptotic Statistics. Cambridge: Cambridge University Press, 2000.

[94] Wasserman L. All of Nonparametric Statistics. New York: Springer, 2006.

[95] 韦程东. 贝叶斯统计分析及其应用. 北京: 科学出版社, 2015.

[96] Wei G, Tanner M. A Monte Carlo implementation of the EM algorithm and the poor man's data augmentation algorithms. Journal of the American Statistical Association, 1990, 85: 699-704.

[97] Wei G, Tanner M. Posterior computations for censored regression data. Journal of the American Statistical Association, 1990, 85: 829-839.

[98] Wu C. On the convergence properties of the EM algorithm. Ann. Statist., 1983, 11: 95-103.

[99] Wu T, Lange K. Coordinate descent algorithms for Lasso penalized regression. Annals of Applied Statistics, 2008, 2: 224-244.

[100] Zhang S, He X. Inference based on adaptive grid selection of probability transforms. Statistics, 2016, 50(3): 667-688.

[101] 张世斌. 数学建模的思想和方法. 上海: 上海交通大学出版社, 2015.

[102] 张世斌. 谱域统计分析: 由航海安全驱动的数据科学. 北京: 科学出版社, 2021.

附录 A 章节知识架构

统计推断的基础材料是样本, 统计推断工作实际上就是通过样本构建合适统计量的工作. 这一点从统计学的英文单词 “statistics” 就可以看出, 其中的 “statistic” 就是统计量的意思, 统计学就是 “很多的统计量”. 对于总体的常见数字特征, 可以通过样本数字特征进行估计; 含有待估参数或概率分布充分信息的统计量称为充分统计量; 这些都是第 1 章着力介绍的. 当进行点估计工作时, 需要构造一个统计量, 利用该统计量的观测值作为总体参数的近似, 这样的统计量称为估计量, 第 3 章便讨论估计量的构造方法及评价其好坏的标准. 当进行假设检验工作时, 也需要构造一个统计量, 利用原假设下的统计量分布及统计量的观测值判断统计假设是否与实际观测数据相符, 这样的统计量称为检验统计量, 第 4 章便讨论检验统计量的构造方法及评价检验好坏的标准. 当进行参数区间估计时, 需要构造两个 (或一个) 统计量, 利用这些统计量的观测值对参数依较大概率所在的区间 (或范围) 进行近似, 这样的统计量称为置信限, 第 5 章便讨论置信区间好坏的评价标准及置信限的构造方法. 统计量与各章主要概念间的联系详见附图 A-1.

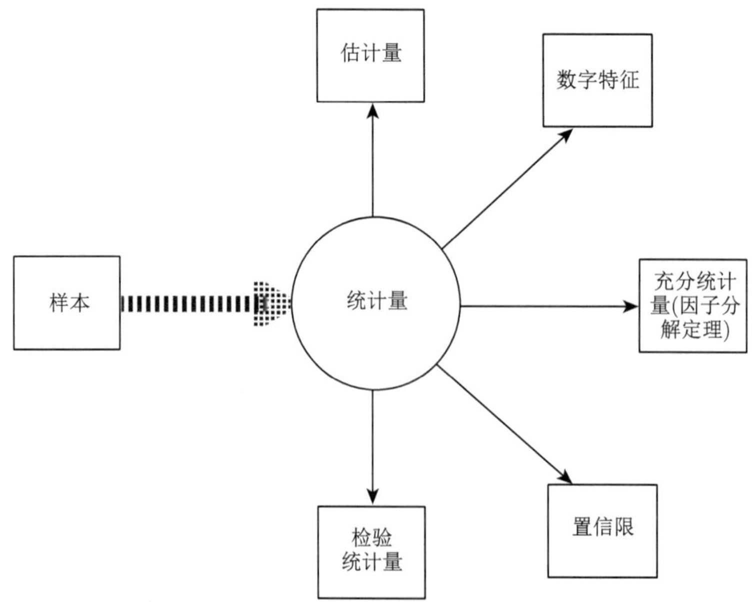

附图 A-1 第 1 章与其余章节知识结构关系图示

统计量是可观测的样本函数, 它的性质与样本容量关系密切. 随样本容量变化着的统计量可以视为随机变量序列. 因此, 要想了解统计量的大样本性质 (样本容量 n 趋于无穷时的性质), 就需要首先明白随机变量序列的收敛性. 第 2 章便主要介绍随机变量序列的三种收敛性: 依分布收敛、依概率收敛和几乎处处收敛, 这三种收敛性依次增强. 具有这三种收敛性的随机变量序列在连续函数的作用下保持同类型的收敛性质 (连续映照定理), 在构造统计量时经常用到的得力工具正是连续映照定理及其特殊情况 Slutsky 引理. 在考虑估计问题时, 讨论一个估计量的大样本性质正是从这三种收敛性出发的, 相对应的估计量性质分别是: 渐近正态性、弱相合性与强相合性. 在估计量的大样本性质中, 渐近正态性是最重要的性质之一. 有了渐近正态性, 便可以从这一性质出发, 构造未知参数的近似置信区间及对参数进行假设检验的检验统计量. 而参数估计渐近正态性的证明却依赖于一类重要的定理——随机变量序列的中心极限定理. 在介绍完三类收敛性之后, 第 2 章还给出了多元中心极限定理在独立同分布随机序列下的版本. 随机序列收敛性与各章主要概念间的联系详见附图 A-2.

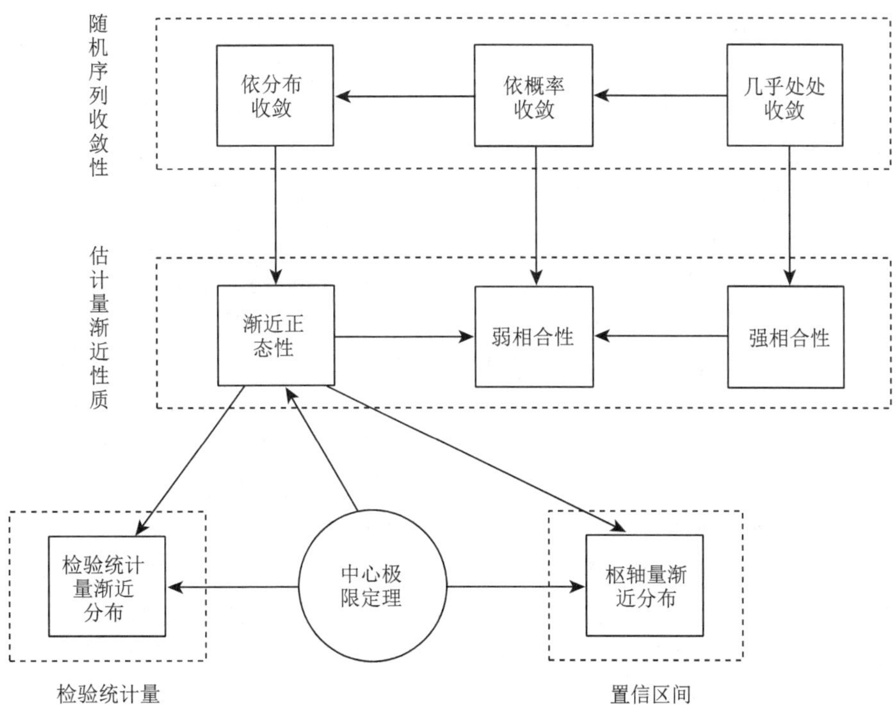

附图 A-2　第 2 章与其余章节知识结构关系图示

参数估计是研究如何构造估计量, 从而利用估计量的观测值实现参数真值近似的问题. 然而, 怎样的估计量算是好的估计量呢? 显然估计量与参数真值的均方距离越小越好, 即均方误差越小越好. 习惯上, 将一个估计量的均方误差分为两部分, 一部分反映估计量的稳定性, 即估计量的方差, 另一部分反映估计量的偏差, 即估计量的数学期望与真值的差别. 当样本容量固定时, 我们一般用无偏性与有效性来衡量估计量的好坏. 当一个估计量的偏差为 0 时, 该估计量称为无偏估计量. 同是无偏估计量, 就需要借助估计量的方差来比较估计量的好坏了, 我们称方差较小的估计量为更有效的估计量. 一个参数无偏估计量的方差并不是可以任意小的, 无偏估计量方差的最小值取决于统计模型 (总体或样本) 中含有参数的信息量 (Fisher 信息), 其值不可能低于一个下界 (Cramér-Rao 下界, 即为 Fisher 信息的逆). 在多数情况下, 我们更关心一个估计量的渐近性质. 数学期望收敛到参数真值的估计量称为渐近无偏估计量. 渐近无偏性实际上是一个非常弱的要求. 在实际应用中, 对一个估计量的最基本要求是, 随着观测的无限增加, 该估计量的值应该依概率收敛到参数真值, 这种性质称为估计量的相合性. 估计量的相合性仅告诉人们估计量是否收敛到参数真值, 但究竟以怎样的速度收敛并不明确. 渐近正态性便给出了一个估计量收敛到其真值的速度. 渐近正态性有着广泛的应用. 如果一个估计量有了渐近正态性, 以此为基础, 可以构造参数的渐近置信区间、参数检验的检验统计量, 以及通过比较渐近正态分布渐近方差的大小来确定哪个估计量更加渐近有效. 在渐近正态性的讨论中, 渐近正态分布的方差同样不能无限减小, 它以总体关于参数 Fisher 信息的逆为下界. 当渐近正态分布的方差达到该下界时, 这样的估计量称为渐近有效的估计量. 在一定的正则条件下, 最大似然估计量能够保证具备渐近有效性. 估计量不同评价准则间的联系详见附图 A-3.

在第 3 章中, 除了给出估计量的评选标准外, 本书还给出了若干构造估计量的方法. 构造估计量的方法可以笼统地分为两大类. 一类是以求解估计方程得到估计量的方法, 称为 Z-估计; 另一类是通过最大化 (或最小化) 目标函数得到估计量的方法, 称为 M-估计. 对于这两类估计, 本书提供了它们相合性和渐近正态性的一般结论, 其中提供的条件可用于估计量是否具有相合性和渐近正态性的验证. 常见估计方法的 Z-估计与 M-估计归类可见附图 A-3. 在很多统计模型中, 我们并不能确定似然函数的具体表达形式, 最大似然估计往往又不易获得. 相比较而言, 总体矩条件往往较容易获得. 因此, 合理利用矩条件使估计量在给定矩条件下达到最优 (渐近方差最小) 的方法在实际应用中广受欢迎. 这方面比较流行的方法有两种: 一种是广义矩方法, 另一种是经验似然方法. 在第 6 章中我们对其主要思想和理论进行了讨论.

在统计工作中, 我们经常对总体的模型 (有时是模型中的参数) 作出某些假设, 这些假设是否与实际相符, 需要依据观测数据进行判断. 判断就需要给出判断标准. 在假设检验中, 我们将假设分为两类: 原假设 H_0 与备择假设 H_1, 其中的判断标准称为检验的拒绝域, 它实际上是关于样本观测值的一个集合. 当样本观测值落入拒绝域时, 就应该做出拒绝 H_0 的判断. 判断标准一旦给定, 就有两类错误存在: 一类是当 H_0 为真时拒绝了 H_0(即犯第 I 类错误); 另一类是当 H_0 不真时接受了 H_0(即犯第 II 类错误). 显著性检验就是设法控制犯第 I 类错误的概率, 其中事先确定的控制犯第 I 类错误概率的正常数称为显著性水平. 显著性检验 (即通过控制犯第 I 类错误的概率所确定的拒绝域) 可以有多个, 但其中犯第 II 类错误最小的检验法称为最大功效检验或一致最大功效检验. 最大功效检验是针对简单原假设对简单备择假设 (原假设和备择假设都只含一个统计模型) 而言的, 而一致最大功效检验是针对其他情况的假设检验问题而言的, 一致最大功效检验必须满足: 它是任一由从 H_0 和 H_1 中分别抽取一简单原假设和简单备择假设所组成的假设检验问题的最大功效检验. 一个检验法应该满足一个基本要求: 当 H_0 不真时做出拒绝 H_1 判断 (即观测值落入了拒绝域) 的概率应不小于犯第 I 类错误的概率, 具有这种性质的检验称为无偏检验. 最大功效检验和一致最大功效检验都是无偏检验. 这些假设检验基本概念间的联系可见附图 A-4.

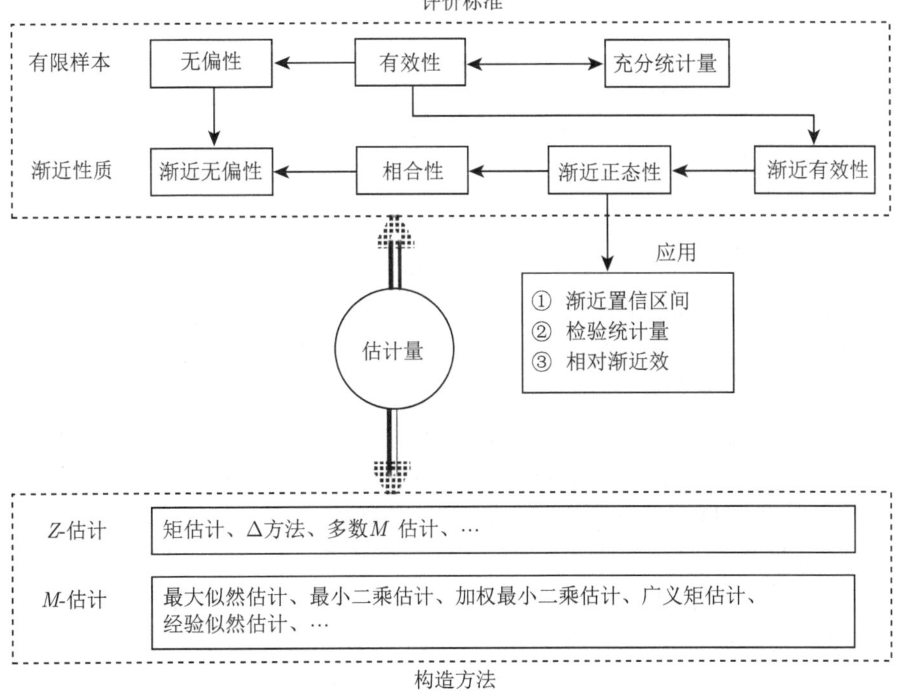

附图 A-3 第 3,6 章知识结构关系图示

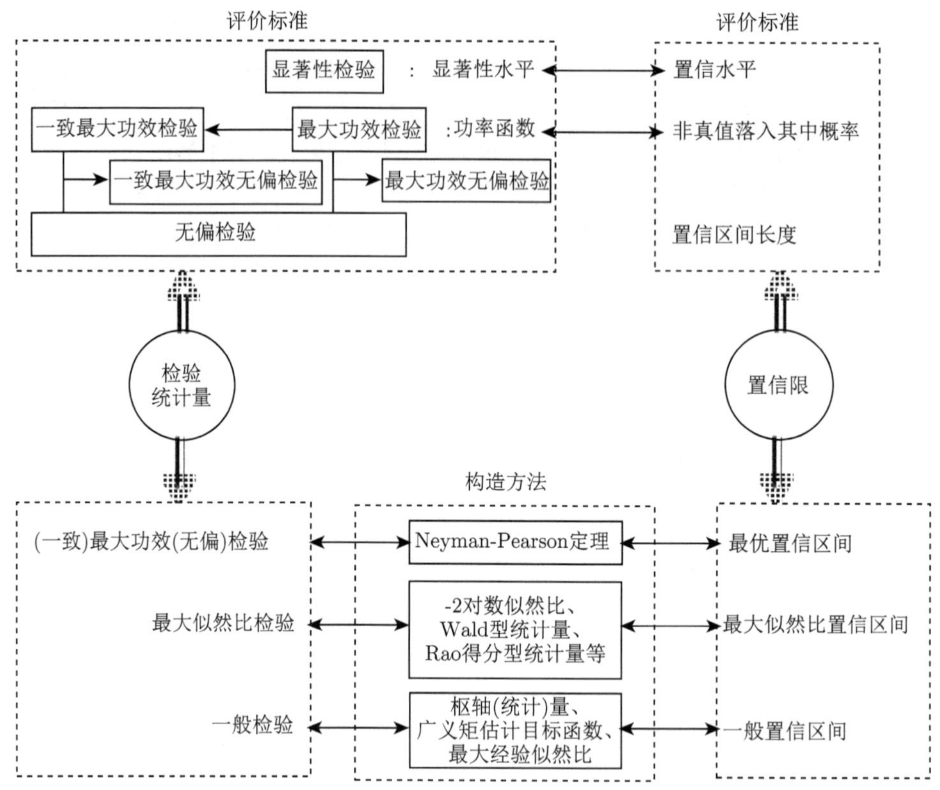

附图 A-4 第 4, 5, 6 章知识结构关系图示

在做假设检验时, 我们总是希望所采用的检验法是最大功效检验法或一致最大功效检验法. Neyman-Pearson 定理为我们提供了一种构造这类检验的方法, 那就是从似然比出发来构造检验的拒绝域. 很多情况下, 一致最大功效检验是不存在的, 这时经常仍从似然比出发构造检验的拒绝域 (如最大似然比检验), 因为从似然比出发所构造的检验法往往具有较高的功效 (犯第 II 类错误的概率较小). 在做双边假设检验问题时, H_0 为真时的 -2 对数似然比具有标准的极限分布 χ^2 分布, 这在构造拒绝域时是方便的. 当样本容量趋于无穷时, -2 对数似然比、Wald 型统计量以及 Rao 得分型统计量这三类统计量是渐近等价的, 但小样本情况下三者有时会有明显的差别, 如在小样本场合下有的分布为一标准分布而其他的则分布性态难于判断. 很多假设检验问题直接从似然比出发构造检验法是十分困难的, 这时往往从问题的实际意义出发先构造一个统计量 (称为检验统计量), 再从统计量在 H_0 成立时的分布出发构造检验的拒绝域. 利用广义矩估计的目标函数和最大经验似然比来构造检验统计量是方便的, 它们主要可以用于解决参数的双边假设检验问题和矩条件的假设检验问题. 这两类检验统计量的显著优点是在原假设

成立时, 检验统计量的极限分布都是 χ^2 分布, 在实际应用中易于操作. 这些假设检验拒绝域的构造方法也在附图 A-4 中列了出来.

置信区间是参数估计的一种, 它能够保证该区间包含参数真值的概率能够不小于一个事先设定的值 (称为置信水平). 给定置信水平下, 一参数的置信区间并不是唯一的. 一般情况下, 一方面我们希望提供的置信区间长度的数学期望尽可能小, 另一方面该区间含有非真值的概率尽可能小. 对于一定置信水平 $1-\alpha$ 下的置信区间, 非真值落入其中的概率尽可能小, 正好与一显著性水平为 α 的假设检验问题中犯第 II 类错误的概率尽可能小的准则一致. 这就启示我们找置信区间也可以根据 Neyman-Pearson 定理从似然比出发来进行. 正如假设检验中一致最大功效检验不一定存在一样, 区间估计中所有非真值落入其中概率都最小的置信区间也是不一定存在的. 在这种情况下, 可以考虑从最大似然比或 -2 对数似然比来构造参数的双侧置信区间, 这样构造的置信区间往往具有较短的平均长度. 许多区间估计问题从一枢轴量出发来构造置信区间是比较方便的, 其中枢轴量的选取一般从参数的最大似然估计或充分统计量出发, 找一个同时为样本和未知参数函数的量, 但概率的分布需已知且不含任何未知参数. 这一点实际上跟假设检验中检验统计量的选取方法类似. 具体地, 置信区间概念与构造方法及与显著性检验间的联系可参见附图 A-4.

统计学分为两大学派: 经典频率学派与贝叶斯学派. 两个学派的主要区别在于在统计推断中是否用到了先验信息. 贝叶斯学派除了应用总体信息和样本信息外, 还增加了先验信息的应用. 经典频率学派将参数视为一确定性的数, 参数估计的主要任务是构造估计量用估计量的观测值作为参数的估计值; 而贝叶斯学派则把未知参数作为随机变量看待, 将似然函数视为给定参数条件下样本取值的条件分布, 通过对参数设定先验分布并利用贝叶斯定理得到参数的后验分布. 先验分布的选取往往满足某种无信息假设或某种不变性, 常见的选取方法有: 贝叶斯假设、共轭先验、不变先验、Jeffreys 原则、最大熵原则等. 未知参数的后验分布是进行一切贝叶斯统计推断的素材. 进行贝叶斯参数估计实际上是找一个确定性的数, 使得参数相对于该数在后验分布下的均方误差达到最小. 满足该条件的数实际上是参数的后验均值. 贝叶斯区间估计 (相应的区间估计称为可信区间) 实际上是找一个确定性的区间, 使得参数落入该区间的后验概率不小于事先给定的可信水平 $1-\alpha$. 贝叶斯假设检验实际上是比较参数落入原假设参数空间和备择假设参数空间在后验分布下概率的大小. 落入哪个参数空间的概率大, 就应做出接受哪个假设的判断结论. 在给定似然函数和先验分布的条件下, 后验分布的核 (含有参数 θ 的项) 是比较容易得到的, 但后验分布的规范化常数以及后验均值的计算在大多数情况下都不是一件容易的事. 幸运的是, 从 20 世纪 50 年代以来发展起来的 Markov 链 Monte Carlo 算法在不需要后验分布规范化常数的情况下可以实现从后验分布中抽样, 从而得到后验分布的经验分布, 以实现贝叶斯统计推断, 从而使贝叶斯学派得到空前的发展. 贝叶斯统计推断相关概念及方法如附图 A-5 所示.

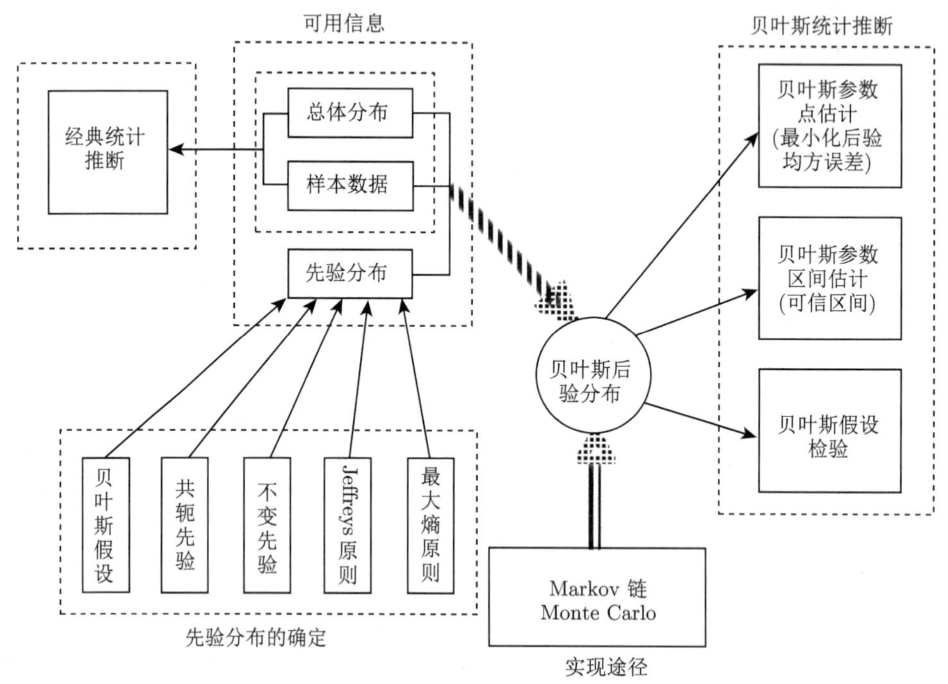

附图 A-5 第 7 章知识结构关系图示

与传统的计算方法相比, 统计计算的显著特点就是其主要借助于抽样算法和技术. 抽样的基础是产生随机数, 因此, 本书第 8 章首先介绍产生随机数的方法. 生成随机数相当于从总体 (随机变量) 中通过计算机抽取部分个体进行观测, 是借助计算机进行统计推断小样本性质研究的重要工具. 以抽样技术为基础的各种统计计算方法都离不开随机数的产生. 同时, 各种各样的随机优化算法的实现也都离不开随机数的产生. 随机数生成在数理统计中的地位可由附图 A-6 来描述.

在抽样算法和技术方面, 本书着重介绍了三类抽样方法 (见附图 A-7). 第一, 以减小估计量的方差为主要目的的抽样方法 (见第 9 章). 样本平均值法是最直接和方便的抽样方法, 但它并不能保证所构建的估计量取值充分稳定 (均方误差充分小). 以积分计算为例, 理论上, 重要抽样法的引入可以使所构建的估计量的均方误差充分小, 但重要抽样法在使用时取决于所估计量的复杂程度, 不一定容易实现. 作为重要抽样法的妥协, 分层抽样法和关联抽样法虽然很难达到重要抽样法在减小参数估计均方误差方面的成效, 但却易于实现并比样本平均值法得到的估计量的方差明显要小. 第二, 再抽样技术 (见第 10章). 刀切法与自助法是两类重要的再抽样技术. 刀切法抽样主要用于解决两类问题：估计量的纠偏与估计量方差的估计, 其中用刀切法抽样所得到的估计量方差的估计是保守的 (一般偏大). 非参数自助法抽样通过从样本经验分布中抽样来实现对统计量经验分布的近似；而参数自助法则是在总体分布中以参数估计值代替未知参数, 从总体近似分布中抽样以得到估计量的近似分布. 有了统计量的近似分布, 对于与统计量相关的统计推断问题, 我们几乎无所不能. 第三, 以产生 Markov 链平稳不变分布为手段的抽样方法 (见第 12章). Markov 链 Monte Carlo 抽样法正是这类抽样算法. Metropolis-Hastings 算法可以从任意 Markov 链的转移规则中筛选出以既定分布为平稳不变分布的 Markov 链. 作为 Metropolis-Hastings 算法的特例, Gibbs 抽样和切片抽样则是一种从边际分布中抽样的方法却能省去筛选环节. 切片抽样可以视为数据增广的 Gibbs 抽样, 能实现从复杂分布中抽样. Gibbs 抽样的前提是各边际分布抽样易于实现. 得益于 Markov 链 Monte Carlo 算法, 从后验分布中抽样变得异常方便, 后验分布的经验分布也便轻易获得, 于是贝叶斯推断便可实现, 这正是近年来贝叶斯统计得以繁荣的主要原因.

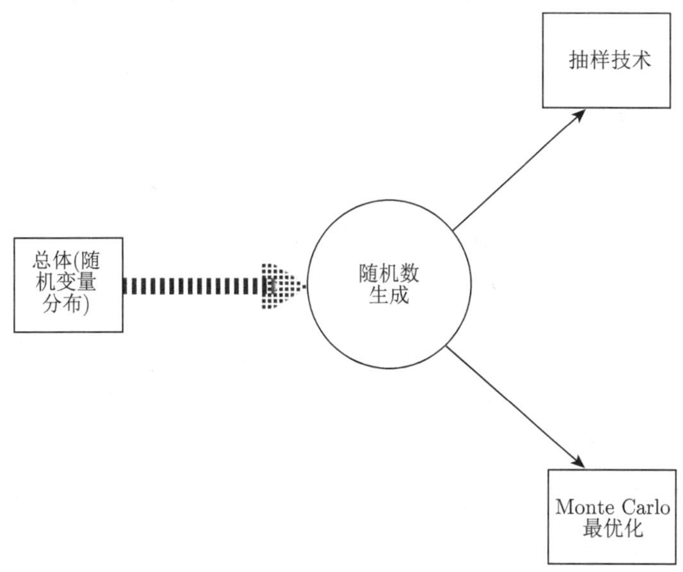

附图 A-6 第 8章知识结构关系图示

在数理统计中, 最大似然估计、广义矩估计、M-估计、经验似然等推断方法本质上是一求最值点的问题. 基于此, 本书还介绍了两种常用的最优化算法. 一种是模拟退火算法, 它的最大优势在于在迭代过程中可以跳离目标函数的局部最值点. 另一种是 (MC)EM 算法, 当目标函数形式复杂但引入隐含信息后形式趋于简

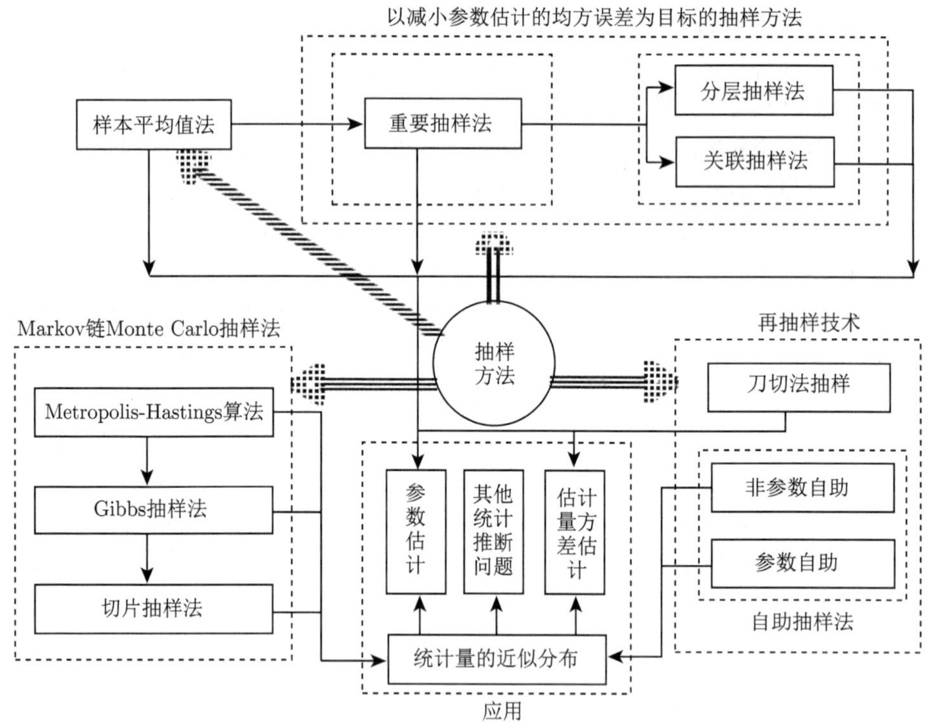

附图 A-7 第 9, 10与 12章与其余章节知识结构关系图示

单时, 便可利用 (MC)EM 算法将目标函数表示成关于隐含变量的函数的数学期望, 通过对这一数学期望中参数的最优化建立计算最值点的迭代公式以求得最值点. 两种优化算法的特点及其应用如附图 A-8 所示.

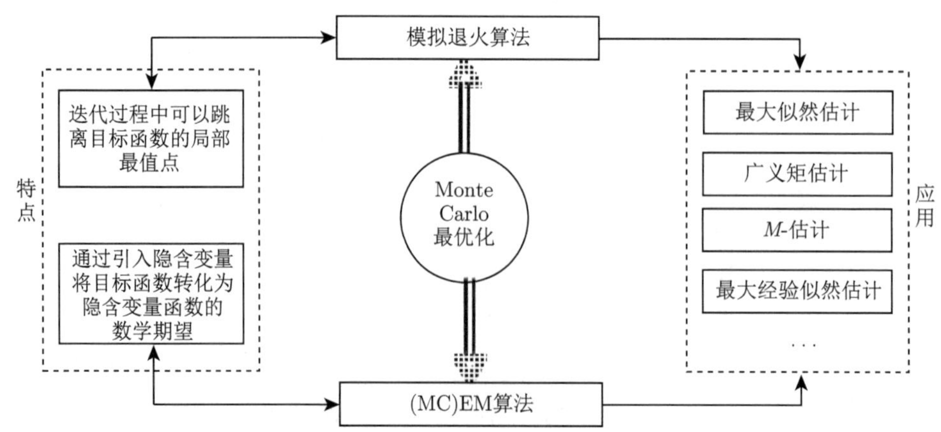

附图 A-8 第 11 章知识结构关系图示

核密度估计与对数光滑样条密度估计是非参数密度估计的两类重要方法. 前者利用待估点与样本观测点的距离来决定观测点对待估点密度估计所作的贡献, 不同的作用大小通过核函数的不同和带宽的不同来加以控制. 后者则利用了将密度函数表示成有限维空间内一组基下的线性组合, 然后按最大似然估计的思想确定线性组合的系数以实现密度的估计. 这两种密度估计方法的特点见附图 A-9.

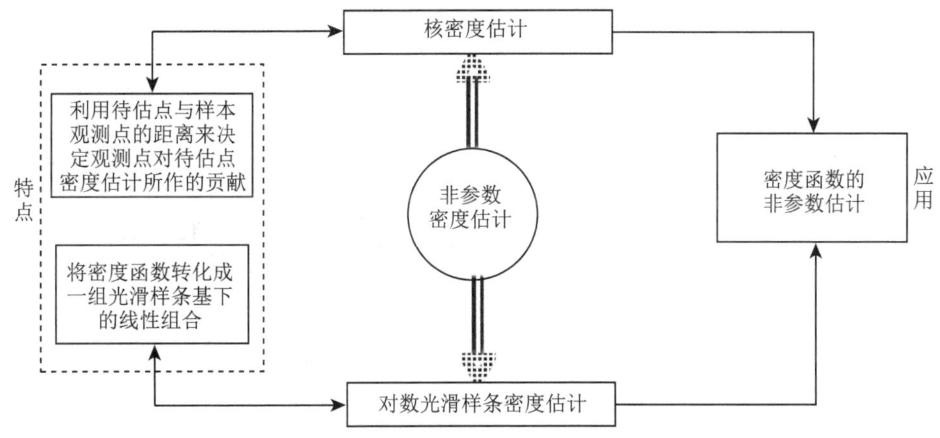

附图 A-9 第 13 章知识结构关系图示

核密度估计对待估点密度的估计基于整个样本, 在边界处往往估计不理想. 因为核函数是对称的, 在边界点处, 起决定作用的是内点. 这一点可以通过在待估点附近用一多项式函数来近似因变量的值来解决, 这就是局部多项式估计的基本原理. 核密度估计、局部多项式、光滑样条估计等思想都可以进一步用于曲线或曲面的拟合或光滑 (参见附图 A-10).

最小二乘是线性回归中模型参数估计的重要方法, 但这一方法在解决非参数回归问题时就会出现过度拟合的问题, 即虽然模型拟合数据的残差全为 0, 拟合优度极好 (过度拟合), 但模型泛化能力 (模型对新的样本的适应能) 和预测效果都很差. 对这一问题的解决是通过罚最小二乘来完成的. 罚最小二乘在曲线、曲面等的插值和估计等方面是一种重要的思想. 基于这一思想, 三次样条与薄板样条等估计方法在其中起着重要作用. 非参数回归的这些方法间的关系可参见附图 A-10.

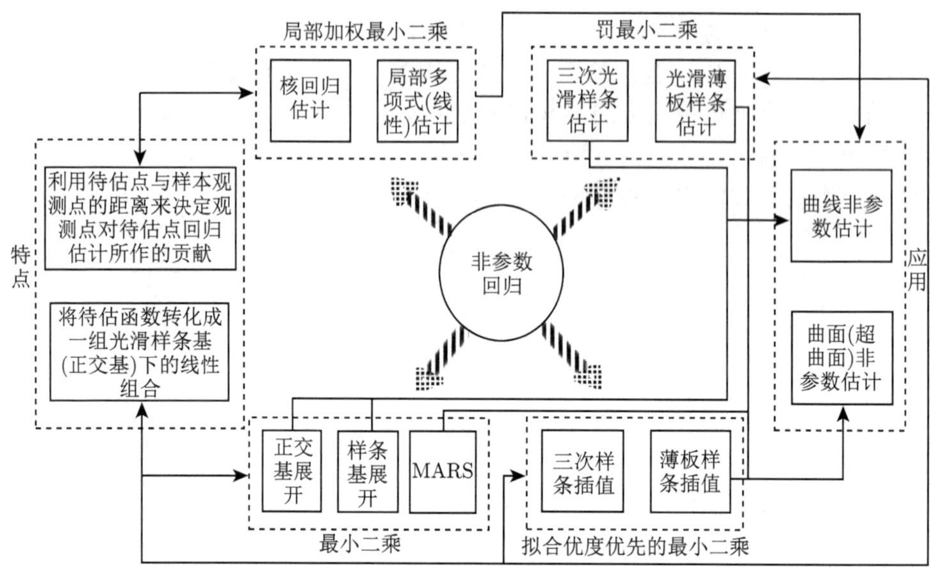

附图 A-10　第 14, 15章知识结构关系图示

附录 B　船体受力与碰撞模拟数据

附表 B-1　某集装箱船船中部位所受主应力的峰谷值数据

29.762	32.331	31.959	32.263	30.732	31.584	31.178	31.966	31.675	33.391	30.523
32.454	31.416	32.030	31.218	33.190	31.733	33.003	30.733	33.506	31.928	32.201
30.296	31.028	29.696	32.790	32.203	32.321	29.873	32.451	30.451	33.526	30.503
32.287	30.671	32.331	31.149	31.909	30.755	32.973	30.894	32.313	31.031	33.056
32.095	32.511	29.423	32.005	31.876	32.570	31.344	32.016	31.867	33.318	29.943
31.527	30.529	32.579	30.792	32.877	32.341	33.059	30.373	32.276	31.590	32.763
30.331	32.216	30.296	33.088	30.216	33.857	29.499	33.273	32.636	33.573	30.168
32.397	31.318	31.990	30.428	31.724	30.590	33.094	29.557	32.557	30.509	32.182
29.743	33.881	31.053	32.160	31.308	31.855	31.250	31.916	31.400	32.427	30.324
33.140	31.751	31.879	30.262	32.995	31.071	32.265	30.954	31.580	30.448	32.905
30.273	31.902	31.110	33.708	30.230	31.239	31.123	33.405	31.038	32.268	30.931
32.964	31.188	32.586	31.139	31.626	31.002	32.421	30.730	32.817	30.468	32.728
30.505	31.584	31.307	32.732	30.654	32.717	30.054	32.280	31.000	32.421	29.990
32.782	30.418	33.119	31.281	32.614	30.377	32.873	30.224	32.648	29.803	32.820
31.044	32.493	31.914	32.398	30.389	32.333	31.050	32.489	30.116	31.786	30.810
32.777	30.339	32.242	31.666	33.105	30.725	32.307	30.810	32.716	30.366	33.041
30.672	32.848	31.057	33.253	30.374	32.127	31.118	32.414	30.534	33.249	31.023
31.812	31.677	32.443	30.859	31.798	30.798	32.982	31.020	33.056	30.485	32.913
30.241	31.822	30.454	32.623	31.009	31.863	30.310	32.766	31.122	32.508	31.147
33.023	31.006	32.489	31.227	32.728	30.945	32.260	31.414	33.071	30.558	31.789
31.395	32.357	31.119	33.284	30.037	32.061	31.221	32.303	30.577	32.497	31.163
31.840	31.387	31.579	30.194	34.218	29.961	32.689	30.244	32.934	29.927	31.893
30.992	32.497	30.427	32.834	31.016	31.748	31.014	32.101	30.043	33.371	30.492
32.470	31.328	32.241	30.549	32.064	30.944	32.687	31.914	32.131	30.465	31.665
31.431	33.018	30.247	33.052	31.056	31.961	30.599	34.080	29.965	32.363	29.609
33.359	30.915	31.609	30.818	33.240	31.474	32.885	30.535	32.233	30.789	31.752
31.402	32.688	30.683	32.747	30.253	33.086	30.065	32.174	29.598	32.239	30.632
32.234	30.909	33.200	31.597	32.642	30.966	32.254	30.068	32.806	31.310	32.187
30.914	32.291	30.627	32.988	29.982	32.157	30.557	32.470	31.267	31.569	30.697
33.083	30.288	32.876	30.440	32.965	29.401	32.838	31.641	32.548	30.904	32.314
30.384	30.401	29.773	32.761	30.992	31.569	30.684	31.564	31.541	33.165	30.598
32.072	31.664	33.145	29.506	32.855	31.243	31.396	28.837	33.195	32.989	33.792
29.216	32.136	29.372	33.750	30.059	32.520	32.113	32.326	30.458	32.782	29.532

续表

32.111	31.630	32.052	31.131	32.048	30.909	32.578	30.457	32.185	31.056	32.872
31.053	31.186	30.425	32.802	30.929	31.995	30.791	32.397	32.370	32.390	30.715
32.438	29.835	32.664	31.758	32.707	31.604	33.482	29.764	33.264	30.482	32.259
30.320	33.424	29.987	31.057	29.749	32.557	31.105	32.732	30.229	31.880	31.152
33.256	30.620	32.287	30.741	32.387	31.111	32.255	31.050	32.461	29.661	32.119
30.425	33.122	31.457	33.155	30.643	32.274	30.998	32.565	31.452	31.716	30.222
32.557	31.144	31.155	30.768	32.361	31.841	32.518	30.532	32.598	30.965	32.085
30.739	32.640	30.671	32.062	31.384	32.303	31.265	31.741	30.958	31.946	31.186
31.396	31.118	32.385	31.318	33.297	31.040	32.041	31.015	31.201	30.954	32.575
31.207	32.560	30.620	32.398	30.325	32.500	31.141	31.564	31.351	31.853	31.451
33.259	29.809	32.584	31.930	32.657	30.580	31.354	30.276	33.037	30.891	32.567
30.420	32.444	31.229	32.118	31.387	31.759	30.779	32.531	31.216	31.572	30.643
31.702	30.612	31.982	31.834	32.297	31.242	32.347	30.476	33.206	30.093	32.346
30.426	32.908	31.137	31.821	31.819	32.111	30.523	32.506	30.198	32.075	29.943
32.318	30.408	32.817	30.755	31.498	31.392	31.766	31.222	32.253	31.060	32.606
30.748	32.121	31.254	32.404	30.812	31.848	30.960	32.726	30.733	31.534	30.830
31.708	31.266	32.475	30.047	31.991	29.979	32.516	31.856	33.319	31.420	31.477
30.543	30.850	30.454	33.328	30.767	30.799	30.574	32.229	31.115	31.722	30.991
31.413	31.411	31.840	30.682	32.729	31.091	32.585	30.498	31.512	31.095	31.572
29.978	33.098	30.587	32.456	29.811	32.387	31.375	33.966	29.145	33.054	31.275
32.185	29.911	32.152	30.050	32.570	30.839	31.589	29.791	32.335	31.672	32.864
30.954	31.646	29.958	33.413	30.974	32.077	29.988	32.639	30.816	32.547	30.747
32.700	30.359	30.517	30.484	33.970	30.464	32.088	31.611	31.756	30.569	32.179
31.606	31.666	30.261	31.727	30.415	32.682	31.632	32.653	30.046	33.661	30.779
32.279	30.082	33.161	31.303	31.872	31.116	31.768	30.608	33.239	28.908	32.500
31.227	31.413	30.246	32.386	30.152	33.825	30.583	32.024	31.003	32.212	30.999
31.292	30.638	32.300	30.878	33.529	30.242	31.668	31.138	31.966	31.284	32.253
31.131	32.384	30.782	32.559	30.420	32.720	30.448	31.430	30.748	32.716	30.915
32.999	29.641	32.931	30.360	31.878	31.582	31.952	30.684	33.402	31.547	31.567
30.734	32.235	30.867	32.590	30.305	34.141	29.943	32.406	29.754	32.050	31.145
31.939	31.344	32.469	30.949	31.392	30.789	31.818	31.747	32.217	29.540	32.215
29.603	32.838	31.557	32.053	30.459	31.538	31.383	33.490	30.726	30.925	29.711
32.269	31.843	32.697	30.794	31.913	30.091	31.662	31.068	32.953	30.384	31.633
29.563	31.301	31.076	32.243	30.883	31.861	31.518	33.217	29.613	30.226	29.818
33.031	30.286	31.542	30.553	32.259	31.949	32.719	30.276	30.858	30.420	33.287
31.234	32.106	31.652	31.905	31.546	31.675	30.282	30.740	30.457	32.786	30.324
32.346	29.881	32.548	31.123	31.520	30.087	32.929	30.931	32.403	30.862	31.923
31.466	31.951	31.550	32.454	30.557	32.116	30.122	32.947	32.089	32.341	31.920
32.668	30.783	31.535	31.069	32.813	29.865	32.568	30.763	31.988	31.159	32.742
31.991	32.232	30.604	31.120	30.639	33.186	30.264	32.504	31.238	31.951	30.866

续表

32.626	31.925	32.294	30.724	32.423	30.369	31.646	30.875	32.519	32.279	32.344
29.920	32.001	29.733	32.894	31.915	32.606	30.792	31.506	30.878	32.587	32.152
32.220	31.446	32.631	30.454	32.084	30.595	31.726	31.440	32.694	32.114	32.476
30.430	33.238	31.464	33.567	30.098	32.733	31.486	32.529	30.836	32.568	30.717
31.772	30.595	31.628	30.545	33.633	31.360	33.211	29.610	31.756	31.433	31.994
31.788	32.094	31.917	33.093	31.115	31.241	30.791	32.663	31.104	32.525	31.721
32.083	29.983	32.784	31.162	32.974	30.538	31.123	29.923	31.949	31.119	33.850
30.628	31.818	30.853	32.365	31.411	31.941	30.701	32.327	31.765	32.129	31.890
32.251	29.939	32.349	30.599	33.185	31.538	32.118	30.602	32.579	30.941	33.292
30.669	33.405	28.680	33.006	31.926	33.260	29.860	32.370	31.646	32.970	29.621
31.772	31.270	33.172	30.943	31.995	30.212	33.434	30.901	31.999	31.209	33.272
30.958	32.019	29.534	32.843	30.892	32.990	31.782	32.886	30.041	32.007	30.189
32.838	30.975	31.345	30.253	33.120	31.909	32.105	30.399	32.999	31.920	32.251
29.673	32.483	32.150	32.747	31.220	32.325	30.971	31.424	30.908	32.048	31.390
33.776	31.016	32.025	30.745	31.665	30.996	32.055	31.555	32.010	30.940	31.690
29.908	32.629	31.913	32.680	31.068	32.325	29.995	33.816	30.897	31.783	30.632
32.310	29.769	33.405	30.923	32.094	30.674	32.694	30.792	33.190	30.714	33.140
30.111	32.363	30.759	32.273	31.145	32.475	31.029	32.522	31.514	31.534	30.902
31.134	30.151	32.498	31.125	33.180	30.131	32.115	31.108	32.074	30.855	31.786
31.113	32.194	31.277	32.882	30.860	32.714	29.354	32.923	31.639	33.874	30.556
31.646	30.308	32.846	31.156	32.651	30.946	32.745	30.799	31.610	31.198	32.322
31.367	32.901	29.865	30.979	30.927	33.020	30.711	32.977	31.970	32.020	30.738
31.055	31.040	32.592	31.420	33.239	30.383	30.631	30.602	31.969	31.096	34.124
30.052	33.076	30.794	31.696	30.826	32.346	30.023	32.642	31.161	32.688	31.571
32.071	31.353	31.999	30.843	32.017	30.933	33.245	30.166	32.416	30.621	32.806
32.000	32.431	30.997	31.945	30.485	32.107	31.223	32.614	29.786	31.880	30.429
32.634	30.824	32.782	31.367	31.837	29.188	32.330	30.758	31.906	31.305	31.991
31.181	32.056	31.175	33.189	30.734	32.669	31.101	32.791	29.647	32.285	31.053
33.320	30.970	32.041	30.894	32.433	31.092	32.129	30.652	32.464	30.307	32.491
31.128	33.032	30.596								

附表 B-2　摩托车碰撞模拟数据

序号	1	2	3	4	5	6	7	8	9	10
时间	2.4	2.6	3.2	3.6	4.0	6.2	6.6	6.8	7.8	8.2
加速度	0.0	−1.3	−2.7	0.0	−2.7	−2.7	−2.7	−1.3	−2.7	−2.7
序号	11	12	13	14	15	16	17	18	19	20
时间	8.8	8.8	9.6	10.0	10.2	10.6	11.0	11.4	13.2	13.6
加速度	−1.3	−2.7	−2.7	−2.7	−5.4	−2.7	−5.4	0.0	−2.7	−2.7
序号	21	22	23	24	25	26	27	28	29	30
时间	13.8	14.6	14.6	14.6	14.6	14.6	14.6	14.8	15.4	15.4
加速度	0.0	−13.3	−5.4	−5.4	−9.3	−16.0	−22.8	−2.7	−22.8	−32.1
序号	31	32	33	34	35	36	37	38	39	40
时间	15.4	15.4	15.6	15.6	15.8	15.8	16.0	16.0	16.2	16.2
加速度	−53.5	−54.9	−40.2	−21.5	−21.5	−50.8	−42.9	−26.8	−21.5	−50.8
序号	41	42	43	44	45	46	47	48	49	50
时间	16.2	16.4	16.4	16.6	16.8	16.8	16.8	17.6	17.6	17.6
加速度	−61.7	−5.4	−80.4	−59.0	−71.0	−91.1	−77.7	−37.5	−85.6	−123.1
序号	51	52	53	54	55	56	57	58	59	60
时间	17.6	17.8	17.8	18.6	18.6	19.2	19.4	19.4	19.6	20.2
加速度	−101.9	−99.1	−104.4	−112.5	−50.8	−123.1	−85.6	−72.3	−127.2	−123.1
序号	61	62	63	64	65	66	67	68	69	70
时间	20.4	21.2	21.4	21.8	22.0	23.2	23.4	24.0	24.2	24.2
加速度	−117.9	−134.0	−101.9	−108.4	−123.1	−123.1	−128.5	−112.5	−95.1	−81.8
序号	71	72	73	74	75	76	77	78	79	80
时间	24.6	25.0	25.0	25.4	25.4	25.6	26.0	26.2	26.2	26.4
加速度	−53.5	−64.4	−57.6	−72.3	−44.3	−26.8	−5.4	−107.1	−21.5	−65.6
序号	81	82	83	84	85	86	87	88	89	90
时间	27	27.2	27.2	27.2	27.6	28.2	28.4	28.4	28.6	29.4
加速度	−16	−45.6	−24.2	9.5	4.0	12.0	−21.5	37.5	46.9	−17.4
序号	91	92	93	94	95	96	97	98	99	100
时间	30.2	31	31.2	32.0	32.0	32.8	33.4	33.8	34.4	34.8
加速度	36.2	75	8.1	54.9	48.2	46.9	16.0	45.6	1.3	75.0
序号	101	102	103	104	105	106	107	108	109	110
时间	35.2	35.2	35.4	35.6	35.6	36.2	36.2	38.0	38.0	39.2
加速度	−16.0	−54.9	69.6	34.8	32.1	−37.5	22.8	46.9	10.7	5.4
序号	111	112	113	114	115	116	117	118	119	120
时间	39.4	40.0	40.4	41.6	41.6	42.4	42.8	42.8	43.0	44.0
加速度	−1.3	−21.5	−13.3	30.8	−10.7	29.4	0.0	−10.7	14.7	−1.3

续表

序号	121	122	123	124	125	126	127	128	129	130
时间	44.4	45.0	46.6	47.8	47.8	48.8	50.6	52.0	53.2	55.0
加速度	0.0	10.7	10.7	−26.8	−14.7	−13.3	0.0	10.7	−14.7	−2.7
序号	131	132	133							
时间	55.0	55.4	57.6							
加速度	10.7	−2.7	10.7							

索　引